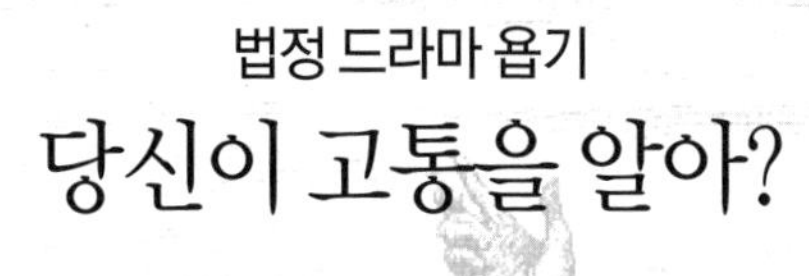

법정 드라마 욥기

당신이 고통을 알아?

김 홍 덕 지음

법정드라마 욥기

당신이 고통을 알아?

지은이 김홍덕
초판발행 2021년 12월 2일
펴낸이 배용하
책임편집 배용하
등록 제364-2008-000013호
펴낸 곳 도서출판 대장간
www.daejanggan.org
등록한 곳 충청남도 논산시 가야곡면 매죽헌로1176번길 8-54
편집부 전화 (041) 742-1424
영업부 전화 (041) 742-1424 전송 0303-0959-1424
ISBN 978-89-7071-574-2 03230
분류 기독교 : 성서 : 욥기

값 25,000원

차례

"자신의 파멸 소식을 듣는 욥" 귀스타브 도레_1866

들어가면서

나는 욥기에서 인생의 답을 찾으려고 읽고 또 읽고 있는 고통받는 사람 중 하나다. 욥기서 주석들을 읽고 또 욥기 전문 학자들을 통해 답을 얻으려고 노력했다. 그러나 시원한 답을 얻을 수 없었다. 욥기 자체가 시원한 답을 주지 않는다는 사실을 알면서도 욥기를 읽고 또 읽는다. 그러면서 욥의 처지에서 욥기를 다시 읽을 수는 없을까? 늘 생각하는 나의 불평이었다.

특별히 욥기는 한국 성도들이 대부분 사용하는 개정/개역개정판 성경을 읽기 어렵다. 원래 본문이 난해한 곳이 많고 사본상 번역의 차이가 많긴 하지만 그렇다고 읽기 어려운 책이 아닌데도 불구하고 불행하게도 한글성경으로 욥기를 읽으면 무슨 말을 하고 있는지 알기 쉽지 않아 욥기를 읽다가 덮어버린 적이 한두 번이 아니다. 아마 모두 공감하리라 생각한다. 이런 가운데 욥기가 법정 모티브를 채택하여 쓰여졌기 때문에 욥기를 법정드라마 형식으로 해설하면 이해가 빠르겠다는 생각이 들었다.

이에 저자는 욥기 본문을 속기록이라는 포맷으로 다듬어 등장인물들이 하는 말이 무슨 말인지 금방 귀에 들어오도록 말을 다듬었다. 그렇다고 해서 창작이나 의역을 한 것은 아니다. 가능한 범위 내에서 개역개정의 말투를 살리려고 노력했다. 한국교회가 아직도 개역개정에 익숙한 독자들이기 때문에 그 정서를 확 뛰어 넘지 않기 위해서다. 그럼에도 불구하고 무리가 있는 번역이나 또 논쟁이 되고 있는 난해구절들에 대해서는 가장 합리적인 번역을 채택하여 알기쉬운 말로 다듬는 작업을 하였다. 이 책의 속기록은 어느 한 역본을 그대로 따르기 보다는 기존의 모든 역본을 대조하여 가장 상식적인 수준에서 말을 다듬었다. 현재 성경 역본들마다 욥기서 번역과 해석이 수많은 차이가 있는 점을 감안한다면 어느 한 사본이나 한 역본에만 매달릴 것이 아니라 모든 사본들과 역본들을 비교하면서 전체 내용의 흐름상 가장 상식있는 번역과 해석을 선별해서 취하는 것이 욥기를 읽는 새로운 방식이라 믿는다. 그렇게 함으로서 최초의 원본이 말했을 법한 합리적인 해석을 추구했다고 말하고 싶다. 그러나 가장 중요한 것은 오늘날 독자가 읽기 쉽고 이해하기 쉬운 말로 다시 써야 성경을 좀 더 사랑할 수 있다고 생각한다. 물론 성경 원문에서 이탈하지 않는 범위 내에서 말이다. 이건 원어번역 문제가 아닌 한글 쓰기의 문제라고 본다.

고통을 당하는 입장에서 욥기를 읽을 때 느끼는 생각과 감정들이 교회에서 가르치는 내용들과 거리감이 있음을 부인하지 못한다. 우리는 신앙의 여정에서 생기는 수많은 질문들에 대해 교회에서 답을 얻기는커녕 단지 의문을 품는다는 이유만으로 믿음없는 사람 취급 당해 온 것도 사실이다. 기도제목을 달라기에 '고통스럽다'고 말했다가 벌떼처럼 달려들어 자신있게 갖은 처방을 내놓는 수많은 욥의 친구들이 얼마나 많은가. 그렇게 시달리다 보면 결국 교회에서는 입을 다물고 있는 것이 편하다는 쓸데없는 경험만 터득할 뿐 마음속 고민은 더욱 깊어만 간다.

살아가는 인생여정 내내 이런 고민과 질문을 안고 살아 왔기에 욥기서를 다시 찬찬히 읽으면서 그동안의 고민을 드라마 형식으로 녹여 보길 바랬다. 따라서 이 책은 깊은 학문적 주석이나 신학비평서는 아니다. 그러나 문학적으로 법정드라마 형식을 취했다고 해서 완전 소설을 쓴 건 아니다. 욥기서를 읽고 반응할 수 있는 모든 사람들의 생각들을 정리해 보았다. 그리고 고통받는 사람이 욥기서를 읽을 때 받을 수 있는 반응 또한 모아 보았다. 유튜버를 등장시켜 오늘날 삶의 현장에서 발생하고 있는 욥기서의 내용을 반영함으로서 욥기서를 옛날 이야기로부터 지금의 이야기로 무대를 옮겨 왔다. 이런 시도가 이번 책의 저술 목적이라고 해도 과언이 아니겠다.

욥기서가 "이렇게 재미있는 책이었나?" 하는 반응을 기대한다.

저작노트

제목: 법정드라마 「당신이 고통을 알아?」

본 저서는 법정드라마 형식을 취한다.[1] 왜냐하면 욥기서가 법정 모티브를 채용하고 있기 때문이다.[2] 즉 하늘법정과 땅의 법정을 상정하여 이야기를 전개하고 있다.

천상회의의 결정으로 발생한 일에 대해 누가 책임을 질 것인가 하는 문제로 지상법정이 열린다. 변론을 위해 욥을 비롯한 세 친구들과 엘리후가 치열하게 공방을 벌이고 마지막에 재판장격인 하나님이 최종선고를 하는 드라마 형식이다.

등장인물과 역할

욥: 드라마의 주인공으로서 천상회의에서 하나님과 사탄의 내기 걸기 게임으로 인해 졸지에 모든 걸 다 잃어 버린다. 친구들과 사람들은 욥의 그런 고난이 그의 죄 때문에 받는 응보라고 생각하고 욥에게 회개하고 하나님께 돌아오면 모든 것을 회복할 수 있다고 주장한다. 그러나 욥은 그런 주장에 동의를 하지 않는다. 하나님이 고통을 주신 원인 제공자라고 믿는다.

욥의 세 친구들: 위로자로 등장을 하지만 오히려 사탄의 대변자로 고발자의 역할을 한다. 사탄의 주장은 욥이 하나님을 신뢰하는 이유가 그가 하나님으로부터

---

1) Sylvia H. Scholnick, "Lawsuit Drama in the Book of Job" (Ph.D. dissertation, Brandeis University, 1975).

2) 욥의 스피치에서는 법정소송과 관련된 표현이 빈번하다.(9:14-20; 29-33; 13:13-28; 23:3-37). 하나님도 법정소송 포맷을 취한다.(이부분 reference 찾아 넣을 것).

받은 축복 때문이라는 것이고 그런 이유를 제거하면 하나님을 떠날 것이라고 했기 때문이다. 세 친구들은 이런 사탄의 프레임을 지상교회에서 그대로 믿고 추종하는 성도의 대표격으로 본다. 즉 하나님을 잘 믿으면 축복을 받고 죄를 범하면 벌을 받는다는 인과응보론의 신봉자들이며 오늘날 소위 말하는 번영복음의 추종자들이다. 이들은 노골적으로 사탄을 따르는 사람들은 아니고 오히려 말끝마다 사탄을 정죄하지만 사실은 사탄이 쳐놓은 넓은 그물망 안에서 유희를 즐기는 무리들이다. 결국 이들은 자신들도 모르는 사이에 사탄의 대변인 노릇을 하고 있는 셈이다. 이런 의미에서 욥의 세 친구들은 사탄의 대변인이자 이 드라마에서 고발인 역할을 한다. 문제는 자신들이 욥을 변호하러 온 위로자로 착각하고 있다는데 있다.

엘리후: 관선변호사 역할로 등장 하지만 피고인 욥을 변호하는데 관심이 없고 오히려 재판장의 생각을 옮기려는 듯한 인상을 준다. 재판장에게 잘 보여야 자신의 일감을 계속 따낼 수 있다고 생각하는 듯하다.

하나님: 사건을 일으킨 장본인이자 재판의 최종 심판자 역할을 한다.

사탄: 하나님과 일전을 하는듯 하지만 사실은 자신의 한계 때문에 하나님이 조정하시는 범위 내에서 욥에게 온갖 고난을 가져다 준다. 반면 사람들의 생각을 혼잡하게 함으로서 지상교인들의 믿음에 혼란을 가져다주는 주범이다.

배심원: 당시 심리에 참여한 배심원을 가상했으며 다섯 명의 배심원을 통해 변론을 듣고 나올 수 있는 가능한 모든 반응을 반영하려고 했다. 다섯명은 사람들의 성향을 대표한다. 책을 읽는 독자가 결국 자신의 배심원 역할을 선택한다고 본다. 배심원1은 심리내용속기록을 배심원들이 쉽게 이해하도록 다시 정리하는 서기의 역할을 한다.

당하알 하박사유튜버 강사: 유튜버 강사는 욥기서를 심도있게 연구한 사람으로서 욥기서를 현재 시점에서 깊이 이해하는 도구를 제공한다.

당고알 고집사당하알 하박사 채널 구독자: 오늘날 이 시대에 욥기서를 읽는 독자의 입장을 반영한다. 또 고통을 당한 당사자 입장에서 자신의 경험을 통해 읽는 욥기서를 투영한다.

속기록

성경본문을 법정 속기록이란 이름으로 다시 정리한다. 기존 성경의 어느 한 역본을 그대로 옮기지 않고 각 역본들을 비교해 보면서 저자가 보기에 가장 상식적으로 보이는 번역을 택해 독자들이 알아듣기 쉬운 말로 풀어 썼다. 그러나 최대한 원문에 충실하기 위해 가능한 의역을 피했다. 법정 드라마로 쓴다고 해서 원문마저 각색을 하는 것은 이 책의 저술 목적이 아니다. 이 책의 저술 목적은 욥기서를 정확하게 읽도록 도와주는 일이다. 따라서 원문을 정확하게 번역 또는 해석하는 데 애썼다. 한편 욥기서를 읽고 느끼는 독자들의 다양한 반응과 해석을 배심원이라는 설정을 통해 반영하고 유튜버 강사와 구독자를 통해 지금의 독자들에게 적용할 수 있는 성경독법을 제시하였다.

심리 일정표[3)]

프롤로그(1:1-2:13: 사건 개요

-사건 당사자: 욥

-사건의 시발: 하늘의 내기 걸기1차/2차 천상회의

-사건 사고: 욥의 재앙

-사건 수습: 욥의 친구들 등장

신상발언: 욥의 탄식3:1-26

제1차 심리

심문1 및 변호: 엘리바스 심문4장, 5장과 욥의 변호6장, 7장

---

3) 욥기의 구조다.

심문2 및 변호: 빌닷의 심문[8장]과 욥의 변호[9장, 10장]

심문3 및 변호: 소발의 심문[11장]과 욥의 변호[12장-14장]

제2차 심리

심문4 및 변호: 엘리바스의 심문[15장]과 욥의 변호[16장, 17장]

심문5 및 변호: 빌닷의 심문[18장]과 욥의 변호[19장]

심문6 및 변호: 소발의 심문[20장]과 욥의 변호[21장]

제3차 심리

심문7 및 변호: 엘리바스의 심문[22장]과 욥의 변호[23장, 24장]

심문8 및 변호: 빌닷의 심문[25장]과 욥의 변호[26장-28장]

최후변론: 욥의 최후변론[29장-31장]

변호인 엘리후의 등장: 참고인 진술1[32장-34장] 참고인 진술2[35장-37장]

최종 심리: 재판장 최종심리

1차 질의와 진술: 재판장 하나님의 질문1[38장-40:2]과 욥의 진술[40:3-5]

2차 질의와 진술: 재판장 하나님의 질문2[40:6-41:34]과 욥의 진술[42:1-6]

선고: 재판장 하나님의 선고[42:7-9]

재판결과: 욥의 회복[42:12-17]

항소이유서

프롤로그(1:1-2:13)

사건 개요

1. 사건 당사자: 욥
2. 사건의 시발: 하늘의 내기 걸기 1차/2차 천상회의
3. 사건 사고: 욥의 재앙
4. 사건 수습: 욥의 친구들 등장

1. 사건 당사자: 욥

우스 땅에 욥이라 불리는 사람이 있었는데 그 사람은 온전하고 정직하여 하나님을 경외하며 악에서 떠난 자더라. 그에게 아들 일곱과 딸 셋이 태어나니라. 그의 소유물은 양이 칠천 마리요 낙타가 삼천 마리요 소가 오백 겨리요 암나귀가 오백 마리이며 종도 많이 있었으니 이 사람은 동방 사람 중에 가장 훌륭한 자라. 그의 아들들이 자기 생일에 각각 자기의 집에서 잔치를 베풀고 그의 누이 세 명도 청하여 함께 먹고 마시더라. 그들이 차례대로 잔치를 끝내면 욥이 그들을 불러다가 성결하게 하되 아침에 일어나서 그들의 명수대로 번제를 드렸으니 이는 욥이 말하기를 혹시 내 아들들이 죄를 범하여 마음으로 하나님을 욕되게 하였을까 함이라 욥의 행위가 항상 이러하였더라. 1:1-5

욥은 우스 사람이다.[4] 그는 먼저 "온전하고 정직하여 하나님을 경외하며 악에서 떠난 자"라고 소개된다. 욥이 완벽한 도덕성과 경건성을 가진 하나님의 사람이라는 점이 강조된다. 욥의 엄청난 재물과 다복한 자녀들도 자세히 소개되었다. 아울러 욥의 경건성을 뒷받침해 주는 삶의 실천도 묘사되어 있다. 욥의 삶에 있어서 거룩함이 표준이 되고 있음을 암시한다. 이런 소개 후에 "욥의 행위가 항상 이러하였더라"1:5는 말로 맺는다. 즉 욥의 삶의 믿음과 경건생활의 일관성을 말해준다.

2. 사건 시발: 하늘의 내기 걸기

하늘의 내기 걸기: 1차 천상회의 소집

하나님도 게임을 즐기시나? 땅에서나 있을 법한 일이 하늘에서 벌어진다. 땅에서 내기 걸기가 심심풀이 차원에서 하는 게임이라지만 지금 하늘나라에서도 이런 내기걸기 게임이 시작된 것이다. 그것도 하나님이 먼저 제안하였다. 그렇다고 뭘 걸고 한 것도 아니다. 다만 하나님이 게임에 이길 것을 자신한 것 뿐이다.

> 하루는 하나님의 아들들이 와서 여호와 앞에 섰고 사탄도 그들 가운데에 온지라. 여호와께서 사탄에게 이르시되 네가 어디서 왔느냐 사탄이 여호와께 대답하여 이르되 땅을 두루 돌아 여기저기 다녀왔나이다. 여호와께서 사탄에게 이르시되 네가 내 종 욥을 주의하여 보았느냐 그와 같이 온전하고 정직하여 하나님을 경외하며 악에서 떠난 자는 세상에 없느니라. 사탄이 여호와께 대답하여 이르되 욥이 어찌 까닭 없이 하나님을 경외하리이까. 주께서 그와 그의 집과 그의 모든 소유물을 울타리로 두르심 때문이 아니니이까 주께서 그의 손으로 하는 바를 복되게 하사 그의 소유물이 땅에 넘치게 하셨음이니이다. 이제 주의 손을 펴서 그의 모든 소유물을 치소서 그리하시면 틀림없이 주를 향하여 욕하지 않겠나이까. 여

---

4) 우스는 에돔과 동일한 지역이다. 즉 욥기의 사건이 이스라엘 밖에서 벌어진 일이라는 점이다. 드라마의 주요한 지문 중 하나다. cf. 예레미야애가 4:21. 욥 사건 당시 우스지역이 정확히 에돔에 속하는지에 대해서 학자들간에 견해가 갈린다.

호와께서 사탄에게 이르시되 내가 그의 소유물을 다 네 손에 맡기노라 다만 그의 몸에는 네 손을 대지 말지니라 사탄이 곧 여호와 앞에서 물러가니라.1:6-12

하나님이 천상회의를 소집하셨다. "하루는"이란 말은 아마도 회의록에 적는 날짜 같은 것이다. 천상각료회의가 소집된 날이라고 보면 되겠다. 그러니까 아주 특별한 어느 날이란 뜻이 아니라 일상의 어느 하루라고 보면 되겠다. 하지만 이 "어느 하루"는 욥에게는 악몽같은 하루가 된다. 회의에 천사들과 함께 사탄도 참석한다. 천상회의 멤버가 모인 셈이다. 사탄이 원 멤버인지 아니면 이날 특별히 초청되었는지는 여기 사탄이란 존재의 해석에 따라 다르겠다.5)

하나님이 사탄을 보고 묻는다. 어디서 왔느냐고. 하나님이 사탄이 어디서 왔는지 몰라서 물은 것은 아닐테고 그저 대화를 이끌어 나가려는 인사치레로 들린다. 하나님은 이제 본격적인 주제를 던지신다. "네가 내 종 욥을 주의하여 보았느냐? 그와 같이 온전하고 정직하여 하나님을 경외하며 악에서 떠난 자는 세상에 없느니라"고 말씀하시며 욥을 회의의 주아젠다로 내놓으신다. 왜 욥을 주의제로 내놓으셨을까? 그리고 욥에 대한 질문을 왜 천사가 아닌 사탄에게 물으셨을까? 하나님도 욥의 믿음 생활에 만족하시고 사탄에게 자랑할 만큼 욥의 믿음을 온 천하에

---

5) 천상회의에 사탄이 멤버로 참석한다는 것이 불합리하다고 주장하는 주석가들이 있다. 그래서 "하나님의 아들들"로 소개된 천사들 중 하나가 세상을 돌아 다니며 인간세상을 살피며 인간사를 고발하는 임무를 맡은 것이라고 해석하는 주석가들도 여럿 있다.(Longman) 또 사탄이 "고발자" "대적자"라는 뜻을 가지고 있으므로 "대적자" "고발자"로 번역하기도 한다. 이는 성경 여러 군데에서 그렇게 번역하고 있기 때문이다. 예를 들어, 민수기 22장 22절-"하나님이 길에서 발람을 막으실 때 그의 천사가 '대적자'가 되어"(새번역, KJV, NASB)-이 사탄을 대적자로 번역했으며 열왕기상 11장14절-"여호와께서 에돔사람 하닷을 일으켜 솔로몬의 대적이 되게 하시니"-역시 사탄을 대적(자)로 번역하였다. 이 외에도 여러 구절에서 사탄을 대적자로 번역한다.(왕상 5:4; 11:14, 11:23, 11:25; 민 22:22, 22:32; 삼상 29:4; 삼하 19:22)

욥기의 사탄 역시 이 대적자가 구체적으로 누구를 지칭하는 지에 대해서는 분명치 않다. 욥기에 등장한 사탄은 하나님에 대한 본질적인 의심을 일으키고 하나님의 분노를 유발시키는 자로 해석하는 것이 합리적인 것 같다.(Clines, *Job* 1-20. 22) 그러나 본 저서에서는 독자의 편의를 위해 한글성경에 번역된 그대로 "사탄"으로 표기하도록 한다. 그럼에도 불구하고 사탄이라고 해서 천상회의의 원멤버가 아닐 것이라고 배제할 필요는 없다고 본다. 열왕기상 22장 19-22절에 예언자 미가야가 천상회의를 묘사하면서 "거짓말하는 영"이 목소리를 높였다고 말한 것을 보면 그렇게 볼 수 있다.

자랑하고 싶으셨던 것은 아닐까?

그렇다면 다음과 같은 의문이 제기된다. 왜 하나님이 그런 내기를 하실까? 많은 주석가들은 욥의 믿음을 시험하시려는 것이었다는 답을 제시한다. 가뜩이나 인생살이에 많은 시험과 도전들이 있어 믿음의 연단을 늘 받고 살거늘 하나님까지 나서서 신앙생활 잘하고 있는 사람을 시험하실 이유가 무엇일까? 이렇게 한 개인의 믿음을 테스트하시기 위해서라든가 또는 연단을 위해서 그 엄청난 고통을 주신다는 설정은 이후 본론에 들어가서 벌어진 친구들과의 논쟁의 주제나 마지막 하나님의 대답에서 그 어떤 언질도 주지 않는다는 사실로 보아 잘못된 가설이라고 볼 수 있다.

그렇다면 왜 욥에게 그 엄청난 시련이 주어질 제안을 하셨을까? 이 질문에 대한 답을 찾기 위해서는 욥기서의 주제를 바로 알아야 한다. 욥기서의 주제는 바로 천상회의에서 제기된 질문이며 그 질문에 대한 지루한 논쟁이 욥기서의 대부분 지면을 차지한다. 하나님이 욥을 소개하자마자 사탄이 맞받아친 질문 그것이 욥기서의 주제다. "욥이 어찌 까닭 없이 하나님을 경외하리이까?1:9 바로 이 질문이다. 그리고 사탄은 욥의 하나님에 대한 신뢰의 이유를 댄다. "주께서 그와 그의 집과 그의 모든 소유물을 울타리로 두르심 때문이 아니니이까. 주께서 그의 손으로 하는 바를 복되게 하사 그의 소유물이 땅에 넘치게 하셨음이니이다."1:10

욥의 종교적 경건성은 필경 하나님이 주신 물질적 부요함 때문이라는 것이다. 욥의 하나님에 대한 신뢰의 동기에 의문을 던지며 하나님도 그 사실을 속고 있다는 투로 자신만만하게 그 이유를 댄다. 그리고 하나님께 역제안을 한다. 하나님께서 욥이 가진 모든 소유물을 치신다면 틀림없이 하나님을 향하여 저주를 퍼부을 것이라고 하면서 하나님께서 욥을 쳐보라고 부추긴다. 이에 하나님은 사탄에게 그 권리를 주면서 욥의 몸에는 손을 대지 말라고 제한을 두신다. 사탄은 즉시 임무를 수행하러 떠난다. 불행하게도 이렇게 해서 욥의 고난은 시작된다. 의문은 여전히 남는다. 그래도 그렇지 왜 이런 게임을 하시느냐고요. 누굴 위해서? 무엇때문에?

2차 천상회의(2:1-6)

> 또 하루는 하나님의 아들들이 와서 여호와 앞에 서고 사탄도 그들 가운데에 와서 여호와 앞에 서니, 여호와께서 사탄에게 이르시되 네가 어디서 왔느냐 사탄이 여호와께 대답하여 이르되 땅을 두루 돌아 여기 저기 다녀 왔나이다. 여호와께서 사탄에게 이르시되 네가 내 종 욥을 주의하여 보았느냐 그와 같이 온전하고 정직하여 하나님을 경외하며 악에서 떠난 자가 세상에 없느니라 네가 나를 충동하여 까닭 없이 그를 치게 하였어도 그가 여전히 자기의 온전함을 굳게 지켰느니라. 사탄이 여호와께 대답하여 이르되 가죽으로 가죽을 바꾸오니 사람이 그의 모든 소유물로 자기의 생명을 바꾸올지라. 이제 주의 손을 펴서 그의 뼈와 살을 치소서 그리하시면 틀림없이 주를 향하여 욕하지 않겠나이까. 여호와께서 사탄에게 이르시되 내가 그를 네 손에 맡기노라 다만 그의 생명은 해하지 말지니라.[2:1-6]

천상회의가 똑같은 포맷으로 다시 열렸음을 알린다.[2:1] 하나님이 사탄에게 묻는 말과 욥에 대한 설명 또한 1차 천상회의 때와 같다.[2:1-3] 이건 1차회의의 아젠다가 속개되었음을 말해준다. 욥의 시련이 욥의 믿음을 테스트하기 위한 것이라면 한번으로 충분한 것 아닌가? 무슨 자격시험처럼 1차 2차가 있는 것도 아닌데. 하나님은 욥의 믿음을 또 자랑하면서 사탄을 충동질한다.

2장에서 재미있는 표현은 하나님이 욥을 친 것에 대한 변명을 한다는 점이다. 사탄이 충동하여 까닭 없이 욥을 쳤다는 것이다. 결국 고통의 원인이 하나님께 있음을 자인한 셈이다. 여기서 사탄의 한계를 말하고 있다. 사탄 역시 하나님의 권세하에 있으며 하나님의 허락 없이는 아무 일도 하지 못한다는 사실을 알려준다.

사람들은 여기서 의문을 제기한다. 항의한다. 하나님은 얼마든지 인간의 불행을 막으실 수 있으실텐데 왜 적극적으로 막지 않으시는가? 더구나 하나님을 경외하는 당신의 자녀에게 닥치는 불행을 왜 막지 않으시는가? 게다가 까닭도 없이 하나님이 의도적으로 불행을 내리시다니 도대체 우리는 이런 하나님을 어떻게 이해할 수 있을까? 허락하시는 것만으로도 황당한데 하나님이 충동적으로 허락을 하셨다니 이건 또 무슨 말인가? 드라마는 시작부터 알 수 없는 길로 들어 선다.

그렇다. 하나님도 스스로 인정하신 것처럼 욥은 지금 까닭 없이 고난을 당하고 있다. 그런데 그 고난도 모자라는지, 아니면 한번 게임을 이기신 하나님이 신이 나신 것이었을까? 사탄의 동일한 반박에 하나님은 또 한번의 시련을 욥에게 안기신다. 사탄은 하나님이 직접 손을 펴서 이제 직접 욥을 치라고 요청을 한다. 어디까지나 이번 시련의 발원지가 하나님임을 다시 한번 분명히 한 셈이다. 반면 하나님은 사탄에게 그 권리를 위임하는 형식을 취하여 "내가 그를 네 손에 맡기노라" 하시면서 이번에도 한계를 정해주신다. 욥의 생명은 해하지 말라고2:6 하나님도 잔인하시지, 이걸 또 배려라고 하신담. 이걸 어떻게 설명해야 하나? 하나님과 사탄의 역할 분담? 사탄의 한계 설정? 이걸 말해 주려고 욥에게 그런 가혹한 시험을 준다? 이게 말이 되는가! 분명 이런 목적은 아닐 것이다. 하지만 욥은 이번에도 영문을 모른 채 엄청난 시련 속으로 들어간다. 결국 욥의 항변은 이렇다. "왜 내가 까닭 없이 고통을 당해야 합니까?" 이 항변은 오늘날 독자들도 고통을 당하는 사람의 입장에서 욥기를 읽어야 하는 키워드를 제공한다.

하나님도 잔인하시다. 욥이 모든 것을 다 빼앗겨도 하나님을 신뢰한다는 것을 확인하셨다면 그것으로 끝내셔야지, 어찌 사탄의 도발을 또 허용하시겠다는 것일까? 게다가 사탄은 이제 욥의 가죽을 벗기고도 뼈와 살을 요구하고 있지 않은가? 그런 상태로 어떻게 살아갈 수 있을까? 그럼에도 불구하고 생명만은 건드리지 말라고 하신 것을 하나님의 긍휼이라고 이해하란 말인가? 뼈와 살까지 요구한 사탄이야말로 잔인하기 그지 없다고 해도 생명만은 건드리지 말고 살과 뼈를 건드려도 좋다고 한 하나님도 잔인하긴 마찬가지다. 사랑의 하나님이시라면 사탄이 두번째 시험을 제안했을 때, "너 똑똑히 보지 않았더냐? 욥의 확고한 믿음을. 너 이제 그만 괴롭히고 썩 꺼져라" 해야 하는 것 아닌가?

3. 사건 사고: 욥의 재앙

첫번째 재앙(1:13-22)

> 하루는 욥의 자녀들이 그 맏아들의 집에서 음식을 먹으며 포도주를 마실 때에 사환이 욥에게 와서 아뢰되 소는 밭을 갈고 나귀는 그 곁에서 풀을 먹는데, 스바 사람이 갑자기 이르러 그것들을 빼앗고 칼로 종들을 죽였나이다 나만 홀로 피하였으므로 주인께 아뢰러 왔나이다. 그가 아직 말하는 동안에 또 한 사람이 와서 아뢰되 하나님의 불이 하늘에서 떨어져서 양과 종들을 살라 버렸나이다 나만 홀로 피하였으므로 주인께 아뢰러 왔나이다. 그가 아직 말하는 동안에 또 한 사람이 와서 아뢰되 갈대아 사람이 세 무리를 지어 갑자기 낙타에게 달려들어 그것을 빼앗으며 칼로 종들을 죽였나이다 나만 홀로 피하였으므로 주인께 아뢰러 왔나이다. 그가 아직 말하는 동안에 또 한 사람이 와서 아뢰되 주인의 자녀들이 그들의 맏아들의 집에서 음식을 먹으며 포도주를 마시는데, 거친 들에서 큰 바람이 와서 집 네 모퉁이를 치매 그 청년들 위에 무너지므로 그들이 죽었나이다 나만 홀로 피하였으므로 주인께 아뢰러 왔나이다 한지라. 욥이 일어나 겉옷을 찢고 머리털을 밀고 땅에 엎드려 예배하며 이르되 내가 모태에서 알몸으로 나왔사온즉 또한 알몸이 그리로 돌아가올지라 주신 이도 여호와시요 거두신 이도 여호와시오니 여호와의 이름이 찬송을 받으실지니이다 하고 이 모든 일에 욥이 범죄하지 아니하고 하나님을 향하여 원망하지 아니하니라.1:13-22

사건은 천상회의를 마치고 지상에 내려온 사탄이 지상에서 일을 벌임으로써 시작된다. 첫 번째 사건은 욥의 자녀들이 맏아들의 집에서 음식을 먹고 포도주를 마실 때 일어난다. 이때 일어난 일들의 참상을 네 명의 종들이 차례로 달려와 욥에게 보고한다. 맨 처음 달려온 종은 스바사람이 소와 나귀를 빼앗고 칼로 종들을 죽여 자신만 피해 왔다고 보고한다. 두 번째 달려온 종은 하나님의 불이 하늘에서 떨어져 양과 종들을 모두 불살라 버렸다고 보고한다. 연이어 세 번째 종이 달려와 갈대아 사람이 낙타를 빼앗고 종들을 죽였다고 전한다. 마지막 네 번째 종은 욥의 자녀들이 있는 집에 큰 바람이 와서 집이 무너져 모두 죽고 자신만 피해 왔다고 이른다. 이제 자녀들과 모든 재산을 다 잃어버린 신세가 되었다.

이 보고는 천상회의에서 결정된 내용이 그대로 시행되고 있음을 말해준다. "아직 말하는 동안에"1:16,17,18라는 구절이 반복되면서 사건이 순차적으로 일어났음을 말해준다. 비극이 꼬리를 물고 일어난 참담한 상황을 마치 중계방송하듯 차례차례 보고하는 장면이 비극을 더해준다. 그런데 이런 엄청난 사실을 보고 받은 욥의 반응이 우리를 당황하게까지 한다. 재난의 현장에 즉시 뛰어가지도 않고 슬픔을 안은 채 아주 절제된 모습으로 자신의 경건성을 입증이라도 하듯 하나님께 예배를 먼저 드린다. 옷을 찢고 머리털을 미는 모습은 당시 슬픔을 나타내는 전형적인 행동이다.[6] 그러나 욥은 땅에 엎드려 통곡하는 것이 아니라 하나님께 경배한다.1:20 어떻게 이런 모습이 가능할까? 과연 날벼락을 맞은 사람의 모습이 맞나 싶다.[7] 순식간에 자식들을 모두 잃고 모든 재산을 다 빼앗긴 후에 바로 나온 욥의 고백이기에 우리를 충격에 빠뜨린다.

> 내가 모태에서 알몸으로 나왔사온즉 또한 알몸이 그리로 돌아가올지라 주신 이도 여호와시요 거두신 이도 여호와시오니 여호와의 이름이 찬송을 받으실지니이다.1:21

알몸으로 왔다 알몸으로 가는 인생인데 자식들이 좀 이르긴 하지만 결국 갈 길로 갔고 재산도 주신 분이 다시 가져 가셨으니 아무 유감도 없다는 태도로 담담하게 말하며 오히려 하나님께 찬양을 한다. 과연 욥이 제 정신일까? 아니면 잠시 종교적 무아지경에 이른건 아닐까? 여기서 우리는 불행을 다루는 욥의 태도를 엿볼 수 있다.

---

6) 옷을 찢음(창 37:34; 수 7:6; 삼하 1:11; 3:31; 13:31; 스 9:3, 5; 에 4:1). 머리털을 밈(사 22:12; 렘 7:29; 16:6; 41:5; 47:5; 48:37; 겔 7:18; 암 8:10)

7) 오늘날에도 어떤 종교지도자들은 이런 모습을 신자들에게 강요하기도 한다. 욥의 이러한 모습이 진정한 믿음의 사람의 모습이라고 말하면서 사랑하는 사람이 죽어도 눈물을 흘리지 말고 먼저 하나님께 예배를 드리며 찬양하라고 가르친다. 이 구절을 가지고 이렇게 적용할 수 있을까?

"이 모든 일에 욥이 범죄하지 아니하고 하나님을 향하여 원망하지 아니하니라"는 말로 1장 욥의 소개를 마친다.

주석가들은 욥이 시험을 통과했다고 해석한다. 그러나 욥이 시험을 통과했다고 보기 보다는 욥의 견고한 믿음의 현주소가 그렇다는 것이다. 왜냐하면 욥은 자신이 시험받는다는 사실도 모를뿐더러 이 사건을 시험이라고 생각지도 않기 때문이다. 이 지점에서 욥의 믿음이 위대하다는 것에 방점을 찍는 것은 어색하다. 다만 포인트는 욥의 신앙의 근거가 하나님이 주신 축복의 내용에 있는 것이 아니라 오로지 하나님 그분이라는 점을 분명히 했다는 데 있다. 이 포인트가 욥기 전체의 방향타인 것이다.

두 번째 재앙(2:7-10)

> 사탄이 이에 여호와 앞에서 물러가서 욥을 쳐서 그의 발바닥에서 정수리까지 종기가 나게 한지라 욥이 재 가운데 앉아서 질그릇 조각을 가져다가 몸을 긁고 있더니 그의 아내가 그에게 이르되 당신이 그래도 자기의 온전함을 굳게 지키느냐 하나님을 욕하고 죽으라. 그가 이르되 그대의 말이 한 어리석은 여자의 말 같도다 우리가 하나님께 복을 받았은즉 화도 받지 아니하겠느냐 하고 이 모든 일에 욥이 입술로 범죄하지 아니하니라.2:7-10

사탄은 이번에도 즉시 지상으로 내려와 욥을 치는데 이번에는 욥의 육체를 공격한다. 발바닥부터 정수리까지라고 표현한 것을 보면 어디 성한 데가 한 군데도 없다는 말이다. 여기서 말하는 종기는 단지 부스럼같은 피부병은 아닐 것이다. 주석가에 따라 나병으로 보는 이로부터 상피병Elephantiasis이라는 구체적인 이름까지 제시한 이도 있다. 다만 시적인 표현으로 이루어진 욥기서의 특성을 따라 일반적인 명칭으로 종기로 해석하는 경우가 대부분이다.[8] 여기서는 자세한 피부병의 진단

8) "종기"(개역개정); "악성종기"(새번역, 현대인의성경); "심한 부스럼"(공동번역); "악창"(개역한글). 영어성경에서는 "running sores"(NEB), "severe boils"(NAB), "painful sores"(NIV), "sore

이 중요한 것이 아니라 욥의 상태의 심각성에 유의해야 한다. 질그릇 조각으로 온몸을 긁고 있었다는 표현이 모든 걸 말해 준다.

이제는 아내마저 등을 돌린다. "하나님을 욕하고 죽으라"고 까지 심한 모욕을 준다. 그토록 유복한 삶을 살았던 아내가 어떻게 그런 심한 말을 할 수 있을까? 아내의 이런 반응은 바로 사탄이 지적한 대로 하나님을 신뢰한 이유가 그녀가 가지고 있던 행복의 조건이라는 사실을 암시하는 것은 아닐까? 아니면 자신이 믿고 섬기고 있는 하나님과 욥이 믿고 있는 하나님이 다른 하나님이라는 사실이 확인된 것일까? 아무튼 이토록 모질고 심한 모욕에도 욥은 꿈쩍하지 않는다. 아내의 모진 말에 반응하는 욥의 대꾸는 싱겁다고 할 만큼 점잖다. "그대의 말이 한 어리석은 여자의 말 같도다 우리가 하나님께 복을 받았은즉 화도 받지 아니하겠느냐"는 말로 가볍게 응수한다. 한마디로 어리석은 말 하지 말라는 것이다. 욥이 첫 번째 재앙 때 고백한 말, "주신 자도 하나님이시요 가져 가신 분도 하나님"이라는 신념은 이번에도 되풀이된다. "우리가 하나님께 복을 받았은즉 화도 받지 아니하겠느냐?" 이 말은 이전의 말보다 한 단계 더 들어 간 신앙고백이다. 나레이터는 "이 모든 일에 욥이 입술로 범죄하지 아니하니라"는 말로 정리한다. 지난 번에 했던 코멘트, "하나님을 향하여 원망하지 않았다"나 여기 "입술로 범죄하지 않았다"는 말을 다시 한번 적시한 것을 보면 결코 침묵하기 쉽지 않은 형편을 강조한 것으로 보인다.

이렇게 해서 욥이 두 번에 걸친 불같은 시험을 통과했다고 설교가들은 강조한다. 여기서 시험도 끝났다고 한다. 과연 그런가? 그러나 시험은 지금부터 본격적으로 시작된다. 위로자로 욥을 방문한 친구들이 오히려 욥을 끈질기게 고발하고 정죄하는 고발자의 역할을 지루하게 하기 때문이다.

여기서 잠깐 하나님이 허용하신 시련에 대해서 떠오르는 의문들을 정리해 보

---

boils"(KJV)로 변역하였다.

면,

첫째, 의도적이든 허용하시든 간에 하나님이 주시는 시험은 어떤 목적이 있을까? 분명 선하신 하나님께서는 선하신 목적을 가지고 있으실 것이라고 우린 생각한다. 그런데 욥의 경우는 "까닭 없이"라고 하나님도 인정하셨다. 그렇다면 이 시험의 이유는?

둘째, 하나님은 사탄까지도 그의 통제하에 두셔서 사람들에게 일어나는 악까지 하나님의 허락 없이는 발생할 수 없다는 사실을 분명히 하신 것이라면 왜 이 세상에 악이 번성하도록 허락하시는걸까?

세째, 의인은 상을 받고 악인은 벌을 받는다는 사상은 단지 로컬 신앙을 넘어서서 하나님의 백성에게도 적용되는 하나님이 설정하신 축복 공식이기도 하다. 그러나 하나님은 욥의 친구들의 주장처럼 인과응보식의 그런 공식에 얽매이지 않는 분이시라는 것을 보이기 위해 믿음의 모델로 욥을 택하여 시험을 받게 하신 것이라면 이 또한 과연 하나님의 성품에서 볼 때 정당화될 수 있을까?

이런 근본적인 질문들이 떠오른다. 그래서 많은 주석가들과 설교가들이 이 문제를 두고 씨름을 하며 각자 나름대로 해답과 해석을 내놓고 있다. 우리는 과연 욥기서를 통해 이 질문들에 대한 답을 얻을 수 있을까? 욥기를 끝까지 따라 가면서 그 속에서 답을 찾아 볼 수 있지 않을까? 끝까지 찬찬히 따라가 보는 수밖에 없을 것 같다. 그래도 끝까지 답을 못 얻을 수도 있다는 꺼림칙한 우려가 현실화되는 것은 아닌지 불안한 마음은 가시지 않는다.

하루 또 하루

1장과 2장에 순차적으로 적어 놓은 "하루는1:6,13," "아직16, 아직17, 아직18," "또 하루2:1"란 지문은 비록 물리학적 시간의 차원에서는 별 의미가 없을지라도 앞으로 연속해서 일어날 사건을 예고하는 엄청난 무게와 파괴력을 가진 공포로 독자들에게 다가온다. 왜 이렇게 공포영화를 연상하게 할 만큼 긴박감을 조성하는 방법으로 욥기서를 기록했을까 하는 호기심이 생긴다. 저자가 1장 1절 서두부터 욥을 소개하면서 구체적으로 지역을 언급한 것과 욥의 재산을 구체적으로 밝힌 것을 보면 욥기의 역사성을 나타내려는 저자의 의도가 분명 있었다고 본다. 그렇다면 이런 시간적 표현 역시 저자의 문학적 저술 방법의 일환으로 볼 수 있다. 그러나 거기에 더해 독자들을 역사적인 현장에 끌어 들여 욥의 자리에 치환시키려는 작업이 아닐까 생각해 본다. 그렇게 할 때 다음에 전개되는 지루한 법정 토론에 제3자의 입장이 아닌 욥의 자리에 서서 자신의 고통의 문제를 가지고 선문답하고 있는 친구들과 대항해서 직접 싸우며 괴로워하는 독자로 인도하는 필법이 아닐까 생각해 본다. 꼭 그렇게 저자가 의도하지는 않았더라도 지금의 독자들이 그런 방법으로 욥기를 읽는다면 지금까지 읽어 왔던 욥기와는 사뭇 다른 느낌과 의미를 받을 수 있을 것이다.

고통의 원인에 대한 욥기 독법

욥기를 고통의 원인 또는 이유라는 측면에서 살펴보는 것이 전통적인 욥기 독법이다. 그러나 욥기서는 첫머리부터 욥의 고통은 하나님과 사탄이 내기를 한데서 시작한 것이라고 분명히 밝히고 있다. 그런데 문제는 욥이나 욥의 친구들이 그 천상회의의 얄궂은 내기 게임을 알지 못한다는 데 있다. 그래서 친구들은 고통의 원인을 고통당하는 당사자의 죄의 문제로 풀어 나간다. 그들의 신학적 지식이나 경건성을 다 동원해 볼 때 하나님이 고통의 제공자라고는 상상조차 할 수 없기 때문이다. 3자의 고통을 두고 벌이는 이런 가학적인 질문 게임은 오늘날 지상 교회안에서 그대로 재연되고 있기에 3장부터 시작되는 욥과 친구들이 지상에서 벌이는 논쟁은 옛날 욥의 이야기가 아니라 오늘날 이야기가 된다.

따라서 욥기를 죄와 고통의 문제나 고통의 기원이라는 차원에서 접근하지 말고 좀 더 실제적인 삶의 정황에서 제3자가 보고 진단하는 고통의 원인, 그리고 그들이 고통 당하는 사람을 대하는 태도가 어떠한지? 또 정녕 고통을 당하는 당사자는 어떻게 고통을 느끼고 받아들이는지? 그리고 고통에 대한 해석을 두고 제3자들로부터 당하는 심리적, 영적 학대 차원에서 욥기를 읽는다면 지금 지상교회에서 치열하게 전개되는 영적전쟁의 허상을 진단해 줄 귀한 나침반이 될 것이다.

욥기서 전체의 구조를 통해서도 고통의 당사자인 욥이 체감적으로 느끼는 고통의 크기를 유추해 볼 수 있다. 1장에서 3장까지 프롤로그 이후 4장부터 37장까지가 친구들과의 변론이다. 그 다음 38장부터 42장까지가 하나님과의 변론과 에필로그다. 프롤로그에 언급된 하나님과 사탄의 내기에서 시작된 욥의 고통에 대해서 정작 당사자인 욥은 정말 쿨하게 받아들인다. 주신 자도 하나님이요 거두신 자도 하나님이시라며 하나님을 찬양한다. 그 엄청난 고통의 물리적 크기에 비해서 욥이 받아들이고 흡수하는 고통의 수용력은 고강도 용수철처럼 탄력이 크다. 그러나 욥기서의 대부분을 차지하는 친구들과의 변론과정에서는 욥은 물먹은 스폰지처럼 더 이상 수용력을 발휘하지 못한다. 이 부분이 욥의 고통의 현장이자 그 분량만큼이나 욥의 고통의 크기가 큼을 말해 준다. 친구들과의 변론과정은 지루하게 진행되는 지독한 영적 고문 현장이어서 욥으로서는 도무지 더 지탱할 수 없는 신체적, 심적, 영적 파산지경에 이르게 된다. 이런 그로키 상태에서 고통을 끝내는 유일한 방법은 하나님이 등장하시는 것이다. 문제는 하나님도 고통에 대해서는 한마디도 언급하시지 않는다는 것이다. 여기서 우린 욥기서가 고통에 대한 철학적 신학적 논의의 장이 아니라는 점을 확실하게 눈치챌 수 있어야 한다. 결국 오늘날 또 다른 욥들이 지금도 수없이 많은 속칭 욥빠[9]들로부터 신정론이라는 변증법으로 린치를 당하고 있는 셈이니 그 고통을 가해자들이 어떻게 이해하리요. 고통 당하는 당사자들은 "왜 내가 고난을 받아야 합니까?"라는 질문을 할 수도 있고 이 질문은 고통의 현장의 탄식이기도 하다. 하지만 고통을 지켜보는 사람들의 질문은 "왜 저 사람

---

9) 오늘날 욥빠들은 소위 신앙이 좋다는 사람들로서 고통을 당하고 있는 사람들을 보면 기도해주겠다며 다가와 고통에 대한 진단을 쉽게도 내린다. 지금 파산당하고, 암병 걸리고, 자식들 사고당한 것이 이유가 있다는 것이다. 죄때문이거나 하나님이 교훈을 주시기 위한 것이다. 심지어는 크게 쓰시려고 단련시키시는 것이다. 고통을 멎게하는 각종 처방전도 내려진다. 회개해라. 서원을 갚으라. 목숨걸고 기도해라. 분에 넘치게 바쳐서 하나님의 마음을 사라 등등. 이런 진단들은 이미 욥의 친구들이 내렸던 진단법이다. 하나님으로부터 정죄받고 폐기된 진단법이다. 그럼에도 불구하고 지금의 욥빠들이 여전히 애용하는 진단법이다. 오늘날 고통을 받고 있는 또 다른 욥들도 여전히 고통의 일차 원인보다는 욥빠들로부터 받는 영적 희망 고문 때문에 영혼이 말라가고 있다. 일상의 하루를 말한다. 하루도 빠짐없이 찾아오는 "어느 하루" "또 하루" 오늘도 부지런히 욥빠들이 찾아와 말을 건다.

이 고통을 당하고 있지요?"라고 질문을 하기 때문에 원초적으로 변론 자체가 성립될 수가 없는 것이다. 따라서 욥과 친구들 역시 고통의 근원적인 문제에 대한 신학적인 변론을 했다라기보다는 고통을 바라보는 다른 시각과 태도를 적나라하게 보여주었다고 보는 것이 합리적이다.

4. 사건 수습: 친구들 등장

친구들의 위로 심방(2:11-13)

> 그때에 욥의 친구 세 사람이 이 모든 재앙이 그에게 내렸다 함을 듣고 각각 자기 지역에서부터 이르렀으니 곧 데만 사람 엘리바스와 수아 사람 빌닷과 나아마 사람 소발이라 그들이 욥을 위문하고 위로하려 하여 서로 약속하고 오더니 눈을 들어 멀리 보매 그가 욥인 줄 알기 어렵게 되었으므로 그들이 일제히 소리 질러 울며 각각 자기의 겉옷을 찢고 하늘을 향하여 티끌을 날려 자기 머리에 뿌리고 밤낮 칠 일 동안 그와 함께 땅에 앉았으나 욥의 고통이 심함을 보므로 그에게 한마디도 말하는 자가 없었더라.2:11-13

욥이 각종 재앙으로 고통을 겪고 있다는 소문이 사방으로 퍼진 듯하다. 여러 지역에 나뉘어 살던 절친들이 서로 약속을 하고 날을 맞추어 함께 욥을 방문한다.[10] 지혜서에서 가장 중요한 모티브는 물론 지혜다. 따라서 각 지역에서 온 친구들은 각양 지혜를 가져 올 에이전트로 등장한 것으로 보아야 한다. 데만사람 엘리바스의 경우 데만은 지혜의 도시로 유명하다.[11] 그리고 다른 친구들 역

---

10) 세 친구들에 대해서 70인경은 엘리바스는 에서의 후예들이 사는 데만 지역의 왕이며 빌닷은 슈타이트 지역의 왕이고 소발은 나만지역의 왕이었다고 설명한다. 욥도 에돔지역의 왕으로 섬겼다고 추정했다.

11) 데만은 에돔에서 가장 중요한 성읍 가운데 하나다. 에돔은 지혜로 유명했다. "에돔에 대한 말씀이라 만군의 여호와께서 이와 같이 말씀하시되 데만에 다시는 지혜가 없게 되었느냐 명철한 자에게 책략이 끊어졌느냐 그들의 지혜가 없어졌느냐"(렘 49:7). "내가 에돔에서 지혜있는 자를 멸하며"(오바댜 8).

시 그 지역을 대표한다.[12] 하여간 이들은 분명 욥을 위로하러 온 위로자들이다. 그러나 이들은 진정 욥을 위로할 줄 몰랐다. 그들은 "욥의 고통이 심함을 보므로 그에게 한마디도 말하는 자가 없었다."2:13 욥의 고통이 심한 것을 보면 더욱 깊은 위로가 나와야 하는 것 아닌가? 그런데 친구들은 욥의 고통이 위중한 것을 보고 다른 고민에 빠진 것이다. 이들은 한결같이 욥이 당하는 고통의 이유에 대해 심각한 혼란이 왔다. 따라서 그 이유를 분석하고 진단해서 고통받는 친구에게 논리적으로 밝혀주는 것이 자고로 친구의 도리라고 생각했음직 하다. 그것이 당장 입에 발린 소리를 하는 것보다 낫다고 생각했는지 모른다. 아무튼 이들은 7일 동안 아무 말도 하지 않았다. 아마 7일 동안 욥의 고통의 이유에 대해 곱씹어 보았을 것이다. 셋이서 토론을 했는지도 모르겠다. 여기서 문제는 7일 동안의 침묵의 애도기간이 정작 욥에게는 아무런 도움이 되지 않았다는 점이다. 친구들의 위로자로서 역할은 실패했다고 볼 수 있다.

물론 그들은 함께 와서 처음에 소리 지르고 울고 겉옷을 찢고 재를 머리에 뿌리는 등 전통적인 애도의식을 다 했다. 또 7일 동안이나 말없이 함께 있었다. 번지르르한 말로 위로하는 것보다 차라리 말없이 함께 애도하는 것이 낫다는 생각을 했는지도 모른다. 하지만 밤낮 7일 동안이나 욥과 함께 있었으나 친구들은 진정 욥의 고통에 동참하지 못했다. 그들의 행동은 장례식장에서 애곡하는 자들의 의전에 불과했다. 7일 동안은 당시 문화에서 통상 애도기간이다. 이들의 침묵은 진정한 애도가 아니었고 욥의 고통에 공감한 침묵이 아니었다. 그런 공감에서 나온 침묵이었다면 그 다음에 시작되는 대화에서도 공감할만한 대화를 나누었을 것이다.

그러나 이들의 침묵은 곧 시작될 따발총 정죄의 준비기간이었을 뿐이다. 이 침묵기간 동안 욥은 신체적인 고통뿐 아니라 심적 고통까지 받았을 것이다. 친구들이라는 작자들이 와서 극심한 고통을 당하고 있는 친구에게 7일 동안 아무 말도 하지 않고 애도랍시고 죽치고 앉아 있다고 생각해 보라. 상처를 보듬어 주었다는 암

---

12) 이런 지역적인 해석에 대해서 욥의 당시 도시들과 구약성경에 기술된 동명의 도시들이 직접적인 상관관계가 있는 것으로 보아야 하는지에 대해서 학자들의 견해가 갈린다.

시도 없다.

욥기서의 대부분의 분량을 차지하는 욥과 논쟁에 나타난 친구들의 독설에 가까운 질문과 대답, 비난에 가까운 조언은 아마도 이 기간에 준비했음직하다. 물론 처음부터 욥을 비난하거나 친구를 더욱 괴롭게 만들고 싶은 마음은 없었을 것이다. 빨리 해답을 찾아 행복을 되찾을 수 있도록 진심으로 돕기를 원했을 것이다. 그러나 욥을 본 순간 그들은 상담자로서 매우 답답했을 것이다. 하지만 이 긴 침묵은 고통 당하는 사람의 입장에서는 지독한 고독의 시간이 된다. 그건 가장 가까운 친구들을 가장 가까이 곁에 두고도 가장 절실한 순간에는 심적으로 가장 멀리 두고 있는 느낌이기 때문이다.

신상발언

욥의 탄식(3장)

> 그후에 욥이 입을 열어 자기의 생일을 저주하니라. 욥이 입을 열어 이르되 내가 난 날이 멸망하였더라면, 사내 아이를 배었다 하던 그 밤도 그러하였더라면, 그 날이 캄캄하였더라면, 하나님이 위에서 돌아보지 않으셨더라면, 빛도 그 날을 비추지 않았더라면, 어둠과 죽음의 그늘이 그 날을 자기의 것이라 주장하였더라면, 구름이 그 위에 덮였더라면, 흑암이 그 날을 덮었더라면, 그 밤이 캄캄한 어둠에 잡혔더라면, 해의 날 수와 달의 수에 들지 않았더라면, 그 밤에 자식을 배지 못하였더라면, 그 밤에 즐거운 소리가 나지 않았더라면, 그 날을 저주하는 자들 곧 리워야단을 격동시키기에 익숙한 자들이 그 밤을 저주하였더라면, 그 밤에 새벽 별들이 어두웠더라면, 그 밤이 광명을 바랄지라도 얻지 못하며 동틈을 보지 못하였더라면 좋았을 것을, 이는 내 모태의 문을 닫지 아니하여 내 눈으로 환난을 보게 하였음이로구나.3:1-10

정작 침묵을 깬 자는 욥이다. 긴 침묵이 흐른 후 자신을 위로하러 찾아 온 친구들과 의례적인 인사를 나눌 생각도 없이 자신의 억하심정을 토한다. 이는 친구들의 위로 방문이 욥에게 전혀 감동을 주지 못했다는 방증이다. 그리고 진정한 친구들이라면 이런 탄식을 들었을 때 그 마음을 헤아리고 함께 아파했을 것이다. 그러나 친구들은 집요하게 욥의 말꼬리를 잡고 욥의 상처를 더 헤집는다. 고통이 극심할 때 무슨 말인들 못할까? 욥은 입을 열자마자 자신의 출생일을 저주한다. 그리고 욥은 자신을 저주받은 인생들과 치환시킨다.

3장은 애가형식을 취한다. 애가는 저주와 탄식을 포함한다. 첫 단락1-10이 저주부분이고 나머지11-26가 탄식이다.[13] 욥이 아직 친구들이나 하나님과 대화하기 전 독백하는 대목이다.

첫 단락에서 취한 저주 역시 자신에 대한 탄식을 반영한다. 또 탄식은 하나님에 대한 간접적인 불평이기도 하다. 욥의 처절한 심적 상태를 반영하고 있다. 욥은 자신의 생일을 저주한다. 자신이 표현할 수 있는 최고의 강도로 자신이 차라리 태어나지 않았으면 좋았을 것이라고 탄식한다. 여기서 욥은 자신을 태어나게 한 부모나 또 하나님을 직접적으로 비난하지는 않았다. 대신 그는 날과 밤에 대한 저주로 대치한다. 이렇게 직접적인 비난을 피한 것은 그의 경건한 품성을 반영하고 있는 것으로 보인다. 이런 욥의 정서를 반영하듯 본문에서는 "어두움"과 "밤"이란 단어가 반복되어 나타난다. 7절의 "그 밤이 적막하였었더라면"개역개정은 "그 밤이 아무도 잉태하지 못하는 밤이었더라면"새번역으로 번역될 수 있다. 따라서 아예 임신을 하지 못하는 불임의 밤을 상상한 듯하다. 욥은 한 발 더 나아가 이제는 전문주술사가 저주를 해주었으면 하고 바란다.3:8 "날을 저주하는 자"나 "리워야단[14]을 격동시킬 수 있는 자"는 전문 주술사 또는 그런 능력을 가진 자를 지칭하는 것처럼 보인다. 아니면 리워야단이 직접 나타나 자신의 난 날을 저주해 주었으면 하는 바람이었는지도 모른다. 이런 욥의 외침은 결국 자신의 극심한 무력감을 나타낸 것이다. 자신은 죽고 싶어도 죽지도 못하는 신세가 되었다는 것이다. 욥은 밤을 광명을 얻지 못한 상태로 표현했다.3:9 자신의 상태가 마치 빛을 잃은 밤과 같다는 것이다. 밤이 빛을 받아 낮이 되면 그 낮이 생명을 잉태하게 된다는 생각이다. 그러니까 차라리 빛을 잃은 밤이 계속 되었더라면 자신이 태어나지도 않았을 것이고 지금의 고난도 없었을 것이라는 탄식이다. 욥의 이런 상태를 두고 그가 하나님에 대한 신뢰

---

13) 좀 더 자세한 논의는 Clines, Job 1-20, 75-76을 참조하라. 클라인스는 3장의 장르를 불평(Complaint)으로 본다. 또 그는 3장의 구조를 좀더 세분화해서 3-10, 11-19, 20-26 이렇게 세 부분으로 나눈다. David J.A. Clines, *Job 1-20* (Word Biblical Commentary 17). Word Books,1989.

14) 위 개역개정 본문에는 "큰 악어"로 번역되어 있다. 리워야단에 대해서는 욥 41장 리워야단에 대한 논의를 참조하라

와 신앙심을 잃었다느니 흔들렸다고 보는 부류들도 있다. 하지만 이 탄식은 자신의 존재에 대한 부정을 말한다고 보는 것보다 자신의 현재 심리적 상태를 빛을 잃어버린 상태라는 극심한 표현으로 보아야 할 것이다. 욥이 죽음을 운운한 것을 두고 자살을 암시한 것이라 보는 사람도 있으나 욥은 자살을 욥션으로 두고 말하지 않았다. 다만 죽고 싶어도 죽을 수 없는 자신의 정체성에 대하여 탄식한 것이라고 보아야 한다. 이런 극심한 고통의 상태에서 '죽고싶다'라고 외치는 것은 인지상정이다. 모태의 문3:10을 운운한 것도 자신을 낳은 모친에 대한 원망이 아닌 같은 맥락에서 이해해야 할 것이다. 한마디로 극도의 절망감이라고 할 수 있다.[15)]

탄식을 허하라(3:11-26)

어찌하여 내가 모태에서 죽지 않았던가? 어찌하여 어머니 배에서 나오는 그 순간에 숨이 끊어지지 않았던가? 어찌하여 나를 무릎으로 받았으며, 어찌하여 어머니가 나를 품에 안고 젖을 물렸던가? 그렇게만 하지 않았더라도, 지금쯤은 내가 편히 누워서 잠들어 쉬고 있을 텐데. 지금은 폐허가 된 성읍이지만, 한때 그 성읍을 세우던 세상의 왕들과 고관들과 함께 잠들어 있을 텐데. 금과 은으로 집을 가득 채운 그 통치자들과 함께 잠들어 있을 텐데. 낙태된 핏덩이처럼, 살아 있지도 않을 텐데. 햇빛도 못 본 핏덩이처럼 되었을 텐데! 그곳은 악한 사람들도 더 이상 소란을 피우지 못하고, 삶에 지친 사람들도 쉴 수 있는 곳인데. 그곳은 갇힌 사람들도 함께 평화를 누리고, 노예를 부리는 감독관의 소리도 들리지 않는 곳인데. 그곳은 낮은 자와 높은 자의 구별이 없고, 종까지도 주인에게서 자유를 얻는 곳인데! 새번역 3:11-19

이 탄식부분은 "왜"라는 일련의 질문으로 구성된다. 반문법도 탄식의 방법 중 하나다. 저주와 탄식에서 터져 나온 질문들은 사실 답도 없는 질문일 뿐이다. 그

---

15) 롱맨은 3장 3절 주석에서 욥이 부모나 하나님을 직접 비난하지 않은 것에 유의했다. Tremper Longman III, *Job* (Baker Commentary on the Old Testament Wisdom and Psalms), Baker Academic. 2012.

건 질문이 아니라 그저 탄식이다. 욥도 자신의 탄식이었음을 인정한다.3:24 [16] 탄식3:11-19과 질문20-26 그리고 저주가 탄식으로 바뀌어 가는 과정은 자연적이다. 저주와 탄식은 한 쌍으로 가는 쌍두마차이다. 어찌하여, 어찌하여가 반복된다.3:11,12, 20

욥의 "왜" 질문은 나중에도 계속 이어진다.[17] 먼저 욥은 왜 자신이 죽어 나오지 않고3:11 왜 자신이 출산이 되었는지3:12 묻는다. 잉태와 출산은 본질적으로 축복이라는 인식으로 볼 때 지금 자신의 상태는 저주라는 암시를 주는 말이다. 따라서 욥은 만일 자기가 태어날 때 차라리 죽었더라면 지금 당하는 그런 고통은 없었을텐데 라고 탄식한다. 죽음 이후 이 세상에서 권력과 부를 누렸을 세상의 왕들과 고관 그리고 통치자들과 함께 잠들어 있을 것이라는 말은 무슨 뜻일까? 그들과 함께 있을 것이라는 상상이 죽음 후에야 모든 사람들이 가는 곳이 구별없는 평등한 곳이라는 뜻일까?3:13-15

일단 욥의 언급은 한 때 세상에서 떵떵거리며 살던 권력자들이 지금은 모두 무덤에 묻혀 있다는 사실과 그들의 부귀영화가 지금은 폐허 속에 묻힌 쓸모 없는 재산이 되었다는 사실을 부각시킨다. 이런 허망한 죽음에 자기도 동참하는 게 차라리 고통을 멈춘다는 의미에서 낫지 않을까 한다는 고통 중에 부르짖는 탄식이다.

"악한 자," "삶에 지친 자," "갇힌 자," "노예종," "낮은 자"와 "감독관," "높은 자," "주인," 이렇게 세상에서는 구분과 차별이 있었는지는 모르나 땅 속에서는 구별이 없이 함께 누워있다는 사실이 죽어서야 주어지는 "자유"3:19와 "평화"3:18를 암시한다. 그러나 죽어서 얻는 자유와 평화가 무슨 소용이 있겠는가? 하는 탄식으로 읽힌다.

오호라 나는 곤고한 자로다.(3:20-26)

어찌하여 고난 당하는 자에게 빛을 주셨으며 마음이 아픈 자에게 생명을 주셨는

---

16) 성경에 나타난 탄식으로 히브리노예의 탄식(출 2:23), 예루살렘 주민의 탄식(애 1:4,8) 다윗의 탄식(시 22:1) 등이 있다.
17) 7:20, 21; 10:18

고. 이러한 자는 죽기를 바라도 오지 아니하니 땅을 파고 숨긴 보배를 찾음보다 죽음을 구하는 것을 더하다가 무덤을 찾아 얻으면 심히 기뻐하고 즐거워하나니. 하나님에게 둘러싸여 길이 아득한 사람에게 어찌하여 빛을 주셨는고. 나는 음식 앞에서도 탄식이 나며 내가 앓는 소리는 물이 쏟아지는 소리 같구나. 내가 두려워하는 그것이 내게 임하고 내가 무서워하는 그것이 내 몸에 미쳤구나. 나에게는 평온도 없고 안일도 없고 휴식도 없고 다만 불안만이 있구나.3:20-26

욥은 이제 자신의 고난을 일반화한다. 이전의 탄식에서 그는 하나님이 왜 자기에게 생명을 주셨는가? 하고 탄식했다. 이제는 하나님이 왜 고난 당하는 사람들에게 생명을 주셨는가? 하고 묻는다. 그들 역시 얼마나 고통스러우면 숨은 보화 찾는 것보다 죽기를 더 사모할까? 차라리 무덤을 찾을 때 기뻐하고 즐거워한다면서 현실에서의 고통이 얼마나 깊고 어두운 골짜기인지 상상케 한다.

여기서도 욥은 생명과 빛을 등치시켜 말한다. "어찌하여 고난 당하는 자에게 빛을 주셨으며 마음이 아픈 자에게 생명을 주셨는고."3:20 욥은 여기서 분명히 자신을 고난당하는 자와 동일시한다. 이들과 함께 고통을 나눈다.

어둠의 긴 터널 속에 갇혀 있는 고난 당하는 자에게 바깥 세상의 빛이 무슨 소용이 있으며 마음이 상한 자가 더 살고 싶어 발버둥 치겠는가? 하는 탄식이야말로 오늘 고통 당하는 모든 사람들의 탄식 그대로다. 적나라하게 표현하자면 고통당하는 사람들은 죽지 못해 살고 있다는 뜻이다. 이런 상황에서 현실적인 출구는 고통이 멎거나 아니면 생명이 멎는 것이다. 하지만 죽음마저 바라도 오지 않는다. 욥의 아내는 차라리 죽음으로 고통을 끝내는 게 낫다는 생각에 욥에게 죽으라고 한 지도 모르겠다. 그녀도 그렇게 고통을 외면하고 싶어하는 듯하다.

17-19절에 적시된 것 같이 그들이 세상에서 당하는 아픔에 깊이 공감한다. 이 세상에서는 착취와 괴로움 속에서 죽고 싶어도 죽지 못하고 마지 못해 사는 인생들이 죽은 후에야 놓여 안식 상태에 이른다고 애통해 한다.[21] 자신도 마찬가지로 죽고 싶어도 죽지 못해 사는 인생이 되었다고 탄식한다. 이런 상상을 하며 욥은 한숨을 쉬며 탄식한다.3:24 이게 욥이 고통을 이기는 방법이다. 눈물과 음식이 같은

뜻을 품는 메타포라는 점은 시편에서도 찾을 수 있다.시 42:3; 80:5; 102:9 18) 평강도 안온도 안식도 없는 현실적 고난이 임한 것을 탄식한다.3:25-26

여기서 네 가지 관점에 유의해 본다. 첫째, 욥의 저주와 탄식을 심리학적 관점에서, 둘째, "왜?"why me? 질문에 대하여, 세째, 신자는 슬픔을 억제해야 한다는 주장에 대하여, 그리고 네째, 고통을 벗어나는 방법으로 죽음 또는 자살이 정당한가?하는 질문이다.

첫째, 욥의 저주와 탄식을 심리학적인 관점에서 살펴보기 위해 심리학자 퀴블러 로스Kübler-Ross의 슬픔의 단계를 적용해 본다. 5단계가 있는데 각각 부정기denial, 분노/충격기anger, 협상기bargaining, 우울기depression, 수용기acceptance다. 이 슬픔의 단계를 욥의 경우에 적용해 보아도 욥 역시 이 모든 단계를 거치는 것을 확인할 수 있다. 분노충격기는 끔찍한 소식을 듣고 나서 몸이 자연적으로 일으키는 반응으로서 분노로 문제를 해결하려고 한다. 자기 자신을 포함하여 타자 또는 신에 대한 분노를 일으킨다. 그 다음 단계가 협상기로서 분노가 문제를 해결할 수 없다는 사실을 알게 되면 타협이 시작된다. 죽음을 피하려고 신같은 초자연적 존재와 타협하려는 시도를 한다. 이때 흔히 우울기가 동반된다. 우울한 증상은 질병이 악화하거나 끔찍한 현실이 더욱 분명해지면 나타난다. 무력감이 심해지므로 심각한 우울증에 빠지게 된다. 그리고 슬픔이 깊어지면서 문제를 극복하려는 노력이나 타인과의 교류 자체를 거부하는 경향이 수반된다.

3장에 나타나는 욥의 모습은 전형적인 분노/충격기의 모습이다. 저주는 충격기에 나타나는 전형적인 심리적 현상이다. 이때는 욥이 논리적으로 말할 계제가 아니다. 그저 탄식하고 쏟아 놓을 뿐이다. 이런 때 논리적으로 접근하여 말싸움하는 것이 환자에게는 치명적인 독약을 주입하는 일이 된다. 욥의 세 친구가 이런 우를 범한 것이다. 흔히 자살은 이렇게 유발된다. 욥이 지금 자신의 난 날을 저주한 것은 충격을 당한 사람에게서 흔히 나타나는 현상이다. 예를 들어 "가엾은 어머니 날 왜

18) Longman, *Job*, Kindle location 2028.

낳으셨나요" 를 부른 맹인 가수 이용복[19]의 탄식이 이에 해당한다.

욥은 친구들과 변론과정에서 이 심리 사이클을 반복한다. 그러다가 하나님의 질책을 받고 협상과 수용기에 들어간다.

둘째, "왜?"why me? 질문에 대하여. "왜"라는 질문은 고통 당하는 사람이라면 누구나 고통 후에 지르는 비명이자 하소연이다. 욥이 3장에서 "왜"라는 질문을 꼬리에 꼬리를 물고 계속한다. 뿐만 아니라 그의 "왜" 질문은 친구들과의 변론에서도 계속된다. 그만큼 이 질문에는 해답이 없다는 뜻이다. "왜?"라는 외침은 사실상 해답을 찾기 위한 질문이라기보다는 고통을 이기기 위한 절규다. 또 "왜?"라는 질문은 하나님과 인간사이의 영역을 엄격히 나누는 질문이 된다. 인간사에서 일어나는 "왜?"라는 질문과 절규는 오로지 하나님만이 답하고 해결할 수 있다는 뜻이다. 그래서 욥은 계속해서 하나님께 "왜"라고 절규한다. 그래서 "Why me?왜 나에게만"이란 탄식을 두고 다른 사람이 겪을 불행을 자기가 겪는다는 불평으로 해석할 필요는 없다.

세째, 신자는 슬픔을 억제해야 한다는 주장에 대하여. 오늘날 부활을 믿는자는 죽음 앞에서도 오히려 천국을 떠올리며 기뻐해야 한다고 주장한다. 자식을 잃어버려 애통하는 자에게 울음을 그치라고 주문한다. 믿는자가 취할 태도가 아니라고 하면서. 진정한 신자라면 의심도 하면 안되고 하나님 앞에 불경한 태도나 말을 뱉어서도 안된다고 가르친다. 이런 의미에서 3장의 욥의 탄식은 하나님께 대한 그보다 더 심한 불경한 말이 있을 수 없다는 것이다. 욥이 자신의 생명이 태어난 날을 저주한 것은 다름 아닌 생명을 주신 하나님을 저주한 것이 된다. 자신은 살면서 갖은 축복 다 받아 누렸으면서도 자신의 처지를 아직 태어나지도 못한 사산아라든가 물질을 누려 보지도 못한 처지에 있는 인생들과 비견한 것은 참으로 조그만한 시련도 이기지 못하는 유아기 신앙인이라는 것이다. 하지만 욥의 저주는 절대절명의

19) 가수 이용복은 대한민국 최초의 맹인 가수로서 1970년대를 풍미한 인기가수였다. 이용복의 "어머니 왜 날 낳으셨나요?"란 노래에서 "가엾은 어머니 왜 날 낳으셨나요?"란 가사말로 수많은 사람들의 눈물을 자아낸 곡이다.

고통의 순간에 터져 나온 절규다. 절규를 허하라. 하나님이 아니면 누구에게 이런 절규를 하랴!

네째, 고통을 벗어나는 방법으로 죽음 또는 자살이 정당한가?하는 질문이다. 욥은 계속해서 죽음을 갈구한다. 한 번도 아니고 지속적으로 죽었으면 좋겠다는 바람을 표현한다. 정말 욥은 자살을 염두에 두었을까? 3장을 잘못 읽으면 차라리 죽는게 낫다고 결론을 맺을 법하다. 그래서 혹자는 3장이 자살을 부추킨다고 비난한다. 그러나 욥의 탄식은 예레미야의 탄식과 유사하다. 렘 20:14-18 그렇다면 선지자적 고통의 외마디로 보아야 한다. 3장에는 분명 욥은 차라리 자신이 태어나지 않았으면 하는 탄식과 더불어 잉태되었더라도 엄마의 뱃속에서 죽어 나오지 않는 게 낫지 않았을까 생각한다. 그리고 낙태되어 땅에 묻힌 아이를 동경하기까지 한다. 그렇다고 해서 이미 태어나 버린 욥 자신이 차라리 죽는게 낫겠다든지 스스로 죽음을 택하겠다든지 하는 뜻을 노골적으로 표현하거나 암시하고 있지 않다는 점에 유의해야 한다.

다만 고통이 너무 심해 죽음 뒤에 있는 안식을 간절히 사모했을 뿐이다. 고통이 없는 그런 간절한 안식을 갈망하다 보니 죽음이라는 문턱이라도 넘었으면 좋겠다는 심정이 들었을 것이다. 물론 고통을 견디다 못해 그리고 심리적 저항선을 견디다 못해 스스로 목숨을 끊는 사람도 있다. 그러나 욥이 그런 선택을 하기에는 그의 하나님에 대한 신뢰와 믿음이 너무 돈독하다.

제1차 심리

• 심문1 및 변호

- 엘리바스 심문4장, 5장
- 욥의 변호6장, 7장

• 심문2 및 변호

- 빌닷의 심문8장
- 욥의 변호9장, 10장

• 심문3 및 변호

- 소발의 심문11장
- 욥의 변호12장-14장

심문1 및 변호

엘리바스[20]의 심문(4:1-5:27)

심리를 시작하기 전에 미리 재판장님과 피고인 욥에게 드릴 말씀이 있습니다. 욥은 저희들의 절친입니다. 누구보다 욥을 잘 알고 사랑하는 사람들입니다. 저희들은 이번 심리를 통해 저희들의 진심어린 진술과 충고를 통해 욥이 잘 깨달아서 그의 고통이 빨리 끝나기를 원합니다. 결코 욥을 넘어 뜨리려거나 불리하게 만들어서 그가 더 이상 일어나지 못하도록 하려는 것이 아님을 알아주시길 바랍니다. 먼저 나는 욥이 이 땅의 그 누구보다도 경건한 사람이라고 칭찬하고 싶습니다. 이건 우리 모두의 진심입니다.[21]

(속기록 4장)[22] 콩 심은데 콩나고 팥 심은데 팥난다

데만 사람 엘리바스가 말을 받았다. 누가 네게 말을 걸면 너는 귀찮게 여기겠지. 그렇다고 말을 하지 않을 수는 없다네. 보게나, 그대는 전에 많은 사람들을 가르치기도 하였고 연약한 사람들의 팔을 강하게 붙들어 주기도 하였으며 쓰러지는 자들을 격려하여 일어나게 하기도 하였고 힘이 없는 이들의 무릎을 강하게 하였었지. 하지만 정작 그대가 어려운 곤경에 처해지니까 힘들어하고 놀라는구나. 하나님을 경외하는 것이 네 믿음이고 온전한 길을 걷는 것이 너의 소망이 아니더냐? 생각해보라. 죄 없이 망한 자가 누가 있고 정직한 사람이 멸망한 일이 있더냐? 내

---

20) 엘리바스. 셋 중에서 연장자로 보이며 리더역할을 한 듯하다. 나이로나 사회적 경험 또는 신앙적 연륜에 있어서 다른 두 친구보다 더 존중을 받은 듯하다. 따라서 엘리바스가 심문의 첫 주자 역할을 한 듯하다. 그리고 이 첫 논지가 빌닷과 소발의 논지에 토대를 제공한다.

21) 이 부분은 필자의 저작 지문이다.

22) 4장부터는 법정에서 벌어지는 심문과정을 상정하여 법정드라마 형식으로 저술을 전개하였으므로 성경본문을 속기록이란 이름으로 적는다. 지금 욥기를 읽는 독자들이 알기 쉽도록 성경을 풀어 썼다. 기존의 여러 역본들(영어/한글)을 비교하여 전체 흐름에 맞는 해석을 따랐다. 번역 또는 해석에 학자들간 이견이 있는 구절의 경우 그 중에서 가장 상식에 맞는 해석을 따랐다.

가 보건대 악을 밭 갈고 독을 뿌리는 자는 그대로 거두나니 다 하나님의 입 기운에 멸망하고 그의 콧김에 날아갈 것이라. 사자의 울부짖는 소리가 그치고 어린 사자의 이가 부러지고 사냥감이 없어 죽어가는 사자가 많고 새끼 사자들이 뿔뿔이 흩어지는구나. 조용한 가운데 들려 오는 어떤 말씀이 가늘게 나의 귓전에 울려 왔다네. 사람들이 깊은 잠에 빠져들 즈음 내가 본 그 밤의 환상으로 인해 내가 번민에 빠졌고 너무 두렵고 떨려서 나의 온 뼈마디가 흔들렸다네. 그때에 어떤 영이 내 앞으로 지나가자 내 온 몸에 털이 주뼛 소름이 돋았지. 그 영이 내 앞에 서 있는데 나는 그 형상을 자세히 알아 보지는 못하여도 내 앞에 어른거리는 어렴풋한 한 형상에게서 나는 소리를 들었다네. "사람이 어찌 하나님보다 의롭겠느냐? 사람이 어찌 그 창조하신 이보다 깨끗하겠느냐? 하나님은 그 종이라도 그대로 믿지 아니하시며 그의 천사라도 미련하다 하시나니 하물며 흙집에 살며 티끌로 터를 삼고 하루살이 보다 더 쉽게 짓눌려 질 사람이겠느냐? 아침과 저녁 사이에 부스러져 가루가 되고 영원히 사라지되 기억하는 자가 없으리라. 결국 그들의 장막줄은 뽑히고 지혜가 없이 죽느니라."1-21

(속기록 5장) 징계받는 자가 복이 있나니

욥아, 이제 너는 부르짖어 보아라. 네게 응답할 자가 있겠는가? 하늘의 거룩한 자 중 누구에게 너는 하소연 할 수 있겠는가? 분노가 미련한 자를 죽이고 질투가 어리석은 자를 죽이는 법이라네. 미련한 자가 뿌리를 내리더라도 갑자기 그의 집이 저주를 받는 것을 나는 목격했다네. 그런 자의 자식들은 억눌려 괴로움을 당하나 재판에서도 도움을 받지 못하는도다. 그가 거두어 들인 것들을 굶주린 자들이 먹어 치우고 덫에 걸린 것도 빼앗으며 목마른 자들[23]이 그의 재산을 향하여 입을 벌리느니라. 재앙이 티끌에서 일어난 법도 없고 고난이 땅에서 솟아나는 법도 없도다. 인생이 고난을 타고 났으니 불꽃이 위로 날아가는 것과 같도다. 나라면 하나님을 찾겠고 내 일을 하나님께 의탁하겠노라. 하나님은 우리가 헤아릴 수 없는 큰 일을 행하시며 놀라운 일을 셀 수도 없이 행하시는 분이시니 그가 땅에 비를 내리

---

23) 개역/개역개정은 "올무"로 새번역과 공동번역은 "목마른 자"로 번역하였다. NIV, RSV는 "thirsty pant", NKJV "a snare"로 번역했다.

시고 밭에 물을 대시는 분이시로다. 그가 낮은 자를 높이시고 슬퍼 우는 자를 일으켜 세우시는도다. 하나님은 교활한 자의 꾀를 꺾으시고 그들의 손이 성공하지 못하게 하시며 지혜롭다고 하는 자들을 자기 계략에 빠지게 하시며 간교한 자의 계략을 무너뜨리시므로 그들은 낮에도 어두움을 만나고 대낮에도 더듬기를 밤과 같이 하는도다. 하나님은 가난한 자를 강한 자의 칼과 또 그들의 입에서 또한 그들의 손에서 구출하여 주시나니 그러므로 가난한 자가 희망이 있고 불의한 자는 스스로 입을 다물 수밖에 없도다. 친구여 보라, 그래도 하나님께 징계받는 자가 복이 있나니 너는 전능자의 징계를 업신여기지 말아라. 하나님은 아프게 하시다가 싸매어 주시며 상하게 하시다가도 그의 손으로 고치시나니 그가 너를 여섯가지 환난에서 건져 주시며 일곱가지 재앙이라도 네게 미치지 못하게 할 것이며 기근의 때에 굶어 죽지 않도록 해 주실 것이며 전쟁 때에 칼의 위험에서 너를 구원하여 주실 것이로다. 또 너는 혀의 채찍을 피하여 숨을 수가 있고 파멸이 다가와도 두려워 아니 할 것이라. 너는 약탈과 기근을 비웃으며 들짐승도 두렵지 않을 것이로다. 들에 있는 돌이 너와 언약을 맺겠고 들짐승과도 평화롭게 살 것이로다. 너의 장막이 평안함을 볼 것이며 가축 우리를 살펴 보아도 잃어버린 것이 없는 것을 알게 될 것이라. 또 네 자손이 많아져서 네 후손이 땅의 풀같이 될 것을 보게 될 것이로다. 이제 너는 장수를 누리다가 무덤에 이르리니 마치 때가 되어 곡식단을 타작마당으로 들여 보내는 것과 같도다. 여보게 친구, 이것이 우리가 지금까지 살펴본 것이니 참말일세. 그러니 자네도 이 말을 귀담아 듣고 명심하기를 바라네.[1-27]

이상입니다

(배심원회의)[24] 정통신학이 사람 죽이네

배심원1[25]: 배심원 여러분 저는 이번에 "욥의 고난의 건" 심리에 참여한 심문자

24) 욥기를 법정 드라마 형식으로 엮으면서 욥기를 읽고 반응하는 사람들의 다양한 생각을 반영하기 위해 배심원 제도를 채택한다.

25) 배심원1은 심리에 참여하여 발언한 각 사람들(욥, 친구, 엘리후)의 논지를 요약 정리하여 다른 배심원들 앞에 정리 발표하는 역할을 한다. 최대한 자신의 생각을 배제한 채 화자의 핵심을 파악하는 임무를 맡았다.

들의 심문 내용과 욥의 변호를 정리하여 여러분 앞에 정리 발표하는 역할을 맡았습니다. 물론 속기록을 토대로 정리한 것입니다. 이후에 배심원 여러분들이 각자 자신의 의견을 피력하는 순서로 진행하고자 합니다. 혹시 제가 정리한 내용과 여러분이 들은 내용이 상치하는 경우는 지적해 주시기 바랍니다. 그럼 처음 심문에 나선 엘리바스의 주장을 정리하겠습니다.

엘리바스 이 친구는 먼저 욥의 지난 아름다운 삶을 치하합니다. 많은 사람들을 교훈하며 연약한 자들을 격려하며 붙들어 주었던 귀한 삶을 기억합니다. 그러나 지금은 욥 자신이 정작 어려운 곤경에 처해지니까 힘들어하고 놀라는 모습을 보이고 있다고 지적하면서 평소에 하나님을 믿던 바대로 하나님을 경외하고 온전한 길을 걸을 것을 주문합니다.4:3-6 왜 욥이 고난을 당하고 있을까 하는 의문에 대해서 엘리바스는 나름대로 분석을 하고 그 처방까지 내놓습니다. 결국 엘리바스가 말하고자 하는 포인트는 이것입니다. 즉, 하나님은 공의로우시운 분이다. 따라서 죄가 없는 자나 정직한 자는 결코 멸망하지 않을 것이고4:7-11, 죄를 지은 자는 반드시 징벌을 받게 되어있다는 주장입니다. 한마디로 말한다면 바로 인과응보 사상이라고 말할 수 있습니다. 비참하게 된 사람들을 보면 거긴 필경 멸망 당할 만한 죄과가 있기 때문이라는 것입니다. 심문인 엘리바스가 욥의 이름을 딱 지명하지는 않았지만 욥이 들으라고 한 말은 분명합니다. 그런데 문제는 욥 자신은 잘못이 없는데 이유없이 고통을 당하고 있다고 울고 불고 한다는 것입니다. 그러니 엘리바스는 욥에게 자신의 삶에 자신이 있다면 고통도 없어질 것이니 우는 소리를 그치라고 다그칩니다. 또 만일 고통이 지속된다면 그건 죄 때문에 그런 것이니 욥은 회개해야 한다고 충고하고 있는 것입니다. 욥이 이 지독한 고통을 벗어나는 길은 자신이 권하는 대로 하나님을 찾고 하나님께 이 일을 의탁하는 수밖에 없다고 단정합니다. 따라서 욥이 울부짖는 항변은 하나님을 잘 이해하지 못하는 데서 나오는 무지의 발로라는 것입니다. 결국 욥이 아무리 부르짖어도 아무도 응답하지 않을 것이라고 장담까지 합니다.5:1

이제 엘리바스는 욥에게 선현들의 지혜의 잠언으로 충고합니다. 분노와 시기는 아무런 도움이 되지 않을 뿐더러 살인의 무기가 된다.5:2 이런 감정을 표출하는 사람은 어리석고 미련한 자다. 그들은 잠시 잘 되는 것처럼 보이지만 결국 망하게 되고 그들의 자녀 또한 구원받지 못하며 재물도 종국에는 모두 빼앗길 것이다.5:2-5 사람의 고난과 재난이 그저 먼지가 일듯 자연적으로 발생한 것이 아니듯 그 원인이 분명이 있게 마련이라는 논리를 폅니다. 어리석은 인생은 고통을 자초할 뿐 아니라 또 다른 재앙을 유발할 뿐이다.5:6-7라고 말하면서 엘리바스는 욥에게 고통을 끝낼 수 있는 해결책을 제시합니다. 다른 곳에서 도움을 찾지 말고 하나님을 찾고 하나님께 일을 맡기라는 것입니다.5:8 왜냐하면 자신이 믿는 하나님의 성품에 따른다면 반드시 그런 결론에 도달할 수밖에 없다는 것입니다. 즉, 하나님은 위대하시며 신비한 일을 행하시는 분이시다.5:9 하나님은 자연과 만물을 돌보시는 분이시다.5:10 그는 또 낮은 자와 애통하는 자들을 일으켜 세우시고 구원하신다.5:11 하나님은 스스로 지혜롭다고 하는 교만한 자와 간교한 자들에게 성공을 허락지 않으신다.5:12-13 그는 오히려 가난한 자들을 강한 자들의 압제에서 건지시고 소망을 주신다.5:15-16 이렇게 요약합니다. 따라서 이런 공의의 하나님께서는 당연히 그의 자녀들을 징계하심으로 복을 받게 하신다. 그러므로 하나님의 징계를 무시하지 말아야 한다.5:17 하나님의 징계는 맵지만 따뜻하다. 아프게 하시다가 싸매어 주시고 매로 상처를 입히시다가도 고쳐주시는 분이시다.5:18고 하나님을 정의합니다. 이렇게 자신이 분석한 하나님을 소개하면서 욥이 하나님으로부터 받은 재앙과 고난으로부터 속히 벗어나기를 기원합니다. 엘리바스는 욥에게 이렇게 기원합니다.

> "바라건대, 하나님께서 징계를 위하여 내리시는 여섯 일곱가지 환난에서 네가 건짐을 받기를 진심으로 원한다. 즉 기근, 전쟁, 혀의 채찍, 멸망, 들짐승과 같은 환난을 당하지 않기를 바라고5:19-23 결국 너의 장막이 평안하며 가축들도 손실을 입지 않고 자손도 번성할 뿐 아니라 너도 장수하기를 원하노라."5:24-26

배심원2: 엘리바스는 지금 말도 안되는 자기 논리를 펴고 있습니다. 나도 하나님을 믿는 사람이지만 이건 아니라고 봅니다. 사람의 도리가 아니지 않습니까? 아니 지금 재산 다 날리고 자식들까지 잃어버린 슬픔에 잠긴 사람에게 위로를 한답시고 하는 말이 이게 뭡니까? 자기가 하나님을 알면 얼마나 잘 안다고 하나님의 성품을 줄줄 나열하긴 했지만 이런 사람의 신학이 사람을 죽이는지도 모른답니다. 말하자면 정통신학을 사람 잡는데 쓰는 격입니다. 이건 신학이 생명력이 없는 죽은 신학입니다. 신학이 사람 살리라고 있는 것이지 사람 죽이라고 있는 것은 아니잖습니까? 엘리바스의 말은 진리에 독을 섞은 독배와 같은 것이라고 봅니다. 일견 맞게 들리는 말을 잔뜩 나열함으로써 사람들의 귀의 분별력을 마비시키는 그의 말에는 진리를 왜곡하는 독이 들어 있단 말입니다. 엘리바스도 나처럼 짧지 않은 인생을 살아온 사람인데 왜 인생의 이치를 한 쪽만 부각시키는지 모르겠군요. 엘리바스는 죄없는 자는 결코 망하거나 소멸 당하는 일이 없다.4:7 고 단언했지만 그렇다면 이유없이 죽어간 많은 사람들은 무엇입니까? 예를 들어 전쟁에서 무고하게 학살 당한 사람들이라든가 태어나자마자 의료사고로 죽은 영아들 역시 그들의 죄가 커서 그런 벌을 받아야 한다는 말입니까? 이게 배운 사람들의 문제라는 것입니다. 자기 논리만 진리인 것처럼 주장하는 태도부터 지금 심문인의 주장은 받아들이기가 곤란합니다.

배심원3: 욥이란 양반 참 반듯하고 법 없이도 살 사람이라고 알고 있습니다. 이웃들에게 잘하고 연약한 자들을 기꺼이 도와주는 참 인심이 후한 사람이었다고 들었습니다. 그런데 어쩌다 이렇게 만신창이가 되었는지 나도 마음이 아픕니다. 그럼에도 불구하고 엘리바스의 인과응보라는 주장은 개인적인 주장이라기보다는 동서 고금의 진리 아니겠습니까? 지금 사회의 통념적 진리가 아닙니까? 그렇다면 욥에게 치명적인 죄가 있다는 이야기가 됩니다. 과연 무슨 죄가 그렇게 하나님의 큰 분노를 자아냈을까 싶어 마음이 착잡합니다. 참 사람은 알다가도 모를 일이네..

배심원4: 엘리바스가 정곡을 찔렀다고 봅니다. 절친으로서 이런 말 하기가 얼마나 어렵겠습니까? 그러나 진정한 사랑이 뭡니까? 친구를 진정 사랑한다면 적당히 회피하는 것보다 문제의 해답을 꼭 집어 제시해 주어야 하지 않겠습니까? 곪아 터진 환부를 아프다고 짜지 않으면 몸이 썩어 죽게 되는 것처럼 욥이 죽는 일임을 뻔히 알면서도 번지르르한 말로 위로한다면 그건 진정한 친구가 아니지요. 더구나 엘리바스는 그가 고백한 것처럼 신비한 영적인 체험까지 많으신 분이시니 우리가 영적인 분의 말을 더 믿어야 하지 않을까요? 욥도 참 좋은 사람이라고 들었지만 엘리바스처럼 영적인 체험을 한 것 같지는 않습니다. 신앙이라고 다 같은 신앙으로 본다면 우리 배심원단의 판단에 오류가 생길 것입니다.

배심원5: 솔직히 모르겠습니다. 아직 뭐가 뭔지 모르겠단 말입니다. 욥의 변호를 들어본 후에 판단해 봅시다.

당하알 하박사[26] :오늘도 당하알 하박사 채널을 찾아 주신 구독자 여러분께 감사합니다. 끝까지 들어 주시면 감사하겠고요, 구독 과 좋아요 눌러 주시는 것 잊지 마세요. 오늘부터는 많은 구독자들의 요청에 따라 욥기서를 공부하도록 하겠습니다. 이번에 욥기서를 다루게 된 계기는 여러 구독자들의 요청이 있기도 했고 때마침 욥기서에 관한 새로운 형태의 주석서가 나왔기 때문입니다. 스크린에 보시는 것처럼 책 표지도 산뜻합니다만 접근 방식이 기존 주석서와는 완전히 달리 신박하고요 내용 또한 매우 신선합니다. 앞으로 이 책 내용을 중심으로 다루겠습니다. 여러분들도 책을 한권씩 구입해서 따라 오시면 좋은 공부가 될 것입니다. 자 오늘은 첫번째 시간이지만 바로 욥과 친구들의 변론부분으로 들어가서 엘리바스의 심문 내용을 다루겠습니다.

바로 이전에 욥은 자신의 고통을 호소하며 절규했지요? 이에 욥의 절규를 듣자

26) 하박사는 유튜브 채널 "당하알 하박사"를 운영하며 큰 호응을 얻고 있는 크리에리터이다. 그의 채널명 당하알은 "당신이 하나님을 알아?"라는 말로서 하박사는 채널에서 성경 전반에 걸쳐 청취자들이 알고 싶어하는 하나님의 성품에 관하여 알기 쉽게 설명하는 것으로 정평이 나 있다. 유명 신학교 교수이기도 한 하박사는 욥기서를 지금 현재 청취자의 입장에서 해석하는 접근을 하고 있다.

마자 친구들이 벌떼처럼 달려들어 "너 말 한번 잘했다. 흥 그동안 너는 믿음을 가장하고 살았던 게지. 이제야 밑천이 드러난 거야.."하며 일제히 심문에 돌입합니다. 자신들은 하나님의 자리에 서서 객관적으로 짚고 넘어갈 수 있다는 자세로 말입니다. 하지만 이들은 지금 사탄의 논리 그대로 사탄의 변호인 노릇을 한다는 사실을 모른다는데 문제가 심각해 보입니다. 이들의 논리와 질문이 바로 하나님께 응수한 사탄의 논리이기 때문이죠. 사탄은 이렇게 신학적인 질문으로 지상의 신앙여정에 개입을 시작합니다.

친구들은 처음에 아주 유능한 상담자로 등장합니다. 이미 살펴 본대로 그들은 정중하게 예를 갖추어 애도기간에 동참합니다. 그러나 그 기간이 끝나자마자 친구들은 욥의 아픈 상처를 마취도 하지 않은 상태로 건드립니다. 건드리다 못해 푹 찔러 봅니다. 욥의 신체적 상처의 원인을 따지다 급기야는 자녀라는 상처에 소독약을 붓고 맙니다. 하지만 그건 소독약이 아니라 고문약입니다. "네 자녀들이 주께 죄를 지었으므로 주께서 그들을 그 죄에 버려두셨나니"8:4라고 상처를 후벼 팝니다. 자녀를 가슴에 묻은 경험이 있었다면 절대로 그런 말을 할 수 없을 것입니다. 심지어는 죽을 죄를 지어 형장의 이슬로 사라진 아들을 가진 부모에게도 할 수 없는 말이죠. 여기서 친구들은 욥에게 하나님의 성품을 가르치려 했으나 그들이 말하는 하나님은 신학책에서 한 발걸음도 나오지 못한 생명없는 언어에 머물고 있습니다. 진정한 신학적 질문은 사람을 살리는데 사용되어야 합니다. 친구들의 변증은 가히 정통신학적이라고 말할 수 있습니다. 하지만 정통신학답게? 사람을 살리지는 못합니다. 아, 제가 좀 시니컬하게 말한 것 용서하십시오. 그들의 질문은 욥을 위로하고 살리는 대신 목조이고 서서히 죽어가게 합니다. 교리와 정통신학은 삶의 현장에서 검증받아야 한다고 생각합니다. 욥의 고통의 문제는 정통신학으로는 해결되지 않는다는데 오늘 우리들의 한계가 있습니다. 결코 하나님의 한계가 아니죠.

자, 엘리바스의 논지에는 몇가지 문제가 있어요. 첫째, 권선징악인과응보 사상은 정통신학에서 나온 사고가 아니라 토속적인 사고방식이라는 것입니다. 물론 성경에도 권선징악의 원리가 들어 있긴 합니다. 하지만 성경적 법칙은 권선징악이 절대적인 원리로 작용하지 않아요. 둘째, 인간의 고통의 문제를 신학적 논리의 틀로 가져온 것 자체가 하나님을 제한하는 일입니다. 천상회의에서 시작된 고통의 문제는 이미 출발점부터 땅의 재판정에서 풀 수 있는 성질의 문제가 아니기 때문입니다. 세째, 친구들의 태도에 더 큰 문제가 보입니다. 지금 욥은 상중에 있습니다. 물론 7일장을 치룬 후이긴 해도 자식들을 모두 잃었습니다. 그의 아내마저도 욥을 저주하면서 죽으라고 했습니다. 그런 사람에게 지금 하는 충고는 충고 이전에 살인 행위라고 봅니다. 지적질로 사람을 위로하거나 고칠 수는 없다고 생각합니다. 오늘 엘리바스의 충고를 들으면서 여러분은 어떤 생각이 드셨나요? 다음 시간에 다시 뵙죠.

당고알 고집사[27]: 아이참 사람이라는 존재가 말이지 참으로 요상하다카이. 내사마 욥기라카믄 덮어두고 다시는 읽고 싶지 않은 책인데 말이지 이번에 하박사가 특강으로 다룬다니까 괜히 귀가 쫑긋해 지는기라. 혹시나 해서 들어보기로 했지. 고통 받는 사람의 입장에서 쓴 욥기 주석이 새로 나왔다니까 흥분이 되기도 하고 말이야.

사실 그동안 내사마 유명하다 하는 학자들의 욥기 연구나 욥기 설교 다 들어봤다만 모두 신정론이 어떻고 하나님의 정의가 어떻고 고통의 기원이 어떻고 하는데 머물고 있어 도찐개찐인기라. 나도 좀 공부해 봐서 알겠는데 욥기서는 그런 각도로 쓰여진 책도 아니고 또 그런 각도로 읽어서도 안되는 거란 말이다.[28] 물론 욥기는 고통의 문제를 논하는 책 맞다. 또 하나님의 주권을 말한다. 그러나 고통의 문제

27) 당고알 고정석 집사는 다운증후군 장애아 딸을 둔 경상도 아버지다. "당고알"은 고집사가 즐겨 찾는 유튜브 채널 당하알 하박사에서 패러디한 것으로서 "당신이 고난을 알아?"라는 말로 자신에게 스스로 붙여준 닉네임이다. 고집사는 어릴때 어머니가 집 골목에서 사주시던 당고알 맛이 늘 그립다고 한다. 한때는 신학을 공부하여 목회를 꿈꾸던 전통적 의미의 교회 신봉자였으나 지금은 딸의 장애로 인해 가나안 신자가 되었다.

28) 욥기서의 저술 목적에 대해서 학자들간에 주장이 다르지만 최근의 연구는 욥기가 신정론이라든가 하나님의 정의라는 관점에서 저술한 것이 일차 목적이 아니었다는데 동의한다. 즉 욥기가 악의 원인이나 악에 대한 책임이 누구에게 있는가 하는 질문에 대해 논의한 책이 아니라는 것이다.

에 대해서 그 어떤 해답도 제시하지 않는다 말이다. 오히려 사람들이 이해할 수 없는 의문들로 가득한 질문들만 쏟아 놓고 있단 말이지.

내 선언하노라. 욥기서를 통해 고통의 문제에 대한 답을 찾으려 하지 말라. 너희 고통만 더 쌓일 뿐이니라! 고통을 당하고 있는 욥의 입장에서 욥의 고통을 나누면서 욥의 생각을 이해하면서 쓴 책이나 강의나 설교를 난 아직 듣지 못했다니까. 그래서 말이지. 나는 욥기서를 읽을 때마다 혈압만 올라간다니까. 내사마 절망만 더 쌓인다카이. 엘리바스 저게 무슨 친구고? 욥이 잘 나갈 땐 단물 다 빨아 먹다가 이제 욥이 일어설 수 없을 만큼 보이니까 손절하는 거 보라꼬. 그리고 또 다른 친구들과 협력을 강화할려고 하는 수작이지. 다 자기 살길을 찾는 거라고. 하나님을 대변하는 것처럼 번지르르하게 가장하고 사는 거지. 오늘날 교회하고 똑 같단 말이지. 욥의 편에서 진정 욥의 마음을 헤아리는 사람 찾아보기가 쉽지 않아. 우리 가정도 똑같이 당해 봐서 그 마음 째끔 안다만 누가 그 심정 알겠노?

심문1 및 변호

욥의 변호(6:1-7:21)[29]

(속기록 6장) 난 돌쇠가 아니라오

욥이 대답을 하였다. 아 나의 괴로움과 이 재앙을 모두 저울에 달아 볼 수 있다면 바다의 모래보다도 무거울 것이라. 내 말이 좀 거칠었다면 이 때문이라오. 전능자의 화살이 내게 박히고 내 영이 그 독을 마셨으니 하나님의 두려움이 나를 엄습하여 휘몰아 치는구나. 들나귀가 풀이 있는데 어찌 울겠으며 소가 꼴이 있는데 어찌 울겠소? 소금없이 싱거운 음식을 먹으면 무슨 맛이 있겠소? 달걀 흰자위를 무슨 맛으로 먹겠소? 나는 그런 것들은 만지기도 싫소이다. 정말 입맛에 꺼리는 음식이니까 말이오. 오, 누가 내 청을 들어 줄 것이며 하나님이 나의 소원을 허락하시랴? 하나님이 나를 부수시고 손을 들어 나를 깨뜨려 주신다면 그것이 오히려 내게 위로가 되고 그칠 줄 모르는 고통 가운데서도 내게 기쁨이 될 것이오. 나는 거룩하신 분의 말씀을 거역하지 않았기 때문이라오. 내가 무슨 기력이 남았다고 더 기다리겠소? 얼마나 좋은 일이 남았다고 그저 참고 있겠소? 내 기력이 돌의 기력이라도 된단 말이오? 내 몸이 놋쇠라도 되는 줄 아시오? 내게 스스로 도울 힘이 남아 있는가? 모든 도움과 능력이 나로부터 멀리 떠나 갔단 말이오. 비록 하나님을 저버린 자가 있을지라도 그는 친구들로부터 동정이라도 받거니와 내 친구들은 흘렀다가 말라버리는 개울처럼 변덕스럽고 개울의 물살처럼 지나가 버리는구나. 얼음이 녹으면 흙탕물이 되고 눈이 녹으면 물이 넘쳐 흐르다가도 날이 따뜻하면 다시 마르고 더워지면 개울은 흔적조차 아주 없어진다오. 대상들이 물을 찾아 나서다 길을 잃고 삭막한 사막에서 죽고 마는구나. 데마의 대상들도 그곳을 바라보고 스바의 행인들도 물을 사모하다가 그곳에 이르러서는 실망하고 낙심하고

29) 욥은 변호사없이 자기변호를 시작한다. 그는 자신을 변호해 줄 사람을 잃어버린 셈이다. 사실 세 친구들이 변호사 역할을 할 줄 알았는데 고발자가 되었으므로 이제 스스로 자신을 변호할 수밖에 없는 처지가 되었다.

만다오. 너희들도 내게 그런 개울과 같은 자로다. 너희들이 나의 재앙을 보고 겁을 내는구나. 내가 언제 너희들에게 무엇을 달라고 했더냐? 너희 재물을 나를 위해 써달라고 했더냐? 내가 언제 원수의 손에서 나를 구원해 달라고 애원하기나 했더냐? 폭군의 손에서 나를 구출해 달라고 했더냐? 나에게 가르쳐다오. 내가 무슨 잘못을 했는지? 그럼 내가 잠잠하겠소. 옳다고 주장하는 당신들의 말이 얼마나 고통스러운지 아시오? 도대체 당신들이 책망하는 바가 무엇이오? 그대들이 나의 말을 꾸짖고 나의 간절한 말을 바람과 같이 여기니 말이오. 그대들은 고아를 제비 뽑아 팔아 넘기고 이제는 너희 친구를 팔아 넘기겠는가? 이제 제발 부탁하오. 얼굴을 내게 돌려 대면하여 보시오. 내가 결코 거짓말을 하지 않으리다. 너희들은 돌이켜 악을 행하지 마시길 바라오. 나의 의로움이 지금 위태로운 상태에 있으니 어서 돌아오길 바라오. 내가 언제 혀로 불의한 말을 낸 적이 있단 말이오? 내가 어찌 속임수도 분별하지 못하겠소?[1-30]

(속기록 7장) 차라리 하나님의 손에 죽고 싶소

인생들이 이 땅 위에 산다는 것이 어찌 힘든 일이 아니겠소? 그의 평생이 품꾼의 나날과 같지 않겠소? 종은 해만 지기를 기다리고 품꾼은 받을 삯을 기다리나니 이와 같이 내가 여러 달째 고통을 받고 있으나 고달픈 밤은 그칠 줄 모르는구나. 내가 누울 때면 언제 일어날 수 있을까? 생각하며 마음 졸이다 새벽까지 이리 뒤척 저리 뒤척 한다오. 내 살은 구더기와 먼지로 뒤덮였고 내 피부는 아물었다가도 터져 버리는구나. 내 날이 베틀의 북보다 빠르게 지나니 이제 희망이 없이 그저 지나만 간다오. 하나님! 내 생명이 한낱 바람임을 생각하여 주소서. 다시는 내 눈으로 행복을 보지 못할 것 같나이다. 나를 본 사람도 다시는 나를 보지 못할 것이고 주께서 나를 찾으셔도 더 이상 내가 있지 아니하리다. 구름이 사라져 없어짐 같이 스올로 내려가는 자는 다시 올라오지 못할 것이오니 그는 다시 자기 집으로 돌아가지 못할 것이며 자기 살던 곳에서도 그를 다시 알아보지 못하리이다. 내 영혼이 너무 아프기 때문에 내가 입을 다물지 못하겠나이다. 그래서 내 마음의 괴로움을 불평 좀 하겠나이다. 하나님 내가 바다 괴물입니까?[30] 어찌하여 나를 지키시나이까? 내 잠자리가 나를 위로하고 내 침상이 내 근심을 풀어 주겠지 생각할 때에도 주께서 꿈으로 나를 놀라게 하시며 환상으로 나를 두렵게 하시나이다. 그러므로 내 마음이 뼈를 깎는 고통을 겪느니 차라리 숨이 막혀 죽는 것을 택하겠나이다. 이제 사는 것이 싫습니다. 영원히 살기를 바라지도 않나이다. 그러니 저를 놓아주소서. 내 삶이 허무하나이다. 사람이 무엇이길래 주께서 그를 대단히 여기시고 마음에 두셔서 아침마다 찾아오셔서 단련시키시나이까? 주께서 내게서 눈을 돌이키지 아니하시고 내가 침을 삼킬 동안에도 나를 놓지 않으시기를 어느 때까지 하시겠나이까? 사람을 감찰하시는 이여. 내가 범죄하였던들 주께 무슨 해가 된다고 어찌하여 나를 당신의 과녁으로 삼으셨나이까? 내가 그렇게 주께 짐이 되나이까?[31] 주께서 어찌하여 내 허물을 용서하여 주시지 않으시며 내 죄악을 사하여 주시지 아니하시나이까? 내가 이제 흙으로 돌아가리니 주께서 애써 나를 찾으실지라도 그땐 내가 있지도 않으리이다.[1-21]

(배심원 회의) 헐, 친구 좋아하시네

배심원1: 엘리바스의 심문에 대한 욥의 대답입니다. 먼저 욥은 엘리바스와 친구들에게 극심한 실망감을 표출합니다. 욥에게 있어서 그들은 가장 가까운 친구들로서 그들로부터 위로를 기대했기 때문입니다. 그런데 엘리바스가 몸과 마음이 만신창이가 된 자신을 미련한 사람 취급하고 분노가 자신을 파멸케 하는 원인이라고 해석한것에 욥은 매우 분노하면서 항의를 합니다. 그건 자신을 잘 알지도 못하기 때문에 나온 도발이라고 생각하며 엘리바스에게 도전합니다. 자신의 고통의 무게가 얼마나 무거운지 저울이 있으면 한번 달아보라고 소리칩니다. 자신의 괴로움

---

30) 학자들은 이 두 단어 "바다"와 "바다괴물"이 고대근동의 신화 속 이야기를 연상한다고 주장해왔다.(권지성. 특강 욥기. IVP 2019. 105). 고대 근동 사회에서 바다는 휴양지가 아니라 태초의 혼돈과 무질서의 상징으로 인식되었고 그 암흑의 공간 속엔 바다괴물이 산다고 생각했다. 따라서 무질서를 일으키는 이런 존재들을 고대 사회의 신들이 무찔러 질서와 안정을 가져온다고 믿었다고 유추한다.

31) 개역개정은 "내게 무거운 짐이 되게 하셨나이까?"로 번역하였다. 그러나 대부분의 한글성경과 영역본은 내가 하나님께 짐이 됩니까?로 해석한다.

과 파멸을 저울로 달 수만 있다면 바다의 모래보다 더 무거울 것이라고 탄식합니다.6:2-3 욥의 탄식 섞인 항의가 이어집니다.

"엘리바스 형은 내가 벌을 받을 만한 죄가 있기 때문에 고통을 당한다는 식으로 말을 했지만 내가 당하는 고통은 그냥 하나님이 주시는 것 뿐이야. 왜 내가 이런 고통을 받아야하는지는 나도 잘 모르겠으나 아무튼 하나님의 화살이 내 영혼을 박아버렸기 때문에 내 영혼이 그 독을 마시게 되었다"고 되받아 칩니다.6:4 그래서 "난 지금 하나님의 두려움으로 몸서리를 치고 있으니 당신들은 나에게 적절하지 않은 말을 삼가했으면 좋겠소"6:4 "소금기 없는 음식이 맛이 없고 달걀의 흰자위 같이 내가 꺼리는 음식같은 당신들의 말을 내 마음이 어찌 받아들일 수 있겠소. 그건 마치 들나귀와 소에게 왜 울부짖느냐고 묻는 것과 같은 우문이요 먹기 싫은 음식을 억지로 먹이는 폭력이란 말이오6:5-7"라고 소리 높였습니다.

그러면서 욥은 자신의 소원 아닌 소원을 말합니다. 차라리 하나님의 손에 죽고 싶다는 것입니다. 그만큼 자신은 하나님의 말씀을 거역하지 않았기 때문에 떳떳하다는 것이고 이 극심한 고통 가운데서도 오히려 위로를 받을 수 있다고 자신감을 나타냈습니다.6:8-10

그러나 자신의 지쳐버린 상태를 솔직하게 고백하면서 진정한 친구라면 자신을 이해해 주길 바랬다는 실망감을 감추지 않고 나타냈습니다.6:11-13 하나님을 저버린 사람에게도 그를 동정하는 친구가 있는데 자기한테는 친형제만큼이나 가깝던 친구들이 물살에 따라 형체가 마구 바뀌는 개울처럼 변덕스럽기가 그지 없다고 섭섭함을 표현했습니다.6:15-17 여기에 그치지 않고 친구들이 변덕스러움을 넘어 비겁하기까지 하다고 쏘아부칩니다. 지금 자신이 받고 있는 재앙의 두려운 모습을 보니까 겁을 먹고 있다고 판단합니다.6:21

자신은 친구들에게 어떤 물질적인 요구를 한 일도 없을 뿐더러 원수의 손에서 구원해 달라거나 돈을 빌려달라고 요구하지도 않았는데 왜 친구들은 자기에게 그런 모진 말을 하는지 모르겠다고 하소연합니다.6:22-23 이제 욥은 친구들에게 납작 엎드려 읍소합니다.

"제발 부탁하오니 내가 무슨 잘못을 범했길래 그대들이 고개를 돌리고 나를 팔아 먹을만큼 무서운 사람들이 되었는지 말해 주기 바라오6:24, 27, 28 그대들이 옳다고 내뱉는 말들과 책망과 꾸짖는 말들이 무엇을 말하는지 나는 종잡을 수가 없다오6:25-26 제발 얼굴을 돌려 나를 바라봐 주소. 내가 결코 거짓없이 답하리다. 내가 아직은 불의와 속임수를 분간하지 못할 정도로 부서지지 않았으니 제발 나에 대하여 불의한 자가 되지 말아주시오6:28-30"라고 간절하게 부탁합니다.

이제 욥은 하나님께 하소연합니다.

"하나님, 내 영혼과 마음이 너무 아파 견딜수 없어 이제 입을 열어 몇마디 하고자 합니다. 내가 바다입니까 아니면 바다 괴물이라도 됩니까? 왜 나를 무찌르려고 하십니까?7:11-12 잠깐 눈을 붙이는 잠자리에서 마저 주님께서 꿈과 환상으로 나를 괴롭히시니 이제 나는 뼈를 깎는 아픔을 더 이상 참느니 죽는 것을 택하겠나이다. 그러니 제발 나를 놓아주소서. 내가 사는 날이 전혀 무의미하나이다.7:13-16" 이렇게 욥은 자신의 괴로움을 호소합니다.

배심원2: 친구 좋아하시네. 욥의 말대로 어려울 때 함께 하는 자가 진정한 친구 아니겠소? 엘리바스를 비롯한 세 친구들은 내가 볼 때 친구라고 말할 수 없어요. 지금 와서 이렇게 험담 하는 걸 보니 저들은 욥이 잘 나갈 때 단물만 빨아먹고 곁에서 알랑알랑 하던 속물들임이 드러난 겁니다. 욥을 사랑한게 아니고 욥이 가지고 있었던 부를 따랐던 것이죠. 아이고 저런 것들이 친구라고. 차라리 나타나지나 말것이지. 염장지르지 말고. 나는 욥의 고통 섞인 하소연을 백번 이해할 수 있겠습니다. 오죽하면 친구를 팔아 넘기지 말라고까지 친구들에게 읍소하겠습니까? 욥도 지적한 것처럼 엘리바스와 친구들의 문제는 욥을 세상사람들이 하는 친구끼리의 동정만큼이라도 남아 있지 않다는데 있습니다. 그리고 욥의 간절한 말은 바람과 같이 여기며 자신들은 마구 욥을 꾸짖는 태도에서부터 욥은 자신이 그들의 거짓을 읽었다는 것입니다. 그들의 속임수를 분별하기 때문에 욥은 단언코 그들을 보고 돌이켜 악을 행하지 말라고 경고를 한 것입니다.6:28-30 우리 배심원들은 엘리바스와 친구들의 속임수에 주의해야 한다고 봅니다.

배심원3: 배심원2는 너무 욥에게 감정이입이 된 것 같습니다. 욥의 진술을 지금 그대로 받아들이기엔 무리가 따릅니다. 왜냐하면 욥은 매우 지친 나머지 감정에 치우쳐 있기 때문입니다. 자 보세요. 욥이 계속 죽겠다는 말만 내뱉는 것만 보아도 그의 진술을 신뢰할 수 없습니다. 물론 그의 처지와 심정은 충분히 이해할만 합니다. 하지만 엘리바스의 논리적 지적에 욥은 그것을 부인할 만한 어떤 결정적인 증거도 내놓지 못하고 있습니다.

엘리바스의 논리를 따라가 봅시다. 욥은 분명 무언가 벌을 받을 만한 죄때문에 고통을 받는 것이고 그게 아니라면 이제 고난은 끝이 나야하는 것 아닙니까? 욥도 이 점에 당황하고 있지 않습니까? 그러니까 계속 죽고 싶다는 말만 되풀이 하는 겁니다. 원래 할 말이 막힐 때 죽겠다고 하는 법입니다. 사랑하는 친구로부터 배반 당하는 느낌도 괴로울텐데 자신이 믿고 따르는 하나님으로부터도 배척을 당한다는 심정이라니까 나도 마음이 짠하긴 합니다. 그런데 난 하나님도 이해가 안되네. 가타부타 확실하게 말을 해 주시던가 말이지. 답답합니다.

배심원4: 욥 거참 한심한 친구로군. 친구들의 진정한 마음을 헤아리지 못하고 자신이 의롭다는 주장만 계속하고 있으니 말이야. 그러니 친구들도 미칠 지경이지. 지금 친구들이 해결책을 제시하고 다시 건강하게 돌아와 이전의 친구로 돌아가길 원하는 간절한 마음을 묵살하는 건 욥이란 말입니다. 세상에 죄없는 의인이 어디 있겠습니까? 자신이 하나님 앞에서 의인이라고 주장하는 것을 보아도 욥이 지금 제 정신이 아니란 사실이 증명된 것입니다. 이런 증언을 채택해서는 안된다고 봅니다. 속기록 삭제는 가능한지 모르겠네요.

배심원 5: 다른 두 친구들은 어떻게 말하는지 듣고 나서 평가하겠습니다.

당하알 하박사: 네 당하알 하박사입니다. 욥기 특강으로 바로 들어갑니다. 지난 번 엘리바스의 심문에 대한 욥의 반론을 들었습니다. 욥이 친구들에게 크게 배신감을 느끼고 좌절하고 있어요. 게다가 자신을 더 괴롭게 몰아가는 하나님에 대해서 심한 반감을 드러냅니다. 하나님께 차라리 죽여달라고까지 합니다. 정말 죽고 싶었을까요? 나는 정말 죽고 싶은 심정이었다고 생각합니다. 어디까지나 죽고 싶은 심정이라고 했어요. 이 말은 적극적으로 자살까지 할 마음은 아니라는거죠. 욥의 믿음이 거기까지는 가지 않았다고 봅니다.

친구들에게서 먼저 위로를 받기를 기대하였으나 상처에 소금을 뿌리는 듯한 엘리바스의 고상한 지적질에 욥이 망연자실한 듯 합니다. 욥의 고난이 자신의 죄때문에 받는 댓가라고 냉정하게 몰아치는 친구들이 너무 야속했던 것 같습니다. 그러나 욥은 엘리바스의 지적에 전혀 동의할 수 없기 때문에 이제는 더 이상 친구들하고 말을 섞기도 싫은 지경이 된 것 같아요. 그래서 하나님을 쳐다보았는데 또 하나님은 왜 그러시느냐고요? 죄가 있어서 자신을 징계하신다면야 그 징계를 달게 받고 또 회개하면 되는 것 아닙니까? 그리고 회개를 할 때 하나님은 그 징계를 거두실 것이지 왜 자신을 화살로 겨누어 죽이듯 고통을 주는지 괴로워합니다. 그래서 차라리 죽여 달라는거죠. 이쯤되면 욥의 믿음의 바닥을 드러냈다고 봐야 할까요? 나는 그렇게 생각하지 않습니다. 깊은 탄식과 좌절에서 나오는 극심한 상실감을 반영하고 있다고 봐야죠. 이런 고백이 차라리 솔직한 것입니다.

만일 욥이 천상회의에서 결정된 사항을 알았더라면 이렇게 문제 파악을 위해 괴로워하지 않았을 것입니다. 자 보세요. 욥은 자신의 재산이 다 날아가고 자식들 다 비명에 가고 심지어 자신의 몸이 다 망가졌어도 그런 것을 잃어버린 것 때문에 탄식하지는 않았어요. 오히려 싱거울 정도로 담담했죠. 그런데 욥은 왜 이렇게도 비통해 합니까? 그건 바로 자신의 믿음 밑바닥을 흔들고 있는 친구들의 정죄와 잠잠하기만 한 하나님 사이의 골짜기에 잠시 갇혀 빛을 보지 못하기 때문이죠.

아무튼 천상회의의 전모를 전혀 모르는 상태에서 욥의 이런 탄식과 의문은 지극히 당연한 것으로 보아야 합니다.

배심원단 일부가 욥의 정신 상태를 운운했는데 잘못 판단한 겁니다. 보세요. 욥이 상상하기 어려운 고통 가운데서도 자신의 고통에 대하여 세밀한 묘사를 한 것을 보면 욥이 제 정신이 아니라거나 흥분된 상태에서 아무런 말이나 내뱉은 것이라고 볼 수 없단 말입니다. 욥은 자신의 얼굴, 손, 피부, 뼈까지 다 망가졌다고 탄식했어요. 그런데 하나님이 그렇게 부셔 버렸다고 인식하는 겁니다. 욥이 사용한 이런 몸의 이미지 메타포는 그것이 주는 시사점이 있어요. 즉 자신의 모든 감각이 부셔져 버렸기 때문에 이제는 하나님을 인식할 감각까지 잃어 버리게 되었다는 점을 암시한다고 볼 수가 있습니다. 따라서 이 시점에서는 욥에게 쉼과 위로가 절실히 필요했던 것입니다. 절친들로부터 기대한 것은 그저 따뜻한 포옹이었을 겁니다. 그런데 친구들은 어떻게 했습니까? 정죄부터 해대기 시작했지 않습니까? 이렇게 싸늘하게 다가오는 친구들의 모습에 이제 더 기댈 곳이 없다고 생각한 욥은 그들에게서 마음을 돌려 버립니다. 그런데 문제는 마지막 하소연 할 곳은 하나님 뿐이었으나 하나님마저 야속한 겁니다. 욥의 하나님에 대한 심정과 하나님의 침묵 사이의 긴장이 욥기서를 읽는 하나의 키라고 봐야죠.

오늘 욥의 탄식을 통해서 우리는 인간관계의 메카니즘을 되짚어 보게 됩니다.

첫째, 누가 진정한 우리의 이웃인가? 라고 물으신 예수님의 질문이 떠오릅니다. 둘째, 문제에 대한 접근법에서 시사하는 바가 있어요. 이미 말한 바 있는 대로 충격기에 있는 사람에겐 함께 하는 공간성이 우선되어야 하죠. 이 때는 말로나 논리로 접근해서는 안된다는 점입니다. 이때는 말이 오히려 걸림돌이 되는 시기란 말입니다. 아무리 귀한 충고라도 때를 가려야 한다는 점을 유념해야 합니다. 세째, 하나님에 대한 이해가 어느 정도가 되어야 바른 믿음이라고 할 수 있을까요? 엘리바스는 하나님에 대해서 신학적으로 깔끔하게 정리합니다. 반면 욥은 하나님을 이해하지 못하겠다고 항거합니다. 그런 욥을 보고 엘리바스는 정죄합니다. 어떤 태도가 바람직한 태도일까요? 한번 깊이 생각해 보세요.

자, 구독과 좋아요 눌러 주시고요. 다음 시간에 또 뵙겠습니다.

당고알 고집사: 내사마, 욥이 존경스럽기까지 하구먼. 우리 가정이 욥의 지경까지 갔다면 욥처럼 정신이 말짱했을까 싶다. 지금 욥은 괴롭기가 죽고 싶을 정도인데도 엘리바스의 논리를 정확하게 파악하고 논박하고 있으니 말이다. 나는 그렇게 못한다. 나라면 친구들의 빰이라도 먼저 갈겼을텐데 말이다. 욥이 착하다 못해 참 지독하게 착하구만 그래. 욥이 지금 몇 번 죽고 싶다 라고 말했다고 해서 욥의 신앙 운운하는 사람들 있지. 달인이라는 코미디 프로 모두 봤겠지? 거기 김병만이가 쓰는 유행어 한번 차용해 보자. “욥처럼 안 아파 봤으면 말을 하지 마세요!”

욥의 몸은 지금 한계 상황에 와 있는기라. 이 때 무슨 말을 못하겠노. 그런 상태에 있는 사람 보고 믿음이 떨어졌느니 성령을 거스리는 말이라는 둥 비난 일색인데 말야. 욥처럼 아파봤어? 안 아파 봤으면 말을 하지 말라꼬!

욥이 지금 자신의 ‘소망’이라 카면서 죽음을 바랬다고 한다면 욥이 이제 삶을 지탱해 나갈 힘이 바짝 말라있다는 증거란 말이다. 그렇다고 스스로 목숨을 끊지는 못하겠고. 욥이 얼마나 절망적이었으면 하나님한테 이렇게 이야기하겠노.

> “내 마음이 뼈를 깎는 고통을 겪느니 차라리 숨이 막혀 죽는 것을 택하겠나이다. 이제 사는 것이 싫습니다. 영원히 살기를 바라지도 않습니다. 그러니 저를 놓아주소서. 내 삶이 허무하나이다.” 7:15-16

욥은 지금 지독한 우울증에 빠져 있는 상태라고 보인다. 자포자기 상태라고나 할까? 극심한 상태의 상실감. 이런 상태에서는 죽고 싶다는 생각 밖엔 들지 않는게지. 한번 생각해 봐라. 다 잃어버리지 않았는가? 가장 사랑하는 자식들을 다 잃어버린 판에 마누라까지 저주를 퍼붓지 않나 믿었던 친구들마저 자신을 조롱하고 있으니 말이지. 이건 단지 잃어버린 상실감보다 배신감이 훨신 더 큰 슬픔인기라.

그래도 내사마 욥이 참 용타 카는 것은 끝까지 믿음을 지킨다는 거야. 이 점을 높이 사야 한다는 거다. 난 이게 욥기서의 핵심이고 말하고자 하는 주제라고 봐요. 욥이 무슨 문제를 가졌는지? 죄와 고통이 어떻게 세상에 시작되었는지? 왜 착한 사람이 고통을 받는지? 악한 사람들이 형통한 이유가 무엇인지? 이런 질문을 욥기서를 통해 찾으려고 하는 시도 자체가 잘못된 거라고 본다 이 말이야.

욥기서는 욥이 받는 고통을 욥의 입을 통해 그대로 내뱉게 한 거라고. 그리고 고통받고 있는 사람을 보고 반응하는 친구들의 모습 또한 그대로 적은 거라고. 결국 욥이 받는 육체적 고통보다 사람들의 몰이해와 태도가 훨씬 더 큰 고통이라는 걸 보여주는 거라고 생각해.

게다가 가장 심각한 고통은 자신은 목숨 다해 신앙 지킨다고 몸을 불사르고 있는데 하나님은 나 몰라라 하는 태도로 침묵하고 있다는 사실이지. 사실 믿는 사람에게 있어서 가장 큰 고통은 하나님도 무심하시지 라는 말이 터져나올 때가 아니겠어? 그 말을 하는 사람이 과연 하나님을 부인해서 하는 말일까?

전번에 테레사 수녀가 한 말 때문에 세상이 시끄러운 적이 있었지. 욥기서를 그대로 되풀이 하더구만. 한 신부가 테레사 수녀의 자서전 형식으로 쓴 책[32]에서 "테레사 수녀는 봉사활동을 하는 동안 신의 존재를 느끼지 못했다"고 비난한 듯한 말을 써서 그녀의 일평생 업적을 뒤엎는 일이 있었제. 결국 테레사가 말년에 하나님을 부인하고 떠났다는 루머까지 돌더니 그를 파문해야한다, 재정비리를 파헤쳐야 한다, 믿음이 큰 사람인 줄 알았더니 실상은 믿음 자체가 없었다는 둥 엄청나게 비난을 쏟아 냈었지.

그건 말이지. 테레사 수녀가 마이클 피트 신부에게 보낸 편지에서 "예수님은 당신을 특별히 사랑하신다. 그러나 나에게는 침묵과 공허함이 너무나 커서 그를 보려 해도 보이지 않고 들으려 해도 들리지 않는다. 기도하려 해도 혀가 움직이지 않아 말을 할 수가 없다." 이렇게 쓴 걸 곡해해서 그런거라 말이다. 어때? 욥이 탄식했던 말과 똑같지 않나?

책의 저자는 테레사 수녀를 비난할 의도로 책을 쓰지 않았단 말이야. 그 책은 테레사 수녀가 신뢰하는 40여명의 신부들에게 보낸 편지를 엮은 책으로서 그녀의 고

---

32) *Mother Teresa: Come Be My Light: The Private Writings of the Saint of Calcutta*. Ed. by Brian Kolodiejchuk. 2009.

뇌를 솔직하게 밝힌 비망록이었어. 예를 들면 "제게 있어서 하나님의 부재는 일생에 가장 부끄러운 비밀입니다. 내 영혼에 왜 이렇게 고통과 어둠이 많은지 얘기해 주십시오[33] 이런 식이야. 테레사 수녀가 자신은 그런 지독한 고통과 고독 속에서 비록 살가운 하나님의 사랑을 느끼지 못했지만 그녀는 매일 새벽기도와 사랑의 사역을 죽음까지 버티며 기어코 이기신 분으로 평가한 책이라고. 테레사 수녀는 "신앙 속의 어두움을 평생 껴앉고 살면서도 믿음으로 충만한 궁극적 구원을 이루어 내신 진정 믿음의 승리자"라고 평가하면서 책을 마무리 했거든..

참내, 사람들이란 귀한 한 사람의 일생을 한 순간에 짓밟아 버리거든. 한 사람 죽이는 건 일도 아냐. 급기야는 마더 테레사 자비를 팔다[34]라는 책까지 나왔다니까. 그분의 일생 여정을 송두리채 뽑아 놓았더구만. 그녀도 사람인지라 파헤치고 해부하면 트집 잡을 게 뭔들 없겠노. 사람들은 그녀가 한 일에 초점을 맞추다 보니까 그렇게 해부하는 거라고. 그녀의 고통과 고뇌에 초점을 맞춘다면 결코 그렇게 쉽게 단정할 수 없다카이. 그녀의 부질 없을 만큼의 수고와 고난이 가난에 찌든 사람들에게 전혀 도움이 안된다는 사실을 알았을 때 느끼는 상실감과 공허감 말이지. 마치 욥이 느끼는 심정과 같지 않았을까? 그때 하나님 어디 있나요?라고 부르짖는다고 해서 하나님을 부인하는건가 말이야? 그렇다면 십자가에서 "하나님 왜 나를 버리십니까?" 부르짖은 예수님도 하나님을 부인한 거란 말인가? 지상의 교회 교인들은 욥의 친구들을 결코 벗어나지 못한다니까!

---

33) 1953년 페르디난도 주교에게 보낸 편지에서
34) 자비를 팔다:우상파괴자 히친스의 마더 테레사 비판. 크리스토퍼 히친스. 2008. 모멘토. 원제: *The Missionary position: Mother Teresa in Theory and Practice*.1995.

심문2 및 변호

빌닷의 심문(8:1-22)

(속기록 8장) 네 시작은 미약하지만 나중은 심히 창대하리라

수아사람 빌닷이 대답하였다. 친구 욥이여, 네가 언제까지 그런 말들을 계속 할텐가? 너의 말은 거센 바람과도 같구나. 하나님이 어찌 정의를 굽게 하시겠으며 공의를 굽게 하시겠는가? 네 자식들이 하나님께 죄를 범했다면 하나님이 그들의 죄를 벌하시는 것은 당연하지 않겠는가? 그러니까 네가 하나님께 간절히 용서를 구한 다음 청결하고 정직한 몸과 마음을 가진다면 하나님이 다시 너를 돌보시고 너에게 평안을 주실 것일세. 그렇게 하면 네 시작은 미약하였지만 나중에는 심히 창대하게 될 것이다. 욥이여, 먼저 옛사람들이 터득한 지혜를 배우라. 그들은 현재 우리 사람들이 알지 못하는 지혜를 가졌도다. 우리는 어제부터 있었을 뿐 아는 것이 없으며 앞으로 세상에 있는 날도 그림자와 같다네. 조상들이 네게 가르쳐 주지 않았는가? 그들이 마음에 깨달은 바를 알려주지 않던가? 내가 그 중 하나 예를 들겠네. 왕골은 진펄이 아닌 데서 크게 자라지 못하고 갈대도 물이 없으면 크게 자라지 못한다네. 그런 곳에서 자라는 식물들은 새순이 나자마자 곧 말라버리게 되기 때문이지. 하나님을 잊어버리는 자의 길도 이와 같아서 곧 멸망하게 된다는 말이지. 그들이 믿고 의지하는 것들은 거미줄과 같아서 결국 그가 의지하는 집이 오래 지탱하지 못하고 굳게 터를 잡고 있던 집도 더 보존되지 못하는 법이라네. 그들은 마치 처음에 햇빛을 받고 자라는 싱싱한 식물처럼 그 가지가 뻗으며 돌 틈사이로 뿌리를 내린다 해도 쉽게 뽑히고 말기 때문에 식물이 서 있던 자리마저 “난 너를 본 일이 없다”고 모른 체 할 것이로다. 하나님은 순전한 사람을 결코 버리지 않으시며 악한 자는 손잡아 주시지 않으신다네. 이제 곧 네 입에서 웃음이 나오고 네 입술이 즐거운 소리를 낼 줄 나도 믿는다네. 이제 너를 미워하는 자가 부끄러움을 당하고 악인들이 멸망 당하는 것을 네가 볼 날이 머지 않았다네.[1-22]

이상입니다.

(배심원 회의) 잘났다. 도덕군자 나셨군.

배심원1: 빌닷은 말을 시작하면서 욥에게 먼저 입을 닫을 것을 주문했습니다. 욥이 한 긴 변증이 홧김에 쏟아낸 무의미한 말이라는 것입니다. 빌닷은 하나님이 어떤 분이신지 자신의 주장을 담은 연설을 시작합니다. 하나님은 절대로 공의로우시니 욥이 말하는 것처럼 하나님이 자신을 부당하게 대하셨다는 주장은 억지라는 것입니다.

빌닷은 욥의 자녀들의 문제까지 거론합니다. 이들이 하나님께 범죄했음이 분명하다고 단정합니다. 그리고 욥에게 충고합니다. 하나님께 용서를 구하고 회복의 길을 가라고 말입니다. 그렇게 하면 이전보다 더 큰 축복을 받을 것이라는 주장을 합니다. 빌닷은 자신의 주장을 뒷받침하기 위해 옛 선현들의 지혜를 들고 나왔습니다. 인생들이 터득한 진리들은 선현들이 대대적으로 물려준 지혜이고 이 전통을 따르는 것이 안전하다는 것입니다. 빌닷은 식물들을 예로 들면서 이런 자연에서 배울 수 있는 교훈을 설파합니다. 이런 식물들이 금방 시드는 것처럼 하나님을 잊어버리는 자 역시 그가 믿고 의지하는 것들이 한 순간에 망할 것이라고 힘주어 말합니다. 결국 욥이 자신의 조언을 받아들인다면 이제 욥이 겪는 고통은 '웃음'과 '즐거운 소리'로 바뀌고 원수들도 없어질 것이라고 하면서 발언을 끝냅니다.

배심원2: 잘났다, 도덕군자 나셨도다. 정말 역겹다. 저 얼굴에다 침을 뱉고 싶다. 가증한 놈. 어떻게 이 자리에서 자식 문제까지 들먹거릴 수 있습니까? 자기 새끼들은 멀쩡하니까 의인들이란 말을 하는겁니까? 선현들의 지혜 좋아 하시네. 자기 주장을 위해 친구의 고통을 팔아 먹더니 이제 선현들까지 팔아 먹는 것 좀 보십시오. 지금 자신들은 욥이 그 죄때문에 하나님으로부터 벌을 받는 것이라고 전제를 깔아놓고 말을 맞추어 나가고 있습니다. 그렇다면 논리도 앞뒤가 맞아야지요. 왜 신학적인 질문에 선현들의 지혜와 속담을 들고 나옵니까? 이것만 보아도 빌닷도 내용이 궁색하기 그지 없습니다. 빌닷 역시 엘리바스의 논리와 태도를 꼭 빼닮았습니다. 둘 다 증언으로 채택할 수 없다고 봅니다.

배심원3: 엘리바스에 이어 빌닷까지 권선징악의 논리를 견지하는 것을 보니 여론은 욥에게 유리하게 전개되는 것 같지 않네요. 우리 배심원들이 판단할 때 배심원 개개인의 생각도 중요하지만 여론을 무시해서는 안된다고 봅니다. 하지만 우리가 그동안 들어 왔던 욥에 대한 칭송은 차치하더라도 욥이 이렇게까지 심한 벌을 받는다는 것이 나는 도무지 이해가 되지 않습니다. 여기서 우리의 고민이 있습니다. 정말 욥은 철저하게 이중적인 생활을 했을까? 하는 의문입니다. 그러니까 속단은 금물입니다. 심리를 계속 지켜보면서 욥의 진정성을 체크해 보아야 할 것입니다. 열 길 물 속은 알아도 한 길 사람 속은 모른다는 말이 있는데 정말 집안이 풍지박산 나고 자녀들 모두 비명횡사 한 걸 보면 결코 우연이라고 할 수 없는 것 아닌가 하는 생각은 듭니다.

배심원4: 개인적으로 나도 이유없는 고난은 없다고 믿습니다. 엘리바스나 빌닷의 논리에 백퍼센트 동의는 할 수 없어도 그 본질적 지적에는 동의합니다. 다른 배심원들께서 엘리바스와 빌닷의 태도를 지적하셨는데 그건 오히려 반대로 생각하셔야 합니다. 자식의 문제를 지적하면 좋아할 부모가 어디 있겠습니까? 그런데 문제의 원인을 콕 짚어 말해 주는 빌닷이야말로 난 참 친구라고 생각합니다. 참 친구란 무조건 편을 드는 것이 아니라 때로는 바른 말로 잘못된 길에서 돌이키도록 충고하는 사람이 아니겠어요? 이런 면에서 빌닷은 진정한 친구로 생각됩니다. 그리고 자신의 말로 우기지 않고 그래도 공동체의 지도자인 욥의 위신을 생각해서 선현들의 지혜와 속담을 가지고 간접적 화법으로 욥을 설득하려고 한 노력이 돋보입니다. 그리고 마지막 부분에 욥을 향하여 곧 욥의 입에서 웃음이 터지고 악인들이 멸망 당하는 것을 욥이 볼 날이 머지 않았다고 말한 것을 보아도 친구로서 욥이 빨리 고난에서 벗어나길 간절히 원하는 마음을 읽을 수 있습니다. 따라서 빌닷의 주장에는 진심이 깃들여 있다고 봐야 할 것입니다.

배심원5: 지혜가 가득하다고 소문난 빌닷까지 엘리바스의 편을 드는 것을 보니 욥에게 좀 의심이 가긴 하지만 지금은 잘 모르겠고 욥의 변론을 좀 들어봐야겠습니다.

당하알 하박사: 당하알 하박사입니다. 바로 본론으로 들어 가겠습니다. 빌닷의 요지는 분명해 보입니다. 엘리바스의 논지와 크게 차이나는 게 없죠. 엘리바스가 권선징악을 노골적으로 이야기했다면 빌닷은 하나님의 정의라는 관점을 더 부각시킨 것이 차이라면 차이라고나 할까요? 빌닷에 의하면 하나님의 정의는 식물이 햇빛을 받고 자라는 과정처럼 한치 오차없이 작동한다는 것입니다. 자연법칙에는 예외가 없듯이 그래서 욥도 그 원리에서 예외가 될 수 없다는 점을 시사한 것으로 보입니다. 남을 공격하는 면에서 빌닷의 스피치가 돋보이긴 해요. 옛 선현들의 지혜를 들어 조상들이 터득한 진리를 따르라는 충고는 지식인으로서 즉각 반론하기 어려운 점이 있긴 합니다. 빌닷은 욥의 변호가 거센 바람과 같다고 비난했는데 그건 이런 옛 성현들의 뿌리 깊은 가르침을 뽑아 버리려는 거센 바람 같은 것이라고 말한 것으로 보입니다.

그렇다면 빌닷의 주장이 과연 합당한가 살펴봅시다.

첫째, 하나님의 정의가 하나님의 다른 성품과 배치될 때도 가동하는가 하는 질문입니다. 하나님이 사랑하기 때문에 매를 댈 때도 있지만 하나님이 사랑하시기 때문에 벌을 물리시고 용서하실 때도 있지 않습니까? 그런데 하나님의 정의를 내세워 무조건 벌하신다면 그건 하나님의 사랑의 성품과 배치되는 것이겠지요.

둘째, 옛 성현의 지혜와 하나님의 정의를 일직선 상에 둘 수 있을까 하는 질문입니다. 옛 성현들의 지혜가 하나님의 지혜가 될 수는 있어도 반드시 하나님의 정의가 옛 성현들의 지혜의 방법으로 실행되는 것은 아닐 것입니다.

세째, 빌닷이 욥에게 회복의 조건으로 제시한 두가지 방법—하나님께 나아가 기도하고 영적 청결과 도덕적 정직을 유지하는 것—역시 지극히 도덕적인 방법이라는 점입니다. 하나님의 회복은 도덕적인 방법으로 오는게 아니고 오로지 은혜로 주어지는 것 아니겠습니까?

마지막으로, 욥의 자식들의 죽음을 죄와 결부시킨 것은 논리를 떠나 매우 그릇된 태도입니다. 자식을 위해 번제를 드리며 회개의 삶을 살아 온 욥의 신앙여정을 깡그리 부정하는 처사이기도 하니까요.

자 여러분은 어떻게 생각하시나요? 엘리바스와 빌닷의 주장에 대해서요. 여러분의 생각을 댓글에 달아주세요.

당고알 고집사: 잠깐 빌닷의 말에 내가 대꾸하기 전에 한마디 하겠는데 지난번 1차 심리 욥의 변호시간 때 내가 한 말에 대해 악플이 엄청나게 달렸더구만. 내가 예로 든 테레사 수녀에 대한 이야기 가지고 나를 엄청 씹어 대더라고. 나도 똑같은 놈이라고 말이야. 내가 지난 번에도 분명하게 말했잖아. 테레사 수녀가 한 일에 대해서 왈가왈부 하지 말고 그녀가 가난과 싸우면서 눈으로 보고 몸으로 경험한 일에 대해서 그리고 그녀가 겪었던 내면의 고뇌에 대해 한번 공감해 보자고 말이야. 그런데 댓글은 온통 그녀가 사기꾼인기라. 사람들에게 보일 때만 성녀였다느니, 그녀는 하나님을 믿지 않았다느니 온갖 비난을 다 쏟아 놓았단 말이야. 물론 일부는 나의 말에 깊은 공감을 해주기도 했지만서도 대부분은 깊이 생각하지도 않아. 가짜 뉴스의 전형적 패턴이라니까. 그러니까 가짜뉴스를 계속 생산하는기라. 사람들은 가짜뉴스에 대한 팩트체크엔 관심이 없어. 일단 짜릿하게 반응할 뿐이야. 생각해 보지도 않고 맘에 들지 않으면 글 올린 사람 또 맹폭한다니까.

그건 그렇고, 본론으로 들어가 보자. 이 친구 말이야 겉으로는 하나님의 정의와 공의를 말하고 있지만서도 자신의 지혜를 앞세워 욥을 몰아가고 있다카이. 자신은 옛 선현들의 지혜가 충만하기 때문에 욥이 망가진 이 순간까지도 인생의 길을 순항하고 있다고 은연 중 자신을 드러내고 있능기라. 그러나 쓰고 있는 탈 안에 앙칼진 이빨을 숨기고 있다는 걸 난 안다. 정말 무서운 친구인기라. 지금은 무엇보다 욥의 목소리에 귀를 기울일 때가 아니겠나. 그런 후에 판단을 해도 늦지 않을긴대 사람 말을 듣지도 않고 맘대로 판단해서 사람을 갈기갈기 찢어 놓을 때가 아니란 말이지. 야들, 무죄추정의 법칙도 모르나? 내사마 빌닷 임마를 사람으로 보지도 않는다카이. 말에도 금기가 있는기라. 애들 앞에서 부모를 비난한다거나 부모 앞에서 자식 욕하는건 인간이라면 피해야 할 최소한의 예의란 말이지. 비열한 놈 같으니라고. 욥의 자식들을 건드리다니. 내사마 자식 문제를 들먹거리는 놈 치고 바른 말 하는 놈 못봤데이.

진정으로 위로할라카면 나불거리지말고 차라리 입 다물고 있는게 나을끼라. 지들이 보지 못하고 경험하지도 못한 거라면 더더욱 그렇지. 차라리 가만히 있는 게 고난 당하는 사람들을 향한 최소한의 도리라 말이다.

나 참내, "처음은 미약하나 나중은 창대하리다" 라는 말을 빌닷 임마가 했네. 난 또 지금까지 하나님이 한 말씀인 줄 알았다 아이가. 마 가게마다 써붙여 놓고 복을 비는 저 말이 저 놈의 무지깽이 빌닷의 말이란 말일세. 그렇다면 복 받기는 다 걸러묵었다. 그럼 뭐꼬? 목사님들이 비지니스 심방할 때마다 꼭 그 성구 액자 들고 오두만.

성경귀절이 좋다고 해서 아무 때나 막 써먹어서는 안되는기라.

우리도 성경 구절 귀가 따갑도록 들었다 아이가.

우리 딸 데리고 교회 간 첫 날 생각이 나는구만. 참 많은 사람들이 우릴 위로해줬지. 참으로 고마운 사람들 많아. 그때는 나도 맘이 많이 울적했을 때니까 말이지. 그런데 시간이 지나면서 사람들의 시선이 따갑게 느껴지기 시작한기라. 한 사람 두 사람 나한테 다가와 사랑으로 한다는 말을 덧붙이면서 지적질을 해대기 시작하더라고. 내가 무슨 말 들은 줄 아나?

"집사님, 조심스럽지만 말씀 한마디 드려도 될까요? 제가 집사님과 딸을 위해 특별기도를 하고 있거든요.."

"아이 참으로 고맙심데이"

"그런데 말입니다. 기도를 하면 할수록 성령님께서 집사님 딸을 주신 목적을 깨닫게 해주시더라고요."

"네…."

"제가 말씀 드릴테니 마음 상하지는 마세요. 성령님이 말씀해 주시는 거니까요."

"……."

"하나님께서는 집사님을 크게 쓰시려고 하십니다. 그런데 집사님에게 아직 해결하지 않은 죄가 남아 있나 봅니다. 깨달으라고 몇번 기회를 주셨는데 집사님이 그냥 넘어가신 것 같아요. 그래서 장애아를 주신거랍니다. 그래도 소망은 있습니다. 영원히 장애아로 주신 것이 아니니까요. 집사님이 작정기도 하시면서 회개하시고 회개에 합당한 제물을 드리면 딸의 장애가 없어질거랍니다. 그렇게해서 하나님께 영광을 돌리면 참으로 우리 교회도 소문난 교회가 될 겁니다. 제가 알기로는 집사님도 신학공부를 하실 계획이 있다고 들었습니다. 하나님이 이번에 기적을 베푸셔서 딸의 장애를 고쳐주시면 집사님께서는 세계를 돌아 다니면서 말씀을 전하시는 빌리 그래함 목사님같은 유명한 목사님이 되실 겁니다. 하나님은 바로 그렇게 영광 받으시길 원하십니다."

이런 이야기 이 사람한테만 들은게 아니고 참 많이도 들었다카이. 내가 심각하게 아플 때 똑같은 이야기 들었다 아이가.

"집사님, 집사님께서 하나님께 서약한 것 있잖습니까? 주의 종이 되겠다는 것. 이제 순종하세요. 당장 신학교 들어가시면 이까짓 병 훌훌 날아갈 겁니다. 하나님이 크게 쓰시려고 이런 병을 주신 겁니다. 하나님 앞에 불치병이 어디 있습니까. 오히려 세상에서 불치병 판정받게 하신 것은 하나님이 기적을 베푸시려고 하는 증거입니다. 그러니 하나님께 한번 매달려 보세요."

내사마 기도 안해 봤겠어? 그래도 그 사람 민망할까봐 내 속으로만 속삭였다카이. "하나님요 나 크게 안쓰셔도 좋으니 좀 낫게 해주시면 안될까요?"

딸의 장애도 안 없어지고 내 병도 안 고쳐지니까 주위의 사람들 하나 둘 다 떨어져 나가더라고. 그리곤 한마디 두 마디 소문으로 들려 오더군. "저 사람 하나님이 보시기에 엄청난 죄가 있나봐. 보기엔 믿음 좋은 사람처럼 보이는데 어째서 딸도 장애아지 자신도 불치병이지 참 안되긴 했다"고. 심지어는 장애가 전염된다고 자기 자녀들을 딸에게 가까이 오지 못하게 하더라고..

그래 우리를 더욱 슬프게 하는 건 말이지 이젠 우리가 교회를 나가고 싶어도 더 이상 나갈 수 없다는 거야. 난 우리 딸 장애와 상관 없이 하나님을 믿거든. 예수님의 삶과 가르침이 내겐 너무 좋아. 그런데 교회만 나가면 우리는 문제아가 되고 치료의 대상인기라. 이 말을 하면 믿어 주는 사람이 별로 없는데 난 우리 딸 지금 상태로 사는게 너무 행복하거든. 아휴.. 난 성경말씀을 읽으면 별 저항이 안 생기는데 교회 가서 강대상에서 들려오는 해석을 듣다 보면 반감이 생긴단말야. 설교를 듣다 보면 우린 천하의 불쌍한 사람들이고 천하의 문제아들인기라.

"죽은 나사로도 살리시는 하나님이 그까짓 암덩어리나 장애 못 고치시겠어? 믿음을 가지라고. 믿음이 없어서 못 고치는거야."

"지금 병으로 시달리시는 분, 장애를 가진 분, 장애아를 둔 부모님들, 모두 문제가 해결될 때까지 매달려야 해요. 하나님은 결코 여러분들이 문제를 그대로 가지고 살기 원하시지 않아요. 문제는 반드시 해결해야만 해요."

이렇게 매주 목청을 높이시거든. 강대상은 그렇다치고. 그런 설교 듣고 나오다 보면 꼭 내 팔을 붙들고 말을 거는 사람들이 있지.

"집사님은 왜 의욕이 없으신가요? 소망이 없으신가요? 딸 아이 위해 목숨걸고 기도해 보세요. 하나님은 그걸 기다리시고 계신다고요. 딸이 고침을 받고 하나님께 영광을 돌리시라는 주님의 뜻을 왜 모르세요?"

매주 우린 문제아라고 돌림빵 당하는 기분이었지.

심문2 및 변호

욥의 변호(9:1-10:22)

(속기록 9장) 까닭 없이 왜? 왜? 왜?

욥이 대답하였다. 친구여, 나도 그런 이치쯤은 잘 알고 있다오. 그러나 인생이 어찌 하나님 앞에 의로울 수가 있소? 아무리 변론을 좋아하는 사람일지라도 하나님 앞에서는 한마디도 못할 것이오. 그는 지혜로우시며 강하신 분이시기 때문에 그를 거역하고 형통할 사람이 누가 있겠소? 그는 아무도 모르는 사이에 산을 옮기시며 때로는 진노하셔서 산을 뒤엎어 버리기도 하신다오. 또 땅을 그 밑뿌리부터 흔드시고 땅을 받치고 있는 기둥들을 흔드시기도 하신다오. 해에게 명령하셔서 뜨지 못하게도 하시며 밤하늘의 별들을 봉하시어 빛을 내지 못하게도 하신다오. 그는 홀로 하늘을 펼치시며 바다 물결을 밟으시며 북두칠성과 삼성을 만드시고 묘성과 남방의 은하수를 만드셨으며 우리가 측량할 수 없는 큰 일을 또 우리가 헤아릴 수 없는 놀라운 일을 행하시는 분이시로다. 하나님이 내 앞을 건너 가신다 해도 내가 볼 수 없으며 그가 내 앞을 지나가신다 해도 내가 알 수 없다오. 하나님이 빼앗아 가신다면 누가 막을 수 있으며 감히 "무엇 때문에 그러십니까? 라고 누가 물어볼 수나 있겠소? 하나님은 진노를 거두지 않으시나니 라합[35]을 돕는 무리들도 그 앞에 무릎을 꿇겠거든 하물며 내가 감히 어떻게 전능하신 하나님 앞에 무슨 말로 말대꾸를 할 수 있겠소? 비록 내가 옳다해도 감히 아무 대답도 할 수 없을 것이오. 다만 나를 심판하실 그분에게 은총을 구할 수밖에 없다오. 비록 내가 부를 때 혹시 그분께서 반응하신다 할지라도 나는 그분이 내 목소리에 귀 기울여 주실 것이라고 믿지는 않는다오. 그가 폭풍으로 나를 치시고 까닭 없이 내 상처를 깊게 하시며 나를 숨도 쉬지 못하게 하시며 괴로움으로 나를 채우시는구나. 힘으로 쳐도 그가 더 힘이 있으시며 말로 변론을 한다 해도 누가 그와 말로 견줄 수 있겠소?

---

35) 라합은 기생 라합(수 2:8-14)을 지칭하는 것이 아니고 바다의 괴물을 말하며 하나님을 대적하는 존재로 등장한다.(욥 26:12; 시 89:10; 사 51:9).

내가 비록 의롭고 온전하다 할지라도 그 앞에서는 오히려 내가 나를 정죄하게 될 것이오. 내가 흠이 없다 하더라도 나는 나를 돌아보지 않으며 내 생명을 천하게 여길 뿐이로다. 일이 다 일반이로다. 그러므로 내가 말하겠소. 하나님은 죄 있는 자나 죄 없는 자 모두를 멸망시키시는도다! 갑작스런 재난으로 죄없는 자가 죽어도 하나님은 비웃으실 것이로다. 세상이 악인의 손에 넘어갔고 재판관의 얼굴도 가려졌나니 그렇게 하신 분이 하나님이 아니면 누구시겠는가? 내 일생이 달리는 경주자보다 빨리 사라져 버리니 복을 누릴 수 없구나. 그 빠르기가 빠른 배 같고 먹이를 잽싸게 낚아채는 독수리 같도다. 만일 내가 이제 불평을 그치고 얼굴빛도 고쳐서 즐거운 표정을 짓는다 해도 나는 여전히 고통을 두려워할 것이오. 왜냐하면 주께서 나를 죄 없다고 여기지 않으실 줄 알기 때문이라오. 내가 이렇게 정죄를 받는다면 내가 헛된 수고를 해야 할 필요가 어디 있겠소? 비록 내가 눈 녹은 물로 몸을 씻고 비눗물로 손을 깨끗하게 씻는다 할지라도 주께서 나를 개천에 빠지게 하실 것이니 내 옷인들 나를 좋아 하겠소? 하나님은 나처럼 사람이 아니시니 내가 그분께 대답할 수도 없고 우리가 법정에서 재판으로 마주할 수도 없으며 우리 사이에 손을 얹고 판결해 줄 재판관도 없도다.[1-33] 내가 이제 간절히 원하건대 주께서 그의 채찍을 나에게서 떠나게 해 주셔서 내가 더 이상 두려움에 떨지 않게 해주시길 원한다오. 만일 그렇게 해주신다면 내가 본래 그런 사람은 아니지만 이번엔 두려움없이 말하리다.[1-35]

(속기록 10장) 차라리 나를 혼자 버려 두소서

내 영혼이 살아가기에 심히 피곤하니 내 마음의 괴로움과 불평을 다 털어 놓으리라. 이제 하나님께 아룁니다. 나를 정죄하지 마시고 무슨 까닭으로 나와 다투어 논쟁을 하시는지 알려 주소서. 주께서 친히 만드신 이 몸은 학대하시고 멸시하시며 악인의 꾀는 잘만 되게 하시니 그것이 공정하다고 생각하시나이까? 주께서 사람의 눈을 가지셨나이까? 사람처럼 보시나이까? 주님의 날이 사람의 날과 같사옵니까? 어찌 인생의 날과 같겠사옵니까? 그런데 왜 나의 허물을 찾으시며 나의 죄를 들추어 내시나이까? 주께서는 내가 악하지 않은 줄 아시나이다. 그러나 주님의 손에서 나를 빼낼 자도 없나이다. 친히 주의 손으로 나를 빚으시고는 이제 와서 왜 나를 멸하려 하시나이까? 기억하소서. 주께서 진흙으로 내 몸을 지으셨음을. 그런데 어찌하여 다시 나를 티끌로 돌려 보내려 하시나이까? 주께서는 나를 우유와 같이 쏟아 치즈처럼 엉기게 하시지 않으셨나요? 피부와 살을 내게 입히시고 뼈와 힘줄로 나를 엮으셔서 생명을 주셨나이다. 그렇게 은혜로 나의 생명을 보살펴 주셨나이다. 그런데 주께서는 마음에 숨기는 것이 있으시니 그것이 주님의 뜻인지 이제야 내가 알겠나이다. 내가 범죄하기라도 하면 주께서는 나를 죄인 취급하시고 용서하시지 않을 줄 내가 알았나이다. 내가 악을 행한다면 내게 화가 있을지로다. 그러나 내가 의롭다 해도 머리를 쳐들 수 없는 일 아니옵니까? 정말 내 속에는 수치가 가득하고 괴로움만 가득찼나이다. 내가 머리를 들면 주께서는 어린 사자 사냥하듯 주의 힘으로 나를 짓누르시나이다. 주께서 자주 증인을 바꾸어 나를 치시며 진노하시기를 마치 군대가 쳐들어 오는 것 같이 무섭게 하시나이다. 그렇다면 주께서는 왜 저를 모태에서 나오게 하셨나이까? 왜 사람들이 보기도 전에 죽게 하지 않았나이까? 차라리 아예 없었던 것같이 되었더라면, 태에서 바로 무덤으로 옮겨 갔다면 좋았을 것이옵니다. 이제 내가 살 날이 많이 남지 않았나이다. 그러므로 이제 나를 혼자 버려 두셔서 잠시나마 기쁨을 누리게 해 주소서. 이제는 돌아오지 못할 땅 곧 어둡고 죽음의 그늘진 땅으로 가기 전에 그렇게 허락해 주소서. 그 땅은 어둡고 깜깜하며 죽음의 그늘 진 곳으로 광명도 흑암 같으니이다.[1-22]

(배심원 회의) 그래 할 말이라도 시원하게 해라.

배심원1: 욥이 많이 답답한 것 같습니다. 말도 무척 많아졌고 하나님에 대한 저항감도 깊어진 것 같습니다. 그리고 자신의 절망감도 극에 달한 듯합니다. 죽고 싶다는 심정에서 벗어나지 못하고 있는 상태입니다. 그럼에도 불구하고 욥의 변호 첫 부분을 보면 욥은 여전히 의로우신 하나님을 신뢰하고 있습니다. 그의 지혜와 권능을 인정합니다. 아무도 그 앞에서 의롭다 하거나 또는 악하게 행하고도 형통할 자가 없다고 믿습니다. 욥의 가장 깊은 바람은 하나님 앞에 바로 서는 것입니다. 그런데 하나님은 욥의 이런 마음에 아랑곳하지 않는 것처럼 보인다는 것입니다. 욥은 하나님을 신앙적으로 잘 받아들이는 듯 하다가도 그 성품에 걸맞지 않는 하나님의 돌발행동 때문에 좌절하는 것입니다. 자신은 하나님과 논리적로나 힘으로나 견줄 수 있는 존재 자체가 아니기 때문에 차라리 죽는게 낫다는 결론을 다시 한 번 확인합니다.

욥이 친구들에게 하는 대꾸는 이렇습니다. "그래 자네들의 충고대로 내가 하나님에 대한 불평을 그치고 얼굴빛을 고쳐 환하게 웃는 모양을 한다고 하자. 그래도 난 하나님이 무섭다. 왜냐하면 난 하나님이 나를 여전히 죄없다고 하지 않을 줄 알기 때문이다. 그러니까 내가 왜 헛수고를 하겠는가?" 9:25-29

> "하나님은 내가 지금 온 몸을 깨끗이 씻고 그 앞에 선다 해도 나를 다시 개천에 빠지게 하실 분이야. 아 괴롭다. 하나님이 나처럼 사람도 아니시니 내가 재판을 신청해 그와 직접 변론할 수도 없으니 답답한 노릇이다. 누가 우리 사이에서 판결을 해 줄 자도 없지 않은가?" 9:30-33

이렇게 욥은 하나님에 대하여 심한 두려움을 가지고 있습니다. 자신이 믿고 의지하던 평소의 하나님이 아니시기 때문입니다. 절대적으로 자신의 편에 서주시고 사랑으로 보듬어 주시던 그 하나님이 어디 갔는지 그립기만 합니다. 왜 이유도 없이 고난을 주시는지? 또 이유도 알려 주시지 않으시는지 괴롭기 그지 없습니다. 욥의 입에서 끊임없이 한탄이 쏟아져 나오는 이유입니다.

그럼에도 불구하고 욥은 하나님에 대한 신뢰는 놓지 않습니다. 그래도 기댈 곳은 그분 품 밖에 없고 하소연 할 곳도 그분 밖에 없다는 사실을 경험적으로 알기 때문입니다. 따라서 욥은 하나님께 부르짖습니다.

> "하나님이시여, 제발 주의 막대기를 내게서 떠나게 하셔서 저를 더 이상 두려움으로 떨지 않게 해 주소서. 그런 다음에는 제가 두려움없이 말씀드릴 수 있겠나이다. 지금은 그럴 수가 없습니다." 9:34-35

> "하나님, 내 영혼이 지금 심히 곤비하여 살기가 힘듭니다. 제가 불평과 괴로움을 좀 털어놓아도 저를 정죄하지 마시고 무슨 일로 저를 괴롭게 하시는지 말씀해 주

소서." 10:1-2

욥은 지금 당하는 고통의 정도가 목숨을 지탱하기가 곤란할 정도로 극심함을 호소하면서 하나님께 그 이유를 알려달라고 간청합니다. 하나님으로부터 아무런 답도 얻을 수 없자 욥은 이제 하나님을 향하여 강한 어조로 항의합니다.

"왜 하나님은 하나님이 만드신 생명인 저를 학대하시고 악인들의 꾀를 즐기시나이까? 하나님은 분명 사람의 눈과 같이 보시는 분이 아니시며 인생의 날과 같이 얽매어 사시는 분이 아니실진대 어찌 저의 허물을 찾으시며 죄를 들추어 내시나이까. 하나님도 제가 악하지 않은 줄 아시지 않습니까? 그리고 주의 손에서 저를 벗어나게 할 자도 없지 않습니까?" 10:3-7 "하나님, 왜 저를 만드시고는 이제와서 부서뜨리려 하십니까? 흙으로 만든 몸 다시 티끌로 날려 보내시렵니까?" 10:8-12

이렇게 욥은 서럽게 하나님 앞에 자신의 절망감을 토해냅니다. 이 절망감은 이제 삶에 대한 회의로 발전합니다.

"하나님, 왜 저를 어머니의 태에서 나오게 하셨습니까? 그렇지 않았더라면 저의 기운이 끊어져 아무 눈에도 보이지 않아서 좋았을텐데요. 태어났어도 태에서 바로 무덤으로 옮겨졌다면 차라리 낫지 않았을까요?" 10:18-19

그러나 죽고 싶다는 말이 정말 죽고 싶어하는 말은 아니라고 봅니다. 욥은 하나님께 어두움을 거두어 달라고 간청합니다.

"하나님, 저는 아직 살 날이 많이 남았습니다. 하오니 저를 치시는 것을 멈추시고 잠시나마 쉬게해 주소서. 이제 제가 돌아오지 못할 땅 곧 어둡고 죽음의 그늘진 땅으로 가기 전에 잠시나마 쉬게 해 주소서." 10:20-21

배심원4: 까닭 없이라니? 그 까닭을 지금 친구들이 그렇게도 진지하게 말해 주는데도 자기는 까닭 없이 벌받고 있다고 하니 정말 답답하네. 욥이 먼저 자기의 생각을 내려 놓아야 답을 찾을 수 있는데 말이야. 자기는 지금 아무 잘못이 없다고 선을 그어놓고 남의 말을 들으니 귀에 들어오지 않는 거라고요. 친구들의 지적을 괘씸하다고만 생각해서는 해결책을 찾지 못하는 법이지요. 그들의 말에 일리가 있을 거야 라고 생각해야 문제를 찾아 나가는 바른 출발점이 아니겠습니까? 친구들이 모두 나서서 까닭을 말해 준다면 그 까닭에 대해서 겸손하게 받아들이고 그들의 권유대로 깊은 회개를 해 본 다음에 그 결과를 보고나서 자신의 주장을 이어가야 맞는거 아니겠습니까? 친구들의 충고를 받아 들이지도 않고 무조건 친구들의 충고가 틀렸다고 하는 건 욥이 친구들을 친구로 인정하지 않는 거라고 봅니다.

배심원2: 배심원4가 욥이 주장한 "까닭 없이"란 말을 키워드로 이해해야 한다는 말씀에 대해서는 동의합니다만 그 해석을 놓고 저는 다르게 생각합니다. 욥이 생각하는 까닭은 친구들이 생각하는 까닭과 괘를 달리하고 있다는 사실을 알아야 합니다. 욥이 "나를 정죄하지 마시고 무슨 까닭으로 나와 다투어 논쟁을 하시는지 알려주소서"10:2라고 하나님께 의문을 제기한 말 "무슨 까닭"은 친구들이 생각하고 있는 고난에 대한 까닭과는 질문 자체가 다른 것입니다. 다시 말하자면 친구들이 욥의 고난의 까닭으로 지목한 죄에 대한 하나님의 징계를 말하고 있지만 욥이 하나님께 까닭 없이 자신을 치신다.9:17고 말했을 때는 자신이 죄가 없어서 징계를 받을 일이 없다고 말한 것이 아니라는 점입니다. 즉 욥도 인생이 하나님 앞에 의로울 수 없다는 점9:2을 분명히 하고 있습니다. 따라서 자신이 의롭기 때문에 지금 하나님이 까닭 없이 왜 자신을 치시냐고 항의하는 것이 아닙니다. 다만 자신이 지금 당하고 있는 고난의 이유를 알고 싶은 것입니다. 친구들의 질타와는 차원이 다른 말이라는 사실을 알아야 욥과 친구들의 논리를 구별할 수 있습니다.

그리고 이 질문은 하나님의 정의에 관한 것입니다. 욥이 한 이 말을 배심원 여러분들께서 유의해 주시기 바랍니다. "주께서는 친히 만드신 이 몸을 학대하시며 멸시하시면서 악인의 꾀는 잘만 되게 하시니 그것이 공정하다고 생각하시나이까?"3 이 말에서 분명히 알 수 있듯이 욥은 지금 자신의 깨끗함을 주장하는 것이 아니라 하나님께서 왜 악인의 꾀는 잘 되게 하시는지 모르겠다는 것입니다. 하나님이 그의 자녀를 징계로 다스리는 것을 부당하다고 생각하는 것은 아님을 알아야 합니다.

배심원3: 욥의 말에는 분명 그의 진실성이 묻어 있다고 봅니다. 하지만 그의 주장대로 아무 잘못이 없는데도 이렇게 무시무시한 벌을 받고 있다면 하나님은 도대체 어떤 분이신지요? 배심원 2께서는 욥도 자신이 의롭다고 주장한 것은 아니라고 보셨지만 욥은 이미 엘리바스의 심문때 대답으로 자신의 의로움을 주장했고6:29 더 나아가 자신의 혀로 불의한 말을 낸 적이 없다.6:30고 말함으로서 도덕적인 죄의 범주로 의로움을 말한 것으로 보입니다. 빌닷의 추궁에도 욥은 대답하면서 비록 가정법을 쓰긴 했지만 자신이 의롭고 온전하다.9:20, 흠이 없다.9:21고 내세우고 있음을 보면 내가 보기엔 배심원2께서 구분한 욥의 의와 친구들의 의를 구별한 것은 적절하지 못하다는 생각이 듭니다.

그럼에도 불구하고 나는 욥의 고난이 부당하다는 생각에 한 표를 던지겠습니다. 심하게 고난받고 있는 욥을 보는 것도 고통이고 답이 보이지 않는 변론을 계속 듣는 것도 솔직히 괴롭기만 합니다. 하나님께서 왜 시원하게 답을 내리시지 않는지도 모르겠습니다. 특별히 하나님이 사랑하시는 욥이라고 알고 있는데 말입니다. 평소에 욥에게만 유별나게 반응하시는 하나님 같았었는데 왜 이렇게 절실할 때 잠잠하신지 모르겠습니다. 우리 배심원들이 하나님을 판단하는 역할까지 맡은 것은 아니니까 이건 어디까지나 나의 느낌일 뿐입니다. 이 심문과정을 통해 오히려 내 믿음이 흔들릴까 무섭다니까요. 아무튼 빨리 결말이 났으면 좋겠네요.

배심원5: 점점 오리무중이 되어가네. 아 내 머리야. 그래도 남은 친구 소발의 논리를 듣고 판단해도 늦지 않을 듯합니다.

당하알 하박사: 당하알 하박사입니다. 바로 본론으로 들어가죠. 까닭없다고 주장하는 욥의 말이 맞는 말이긴 하죠. 욥의 고난이 전적으로 천상회의 결과에 따른

것이니까 말입니다. 문제는 욥과 배심원들 모두 천상회의 내용을 알지 못하니까 그 까닭을 모른다는데 있는 것입니다. "까닭 없이" 이 말은 욥기서를 이해하는데 있어서 매우 중요한 키워드 역할을 합니다. 욥기 전체를 끌고 가는 나침판같은 역할을 한다고 볼 수 있어요.

사탄이 하나님께 "까닭 없이 하나님을 경외할 리가 있습니까?"1:9라고 물을 때 처음 이 말이 사용되었잖습니까? 그러니까 사탄이 제시한 이 키워드를 그대로 친구들이 사용하면서 집요하게 욥을 괴롭히고 있습니다. 재미있는 표현이 나옵니다. 사실 욥의 고난을 재미있다고 말하면 안되지만 하나님의 반응이 재미있다고 해야 할까 짓궂다 해야 할까요? 하나님이 사탄에게 대답하기를 "네가 나를 충동하여 까닭 없이 그를 치게 하였어도 그가 여전히 자기의 온전함을 굳게 지켰느니라2:3"고 욥의 고난은 까닭없는 것이라고 확인합니다. 까닭이 있다고 주장한 사탄의 주장에 대한 답이지만 욥을 극심한 고통에 넘겨준 다음의 대답이어서 우울합니다. 이렇게 확인하셨으면 되셨지 말입니다. 하나님은 사탄이 다시 욥의 뼈와 살을 치라는 충동에 욥을 다시 사탄의 손에 맡깁니다. 다만 생명은 해하지 말라고요. 우리는 이 시점에서 생각에 혼란이 생깁니다. 하나님 왜 이러십니까? 하고 우리 입에서도 한숨이 나오죠? 하나님이 더 확인하고 싶었던 내용이 무엇일까요?

그런데 문제는 지상에서는 이런 내용을 알지 못하고 그저 욥의 고난이 어디서 온 것일까 하는 문제로 지루한 공방을 이어간다는 것입니다. 이것이 오늘날 지상 교회의 신앙여정이기도 합니다. 우리의 문제에 대한 하나님의 뜻, 섭리, 의도를 아는 일에 있어서 문제의 핵심을 파악하는 것이 결코 쉬운 일이 아님을 느끼게 됩니다.

다시 말하지만 욥도 친구들도 천상회의에서 있었던 내용을 알지 못합니다. 그래서 욥이 횡설수설하는 듯한 자기 변명과 하나님에 대한 질문을 한다고 해서 지금 천상 회의내용을 알고 욥기서를 읽는 우리들이 욥의 신앙을 함부러 판단해서는 안될 것이라고 말씀 드리고 싶습니다.

자, 정리 들어갑니다.

빌닷은 하나님의 정의는 하나님의 창조섭리와 같은 것이어서 분명한 원리에 의해 움직인다. 그 원리가 소위 인과응보다. 결국 욥의 고난은 욥이 자초한 것이다. 이런 주장에 대해서 욥은 피곤하게 자신을 변호합니다. 그러나 변호를 하면 할수록 무력한 자신을 드러낼 뿐이어서 차라리 나지 않았더라면 좋겠다는 절망적인 소원만 갈구할 뿐입니다. 나는 여기서 하나님에 대한 신뢰가 하나님을 아는 지식까지 보증하지는 않는다고 말하고 싶습니다. 어쩌면 가장 솔직한 대답이자 신학적인 결론이 아닐까요? 인간의 하나님을 아는 지식의 한계를 말해 주는 것 아니겠습니까?

욥의 답변의 핵심은 이렇습니다. 고통은 개인의 죄악에 대하여 가해지는 일대일 응보차원으로 해석할 수 없다는 것입니다. 그러면서도 욥은 본질적인 질문에 함몰됩니다. 왜 하나님은 의로운 사람들이 고통을 받도록 허락하시는가? 하나님의 공의가 갖은 꾀를 내어 세상에서 번영을 구가하는 악인들에게는 왜 적용되지 않는가? 이런 질문을 가지고 욥은 하나님께 공정한 재판을 호소합니다.

욥이 하나님에 대하여 사용한 단어들을 보면 하나님의 권능과 주권에 대한 단어들로 가득합니다. 세상을 만드시고 북두성, 묘성, 삼성, 은하수까지 만드신 분, 무너뜨리고, 흔드시고, 빼앗아 가시고, 멸망시키시고, 막대기로 치시고..등등. 그러나 욥은 이런 단어를 동원해 하나님을 찬양했다라기보다는 그런 하나님이 정작 자신은 외면하시는 것에 대한 허탈한 심정을 표현한 것이라고 볼 수 있습니다.

또 다음 시간 뵙죠. 질문이나 코멘트 있으신 분 댓글 달아주시고요. 구독 좋아요 눌러주세요.

당고알 고집사: 욥, 말 한번 시원하게 잘했능기라. 하나님이 도발하신거 맞다카이. 이건 자꾸 사람들이 하나님을 변호하려고 하니까 욥기서를 엉뚱하게 해석하는 거라꼬. 욥이 경험하고 인지하는 하나님은 결코 논리와 신학으로 변호될 수 없다는 데 문제가 있는기라. 그런 질문들을 욥기에서 찾으려고 하면 안된다는거다. 욥

은 지금 자신이 느끼는 감정을 솔직하게 털어놓은 거라고. 자신의 심정을 적나라하게 표현한 걸 두고 논리적으로 어떻고 신학적으로 어떻고 해부해서는 안된단 말이지. 오히려 그의 하소연에 공감하고 맞장구쳐 주는게 그를 돕는 길이란 말이다. 지금 이 시점에서 욥이 답답해 하는 게 바로 그 점이야. 자기를 이해해 주지 못하는 친구들이 야속한 거지. 신학적인 논의야 언제든 또 가능하지 않겠어? 그런데 자식들을 모두 잃고 상을 당한 아비에게 이렇게 몰아 부치는 건 아니제.

욥기서는 고통당하는 자가 겪는 고난을 적나라하게 보여주고 있는 거라고. 다른 말로 해서 오늘날 지상교회의 모습을 그대로 그려주고 있단 말이지. 우리 모두가 잘난 교인들이고 모두 욥의 친구들이란 말인기라. 고통 당하고 있는 사람들을 위로한답시고 한두 마디 툭툭 던지는 말들이 그 사람들을 두 번 세 번 죽인다는 사실을 모른다니까. 욥이 지금 토로하고 있는 고통은 재산을 다 잃어버린 것 때문도 아니고 건강을 잃어버린 것 때문도 결코 아닐세. 욥도 고백하지 않았던가. 그 모든 걸 다 잃었어도 담담하게 "주신 자도 하나님이요 거두신 자도 하나님이시니 하나님을 찬양한다"고. 욥의 진짜 고통은 집요하게 따지고 드는 친구들의 지루한 지적질이란 말이다. 이런 고통이 참을 수 없는 고통이란 것을 욥은 고발하고자 한 거야. 현대 교회가 욥기서를 제대로 읽는다면 교회의 위선과 가면이 벗겨질텐데. 그럼 정말 하나님이 원하시는 모습이 될텐데 말이야.

"까닭 없이"란 말 우리도 참 많이 들었다네. 오늘날 교회도 기복신앙에 너무 물이 들어 죄다 그 공식에 견주어 보고 사람을 평가한다는 말이야. 욥의 친구들이 진단하는 방법하고 똑같애. 사업이 잘되고 직장에서 승진을 하고 자녀가 좋은 대학에 가고 등등 이런 일들이 발생하면 하나님께 축복을 받았다고 야단법석을 떨다가도 조금이라도 맘에 들지 않는 일들이 벌어지면 당장, "기도를 안해서" "십일조를 떼먹어서" "새벽기도를 빼먹어서" 등 이런 이유들 때문에 불행한 일이 생겼다고 진단하며 회개 모드에 들어간다 말이지.

참 재수없는 건 말이야, 우리 보고 "까닭이 있는기라" 한마디 던지고는 야릇한 미소를 띠고 기도실로 들어가는 기도꾼들 말이지. 우린 교회 가면 졸지에 믿음 없는 사람, 기도 안하는 사람으로 전락한다니까. 한번은 우리 딸하고 교회 로비에 잠깐 서 있었는데 어느 기도 많이 하신다는 권사님이 오더니만 우리 딸의 손을 잡고 기도실로 막 들어가는거야. 우리한테 허락도 받지 않고 말이지. 뒤따라 가봤더니 기도실에 들어 선 아이의 눈을 찌르면서 "장애 귀신 나가라"며 고래고래 소리치며 딸아이 머리채를 흔들어 대는거야. 너무 순식간에 일어난 일이라 그냥 당하고 있을 수밖에 없었지. 숨을 고른 후 "그러지 말라"고 권사님께 조심스럽게 말씀드리고 딸 아이 손을 잡고 나오는 순간 그 권사님이 내 뒤통수에 대고 "집사님, 왜 기도를 안하세요? 기도하면 장애가 낫는데 왜 기도를 안하세요? 내가 답답해서 말하는 겁니다" 이러는기라. 참내. 그래서 "우리 기도 열심히 합니다"라고 정중하게 대꾸를 했지. 그랬더니 권사님이 눈을 부라리면서 하는 말이 글쎄, "집사님 기도한다고요? 그렇게 기도하면 안되고요, 목숨 걸고 기도하셔야죠 하는기라. 내 원참. 남의 목숨을 왜 자기가 걸고 야단이야 하는 생각이 들더구만. 우리 딸 장애가 낫지 않는 "까닭"이 나 때문이라는거야.

심문3 및 변호

소발의 심문(11:1-20)

(속기록 11장) 네 죄를 네가 알렸다

나아마 사람 소발이 대답하였다. 말이 참 많구나. 말이 많으니 듣고만 있을 수 없구나. 말이 많다고 해서 의롭다고 판정받을까? 네가 자랑하는 말을 듣고 누가 잠잠할 수 있으며 네가 비웃는데 어찌 너를 부끄럽게 할 사람이 없을 줄 아는가? 네 말에 의하면 "내 도는 순수하고 주께서 보시기에도 깨끗하다" 하는구나. 하나님께서 입을 여시어 너에게 말씀하시고 지혜의 비밀을 네게 보여 주셔서 그의 지식이 얼마나 광대한지 알게 하시길 원한다. 오히려 하나님이 너의 죄의 일부를 눈감아 주셨다는 사실을 알기 바란다.[36] 나의 친구여, 하나님의 오묘함을 누가 측량할 수가 있으며 누가 전능자의 능력을 측정이나 할 수 있을까? 하늘보다 높고 스올보다 깊으신 하나님 그의 크심은 땅보다 길고 바다보다 넓도다. 하나님이 사람을 잡아 재판을 여신다고 해도 누가 막을 수 있겠는가? 하나님은 속이는 자[37]를 다 알고 계시며 악한 일은 상관하지 않으시는 듯하지만 사실은 다 보고 계신다네. 허황된 사람이 지혜를 얻는 것은 마치 나귀가 아기를 출생하는 것과 같도다. 만일 네가 마음을 바로 정하고 주를 향하여 손을 들고 네 손에 죄악이 있거든 멀리 버리라. 그리고 불의가 네 장막에 깃들이지 못하도록 하라. 그리하면 네가 반드시 다시 얼굴을 들게 될 것이며 두려움도 걷히고 환난도 잊게 될 것이다. 이제 고통은 기억하려 해도 생각나지 않을 것이라. 그리고 너의 앞날은 대낮보다 밝고 아침과 같이 빛날 것이다. 이제 이런 소망을 가지고 너를 돌아보고 편안히 쉬길 바란다. 네가 누워도 너를 두렵게 할 자 없겠고 오히려 전과 같이 많은 사람이 너에게 은혜

---

36) 마소라 사본(MT)의 해석으로서 Clines와 NIV는 이 해석을 따른다. 개역개정은 "하나님께서 너로 하여금 너의 죄를 잊게 하여 주셨음을 알라"고 번역하였다. 그리고 한글개역/새번역은 "하나님의 벌하심이 네 죄보다 경하니라(가볍다)"로 번역하였다.

37) 한글 개역개정에는 "하나님은 허망한 사람을 아시나니"라고 되어 있다. 여기서 허망한 자는 '속이는 자'라는 뜻이다. NIV에는 "deceivers"로 번역되었다.

를 구할 것이라. 반면 너를 괴롭히던 악한 자들은 눈이 어두워서 도망할 곳을 찾지 못할 것이며 그들의 소망은 숨을 거두는 것이 될 것이라.1-20

이상입니다.

(배심원 회의) 흠없는 얼굴 좀 보자

배심원1: 소발의 발언은 이전의 두 친구 엘리바스와 빌닷의 경우와 비교해 볼 때 좀 더 직설적입니다. 사실 엘리바스와 빌닷은 욥이 죄를 지었기 때문에 고통을 받는다고 노골적으로는 말하지 않았습니다. 다만 인과응보요 권선징악이라는 논리로 간접적으로 비난했을 뿐입니다. 이에 반하여 소발은 대놓고 욥의 죄를 지적했을 뿐 아니라 오히려 하나님이 일부 죄는 눈감아 주었다고 단정해 버렸습니다.

또 소발은 욥이 친구들과 하나님을 모독한다고 생각합니다. 소발에게 있어서 육체적인 고통은 사람의 죄때문에 받는 벌의 증거입니다. 반면 용서를 구하고 회개를 하면 육체의 모습도 회복된다는 도식적 생각을 가지고 있습니다. 말하자면 소발이 말한 하나님의 놀라운 권능은 악인을 심판하고 의인을 축복하는 능력으로 나타난다는 것입니다. 그러면서 상당분량의 말11:12-20로 회개를 하고 바른 생활로 돌아올 경우 욥에게 펼쳐질 새로운 세상을 강조합니다. 덧붙여 욥의 고통이 더 이상 기억되지도 않을 것을 말하며 고통을 피하는 법을 제시했습니다.

배심원4: 세 친구들의 연합작전이 상당히 효과적으로 보입니다. 한 사람이 지적하면 서로 다른 견해를 가질 수도 있겠다고 하겠지만 지금 세 친구 모두 입을 모아 같은 결론을 내리고 있습니다. 저들이 막 배운 사람들도 아니고 각 지역의 유지인들인 만큼 이들의 논리에 무게를 실어주어야 한다고 생각합니다. 다른 몇몇 배심원들은 욥의 친구들이 욥을 정죄하는데 급급하다고 하시는데 친구들의 진정성 있는 권고를 눈여겨 보시기 바랍니다. 지금 소발도 자신의 스피치의 대부분을 친구가 돌이켜 회복하기를 간절히 바라는 말로 채우고 있음을 확인해 주시기 바랍니다.

역시 소발은 고단수야. 하나님이 속이는 자[11:11]를 다 알고 계신다는 말로 은근히 욥이 하나님을 속이고 있다고 압박한 걸 보니 말이야. 아니땐 굴뚝에 연기날까 이 말이지.

배심원2: 고단수라고요?. 그건 기만입니다. 지금 소발의 전제 자체가 잘못되어 있는 걸 모르시나요? 욥이 죄를 지어 벌을 받고 있다고 단정해 놓고 욥을 보고 회개하고 죄를 멀리하라는 것 자체가 잘못된 전제란 말입니다. 그 전제 하에서 제시한 달콤한 제안과 충고는 기만이란 말입니다. 그런 잘못된 가정을 하고 있는 소발의 주장에 어떻게 욥이 선뜻 동의를 하겠습니까?

소발 자신은 다른 친구들처럼 욥이 말이 많다고 지적하며 진정한 회개는 하지 않고 말로 변명만 한다고 면박을 주지만 사실은 소발 스스로가 고상한 척하며 또 친구를 생각하는 것처럼 하면서 뒤통수 치는 인간입니다. 매우 역겨운 행동입니다.

배심원3: 소발이 저렇게까지 욥에게 쏘아 붙이는 걸 보면 어떤 확신이라도 있는게 아닐까요? 욥의 태도가 좀 애매합니다. 자신도 고통의 원인을 몰라 하나님에게까지 원망을 하고 고통을 끝내 달라고 애걸을 하지 않았습니까? 그런데 하나님으로부터 아무런 답도 없다고 투덜투덜대고 있지 않습니까? 그렇다면 친구들의 권유를 한번 진지하게 받아들이고 진정으로 회개라도 해보면 좋지 않겠습니까? 그래서 그 권유가 맞아서 고통이 멋는다면 얼마나 좋겠습니까? 그게 합리적인 태도가 아니겠습니까?

배심원5: 좀 지루하네요. 세 친구들 말을 다 들어봐도 그 말이 그 말 같아요. 소발의 충고에 욥이 어떻게 반응하는지 들어 봐야겠습니다. 그 다음에 판단해도 늦지 않겠습니다.

당하알 하박사: 하박사입니다. 두 친구에 이어 소발이 자신의 견해를 간략하게 밝혔습니다. 앞선 두 친구의 견해와 크게 다른 것은 없네요. 하지만 두 친구보다 영악해 보입니다. 직설적으로 욥의 죄를 지적하면서도 욥이 회개할 때 얻게 될 밝은 앞날을 제시하기 때문입니다.

소발은 욥의 주장이 근거가 없는 것이라고 주장하지만 실은 소발 자신의 주장이 논리적 모순을 가지고 있다는 사실은 모르는 것 같습니다. 하나님께서 욥의 죄의 일부는 용서해 주셨다는 소발의 발상은 성경적 진리와도 모순됩니다. 소발은 욥이 회개하지 않아도 하나님이 욥의 죄의 일부는 눈감아 주셨다는 말로 하나님이 욥에게 내리시는 벌이 오히려 욥의 죄보다 가볍다고 욥을 몰아붙였습니다.11:6 소발은 시종 욥이 회개를 해야만 용서를 받고 고통을 멈춘다고 주장했습니다. 그런데 어떻게 회개하지도 않은 죄에 대해서 용서를 받게 되었을까요? 논리적 모순이 아닐 수 없습니다. 따라서 소발의 지혜도 그의 궤변에 불과합니다.

또 회복의 조건을 제시한 소발의 논지도 모순됩니다. 즉 소발은 회복을 위해 두 가지 조건을 제시했죠? 첫 번째 조건은 기도이며 두 번째는 회개입니다. 기도와 회개를 분리한 것 자체가 모순입니다. 더욱이 소발은 기도의 내용보다 기도의 모습에 주안점을 두고 있습니다. 마음을 정하고 주를 향하여 손을 들라고 주문합니다. 물론 당시 성도가 기도하던 자세이긴 합니다. 문제는 그렇게 기도해서 받은 응답이 "흠없는 얼굴을 들게 될 것"이라는 것입니다.11:15 얼굴을 든다는 것은 용서받은 자가 자유함을 받는 모습일 것입니다. 그런데 굳이 "흠없는 얼굴"을 강조한 이유는 무엇일까요? 이건 하나님이 요구하시는 흠없는 제물을 연상케 합니다.레 22 이 구절은 지금도 많은 사람들이 잘못 이해하고 있는데 당시에도 분명히 잘못 이해하고 있었음이 분명해 보입니다. 육체적으로 흠이 없는 사람을 지칭한다고 이해했을 것입니다. 그렇다면 소발이 욥에게 "흠없는 얼굴을 들게 될 것이다"라고 말한 것은 욥의 망가진 얼굴을 염두에 두었을 것입니다. 특히 욥이 기와장으로 몸을 긁는 모습을 보고 아마도 나병같은 병으로 오인했을 수도 있겠습니다. 그렇다면 욥의 얼굴이 돌아올 것이라고 말하는 소발의 생각은 나병때문에 성밖으로 쫓겨난 인생이 고침을 받고 공동체로 돌아온다는 생각을 하고 있었는지도 모르겠습니다.[38] 논리의 빈곤이 논리의 비약을 가져온 경우라고 봅니다. 여러분들의 생각은 어떤지요? 댓글 달아주세요.

당고알 고집사: 얼굴이 망가진 욥의 얼굴을 보고 흠이 있다고 말하는 소발 이 자식 자기는 성경을 잘 알고 있다고 과시하는지는 모르겠으나 해석은 영 글러 먹었다카이. 아마 전염이라도 되는 걸로 생각할지도 모르지. 하긴 우리 장애아이들 보고 혹시 옮지는 않을까 하고 몸을 피하는 인간들이 얼마나 많노 말이다. 소발같은 인간들이 오늘날 교회에 얼마나 많은지. 소발처럼 하나님은 어떤 분이신고 하면서 주둥이 놀리는 인간들이 말이야. 하나님의 심판의 칼로 동료 교인들을 도마 위에 올려놓고 요리조리 해부를 막 해댄단 말이지. 자기 눈으로 볼 땐 장애인 교인은 흠이 있는 교인이고 벌 받은 교인으로 보이는 거지. 오늘날 교회 안에 소발들이 얼마나 많은지 우리도 소발들 때문에 교회 못나간다 아이가.

친구목사 L의 경험담이다.

어느 교회가 담임목사를 청빙한다기에 지원을 했다. 최종 후보에 올랐다. 그 교회에 가서 설교도 하고 교인들 앞에 선을 보였다. 예배가 끝나자 교인들이 한결같이 설교가 너무 좋다고 하며 기뻐했다. 따로 당회원들과 인터뷰를 했다. 신상에 관한 정보와 목회 경력같은 내용은 이미 이력서에 담아 제출했기 때문에 자연히 이야기는 목회 비전과 신앙고백같은 것에 초점이 맞추어졌다. 평소 그려 왔던 목회소신과 비전에 대해 신나게 이야기 했다. 금새 당회원들의 표정이 밝아지면서 교회에 소망이 생긴다고 좋아했다. 공식적인 인터뷰가 끝나고 가족 소개가 있었다. 밖에서 기다리던 아내와 아들이 들어왔다. 아내가 휠체어를 탄 뇌성마비 아들을 데리고 당회실에 들어오자 방금 전까지 밝았던 당회원들의 얼굴이 금새 어두워졌다.

---

38) 레위기의 정결코드에 의하면 나병환자들은 발병하면 살던 곳에서 쫓겨나 성밖에 기거해야 하며 고침을 받은 후에는 제사장의 검사를 거친 후 다시 집으로 돌아올 수가 있다.(레 13-14).

긴 여행으로부터 집에 돌아오자마자 청빙교회 당회서기로부터 연락이 왔다.

"목사님 죄송하지만 목사님을 청빙하려던 계획을 취소했습니다. 말씀 드리긴 송구스럽지만 목회자 가정에 흠이 있는 자식이 있는데 어떻게 교인들 앞에 설 수 있겠습니까? 목사님은 신학교에서 가르치는 일이나 하는 게 좋겠습니다."[39]

우리 딸처럼 다운장애 아이들의 얼굴 모습이 참 독특하잖아. 어떤 부모는 가장 정상에 가까운 사진을 골라서 친지들에게 보여준다니까. 그만큼 마음 속에 상처가 늘 있다는거지. 그래서 많은 부모가 천국에서는 그 얼굴이 정상으로 돌아오기를 기도한다니까. 그런데 가만히 생각해 보라꼬. 어떤 얼굴이 정상이란 말이고? 내 딸 아이는 천국에 가면 어떤 얼굴을 할까? 다운얼굴을 그대로 가지고 있을까? 아니면 소위 말하는 정상적인 얼굴로 변할까? 다운증후군 얼굴이 비정상이란 말도 거슬리지만 정상으로 바뀐다고 한다면 어떤 얼굴이 정상일까? 이런 질문에 잠긴 일이 있었지. 다운 얼굴이라고 해서 눈이나 코, 귀 어느 하나가 손실된 것도 아닌데 정상이 된다고 한다면 어떤 수준의 얼굴 모습으로 바뀌어야 한단 말이고? 헐리웃 배우처럼 또는 미스유니버스처럼 되는 것을 말할까? 아니면 보통사람의 얼굴로 바뀐다고 말한다면 말이야, 어떻게 생긴 사람들 보고 보통사람이라고 말할 수 있을까?

사람들이 말하는 못생긴 사람들도 천국에 가면 모두 헐리웃스타 수준으로 바뀐단 말인가? 그렇다면 천국에 가면 모든 사람이 똑같은 얼굴을 한단 말인가?

말도 안되는 소리다. 천국에서 사람의 얼굴이 어떤 모습을 할지 정확하게 알 수는 없어도 천국의 미적 감각이 지상의 것과 같다고는 말할 수 없을 것이다. 천국에는 모든 것이 아름답고 모든 것이 향기롭다. 사람이 죽어 천국에 갈 때 지상의 모습을 그대로 가지고 간다고 해도 천국에서는 모든 사람들이 아름답게 보일 것이다. 비록 이 땅에서 못생겼다고 밉다고 놀림을 당해도 천국에서는 눈부시게 아름답게 보일 것이다. 사람의 모습이 바뀌는 게 아니라 사람의 눈이 바뀌게 되기 때문이다.

---

39) 이 이야기는 본인의 저서 "장애신학" (대장간 2010, 76)에 이미 소개한 바 있다.

그렇다면 다운신드롬 얼굴이라고 해서 이상하게 보일 리 없지 않은가.[40]

40) "장애신학" (대장간 2010, 449)에서 전재.

심문3 및 변호

욥의 변호(12:1-14:22)

(속기록 12장) 세상에 똑똑한 사람들 다 죽었나보네

욥이 말을 받았다. 친구들아, 세상에 똑똑한 사람들 다 죽었나보네. 그대들이 죽으면 세상의 지혜도 다 죽어 없어지겠소. 나도 그대들만큼 생각이 모자란 사람이 아니라오. 당신들이 생각하는 만큼 나도 이미 다 알고 있다오. 하나님과 소통하여 대답을 듣곤 하는 내가 의롭고 온전하다만 이제는 이웃에게 웃음거리가 되었다네. 만사가 평안한 사람들은 재앙 당하는 사람들을 멸시하지만 그들은 곧 실족하여 재앙을 당할 것이오. 강도와 하나님의 진노를 받을 자들이 오히려 형통하고 평안하도다. 짐승에게 물어보라 공중의 새에게 물어보라 땅에게 말해보라. 그것들이 다 네게 가르쳐 줄 것이라. 바다의 고기들도 너희들에게 가르쳐 줄 것이라. 누가 일어난 이 모든 일들이 하나님이 행하시는 일이 아니라고 할 자가 있겠는가? 모든 생물의 생명과 사람의 목숨이 다 하나님의 손에 있는 것 아닌가? 입은 맛을 구별하고 귀가 말을 분별하며 늙은이들에게는 지혜가 있고 장수하는 자에게는 명철이 있듯이 지혜와 권능, 계략과 명철 역시 하나님께 속한 것이니, 그가 헐면 다시 세울 수 없고 사람을 가두시면 아무도 자유케 할 수 없다네. 그가 물을 막으시면 땅이 마르고 물을 쏟으시면 땅이 뒤집어지듯 그의 능력과 지혜가 그에게 있고 심지어는 속이는 자와 속는 자 역시도 그의 손에 있도다. 그는 모사들을 벌거벗게도 하시며 재판장까지 어리석은 자들로 만드시는 분이시라. 그는 왕들이 결박한 줄을 풀어 주시고 오히려 그들의 허리를 포승으로 묶으시도다. 제사장들을 벌거벗겨 끌고 가시며 권력이 있는 자들을 넘어 뜨리실 뿐 아니라 충성된 자들의 입을 닫게 하시며 늙은이들의 분별력도 거두어 가시는 분이시로다. 또한 귀족들에게 멸시를 퍼부으시고 강한 자를 무장해제 시키시는도다. 어두운 가운데서 은밀한 것을 드러 내시며 어두움을 빛으로 나오게 하시는 분이시로다. 민족들을 커지게도 하시고 다시 멸망하게도 하시며 그들을 또 세상에 널리 퍼지게도 하시며 다시 다른 나라에 끌려 가게도 하시는도다. 나라의 지도자들의 총명을 빼앗아 백성들이 거친들에서 방황하게 하시고 빛없이 깜깜한 데를 더듬게 하시며 취한 사람같이 비틀거리게 만드시도다.1-25

(속기록 13장) 재판기피 신청이오.

내가 이것을 다 보았고 내 귀로 다 듣고 이미 다 깨달았도다. 그대들이 아는 만큼 나도 다 알고 있으며 나도 결코 그대들만큼 뒤지지 않다네. 그래서 나는 이제 전능자이신 하나님과 변론하고 싶소. 그대들과 더 이상 말하고 싶지 않다네. 그대들은 거짓말을 지어내는 자들로서 말하자면 쓸모없는 의사같은 사람들이라네. 자네들이 차라리 입 다물고 있는게 지혜로운 행동일 것일세. 내 말을 자세히 들어보고 내가 말하는 논지를 잘 이해하길 바라오. 어찌하여 자네들은 하나님을 위하여 불의를 말하고 또 거짓말을 하려고 하는가? 너희가 그토록 편향적이면서 어떻게 하나님과 변론할 수 있겠는가?[41] 하나님이 그대들을 자세히 감찰하셔도 좋겠는가? 그대들이 사람을 속이듯 그렇게 그분을 속일 수 있을까? 만일 그대들이 그렇게 편파적인 마음을 몰래 나타낸다면 하나님이 그대들을 책망하실 것이라네. 친구들이여, 그대들은 하나님의 존귀하심이 두렵지도 않은가? 그대들이 인용하는 격언과 속담들은 쓰레기같은 것들이고 그대들의 논리 역시 쉽게 무너지는 흙담같이 얄팍하기만 하다오. 이제 잠잠하고 내가 말좀 하게 해주오. 그 이후에 무슨 일이 일어 나든지 내가 감당하겠소. 나라고 해서 어찌 이를 악물고서라도 내 생명을 지키려 하지 않겠소? 하나님이 나를 죽이려고 하실지라도 나는 그 앞에서 당당하게 나를 변호하겠소. 그렇게 하는 것이 나를 구원하는 길이 될 것이라. 경건치 않은 자들은 결코 그 앞에 서지도 못할 것이로다. 친구들이여 내 말을 똑똑히 들어보시오. 내가 하는 말을 귀담아 들어 보시오. 이제 난 재판 받을 준비가 다 끝났소. 내가 옳다고 인정받을 줄 확신한다오. 만일 누구라도 나의 죄를 입증한다면 내가

41) 개역개정은 "하나님의 낯을 따르려느냐 그를 위하여 변론하려느냐"로 번역하였고 새번역은 "법정에서 하나님을 변호할 셈이냐? 하나님을 변호하려고 논쟁을 할 셈이냐?"고 번역하였다. 한편 대부분의 영역본들은 "너희가 편향적이면서 어떻게 하나님을 위해 변론한다고 말할 수 있는가?"라고 번역한다.(KJV, NIV, ASV).

입 다물고 차라리 죽음을 택할 것이오. 하나님이여, 이제 두 가지만 제게 하지 마시길 간청하겠나이다. 그렇게 해 주신다면 내가 결코 주의 얼굴을 피하여 숨지 않겠나이다. 그러니 주의 손을 내게 대지 말아 주시고 또 주의 위엄으로 나를 두려워 떨지 않게 해주시길 간절히 구하나이다. 하나님 나를 심문하여 주소서. 내가 대답하겠나이다. 아니면 내게 말씀드릴 기회를 주시고 주께서 내게 답해 주소서. 내가 지은 죄가 무엇입니까? 나의 죄가 얼마나 큰지 말씀해 주소서. 어찌하여 주님께서 얼굴을 가리시고 나를 원수로 여기시나이까? 주께서 어찌하여 날리는 낙엽을 위협하시며 마른 검불을 뒤쫓으시나이까? 주께서 나의 괴로운 일들을 기록하시며 내가 젊었을 때 지은 죄를 지금 벌받게 하시고 나의 일거수 일투족을 낱낱이 지켜 보시나이다. 결국 내 발을 차꼬에 채우시니 내가 썩은 물건처럼 좀 먹은 의복처럼 되었나이다.1-28

(속기록 14장) 주여 진노의 잔을 거두소서

여인에게서 태어난 인생들이 짧은 생을 살면서 갖은 걱정으로 가득 차고 꽃과 같아서 피었다가 곧 시들며 그림자 같아서 머물지 못하고 지나가는 인생이거늘 어찌 주님께서는 이와 같은 자를 눈여겨 보시나이까? 나를 기어이 주님 앞에 세워 재판하려 하시나이까? 누가 깨끗한 것을 더러운 것으로부터 나오게 할 수 있겠사옵니까? 아무도 없나이다. 인생의 날수도 주님이 정하셨고 날과 달의 운행 법칙과 한계도 주님이 정하시지 않으셨나이까? 그러므로 그에게서 눈을 돌이켜 그가 품꾼 같이 그의 날을 마칠 때까지 그를 홀로 있게 하옵소서. 나무는 오히려 희망이 있사오니 찍혀 버려도 다시 움이 돋고 연한 가지가 끊임없이 자라나고 또 뿌리가 땅에서 늙고 그루터기가 땅에서 죽는다 해도 다시 움이 돋고 가지가 뻗어 새로 심은 나무와 같게 되지 않나이까? 그러나 사람은 제 아무리 장정이라도 죽으면 사라지나니 인생이 숨을 거두면 그가 어디에 있는지도 모르게 되나이다. 바다에서 물이 줄어 들고 강물이 말라 버리는 것처럼 사람이 누우면 다시 일어나지 못하고 하늘이 없어지기까지 눈을 뜨지 못하며 잠을 깨지 못하는 법이니이다. 그러니 이제 나를 스올에 감추시고 주님께서 진노를 돌이키실 때까지 나를 숨겨주소서. 주님께서 정하신 때가 되면 나를 기억하여 주소서. 장정이라도 죽으면 어찌 다시 살아날 수 있겠사옵나이까? 그러니 나는 모든 고난의 날들을 참으며 이제 풀려날 날만 기다리겠나이다. 그때에 주께서 나를 부르실 때 내가 대답하겠나이다. 주께서는 당신께서 스스로 만드신 피조물을 기다리시는 분이시니까요. 그때엔 주님께서 나의 걸음걸음을 세시고 계실지라도 나의 죄를 하나하나 살피시지는 않으실 것이며 주님께서는 내 허물을 밀봉하시고 내 죄악을 덮어 주실 것입니다. 하지만 산도 무너지고 바위도 그 자리에서 옮겨지며 물이 돌을 닳게 하기도 하고 때로는 온 땅을 쓸어 버리기도 하듯 주님께서는 사람의 희망을 끊어 버리시나이다. 주께서 사람을 완전히 끝까지 억누르시면 창백하게 질린 얼굴로 주님 앞에서 쫓겨날 것입니다. 혹 그들의 자녀들이 잘 되어 존귀하게 되어도 그가 알지 못하고 또는 비천하게 되어도 그 상황을 알지도 못하나이다. 그는 다만 제 몸 아픈 것만을 느끼고 그의 영혼이 애곡할 뿐이니이다.1 - 22

(배심원 회의) 재판기피 신청을 받아들여야 할지.

배심원1: 휴, 길고도 긴 욥의 자기 변호를 마쳤습니다.[42] 욥의 변호 요지를 정리하자면 다음과 같습니다.

먼저 욥은 자신의 신앙체계와 친구들의 사고방식이 완전히 다르다고 주장합니다.

첫째, 그 체계는 친구들이 말하는 것처럼 인과응보적이라기보다는 패러독스하다. 즉 강도와 하나님의 진노를 받을 자들이 오히려 형통하고 평안하다.12:6 둘째, 세상은 사람들의 상식과 상상을 넘어 그의 주권과 권능을 임의대로 행사하시는 하나님의 손에 움직인다.12:14-25 즉, 사람들이 능력과 권력이라고 생각하는 나라의 지도자들-모사, 재판장, 왕, 제사장, 귀족-을 하나님이 세우시기도 하고 넘어 뜨리시기도 하신다. 결국 하나님은 사람이 만든 시스템에 따라 움직이지 않는다.

그러기에 욥은 친구들의 논지들이 들을 가치도 없는 쓰레기 같고 흙담같이 얄

---

42) 실제 친구들의 심문보다 욥의 변호가 매번 두배 이상이다.

팍한 것이라고 폄하합니다.[13:12] 왜냐하면 그들은 하나님 나라의 체계를 말하는 것이 아니라 세상의 격언과 속담에 의존하기 때문이라는 것입니다.[13:11] 더 나아가 욥은 그들은 하나님에 대하여 거짓증언을 하는 자들이라고 친구들을 힐난합니다.[13:7] 한마디로 말해서 친구들의 논리가 편향적이고 편파적이라고 지적합니다.[13:8-10]

따라서 욥은 이제 이런 편파적인 심문에는 더 이상 임할 수 없고 자신의 사건을 하나님께 직접 가져가기를 원합니다.[13:3,22] 욥은 이렇게 재판기피 신청을 하고 있습니다.

하나님을 향하여 무겁게 입은 연 욥은 먼저 자신의 육체적 고통이 너무나 심하기에 자신의 몸에 손 대신 것을 거두어 주실 것과 더 이상 자신을 두렵게 하지 말아달라고 하나님께 간청합니다.[13:20-21] 물론 죄로 말할 것 같으면 자신이 어릴 때부터 지은 죄들에 대한 죄값을 물으신다고 한다면 피할 길이 없다는 것도 인정합니다. 그렇게 말한다면 세상에 하나님 앞에 남아날 자가 누가 있겠는가? 라고 항변하면서 자신을 따라 다니며 괴롭히는 하나님이 못내 야속하다고 신음합니다.[13:24-28]

그러나 그는 다시 용기를 가지고 하나님 앞에 읍소합니다. 인생의 유한성과 비극을 마치 인생을 달관한 사람처럼 일일이 열거하며 하나님의 주권을 상기합니다.[14:1-6] 그러면서도 욥은 다시 절망합니다. 나무를 예로 들면서 나무는 죽어도 다시 소생하는데 인생인 자신은 다시 소생할 수 없는 신세가 되었다고 한탄합니다.[14:1-12]

그러다가도 욥은 이내 희망 섞인 말로 하나님께 탄원하며 이번엔 바짝 엎드려 읍소작전에 돌입합니다. 하나님께서 자신의 허물을 감춰주시고 숨겨주시고 하나님이 정하신 때에 다시 생명으로 불러 올려 달라고 간청하기에 이르릅니다.[14:13-17] 욥은 자신의 변호 마지막 부분에서 자신의 처지가 마치 썩은 물건과 같고 좀 먹은 의복같이 갈기갈기 찢겨진 인생이 되었다고 탄식합니다.[13:26-28] 불쌍히 여겨달라는 모드로 전환한 것입니다.

배심원 여러분들의 의견을 묻습니다. 욥은 지금 재판기피 신청을 하고 있습니다. 그리고 오로지 하나님께 탄원하겠다는 것입니다. 이를 받아들여야 하나요? 물론 신청을 받아들이느냐 기각하느냐는 재판장이 결정할 문제이지만요.

배심원4: 휴, 이제 끝났네. 친구들 말마따나 말이 많긴 하네. 욥, 이 친구 스피치 학원을 다녔나? 말을 엄청 잘하네. 협박도 했다가 얼르기도 했다가 눈물 짓고 탄식도 했다가 갑자기 바짝 엎드려 읍소하기도 하지 않나. 내가 보기엔 진실성이 보이지 않아요. 그리고 말에 전혀 일관성이 없어 보입니다. 죽고 싶다는 말을 입에 달고 있더니만 갑자기 살려달라고 애원하는 모습이 짠하기까지 합니다. 그렇다면 솔직하게 처음부터 진중하게 지은 죄가 많으니 살려주세요 하면 보기도 좋을텐데 말입니다.

욥은 친구들이 잘 알지도 못하면서 하나님에 대해 신학적으로 어쩌구 저쩌구하는 걸 심히 못마땅하다고 해놓고는 자기가 하나님에 대해 제일 잘 아는 것처럼 말하고 있습니다. 욥의 말에 모순이 많고 횡설수설하고 있습니다. 자 보십시요. 지금까지 친구들이 욥이 죄값을 치루고 있다는 주장에 대해 욥은 친구들 앞에서 줄기차게 자신은 의롭다고 주장했습니다.6:29, 9:20, 12:4 그러다가 발을 쭉 빼고 정반대의 주장을 합니다. 모든 인생이 어찌 하나님 앞에 의로울 수가 있겠는가?9:4 하고 의문을 던지며 슬그머니 자신의 젊었을 때 지은 죄를 인정합니다.13:26 그러다가 하나님께 자신의 허물을 밀봉하시고 죄악을 싸매어 달라고 합니다.14:17 욥은 이렇게 이중적입니다.

친구들 앞에서는 하나님이 죽이실지라도 당당하다고 말하다가13:15 하나님 앞에서는 죄악을 싸매어 달라고 하는 자가 바로 욥입니다. 욥이 평소 경건하다고 알려졌으나 이 말 한마디를 보아도 그건 경건의 모양만 있다는 것이 증명되었습니다. 따라서 본 배심원은 욥의 주장을 신뢰할 수가 없습니다.

욥의 재판기피 신청에 대해서는 우리 배심원들이 결정할 문제가 아니니 재판부에서 어떤 결정을 하는지 기다려 볼 수 밖에요.

배심원2: 욥이 횡설수설했다고 보는 건 옳지 않습니다. 그만큼 솔직한 감정을 표현했을 뿐이고 욥의 논리는 전혀 무리가 없어 보입니다. 내가 다 빨려들 정도로 욥은 진솔하면서도 진실하게 호소하고 있습니다. 내 마음을 이렇게 흔드는데 하나님의 마음도 흔들었다고 봅니다.

욥이 길게 말하긴 했지만 말하고자 한 핵심은 간단하다고 봅니다. 친구들은 자신의 고통이 과거에 저지른 죄때문이라고 하지만 하나님은 인생의 걸음걸음을 세시고 계시지만 죄를 하나하나 따지지는 않으시고 오히려 허물을 밀봉하시고 죄악을 싸매어 주시기 때문에14:16-17 욥은 지금 자신이 의롭다고 주장하는 것입니다.

배심원4께서 욥이 사람 앞에서는 자기는 죄없다고 했다가 하나님 앞에서 죄악을 싸매어 달라고 탄원한 것을 두고 욥이 이중적이라고 지적하셨습니다. 일견 그렇게 이해할 수도 있겠습니다만 그건 욥이 기반하고 있는 성경적인 잣대로 이해해야 합니다. 욥이 말한 것처럼 하나님 앞에서 의로운 자는 하나도 없습니다.9:2 그런 의미에서 욥도 죄인입니다. 또 욥도 자라면서 여러가지 죄를 지었음을 인정했습니다. 그럼에도 불구하고 하나님께서는 특정죄에 대해 일대일 대응하시면서 벌을 내리시는 분은 아니기 때문에 지금 욥 자신이 당하고 있는 고난은 어떤 특정한 죄때문이 아니라고 강변하고 있는 것입니다.

욥은 하나님에 대한 이해가 깊다는 사실을 그의 변론이 뒷받침해 줍니다. 그는 하나님이 어떤 분이신지 잘 알고 있습니다. 이미 배심원1이 정리해 주신 것처럼 욥은 세상 만사가 사람들의 상식과 상상을 넘어 그의 주권과 권능을 임의대로 행사하시는 하나님의 손에 의해 움직인다고 확신합니다.12:14-25 즉, 사람들이 능력과 권력이라고 생각하는 나라의 지도자들—모사, 재판장, 왕, 제사장, 귀족—을 하나님이 세우시기도 하고 넘어 뜨리시기도 하신다고 말입니다. 그런 권위를 가지신 분이시지만 인생들의 걸음걸음을 살펴 보시나 죄를 일일이 묻지 않으시는 은혜로운 분이시라는 것입니다.14:17

결국 하나님은 사람이 만든 시스템에 따라 움직이지 않는다는 이치를 욥은 알고 있습니다. 결론적으로 말씀드린다면 욥의 친구들이야말로 하나님과 세상의 이치를 근본적으로 잘못 이해하고 있다고 봅니다. 그러기 때문에 욥은 지상 재판을 기피하고 하나님과 담판을 짓게 해달라고 간청하는 것입니다. 욥의 기피 신청을 받아들이는 것이 가장 합리적인 판단이라고 생각합니다.

배심원3: 저는 욥의 변론 태도를 지적하고 싶습니다. 태도가 내용에 대한 신뢰성을 담보하기 때문입니다. 욥이 친구들과 논의를 더 이상 하지 않겠다고 선언한 것이 큰 실수라고 봅니다. 자신의 변론에 자신이 없는 것처럼 보이기 때문입니다. 이렇게 친구들과 척지는 것은 좋은 태도가 아니지요. 아예 말상대도 안하고 비난조로 돌아선 건 욥의 인격에 문제가 있는 거라고 생각합니다.

저는 계속 심리를 지켜보면서 저의 생각을 정리하고자 합니다만 이번 욥의 변론을 듣고 보면 욥이 심리적으로 불안한 상태임을 알 수 있습니다. 친구들에 대해서 감정적인 대처를 하는 것도 그렇지만 하나님의 정의와 주권에 대해 자신만만하게 말하다가도 이내 하나님이 자신을 원수로 여기시고 어릴 때 지은 죄목으로 자신의 발을 차꼬에 채운다고 비통해 하고 있는 모습을 보면 그렇습니다. 따라서 이번 욥의 변론에 크게 무게를 실어서는 안된다고 봅니다.

배심원5: 아무래도 다음 2차 심리로 넘어가서 더 들어봐야 할 것 같네. 그나저나 욥이 재판기피신청을 했으니 다음 심리가 열릴지 모르겠네.

당하알 하박사: 당하알 하박사입니다. 제가 듣기에도 욥의 변호가 심금을 울릴만큼 감정적이기도 하고 뇌리에 딱 박히게 할만큼 논리적이기도 합니다. 특히 고통 당하는 사람의 입장에서 보면 욥의 이번 스피치는 가슴을 시원하게 해 줄만큼 그들의 생각을 대변해 주는 듯합니다. 특히 자신의 생각을 어지럽게 늘어놓지 않고 성경을 기반으로 하는 하나님에 대한 지식을 보면 아무튼 욥의 경건성은 인정해야 할 것 같아요. 그 경건성이란 무엇입니까? 바로 욥은 자신이 그 엄청난 고통에 절규하면서도 하나님에 대해서는 철저하게 그의 권위와 주권을 인정하고 있다

는 점입니다. 물론 그 사이의 간극때문에 횡설수설해 보일만큼 감성의 기복을 보이기는 하지만 오히려 그런 모습이 욥의 진실성을 돋보이게 합니다.

욥이 소발의 대답에 말을 받자마자 한 말-"친구들아, 세상에 똑똑한 사람들 다 죽었나보네. 그대들이 죽으면 세상의 지혜도 다 죽어 없어지겠소. 나도 그대들만큼 생각이 모자란 사람이 아니라오. 당신들이 생각하는 만큼 나도 이미 다 알고 있다오12:1-3-을 두고 욥도 성깔이 만만치 않다느니 인격에 문제가 있다고 진단하는 것은 적절하지 않다고 봅니다. 욥의 이런 반격은 친구들이 선현들의 지혜니 격언 운운 하면서 아마도 욥은 그런 것들을 알지 못하는 사람으로 치부한 것에 대하여 비아냥거린 어법을 사용했을 뿐입니다. 따라서 그런 화법을 가지고 욥의 인격을 운운하는 것 자체가 넌센스입니다.

욥의 고통은 바로 이런 것입니다. 육체적인 고통이 아니라 영적인 고통입니다. 즉, 하나님께 직접 말씀드릴 기회를 얻지 못한다는 것. 하나님께서는 자신의 이슈에 대해 잠잠하고 오히려 얼굴을 가리고 있으시다는 것. 심지어는 자신을 원수로 여기고 따라 다니시며 자신을 괴롭게 하신다는 것입니다.13:20-25.

얼마나 고통스러웠으면 욥은 하나님께 두 가지 일만은 중지해 달라고 했을까요? 두 가지 일이란 바로 욥이 지금 겪고 있는 극한의 고통에 대한 것이죠. 첫째가 하나님의 손을 자신에게서 떼어 달라는 것이고 다음은 무서운 주님의 위엄을 거두어 달라는 것입니다. 사실 두가지는 따로가 아닌 하나의 간구입니다. 고통을 멈추어 달라는 것이지요. 지금도 욥의 절규가 들리는 듯합니다. 이를 두고 무슨 논리적 해부를 할 수 있을까요? 이는 마치 예수님이 십자가에서 할 수만 있다면 잔을 멀리하소서 라고 하신 목멘 절규와 같아요. 예수님의 그런 절규를 신학적으로 해부할 수 없는 이치와 같습니다.

극심한 고통을 받고 있는 사람의 말을 해석할 때는 그 마음의 중심을 먼저 잘 이해해야 합니다. 예를 들면 욥이 꽃과 같이 곧 시들어 버리는 미물과 같은 인생인 자신을 눈여겨 보십니까? 하면서 자신에 대한 하나님의 관심이 거북하다고 하소연하는 것이 아니라는 말이다.14:1-3 그 말의 진심은 하나님이 사람의 허물을 내세워 재판을 하려 하신다면 그 길을 피할 사람이 누가 있겠는가? 그런데 왜 자신을 주님 앞에 세워 재판하려 하시는 겁니까? 라고 반문하고 있습니다. 이 반문의 의미를 잘 해석해야 한다는 것입니다. 욥은 하나님이 그렇게 자신을 탈탈 털어 괴롭게 하신다고 생각하는 것이 아닙니다. 친구들이 그런 논리로 주장하고 있으니 역설적으로 하나님께 그런 주장이 맞기나 한 것입니까 라고 반문하는 것입니다.

이것은 욥이 한 말을 계속 따라 가보면 확실하게 알 수 있습니다. 자, 욥은 하나님의 주권을 말하고 있습니다. 모든 일에 하나님이 정하신 때와 이치가 있듯이 자신의 고통 역시 하나님의 권한에 속한 것이니 때가 되면 해결될 것이라고 말합니다.14:4-6 그러니까 자신의 고통의 문제를 친구들의 주장처럼 인과응보로 받아들이지 않고 하나님의 주권과 결부시켜 이해합니다. 다만 주님의 정하신 때까지 잘 참고 인내할 수 있도록 자신을 숨겨달라고 간청할 따름입니다.14:13-14

이런 접근은 욥이 하나님을 다룰 줄 안다고도 말할 수 있어요. 하나님을 다룬다는 말에 어패가 있습니다만 욥은 하나님의 속성에 대하여 똑부러지게 이해하고 있기 때문에 그 안에서 자신의 소원을 청구하고 있다는 말입니다. 그리고 하나님께서 들어주시지 않으면 안되겠구나 하는 마음이 되도록 하나님의 속성에 호소하고 있다는 뜻입니다. 보세요. 욥이 하나님께 "주께서는 당신께서 스스로 만드신 피조물을 기다리시는 분이시니까요.

주님은 나의 걸음걸음을 세시고 계시지만 죄를 하나하나 살피시지는 않으시리라 믿나이다.14:15-16"고 말하며 하나님을 꼼짝 못하게 하지 않습니까? 자신은 하나님이 스스로 만드신 피조물이라는 사실과 자신의 허물을 일대일로 보응하시는 분이 아니시라는 사실을 들이댑니다. 욥의 믿음의 견고함과 그의 진정성있는 호소를 느낍니다.

자 이제 욥이 재판기피 신청을 했으니 재판부가 어떤 결정을 내릴지요? 심리는 계속 되겠습니다. 당하알 하박사도 다음 시간 뵙겠습니다.

당고알 고집사: 정말 눈물없이 못듣겠다카이. 어떻게 욥이 감정조절을 이리도 잘 할 수 있노 말이다. 친구들을 들었다 놨다 하나님을 들었다 놨다 하는 것 같데이. 우리 같이 고통을 받아 온 사람들만이 공감할 수 있는기라. 잘했다 욥. 일단 속 마음 시원하게 털어놔야 그 다음에 회복이 오는기라. 자신을 이해해 주는 사람 없고 친구마저 배신자가 된 마당에 자신이 믿는 하나님마저 멀리 있는 분으로 느껴진다고 탄식과 애통도 혼자할 수밖에 없다고 울먹거리는 욥의 마지막 대목에서 내 맘도 저려온다카이. 욥이 하나님께 자신을 기억해 달라고 하는 호소14:13가 내 맘을 후려판다마. 욥은 자신의 육체적인 고통보다 그동안 자신의 정체성이었던 공동체에서의 존재감이 잊혀진 것과 더 나아가 하나님에게서마저 잊혀져 간다는 자괴감이 주는 고통이 훨씬 크다고 인식하고 있는기라. 잘 보라고. 욥은 자신이 잃어버린 재물이나 건강에 대해서 집착하지 않았다니까. 오히려 주신 분도 하나님. 가져가신 분도 하나님. 그렇게 무덤덤하게 받아 들이지 않았나 말이다. 그런데 문제는 뭐꼬? 자신이 의지하고 있는 그 분이 갑자기 실종된 것처럼 느껴지는기라. 자식과 재물, 건강 모두 잃어버렸어도 하나님 한분 때문에 버티고 있는데 정작 그 분이 가장 필요한 시간에 잠잠하다는거지.

그래서 욥은 그런 하나님이 이해가 안되는기라. 그렇다고 해서 욥이 하나님에 대한 신뢰까지 잃어버린 것은 아니라는 거지. 욥이 지금 피를 토하듯 하나님을 향하여 절규하고 있어요. 하나님이 자기가 젖먹을 때부터 지은 죄를 탈탈 털어 이제서야 벌을 주고 있다는 거야. 자 보라꼬. 욥의 이 절규는 하나님의 정죄에 문제가 있다고 지적하는 게 아니야. 친구들의 정죄의 논리를 따르자면 이런 결론에 이를 수 밖에 없다고 비아냥대고 있단 말이야. 하나님이 이해되지 않을 때 하나님에 대한 절규를 해서는 안된다고 가르치는 작금의 교회문화가 건강하지 않다는 것을 친구들이 반영하고 있다니까.

자, 속기록에 적힌 대로 욥이 한 말을 오늘 교회에서 했다고 상상해 보라고. 무슨 일이 일어나겠노? 난리가 날끼다. 아마 회개할 죄목이 열 개도 넘을걸. 하나님께 대한 불경죄. 친구를 정죄한 죄. 참지 못한 죄. 교만죄, 비아냥거린 죄. 회개를 거부한 성령 훼방죄. 자살 암시죄. 감정조절 못한 죄 등등.

보라고. 오늘 교회에서는 일체의 감정표현이 허락되지 않잖아. 극심한 고통에서도 참고 하나님을 찬양만 해야돼. 의심이나 의문을 품어서도 안돼. 그건 믿음이 없다는 증거라는 거야. 그러나 성경에 선지자들도 죽여 달라는 소리 얼마나 많이 했노. 또 시편기자들은 얼마나 적나라하게 자신의 고통을 신음하고 하나님에 대한 절규를 외쳤는가 말이다. 아픔을 표현하고 의문을 표현하는 것이 바른 믿음이라는 걸 알아야지. 이런 걸 감추라고 하니까 교인들이 자꾸 이중적이 되어가는거란 말이다. 교회에서 토론을 허용하지 않고 오로지 믿으라고 억누르고 순종만 강요하는 건 내가 볼때 순전히 목회자들의 편의를 위한 거라고.

제2차 심리

• 심문4 및 변호
  - 엘리바스의 심문15장
  - 욥의 변호16장, 17장

• 심문5 및 변호:
  - 빌닷의 심문18장
  - 욥의 변호19장

• 심문6 및 변호
  - 소발의 심문20장
  - 욥의 변호21장

심문4 및 변호

엘리바스의 심문(15:1-35)

(속기록 15장) 욥, 너 몇살이야? 네가 지혜를 알기나 해?

데만 사람 엘리바스가 다시 입을 열었다. 지혜로운 자가 어찌 헛된 지식으로 대답하겠는가? 어찌 동풍을 그 배에 채울 수 있겠는가? 어찌 도움도 안되는 무익한 말로 변론하겠는가? 참으로 네가 이제 하나님 경외하는 일을 그치고 기도하는 일까지 그만 두는구나. 네 죄악이 네 입을 부추켜서 간사한 말을 골라 하는구나. 너를 정죄하는 것은 네 입이지 내가 아니라네. 네 입술이 네게 불리하게 증언하고 있구나. 욥아 자네가 제일 먼저 세상에 난 사람이라도 되는가? 산들이 있기 전에 네가 출생하기라도 했는가? 자네가 하나님의 지혜를 듣기나 했는가? 그의 지혜를 독점하기라도 했단 말인가? 네가 아는 것을 우리가 모르는 것이 뭐가 있겠는가? 자네가 깨달은 것을 우리가 모르는 것이 또 무엇이 있겠는가? 우리 중에는 머리가 흰 사람도 있고 네 아버지보다 나이가 많은 사람도 있다네[43]. 하나님이 주시는 위로의 말씀을 어찌 그리 시큰둥하게 생각하는가? 어찌하여 너는 마음에 불만이 가득차서 눈을 부라리고 하나님께 분노를 터뜨리며 네 입을 그렇게 놀리는가? 여인에게서 난 사람 중에서 깨끗하고 의로운 사람이 어디 있겠는가? 하나님은 그의 거룩한 자들[44]도 신뢰하지 않으실 뿐더러 하늘이라도 그의 눈에는 부정하거든

---

43) 갈대아 탈굼 사본에 15장 10절 이 구절을 다음과 같이 재해석해 놓았다. "엘리바스는 머리가 희끗하고 빌닷은 연로하며 소발은 자네 아버지보다 나이가 많다네." 그렇다면 소발이 가장 연장자라는 뜻이 된다. 이런 탈굼의 해석은 전통적인 해석에 비추어 보아도 부자연스럽다. 따라서 본문 10절의 우리를 꼭 친구 세 사람으로 국한하지 않고 이 변론을 지켜보는 '공동체에 속한 사람들 중에' 라고 보는 것이 자연스럽다. 즉 "우리 가운데는, 나이가 많은 이도 있고, 머리가 센 이도 있다. 네 아버지보다 나이가 더 든 이도 있다." 이렇게 해석하는 것이 일반적이다. 욥기 본문에 엘리바스가 리더십을 발휘해서 욥을 방문하고 또 변론을 주도한 것을 보아 전통적으로 엘리바스가 욥보다 나이가 많은 연장자이고 빌닷과 소발은 욥과 동년배로 간주한다. 10절에서 엘리바스가 강조하고자 한 것은 연장자들이 지혜가 더 많다는 것을 나타내고자 한 것이다. 다분히 당시 사회적 사고방식을 반영한 것이다.

44) 엘리바스는 아마도 이미 자신이 말한 바 있는 "하나님은 그의 종이라도 그대로 믿지 아니하시며

하물며 악을 저지르기를 물 마시듯 하는 가증하고 부패한 사람을 용납하시겠는가? 욥, 내 말을 들어 보게나. 내가 본 것을 설명해 주겠네. 이것은 지혜자들이 나에게 전해 준 말인데 지혜자들 역시 그들의 조상들로부터 받은 지혜가 아니겠는가? 그들이 살던 땅은 하나님이 그들에게만 주셨으므로 이방인도 왕래하지 못한 땅이었도다. 그들이 전해 준 지혜의 말씀에 따르면 악인은 일평생동안 고통을 당하며 또 포악자들도 그 생명의 날이 정해져 있도다. 그는[45] 무서운 소리에 놀라고 모든 게 평안해 보일 때에 침략자가 그에게 이를 것이로다. 그가 어두운 데서 탈출하지도 못할 것이며 칼날이 숨어서 그를 기다리고 있도다. 그는 음식을 구하러 헤매고 다니면서 비로소 흑암의 날이 가까운 줄 깨닫게 되도다. 환난과 역경이 그를 두렵게 만들며 그를 쳐서 이길 것이로다. 이는 그가 손을 들고 하나님을 대적하며 교만하게도 전능자에게 힘을 과시하였기 때문이로다. 그는 어리석게도 목을 세우고 방패를 들고 하나님께 달려들도다. 비록 그의 얼굴에 기름이 번지르르 흐르고 뱃살이 흘러 나왔을지라도 결국 그는 아무도 살지 않는 황폐한 성읍의 돌 무더기집에나 살게 될 것이로다. 그는 더 이상 부요하지 못할 것이며 그의 재산도 더 이상 증식되거나 보존되지 못할 것이로다. 더욱이 어두운 곳을 떠나 도망치지도 못할 것이며 화염이 그를 불사를 것이라. 하나님의 입김으로 그가 날려가 버릴 것이로다. 그는 스스로 속은 것이로다. 그래서 이제 허무함이 그의 보상이 될 것이로다. 그는 때가 되기 전에 푸릇하게 자라지 못하고 말라 버린 나무가지처럼 다시는 움을 틔우지 못할 것이다. 포도열매가 익기 전에 떨어지고 꽃이 다 떨어져서 열매를 맺지 못하는 올리브 나무처럼 하나님을 두려워하지 않는 무리는 이렇게 메마르고 뇌물로 지은 장막은 불에 탈 것이다. 그들은 재난을 생산하고 죄악을 낳으며 그들의 뱃속에는 속임수가 잉태 되었도다.[1-35]

이상입니다

그의 천사라도 미련하다 하시느니라(4:18)"에서 말한 종과 천사와 여기서 쓰인 "거룩한 자들"을 동일시 한 것 같다.

45) 악인을 지칭하는 단수로 원어에 표현되어 있으나 복수로 읽는 학자들도 여럿 있다. 21절 이후 단수로 쓰였다가 결국 35절에 복수로 쓰인 것을 봐도 그 의미가 분명하다. 악인이 분명 복수의 집합명사를 의미하기 때문이다.

(배심원 회의) 우기는 사람이 이긴다

배심원1: 욥의 신랄한 비판에 엘리바스가 마음이 많이 상한 것 같습니다. 더욱이 연장자로서 아우에게 주는 충고를 깡그리 무시하는 것 같아 화가 나고 비위가 상한 것 같습니다. 엘리바스는 입을 열자마자 욥을 비난합니다. 그의 말은 무익하며 간사하기까지 하다고 다그칩니다. 따라서 자신이 욥을 정죄한 것이 아니라 욥 스스로가 입으로 불리하게 증언하고 있다고 지적합니다. 욥이 몇번 친구들에게 "당신들보다 내가 모르거나 못 깨닫는 것이 무엇이냐"고 들먹거리던 말을 엘리바스가 "네가 아는 것을 우리가 모르는 것이 또 뭐가 있겠는가?"하고 되받아칩니다.

그러다 느닷없이 나이를 들먹거립니다. 욥이 자기도 친구들보다 모르는 게 없다는 말에 자존심이 상했는지 이제 누를 수 있는 방법이 나이 밖에 없다고 생각한 것 같습니다. 자신들이 욥보다 연장자라는 사실을 강조합니다. 아마 연장자들이 더 지혜가 있다고 생각하는 당시 문화를 반영하는 듯 합니다. 나아가 자신들의 말로는 욥을 설득할 수 없다고 느꼈는지 엘리바스는 본격적으로 성현들의 지혜를 들먹입니다. 성현들도 그 지혜를 조상들로부터 얻은 것이라 강조합니다. 그렇게 함으로서 엘리바스 자신의 논지에 권위를 스스로 부여하고 있습니다. 그러면서 엘리바스는 성현의 지혜를 하나 소개합니다. 바로 악인에 대한 이야기입니다. 한마디로 악인은 일평생동안 고통을 당하며 또 포악자들도 그 생명의 날이 정해져 있다는 것입니다.15:20 그리고 악인의 처지를 자세히 묘사합니다. 평안을 누리다가 이내 흑암의 날이 닥쳐와 환난과 역경을 당하며 더 이상 부요를 누리지도 못하고 쫓겨나 황폐한 성읍의 돌무더기에나 살 신세가 될 것이라는 것입니다. 그리고 결론적인 말을 덧붙입니다. 악인은 스스로 속는 자라고 말입니다.15:31 나는 욥을 암시하는 말같이 들립니다만 배심원 여러분들이 잘 해석해 주시기 바랍니다. 듣는 바와 같이 엘리바스는 지난번 심문에서 욥이 알아 들으라고 점잖게 타이르던 때와는 달리 이번에는 톤의 강도가 셉니다. 이번에도 노골적으로 욥을 지명하여 악인이 받을 천벌을 받는다고 말하지는 않았지만 엘리바스의 발언의 흐름을 보아서는 분명 욥이 악인의 길을 가고 있다고 경고한 것으로 들립니다.

배심원2: 엘리바스 저 양반 무서운 사람일세. 말을 시작하자마자 "간사한 혀 놀리지 말라," "네가 몇 살이냐?"고 욥에게 쏘아 부치는걸 보니 지난 번 욥의 반론에 마음이 많이 상하신 것 같구먼.

자, 엘리바스는 감정적인 대응으로 일관했습니다. 논리가 옹색하다는 점을 인식했던지 엘리바스는 느닷없이 나이를 들먹거렸습니다. 게다가 자기말에 권위를 잃어 버렸다고 생각한 나머지 옛 성현들의 지혜 운운하며 그 성현들의 말 중에서 가장 고약한 예를 든 것을 보십시오. 성현의 지혜를 운운하면서 어떻게 저토록 세상에서 가장 악한 사람에게나 할 말을 욥에게 적용시켜 비난할 수 있을까요? 이런 태도로 보아 신경질이 날 만큼 욥이 맞는 말을 했다는 사실이 증명된 셈입니다. 엘리바스의 인격에 문제가 있어 보입니다. 인격에 문제가 있는 증언은 채택하기가 어렵다고 봅니다.

배심원4: 배심원2 양반. 어찌 말을 그렇게 베베 꼬아서 듣습니까? 엘리바스가 좀 심하게 말한 측면도 있지만 말이야 맞는 말 아닙니까? 그동안 우리가 욥에게 속은 겁니다. 욥이 밖으로는 엄청 경건하고 사랑이 많은 사람처럼 행동했지만 실은 하나님의 엄청난 분노를 자아낼 만한 죄를 지은게 분명하지 않습니까? 지금 비로소 욥의 정체가 드러난 것 뿐이란 말입니다. 그래도 형으로서 엘리바스가 아우를 사랑하기에 저렇게 화가 날만큼 바른 말을 하는 것 아니겠습니까? 욥이 돌이키기를 그토록 간청하고 있는데도 욥이 고개를 빳빳이 쳐들고 형에게 바득바득 대드는 꼴을 보는 것이 너무 볼썽사납습니다.

말꼬리 그만 잡고 남의 말의 핵심을 알아들어야 하지 않겠습니까? 지금 엘리바스가 하는 말의 핵심은 옛 선현들의 조상 때부터 내려오는 진리의 말씀도 그렇게 말하고 있고 세상을 만드신 하나님도 그렇게 말씀하신다는 것 아닙니까? 악인은 매맞고 의인은 형통하다는 지극히 상식적인 이야기를 하고 있단 말입니다. 그럼에도 불구하고 욥이 반발을 하니까 말하자면 충격요법을 써서 돌아오게 하려는 형의 배려인 셈이라고 보면 맞습니다.

배심원3: 엘리바스가 화를 내면서까지 말한 것을 보면 그만큼 자신의 말에 확신이 있다는 것 아닙니까? 연장자로서 자신의 인격을 걸고 말하고 있으니까 말입니다. 연장자의 의미가 우리 문화에선 큰 의미를 가지고 있지 않습니까? 자신의 지혜도 성현들로부터 온 것이고 그들의 지혜도 그들의 조상으로부터 온 것임을 강조하는 엘리바스의 스피치야말로 정말 지혜가 있는 접근으로 생각됩니다.

그럼에도 불구하고 난 여전히 의문이 남습니다. 선현들과 또 그 조상들의 지혜가 하나님의 지혜만큼 절대적일까요? 지금 엘리바스는 하나님의 지혜에 방점을 찍지 않고 전해 내려오는 조상들의 지혜에 방점을 찍으면서 연장자로서 자신의 권위를 찾으려 했단 말입니다. 그렇게 말함으로서 오히려 말의 권위를 잃어버리는 건 아닌지 모르겠네요. 내 생각에는 욥이 이 점을 간과하지 않을 것으로 보입니다.[46]

배심원5: 두 번째 심리를 시작하자마자 좀 거칠게 들어가는군. 욥의 반격이 궁금해집니다.

당하알 하박사: 당하알 하박사입니다. 이제 2라운드에 들어 갔습니다. 엘리바스는 마치 욥의 샅바를 잡고 욥을 메치기하는 동작을 취한 모습을 연상시켜 줍니다. 엘리바스의 논지를 간략하게 요약해 보지요. 욥의 말은 허망하기 이를 데 없고[1-3], 경건마저 무너뜨렸다.[4] 욥의 말은 간사하기까지 하고[5-6] 교만하기 그지없다.[7-13] 하나님은 악인을 용납지 않으신다.[14-16] 악인의 말로를 보라.[17-35] 이렇게 정리해 볼 수가 있지요.

자, 엘리바스는 지금 선현들의 지혜와 조상의 말을 빌어 말하고 있지만 실은 욥이 악인의 말로로 가고 있다는 말을 하고 싶은 것입니다. 결국 엘리바스의 논지의 결론은 욥의 처참한 모습을 보면 그가 지은 죄때문에 고난을 받고 있다는 증명이 된다는 것입니다.

---

46) 실제 바로 욥이 답을 하면서 그런 말들은 자신도 이미 많이 들었다고 즉각 반박한다.(16:1)

한가지 우리에게 재미있는 장면은 엘리바스가 욥에게 "너 나이 몇살이야?"하고 묻는 장면입니다. 이건 우리 한국사람이 말싸움하다 밀릴 때 곧 잘 써먹는 수법 아닙니까? 어떨 때는 우리 동양사람이 성경을 훨씬 잘 이해할 때가 많은 것도 이런 문화적 배경이 비슷하기 때문입니다. 엘리바스의 설득방식 역시 우리의 사고방식을 반영하고 있습니다. 나이 가지고 서열을 정한다거나 또는 선현들과 조상의 지혜를 들먹거리면서 자신의 말에 권위를 싣는 것이 바로 그것입니다.

그렇다면 엘리바스의 이런 논지가 욥과 배심원들을 충분히 설득했을까요? 여러분들의 의견을 듣고 싶습니다. 댓글로 남겨주시고요. 구독과 좋아요 눌러 주시는 것 잊지 마세요.

당고알 고집사: 내사마 믿을 사람 아무도 없다카이. 사람이 서로 의견이 맞지 않을 수도 있고 감정이 격해질 수도 있다캐도 이건 너무 하는것 아냐? 나이 한 살이라도 더 묵은 형이라 카는 사람 말하는 것 좀 보소. 말에 살기가 들어 있데이. 조금 더 인내를 가지고 살살 이야기해도 다 알아 듣는다 말이다.

문제는 엘리바스의 설득 방법이 잘못된기라. 지금 엘리바스는 욥을 설득하는 게 아니고 욥의 마음을 박박 긁고 있는거란 말일세. 자기도 문제가 어디서부터 시작되었는지 모르면서 단정을 해버리고 욥을 몰아부치는 데서 문제가 발생한 거란 말이다. 물론 자신의 생각이 바른 접근일 수도 있겠지. 그러나 혹시 다른 연유로 문제가 발생한 건 아닌지 고려했어야 했단 말이다. 특히 분명하게 드러나 있는 답이 아니라면 항상 다른 답이 있을 수 있다고 생각해야 된다는 말일세.

결국 논리보다는 태도의 문제가 크다는기다. 이 태도의 문제는 엘리바스가 처음부터 지적 받았던 문제인데 영 고쳐지지가 않는 걸 보니 엘리바스의 고집이 얼마나 센지 알겠데이.

욥을 위로하러 왔으면 어디까지나 욥의 생각을 존중해 줘야 하는 게 아닌가? 욥이야말로 얼마나 억울하겠노? 자기가 왜 고통을 당하는지 이유도 모르겠지 고통은 점점 극에 달하지 그래서 너무 고통스러워 몸을 비틀고 소리 좀 질렀다고 해서 하나님에 대한 태도가 불순하다느니 경건을 잃었다느니 사람이 변했다느니 꽉 막혔다느니 그런 별소리를 다하는 건 진단이 잘못 돼도 한참 잘못된기라.

하긴 지금 교회들마다 하는 행동이 똑같다니까. 어떤 고통의 문제를 안고 겨우 교회를 찾아가면 문제있는 사람에게 해결책을 빨리 찾아 주겠다고 달려드는 친구들이 얼마나 많노 말이다. 그들이 내놓는 처방전도 천편일률적으로 똑같다니까. 회개해라, 금식해라, 더 바쳐 봐라, 응답될 때까지 매달려라 등등 위로 받으러 교회 찾아 갔다가 짐은 점점 무거워지고 아직도 문제해결 받지 못한 죄인 취급 받는다 말이지. 그렇게 2등교인 취급받으면서 상처는 더욱 깊어진다 이 말일세. 교회가 고통받는 사람들의 심정을 정말 몰라. 자기들은 도와 준다고 달려드는데 말이지. 기도해 줄께 하면서 기도제목 받아 가지고는 동네방네 불고 다닌다니까. 고통이 계속 되기라도 하면 본인의 기도가 부족하다거나 정성헌금이 부족해서 그런 거라고 오히려 책임까지 전가시켜 버린다니까.

심문4 및 변호

욥의 변호(16:1-17:16)

(속기록16장) 중보자여, 나의 중보자여

욥이 말을 받았다. 나도 그런 이야기 전부터 수없이 들었다오. 친구들이여 그대들은 나에게 재앙을 주는 위로자들이라네. 무엇에 자극을 받았기에 그런 헛된 말을 끝없이 해대는거요? 만일 입장 바꿔 너희들이 내 처지가 된다고 한다면 나도 그대들처럼 말할 수 있을 것이오. 그럴듯한 말을 퍼부으며 공박하며 기가 막혀 머리를 내저었을 것일세. 그래도 나라면 격려의 말을 하며 입술로 그대들을 위로하였을 것일세. 오호라 내가 말을 해도 내 고통은 사라지지 않고 내가 또 입을 다물어도 내 아픔이 줄어들지 않는구나. 오 하나님이시여 주께서 나를 피곤하게 하시고 나의 온 집안을 망하게 하셨습니다. 주께서 나를 파리하게 하셨으니 이런 나의 시들어진 모습마저 그 증거가 됩니다. 주께서 진노하셔서 나를 찢고 적대시 하시며 나를 향해 이를 갈고 원수가 되어 날카로운 눈초리로 나를 보시고 사람들도 나를 향하여 입을 크게 벌리며 나를 모욕하고 뺨을 치며 함께 모여 나를 대적하는구나. 하나님이 나를 악인에게 넘기시고 행악자의 손에 던지셨도다. 내가 좀 평안하다 했더니 그가 나를 꺾으시고 내 목을 부러 뜨리시며 나를 세워 과녁을 삼으시고 나를 쏘시니 사방에서 화살이 사정없이 나에게 날아와 내 콩팥을 꿰뚫고 내 쓸개가 땅에 흘러져 나오게 하시는구나. 그가 나를 치고 다시 치시며 용사처럼 내게 달려드시니 맨살에 굵은 베를 덮은 이 몸, 내 명예가 먼지로 더럽혀졌도다.[47] 내 얼굴은 울음으로 벌개졌으며 내 눈꺼풀은 죽음의 그림자가 덮혀 있도다. 그러나 난 결코 포학한 일을 하지 않았으며 나의 기도는 진실하다오. 오 땅이여 내 피를 덮지 말아다오. 나의 부르짖음이 쉴 자리를 잡지 못하게 하라.[48] 지금 나의 증인이 하늘에

---

47) 성경 원문에는 '내 뿔이 먼지에 더럽혀졌다'고 되어 있다. 여기서 뿔이란 권력 또는 명예를 뜻한다
48) 이 구절은 창세기 4장 10절을 연상시킨다. "네 아우의 핏소리가 땅에서부터 내게 호소하느니라." 즉 자신의 피흘리는 고통이 묻혀 버리지 않기를 하나님께 호소한다는 뜻이다. "나의 부르짖음이 쉴

계시고 나의 중보자가 높은 데 계시도다. 나의 친구는 나를 조롱하나 내 눈은 하나님을 향하여 눈물을 흘리니 중보자께서 하나님과 사람 사이에 그리고 사람과 그 친구들 사이에서 중재해 주시길 원하노니[49] 이제 몇년이 더 지나면 나는 돌아오지 못할 길로 갈 것이로다.[1-22]

(속기록 17장) 나를 비난하는 자는 눈이 멀지어다

나는 이제 기운이 쇠하고 나의 날이 다하여서 무덤이 나를 위해 준비되었도다. 나를 조롱하는 자들이 나와 함께 있으므로 내 눈이 그들의 적개심을 보는도다. 오 하나님이시여, 주께서 친히 나를 위해 보증이 되어 주소서. 내 손을 잡아 줄 자가 그 누가 있겠사옵니까? 주께서 그들의 마음을 가리어 깨닫지 못하게 하셨사오니 그들이 승리의 개가를 부르지 못하게 하소서. 보상을 얻으려고 친구를 비난하는 자는 그의 자손들의 눈이 멀게 되리라는 속담이 있습니다. 하나님이 나를 백성들의 속담거리가 되게 하셨으니 그들이 내 얼굴에 침을 뱉는도다. 내 눈은 근심 때문에 어두워지고 나의 온 몸은 그림자처럼 되었도다. 정직하다는 자들은 이 때문에 놀라고 죄없다고 하는 자들은 나를 보고 경건치 못하다고 분을 내도다. 그러나 의인은 가던 길을 꿋꿋이 가고 깨끗한 손을 가진 자도 점점 힘을 얻는다네. 자네들 모두 내게 다시 와 보라. 내가 너희 중에서 지혜자를 찾을 수가 없도다. 이제 나의 날이 다 지나갔고 나의 계획과 내 마음의 소원도 다 끊어졌도다. 친구들은 말하기를 곧 밤이 낮이 되고 어두움 앞으로 빛이 가까와 온다고 하지만, 나는 내 유일한 소망이 스올로 가는 것이며 그 흑암에 내 침상을 펴놓는 것이라오. 내가 무덤을 보고 아버지라 부르고 구더기를 보고 내 어머니, 내 누이라고 부를 참이니 나의

자리를 잡지 못하게 하라"는 뜻은 부르짖음이 혹시 땅에 쉴 자리를 잡아 묻혀 버릴까 걱정한다는 뜻이다.

49) 이 구절은 학자마다 해석에 이견이 크다. 사실상 난해구절이다. 중보자를 메시야(인자)로 보는 견해가 소수 있는 반면(예, Kaiser, *Messiah in the Old Testament*, 61-64), Clines는 "욥의 부르짖음"을 중보자로 본다.(Job 1 - 20, 389 - 93). 이런 해석 역시 이미 욥이 19절에 중보자가 하늘에 계시다고 적시했기 때문에 예수 그리스도 이외의 존재가 중보자의 위치를 차지한다고 보는 것이 자연스럽지 않다는 점에서 Longman은 이 해석을 배격한다. 그래서 롱맨은 하늘과 사람 사이에 중보자가 없음을 한탄했다고 본다. 욥기 저작 시점에서 메시야를 전제하는 것이 부적절하다고 본 것이다(Longman, Tremper III. *Job* (Baker Commentary on the Old Testament Wisdom and Psalms) (Kindle Location 13548).

희망이 어디 있으며 누가 나의 희망을 보겠는가? 스올의 문으로 내려가지 않겠는가? 우리 모두 먼지로 돌아가지 않겠는가?1-16

(배심원 회의) 재앙을 주는 위로자. 역지사지

배심원1: 욥은 엘리바스가 선현들의 지혜의 말로 충고한 내용에 대해 그런 것은 자신도 수없이 들어 본 전혀 새로운 이야기가 아니라고 시큰둥한 반응을 보입니다. 그러면서 바로 친구들을 향하여 "재앙을 주는 위로자"라고 부릅니다. 이는 자칭 위로자로 등장한 친구들이 오히려 자신에게 재앙을 주는 자들이라는 것입니다. 친구들은 욥에게 위로자로 왔지만 지금 재앙을 주는 자가 되었다는 탄식입니다. 엘리바스는 욥에게 "하나님의 위로"를 주었다고 말하지만15:11 정작 욥이 이들로부터 받은 것은 위로가 아니라 재앙이라는 것입니다. 욥은 친구들에게 입장을 바꾸어 생각해 보라고 하며 사정합니다.

이어 욥은 자신의 고통에 대한 원망을 하나님께 터뜨리고 있습니다. 하나님이 자신의 집안을 망하게 하셨을 뿐 아니라 자신의 몸을 파리하게 하셨다고 탄식합니다. 하나님이 진노하셔서 자신을 원수로 여기고 목을 부러뜨리고 자기에게 화살을 겨누어 쏘아 자신을 만신창이가 되게 했다는 것입니다. 결국 하나님이 자신에게 고통을 주는 원인이라고 탄식하고 있습니다. 욥은 이런 자신의 고통의 모습을 적나라하게 표현하면서도 자신은 깨끗하다고 주장합니다. 결코 포학한 일을 하지 않았고 자신의 기도는 진실하다고 말입니다. 이 주장은 친구들이 의심하는 것처럼 자신이 지금의 고난을 받을 만한 죄를 범하지 않았다는 말이 됩니다.

이제 욥은 자신의 부르짖음이 헛되지 않을 것을 믿습니다. 그것은 자신의 마지막 희망인 하늘의 증인이신 중보자가 자신을 위해 중재자가 되어 주실 것을 믿기 때문입니다. 그래서 욥은 자신의 친구들은 자신을 조롱하지만 자기는 하나님을 향하여 눈물로 호소하고 있습니다.

그럼에도 불구하고 중보자를 통한 위기탈출은 실현되지 않습니다. 그래서 욥은 또 좌절하고 무기력해져서 죽고 싶은 마음으로 빠져 듭니다.16:22-17:1 그러다가 다시 하나님께 애원합니다. 자신을 위해 친히 보증이 되어달라고 말입니다. 그리고 자신의 처량한 신세를 한탄합니다. 눈은 근심 때문에 어두워졌고 몸은 파리해졌는데 소위 정직하다고 자칭하는 사람들은 욥의 이런 모습을 보고 불경스럽다고 오히려 화를 낸다는 것입니다. 친구들은 곧 희망의 아침과 빛이 찾아온다고 하지만 이제 자신이 바랄 곳은 무덤밖에 없다고 자조합니다. 무덤을 아버지라 부르고 구더기를 어머니, 누이라고 부를 만큼 비참한 처지에 있는 자신에게 무슨 희망이 있겠는가 하고 욥은 탄식하고 있습니다.

배심원2: 맞습니다. 욥이 충고한 "입장 바꿔 생각해 보라"란 말이 핵심을 정확하게 집어낸 말이라고 생각합니다. 바로 엘리바스와 친구들이 지금 욥을 판단하면서 욥의 입장에서 문제를 바라보지 않기 때문에 전혀 다른 판단을 하고 있다는 것입니다. 또 욥이 친구들에게 "나에게 재앙을 주는 위로자"라고 비꼰 것을 보면 지금 자신이 받는 육체적 고난 보다도 친구들이 주는 재앙을 더 크게 느끼고 있는 것입니다.

친구들의 충고 역시 자신들의 역할을 망각한데서 화살이 과녁을 빗나가고 만 것이라고 봅니다. 위로자로 왔으면 위로자의 역할에 충실하라는 것입니다. 그래서 욥은 "나라면 위로의 말을 하며 격려의 말"을 했을 것이라고 꼬집습니다. 이처럼 욥이 문제와 상황 파악을 정확하게 하고 있는 것을 보면 욥의 진술에 무게를 실어주어야 할 것 같습니다.

그런데 문제는 친구들이 자신들의 주장을 조금도 굽히지 않는다는데 있습니다. 그래서 욥은 더욱 절망하는 것입니다. 욥이 용기를 내는 것 같다가도 절망 속으로 다시 빠져드는 것을 보면 뛰어 들어가서 꼭 안아주고 싶은 마음까지 들더라고요. 법정이고 또 배심원 신분이라 그럴 수 없었지만요. 얼마나 고통스러우면 자꾸 죽음을 찾겠습니까? 그만큼 자신의 육체적인 고통보다 친구들의 조롱이 훨씬 더 큰 고통이었다고 고백합니다. 욥은 친구들을 자신을 "조롱하는 자"17:1라고 부르면서 그들에게서 자신을 향한 적개심마저 본다고 말한 것을 보면 확실히 친구들의 접근법에 큰 문제가 있었음을 말해 준다고 봅니다.

욥이 더 큰 절망 속으로 빠져든 것은 마지막까지 의지하고 있는 하나님마저 자기를 치시는 것처럼 느끼기 때문이라는 고백은 오늘 우리들에게도 깊은 울림을 줍니다. 하나님이 사람의 이해의 범주를 넘어선 분이라는 것입니다. 특히 경건하게 살아온 욥에게 있어서 지금 하나님은 이해불가의 하나님이 된 것이지요. 결론적으로 말씀드리자면 친구들의 하나님에 대한 지식은 철저하게 인간세상에 유통되고 있는 상식과 철학에 기반을 둔 것이기 때문에 욥도 친구들이 말한 격언과 속담이 쓰레기 같고 그들의 논리가 흙담처럼 얄팍하다.13:12고 폄하한 것입니다. 그런 잣대로 욥을 재단하고 평가한 것 자체가 출발점부터 잘못된 것이라는 것을 지적하고 싶습니다.

배심원 3: 지난번 1차 심리 때 욥이 하나님과 담판을 짓겠다고 하면서 친구들과 더 이상 논쟁하지 않겠다고 하며 심리를 포기하는 듯한 인상을 주었었는데[50] 욥이 심리에 계속 임하는 것을 다행으로 생각합니다. 심리를 포기하면 지는 것이니까요. 욥이 이번에도 친구가 진심으로 하는 말에 대해서 그건 이미 자신도 다 아는 거라고 비아냥거린 것은 좋은 태도가 아니라고 봅니다. 한번도 아니고 계속해서[51] 그런 말을 하는 것을 보면 자존심이 많이 상한 것 같습니다만 심리에 자손심으로 대하는 것을 보니 욥의 논리가 궁색해 보입니다.

배심원 4: 욥이 인용한 속담—보상을 얻으려고 친구를 비난하는 자는 그의 자손들의 눈이 멀게 되리라17:5—에 유의해 보아야 한다고 생각합니다. 욥이 이 속담을 인용하여 자신의 처지가 그런 오해를 받고 있다고 한탄조로 말한 것처럼 보이지만 사실은 친구들을 저주하는 것이 아닌가 하는 의심을 지울 수가 없습니다. 매우 부적절한 속담 인용으로 보입니다. 배심원2께서 욥의 입장에서 이해해야 한다

---

50) 13:3-5
51) 12:3; 13:2; 16:2

는 지적은 위험한 발상이라고 생각합니다. 지금 우리 배심원들은 어느 한쪽의 입장에 서서 생각해서는 안된다는 법정규칙을 다시 한번 환기시켜 드립니다. 물론 욥의 심정은 충분히 이해합니다. 그러나 변론은 자기 변명만으로는 도움이 안된다는 사실을 알아야 합니다. 친구들을 욕하고 하나님까지도 욕하고 또 죽겠다고 하는데 누가 도와 줄 마음이 나겠습니까?

욥의 도도한 태도도 문제로 보입니다. 친구들보다 자신은 모르는 게 없으며 오히려 친구들이 편향적이며 자신은 하나님이 죽이실지라도 떳떳하다. 누구라도 자신의 죄를 입증한다면 입 다물고 차라리 죽음을 택하겠다. 이렇게 말한 것이 비장한 결기를 보인 것 같지만 바로 그 다음에 하나님께 기회를 달라고 애절하게 간청하는 모습을 보면 그건 완전한 욥의 이중적인 트릭입니다. 또 궁지에 몰린 욥의 읍소작전으로 보입니다만 합리적인 반박이나 증거를 내놓지도 못하고 무작정 눈물 흘리면서 나 죽겠다고 한다고 해서 배심원들의 마음을 살 수는 없다고 생각합니다. 내 생각엔 이번 욥의 변호 작전은 오히려 자신에게 불리하게 작용한다고 봅니다.

배심원5: 지난번 엘리바스에 대응하는 욥의 모습은 당당한 모습이었는데 이번 빌닷을 대하는 욥의 모습은 매우 지쳐있는 모습입니다. 친구들과 변론하는 일에 지친 듯 합니다. 결국 하나님께 읍소를 하고 있네요. 중보자를 애타게 찾고 있습니다. 더욱 적극적으로 하나님께 자신을 위해 보증을 서 달라고 합니다.[17:3] 그러다가 무덤에 가겠다는 소리만 되풀이 합니다.[17:1, 13-16] 좀 안타깝습니다. 심리과정을 좀 단축할 수는 없을까요? 내가 보기에도 단순한 아젠다에 대한 심리일정이 지나치게 길게 계획되어 있는 것 같습니다. 친구들은 번갈아 가며 욥을 공격하고 있는데 반하여 욥은 혼자 매번 반론을 펼쳐야 하니 심리적으로나 특히 육체적으로 한계에 온 것 같습니다.

당하알 하박사: 당하알 하박사입니다. 자, 엘리바스의 공격에 욥이 상당히 피곤

해 하는 건 사실인 것 같습니다. 생각해 보세요. 지금 욥의 상태가 육체적으로 극한 상황입니다. 이 점을 우리는 간과해서는 안될 것입니다. 심리하는 동안에도 욥의 육체적 고통이 사라지거나 호전된 것은 아니라는 점이죠. 이런 상태에서 가끔 감정적인 탄식이나 좌절의 표현을 했다고 해서 욥의 증언에 의문을 가져서는 안된다는 것이고 오히려 훨씬 진실한 고백으로 받아야 할 것으로 생각합니다.

자, 그럼 엘리바스의 논지는 무엇이었죠? 지난 시간 제가 한마디로 정리해 드렸죠? 네, 욥의 처참한 모습을 보면 그가 지은 죄때문에 고난을 받고 있다는 증명이 된다는 것입니다. 이에 대해 욥이 대응한 것입니다. 욥은 어떻게 말하고 있습니까?

네, 그렇죠. 입장 바꿔 생각하고 말하라는 것입니다. 지금 자신의 육체의 험한 꼴을 보고 정죄하는 눈을 돌려 그렇게 고통받는 자신의 입장이 되어 보라는 것입니다. 그렇다면 정죄하기 전에 위로와 격려의 말이 나오지 않겠느냐고 꼬집습니다. 그렇게 고난당하고 있는 자신의 입장에서 고난을 생각한다면 하나님에 대해서도 그렇게 단정적으로 말할 수 없을 것이라는 겁니다.

친구들은 죄 때문이라고 욥을 추궁하고 있으나 욥은 자신이 당하는 고난과 고통을 생각해보면 하나님이 아니고는 그렇게 하실 분이 없다고 한탄한 것이죠. 욥은 하나님이 자신을 피곤하게 하셨으며, 온 집안을 패망하게 하셨고, 자신을 시들게 하셨다고 애통해 합니다.

하나님께서 자신에게 가하신 위해에 대한 처참한 표현16:7-15은 양가적인 뜻이 담겨 있습니다. 욥은 자신의 고통의 배후에 하나님이 있다고 믿을 수 밖에 없습니다. 친구들의 정죄는 근거나 논리가 뒷받침되지 않기 때문입니다. 그렇다면 왜 하나님이 그토록 잔인하게 자신을 치시는 것일까 생각한 것이지요. 욥은 하나님이 자신을 찢고 목을 부러뜨리고 화살로 콩팥을 꿰뚫어 쓸개가 땅에 흘러나오게 되었다고 깊은 탄식 속에 흐느끼면서도 하나님이 직접 그렇게 하셨다고는 생각지 않습니다. 다만 하나님이 행악자의 손에 자신을 맡기셨다고 이해합니다.16:11

다만 그 이유에 대해서는 모른다고 선을 긋습니다. 바로 이 점이 욥의 훌륭한 태도입니다. 친구들은 알지도 못하면서 단정적으로 말하지만 욥은 솔직하게 인정합니다.

자, 그럼 우리는 욥의 고통을 어떻게 생각해야 할까요? 하나님이 욥에게 직접적으로 고통을 주신 걸까요? 아니면 사탄이 주는 고통을 왜 막지않고 방기하신 걸까요? 그것도 아니라면 정말 친구들의 지적처럼 죄 때문에 받는 벌일까요? 욥기서를 읽는 독자들의 한결같은 질문입니다. 그러나 이런 질문을 두고 우리가 꼭 알아야 할 점이 있습니다. 그렇게 따지는 것은 지금 욥에게 중요하지도 또 적절하지도 않다는 점입니다. 남의 고통을 분석하는 것 자체가 잘못이라는 것입니다. 반면에 욥이 자신의 고통의 문제를 놓고 신음하고 의문을 가지고 탄식하는 것은 지극히 자연스러운 것이지요. 그렇다면 욥을 지켜보는 사람들이 욥에게 해야 할 일은 그의 고통을 분석할 것이 아니라 그를 위로해야 한다는 것을 가르쳐 줍니다.

고통당하는 자의 입장에서 토로하는 솔직한 고백이야말로 욥기를 읽는 오늘의 독자들에게 큰 위로가 됩니다. 욥도 우리와 똑같은 성정을 가진 사람이로구나 하고 말이죠.

이유가 어찌되었던 욥은 하나님이 자신에게 고통을 주셨다고 느끼기 때문에 그가 받는 영적 고통 역시 가중된 것이지요. 그래서 고통의 비명은 더 커져만 가고 급기야는 하나님을 자신에게 화살을 겨누시는 공격자로 인식하게 된 것입니다.[12-14]

욥의 이런 공격적 인식과 대응으로 욥은 친구들과 세상으로부터 버려집니다. 이 점이 우리에게 주는 시사점이 큽니다. 극심한 육체적 고통은 참을 수 있을지도 모른다. 그러나 육체적인 고통에 심적 고문과 영적 갈등까지 더해지면 참을 수 없게 된다 이 말입니다. 그런 혼돈 속에서 비명을 지르지 않는다면 그건 인간이 아닐 것입니다. 그렇게 고통받고 있는 사람을 두고 정신상태가 나약하다거나 태도가 불량하다고 그의 경건성 운운한다는 자체가 심각한 언어폭력이라고 봅니다. 결국 욥은 친구들로부터 버림을 받고 세상으로부터도 단절되는 형벌을 받게 됩니다. 바로 이 점이 욥에게 가해지는 설상가상의 고난인 것입니다.

욥이 고통 가운데 뱉은 하나님에 대한 탄식에 신학적 오류가 있다고 지적할 일은 아닌 것 같아요. 정말 하나님의 성품이 그렇다는 것이 아니라 욥의 몸이 그렇게 느끼고 있다고 해야 맞을 것 같습니다. 고통을 숨기고 억지로 참는 것보다 드러내 놓고 차라리 외마디 비명을 지르는 것이 건강한 사람의 반응일 것입니다.

또 중요한 논쟁 포인트를 집어 본다면 욥이 자신의 깨끗함을 주장한 것에 대해 논란이 있어요. 어떻게 욥이 자신을 스스로 의롭다 할 수 있느냐는 것입니다. 욥도 인정한 바 있고 친구들도 지적한 것처럼 어떤 누구도 하나님 앞에 의로운 사람은 없지요.

그러나 욥이 이 시점에서 자신의 깨끗함을 주장하는 것에 대해서 욥의 말을 진중히 들어보면 그의 생각을 읽을 수 있습니다. 욥이 바로 중보자에게 신원했다는 점을 눈여겨 보아야 합니다. 지금 친구들은 자신을 죄인으로 몰고 있습니다. 그런데 하나님마저도 마치 자신에게 극도의 흉악한 죄가 있는 것처럼 무시무시한 고통을 가하고 있다고 느낍니다. 이제 자신이 호소할 마지막 품은 중보자 밖에 없다는 것을 느끼게 된 것입니다. 자 보세요. 욥은 외칩니다. "난 결코 포학한 일을 하지 않았으며 나의 기도는 진실하다오."16:17 자신이 왜 고통을 당하는 지는 알 수 없으나 그건 결코 죄때문에 받는 응보가 아니라고 절규하고 있습니다. 이 절규가 더 처절해 보이는 이유는 하나님마저도 자신이 도무지 이해할 수 없는 행위를 하시기 때문입니다. 그래서 절규 속에서도 간청합니다. "나의 친구는 나를 조롱하나 내 눈은 하나님을 향하여 눈물을 흘리니 중보자께서 하나님과 사람 사이에 그리고 사람과 그 친구들 사이에서 중재해 주시길 원합니다"라고.16:20-21

욥은 여기서 중요한 점을 지적하고 있습니다. 자신이 생각하는 죄문제와 친구들이 생각하고 있는 죄문제에는 근본적인 차이가 있다는 것입니다. 다만 하나님께서 이 문제에 대해서 지금 잠잠하시니 중보자께서 나서서 자신의 고통에 대한 논쟁에 종지부를 찍어 주었으면 하는 바램을 가진 것이라고 봅니다.

자신은 벌을 받을 만한 그 어떤 죄도 지은 일이 없다고 욥이 억지주장을 하는 것이 아닙니다. 다만 비록 자신이 지은 죄가 있다 하더라도 하나님께서는 친구들의 주장처럼 그렇게 정죄하시지는 않는다는 것입니다. 그래서 중보자를 애타게 찾은 것으로 보입니다. 그러나 현실은 그런 중보자마저 눈에 보이지 않는다는데 욥의 충격과 고통이 큰 것이지요. 사실 욥이 원했던 건 친구들이 바로 그 중보자 역할을 해 주길 바랬던 것입니다. 그런 친구들이 지금 고발자로 나섰으니 위로는 커녕 배신감만 크게 느꼈던 것입니다. 그래서 입장 바꿔 생각해 보라고 친구들에게 하소연한 것입니다.

고통 중에 기도하는 사람들이 흔히 겪는 절망이라고나 할까요? 절망 가운데 있는 사람들이 심적 영적 고통을 겪다 보면 누구나 죽음을 떠올리게 마련입니다. 지금 용어로 말한다면 우울증이라고 할 수 있겠습니다. 욥이 계속해서 죽음을 사모한 것은 그가 생을 자포자기하고 믿음마저 던져 버리고자 한 의지라고 보면 안되는 이유입니다. 극한 고통은 육체로 하여금 죽음을 사모하게 만듭니다. 우울증 환자가 몸을 던져버리는 경우가 그렇습니다. 이 담론은 언제 기회가 있으면 더 다루기로 하지요. 오늘은 이야기가 좀 길어졌습니다. 다음 시간 또 뵙겠습니다.

당고알 고집사: 욥, 말 한번 잘했다. 사람이라면 언제나 역지사지의 심정을 가져야 하는기라. 남을 판단하고 재단하기 전에 먼저 그 자리에 자신이 서 있다고 생각해 봐야 한다 말이다. 재산 다 잃어버리고 자식들 모두 처참한 모습으로 죽는 걸 목도한 사람 심정이 어떨꼬 한번 생각해 봤나? 마누라마저 저주하면서 떠나버리고. 자신은 몸이 다 헐어 기왓장으로 긁고 있고. 그런 상태를 한번 상상이라도 해봤나? 그런 상태서 큐티하듯 묵상해 보라고? 고통의 원인이 어디 있는지? 하나님은 누구신지? 한 문제 한 문제 묵상해 보라고? 거기다가 하나님께서는 어떤 심오한 뜻이 있으셔서 고통을 주신 것이니 모든 영광 주께 드립니다 이렇게 하라꼬?

아이코 지네들은 비명 한마디 안지르고 인상 한 번 안 찌푸리고 자세 한 번 안 흐트리고 참 잘할끼다. 지금 친구들이 하는 짓은 간음한 여자 돌로 쳐 죽이라고 외치는 소리와 같은기라. 지들은 깨끗하다는 거지. 그게 사람 사는 지혜라고 생각하는 모양이야. 고통 당하는 자들을 볼 때 사람들이 보이는 전형적인 행태라 안카나.

친구가 엄청난 고난을 당하고 있다고 한다면 어떻게 해야 되겠노? 아, 경건한 친구가 저렇게 고난을 당하는 것을 보니 우리는 더 큰 고난을 당할 수도 있겠구나 하면서 자기들은 더 납작 엎드려 하나님께 죽을 죄를 지었으니 용서해 주시고 저런 무시무시한 형벌은 내리지 말아 달라고 해야 하는 게 맞는 이치 아닌가? 만일 진짜 자신들의 논리대로 믿었다면 말이다.

그런데 요것들. 세상 사는 이치를 빠삭하게 터득한기라. 지금 하나님 운운하지만 주변사람들을 의식한 기라. 어차피 친구가 회복하기는 글러 먹은 것 같고 사람들도 자신들을 똑같은 놈들이라고 손가락질 할까봐 욥을 공개재판한 거라고 봐야지. 그렇게 함으로써 자기들은 위기의 자리에서 빠져나와 사회의 지도자 자리를 더욱 강화하려고 한 거란 말이다. 인간들은 본질적으로 비겁한기라. 내사마 고통을 겪다 보니 느낀 게 하나 있다. 누군가 극심한 고통으로 비명을 지를 땐 옆에 있는 내가 함께 비명을 질러 줘야 한다는기다. 그래야 그 신음소리가 내 소리에 묻혀 좀 덜 미안하게 생각되는기라. 이런 때 하나님만 의지하고 영적으로 깨어 있어야 한다고 고상한 척 주문하는 건 잔인한 행위란 말이다.

17장 한장만 딱 떼어놓고 읽으면 욥은 영락없이 우울증에 걸린 환자라니까. 죽음만을 상상하고 기다리는 단계에 있으니까 말이지. 시 전체에서 장송곡이 흘러나오는 듯 하잖아. 오늘날 이를 두고 비난을 하는 사람이 있지. 욥이 성령 충만한 사람이라면 고통의 끝자락에서 하나님을 찾고 천국을 소망하고 치유를 소망해야지 어떻게 스올, 흑암, 무덤, 먼지같은 죽음의 언어를 갈망할 수 있느냐는거야. 그들의 대전제는 믿는 자들은 절대로 우울증에 걸릴 수 없다는 거야. 만일 우울증에 걸린 크리스천이 있다면 그건 사탄에게 자신을 내어준 탓이라고 정죄한다니까. 그러나 욥의 삶을 쭉 살펴 보라꼬. 언제 욥이 단 한번이라도 거룩한 삶에서 벗어난 적이 있었던가 말이다. 욥은 언제나 경건한 삶을 살고 있지 않았나 말이지. 심지어는 고통의 심연에서도 그는 하나님을 원망하지 않았다고 하잖나. 그럼에도 불구하고 갑자기 덮친 고난의 현실 속에 욥은 숨을 쉴 수조차 없어 신음하고 있는거란 말이지.

자, 성경 어디에 믿는 사람은 고난 당할 때 신음소리도 내면 안된다고 쓰여 있단 말이고?

그런데 현실은 어떻노? 오늘날 교회에서 신음소리를 내면 믿음 없는 사람으로 정죄 받는다카이.

욥 이야기 듣다가 나도 모르게 왈칵해 버렸네. 욥이 지옥의 문이라도 내려가고 싶다는 말 나는 정말 백프로 공감한다꼬. 나도 그런 심정이었으니까. 이런 말 해도 되나 모르겠다만 한때 나도 교회문이 스올의 문처럼 생각될 때도 있었다니까.

바로 그거야. 친구들이 욥을 스올의 문으로 떼밀어 넣고 발로 찬 격이지. 지옥이 따로 있는 게 아니고 죽어서 가는 곳만 지옥이 아니지. 하나님의 생각과 다른 방향으로 몰아가는 놈들. 고놈들이 스올의 문지기 저승사자란 말이다.

심문5 및 변호

빌닷의 심문(18:1-21)

(속기록 18장) 너 입 다물라!

수아사람 빌닷이 대답하였다. 너희들[52] 언제 말을 끝낼 건가? 잘 생각해 보게나. 네가 말을 다 끝낸 후에 우리가 말하겠네. 너희들은 어찌하여 우리를 짐승으로 여기며 부정하게 생각하는가? 울분을 터뜨리며 자신을 찢는 사람아. 네가 그런다고 땅이 버림을 받겠는가? 바위가 자리에서 옮겨지기라도 하겠는가? 악인의 빛은 꺼지고 그의 불꽃은 꺼지게 되어 있다오. 그의 장막 안의 빛은 어두워지고 등잔불도 꺼질 것일세. 그의 활기 찼던 걸음도 피곤해지고 자기가 마련한 꾀에 스스로 빠지는 법일세. 자기 발이 그물에 빠지고 올가미에 걸려 들어 발 뒤꿈치는 덫에 걸리고 몸은 올무에 얽히게 될 것이라. 그를 잡을 덫이 땅에 숨겨져 있고 그를 빠뜨릴 함정이 길목에 있으며 사방에서 무서운 것이 그를 놀라게 하고 그 뒤를 쫓아갈 것이며 따라서 그의 힘은 기근으로 기력이 다하게 될 것일세. 이렇게 그 곁에는 늘 재앙이 따라 붙어 다니는 법이라네. 질병이 그의 피부를 삼키고 사망의 장자가 그의 사지를 먹어 버릴 것이로다.[53] 그가 의지하던 장막은 찢겨지고 그는 공포의 왕에게 잡혀갈 것이며 그의 처소는 유황이 뿌려져 파괴될 것이로다. 그의 뿌리는 밑으로부터 마르고 그의 가지는 시들 것이며 땅에서는 그를 더 이상 기억하지도 않을 것이며 거리에서 아무도 그의 이름을 부르지 않을 것이로다. 그는 빛에서 쫓겨나 흑암으로 들어가고 세상에서 쫓겨날 것이며 이제 더 이상 후손이나 후예들이 남아 있지 않을 것이며 그가 살던 곳에 생존해 남은 자가 하나도 없을 것이로

---

52) 원문에 복수명사로 되어있다. 주석가들에 따라 견해가 다르다. 욥에게 말한 것이 아니라 친구들이라고 해석하는 이(Fohrer)가 있는 반면 2절과 3절의 “너희들”을 갈라서 2절은 친구들에게 3절은 욥에게로 보는 이(Murphy)도 있고 2절을 친구들로 3절은 청중들로 해석하는 이(Dhorme)도 있다. 반면 문맥상 모두 욥에게 한 말이라고 주장하는 이도 있다.(Longman).

53) 사망을 의인화하여 말한 것으로서 사망의 장자라고 표현한 것은 극도로 무서운 상태를 말한다고 본다. 쉽게 표현하자면 “가장 무서운 종류의 죽음”이라고 할 수 있다.

다. 이런 그의 운명을 보고 동쪽에서 오는 자나 서쪽에서 오는 자가 모두 놀랄 것일세. 참으로 불의한 자의 집의 운명이 이러하고 하나님을 알지 못하는 자의 처소가 이럴 것이로다.[1-21]

이상입니다.

(배심원 회의) 이걸 바로 보복신학이라고 하는 거다

배심원1: 먼저 짚고 넘어가야 할 문제가 하나 있습니다. 빌닷이 지금 "너희들," "우리"라는 복수대명사를 사용하고 있어서 욥이 아닌 또 누구에게 답을 하고 있는지 분별할 필요가 있을 것 같습니다. 이에 대한 각 배심원의 의견을 주시기 바랍니다.

오늘 빌닷의 논지는 다음과 같습니다. 일단 말을 시작하면서 빌닷은 욥의 감정적인 태도를 지적합니다. 먼저 핵심 없는 말을 장황하게 늘어 놓기만 한다는 것이고 친구들을 짐승으로 여긴다는 것입니다. 그리고 욥은 울분을 터뜨리며 자신을 찢으며 자기 주장만 하는 사람이라고 핀잔을 줍니다.

그 다음에 빌닷은 악인의 길을 설교합니다. 한마디로 악인의 운명은 결국 처참한 말로로 향해 간다는 것입니다. 빌닷은 이런 운명을 빛과 어두움으로 비유합니다. 빛은 생명이요 어두움은 죽음입니다. 악인도 한동안은 빛의 유익을 받고 살지만 결국에는 그 빛은 꺼지고 장막도 파괴된다는 것입니다. 이런 과정은 한순간에 오기 보다는 빛이 어두어지고 등잔불이 빛을 잃는 것처럼 일련의 과정이 있다는 것입니다. 즉 악인이 그 휘두르던 오만한 힘을 잃고 휘청거리는 걸음걸이로 다니다가 결국은 자기가 파놓은 함정에 빠지고 자기가 놓은 덫에 걸리는 신세가 된다는 것입니다. 그래도 바로 죽지 않고 갖은 질병으로 시달리고 그의 눈으로 자신이 사랑하던 장막이 찢겨지고 불타는 모습을 지켜 보아야 한다고 그 처절함을 강조합니다. 결국 그토록 스스로 높이며 세상이 기억하기를 원하던 자신의 이름을 아무도 기억하지 못할 것이라는 악인의 어리석은 삶을 강조합니다. 또 땅에도 그 이름이 남아 있지 않을 것이며 후손들도 남기지 못한 채 그는 이제 처참한 마지막을 맞게 될 것이라는 설명입니다.

이런 악인의 운명에 대한 빌닷의 설명을 우리는 어떻게 해석해야 할까요? 이번 빌닷의 발언의 행간에 숨어있는 의미는 무엇일까요? 배심원 여러분들의 지혜로운 판단을 부탁합니다.

배심원2: 먼저 빌닷이 "너희들"이라고 부른 것을 보면 빌닷이 지금 욥에게 말하면서 다른 사람들까지 싸잡아 공격하고 있는 것입니다. 욥과 같이 생각하는 사람이 많다는 것이겠지요. 이런 화법은 자신의 권위를 높이면서 상대방을 주눅들게 하는 방법으로서 빌닷은 지금 심리를 오도하고 있습니다.

빌닷이 악인의 일반적인 운명에 대해 말한 것같은 태도를 취하지만 아주 치사한 방법으로 욥을 지목하여 정죄하고 있다고 봅니다. 결국 욥이 악인이고 비참한 말로를 향해 간다는 거죠. 차라리 대놓고 욥에게 욕을 하는 게 낫지 이건 친구가 취할 태도가 아니라고 봅니다. 자신은 고상한 척 하면서 욥의 이름을 직접 언급하지는 않지만 누가 들어도 욥을 지칭한다고 들리지 않습니까? 악인이 어떻고 죄인이 어떻고 하면서 벌을 받는다느니 지옥을 간다느니 주리주리 말을 늘어 놓은 이유가 무엇입니까? 그건 결국 욥이 지금 벌을 받아 고통을 받고 있다는 이야기 아닙니까?

빌닷 이 친구의 논법 참으로 고약합니다. 악인의 말로를 말하는 척하면서 예시한 피부병13, 임박한 죽음13-14, 재해로 인한 자녀의 죽음15,19 등 이런 것들은 실제로 욥에게 일어난 사건들 아닙니까? 욥의 고난의 원인에 대한 증거라고 내놓은 듯 보입니다만 참으로 잔인하기 그지 없습니다.

배심원4: 빌닷이 복수명사를 사용하여 말한 것은 욥을 두고 한 말이지만 가끔 눈을 들어 청중을 바라보며 말을 하면서 자신의 주장에 동의를 구하는 빌닷의 스피치 방법이라고 생각합니다. 오늘 빌닷의 스피치는 어쩌면 이렇게도 설명을 그래

픽하게 잘하는지 눈을 감고 설명을 듣고 있으니 한편의 드라마를 보는 것 같아요.

나는 빌닷의 선명한 논리가 맘에 듭니다. 사람의 논리는 언제나 선명해야 된다고 봅니다. 진리는 선명한 거니까요. 빌닷의 말처럼 선악은 빛과 어두움처럼 분명하게 갈라지는 법이지 결코 회색지대가 존재할 수 없다는 데 동의합니다. 빛이 아니면 흑암이다. 천국 아니면 지옥이다. 이게 성경적 진리 아닙니까? 그런데 욥은 자꾸 제 3의 길이 있다고 하는 거 아닙니까? 배심원2께서는 빌닷이 욥의 이름을 직접 거명하지 않고 악인의 말로를 말한 것을 두고 빌닷이 고상한 척 한 것이라고 비판하셨지만 오히려 그 반대가 아닐까요? 말씀하신대로 빌닷의 발언은 누가 들어도 욥에게 한 말 맞습니다. 친구의 간곡하지만 분명한 지적을 욥이 받아들이길 바란 것 아닙니까? 그런데 굳이 악인이 욥 바로 너라고 대놓고 말할 필요가 어디 있겠습니까? 빌닷은 지금 끝까지 정중한 태도로 욥이 알아 듣기를 바라고 있는 것입니다. 오히려 욥을 끝까지 배려한 태도로 보입니다.

배심원3: 발닷이 너희들이라고 부른 건 욥 뿐만 아니라 다른 친구들도 함께 들어라 이런 뜻으로 그렇게 부른 것 같습니다. 자기는 요점이 분명한데 욥을 비롯한 다른 사람들은 말만 늘어놓고 장황할 뿐 요점이 없다는 것입니다. 실제적으로 지금까지 심리를 살펴보면 욥의 발언이 언제나 다른 친구들의 발언보다 두배가 넘습니다. 그리고 다른 두 친구들도 빌닷보다 길게 말하고 있습니다. 그런 뜻에서 너희들 언제 말을 끝낼건가? 라고 말한 것으로 보입니다.

나도 진리는 선명하기 때문에 둘 중에 하나라는 배심원4의 말에 공감을 합니다. 원리적으로 맞는 말이니까요. 하지만 문제는 인생사가 언제 순리대로 돌아가던가 말입니다. 그래서 고민이 생기는 거지요. 법칙대로 움직여야 말이지 생각도 판단도 쉬워지는 것 아닙니까? 가령 잘못해서 벌 받는다고 확신이 들면 용서를 빌고 바로 돌아서면 되니까 말입니다. 그런데 자신은 아무리 생각해 봐도 벌받을 만한 죄를 범하지 않았는데도 다른 사람들은 죄때문에 그런 거라고 말할 때 사람 미친다니까요. 하나님도 사실 법칙을 벗어나는 일을 자주 하시니까 원리만을 주장할 수도 없는 법 아닙니까? 아무튼 욥의 친구들은 원칙을 고수하는 정통파라는 점을 우리가 높이 사야 할 것 같습니다. 원칙적인 삶을 사는 사람을 고리탑탑하다거나 융통성이 없는 사람이라고 폄하해서는 안될 것입니다. 그럼에도 불구하고 이 친구들은 원칙을 벗어난 초자연적 섭리 역시 하나님의 영역이라는 사실을 간과하고 있다는 점에서 그들의 주장을 그대로 받아들이는 것도 무리라고 생각이 들어 나는 아직 확신이 서지 않습니다.

배심원5: 빌닷이 욥을 작심하고 악인으로 몰아가고 있는 걸 보니 욥이 노발대발하게 생겼네. 욥의 대응을 지켜보는 수밖에. 빌닷 이 친구 연설에는 뼈가 있어요. 예를 들어 악인의 운명을 보고 "동쪽에서 오는 자나 서쪽에서 오는 자가 모두 놀랄 것일세. 참으로 불의한 자의 집의 운명이 이러하고 하나님을 알지 못하는 자의 처소가 이럴 것이로다"라고 동서에서 자신들이 달려 왔다는 암시를 함으로서 욥을 악인 취급하고 있습니다.

당하알 하박사: 당하알 하박사입니다. 이번 심문의 빌닷의 주장의 핵심은 소위 말하는 "보복신학"retribution theology [54]이라고 할 수 있습니다. 이른바 보복신학은 인과응보론을 의미하는 것으로서 하나님은 공의로우신 분으로 의인에게는 상을 주시지만 악인에게는 철저히 보복하시는 분이시라는 것입니다. 자 그렇다면 빌닷의 주장에 무슨 문제가 있는지 살펴보도록 하겠습니다.

성경은 시종일관 하나님의 공의를 강조합니다. 하나님은 공의롭고 정직하다.신 32:4 사람을 공의로 다스리신다.삼하 23:3 행하시는 모든 일이 공의롭다.단 9:14 세상을 공의로 심판하실 것이다.시 9:8; 96:13; 98:9; 사 11:4; 렘 11:20 등등 말이죠. 이런 하나님

54) 보복신학 또는 인과응보신학으로도 번역된다. 보복신학이라는 번역이 좀 부자연스럽다. 보복이라는 단어가 마치 인간사에 있어 일어나는 그런 보복으로 이해할 우려가 있기 때문이다. 인과응보신학 역시 어색하기 마찬가지다. 인과응보란 단어가 불교에서 유래되어 불교적 색깔이 강하게 남아있기 때문이다.

의 공의에 초점을 맞추어 시편기자는 소위 "보복의 시편들"[55]에서 하나님의 심판을 노래하기도 합니다. 하지만 이런 시편의 본질도 보복에 대한 열망을 노래했다기 보다는 이스라엘이 당하는 불의한 현실을 되돌려 놓고 싶은 애절한 그리움을 읊은 것으로 보아야 할 것입니다.그래서 공의로운 메시아가 오실 것이다.슥 9:9 그는 세상에 공의를 베풀 것이며 공의를 세울 것이다.사 42:3-4 그는 세상을 공의로 심판하실 것이다.계 19:11 가난한 자들과 억눌린 자들에게 공의로운 판결을 할 것이다.사 11:4, 61:1-2라고 선언하고 있는 것이지요.

이런 면에서 본다면 빌닷의 주장은 성경에 근거를 두고 있다고 말할 수 있어요. 하지만 이런 주장은 동전의 한 면만 부각시킨 것입니다.

자 보세요. 빌닷과 친구들의 주장과 욥의 주장 사이에는 큰 차이가 있어요. 친구들의 논지는 하나님의 정의는 무조건 권선징악적이라는 것입니다. 착한 일에 대해서는 상을 주시지만 악한 일에 대해서는 무조건 보복하신다는 것이지요. 하나님은 결코 이런 공식에서 벗어나는 일이 없다는 것입니다. 반면 욥의 생각은 하나님은 반드시 그런 법칙으로만 움직이시는 분이 아니시다. 인생들이 도무지 이해할 수 없는 일을 벌이시기도 하시는 분이라는 것입니다. 때때로 죄가 없는 사람들에게 전혀 원치 않는 엄청난 재앙도 내리시는 분이라는 것입니다. 땅이 버려지고 바위가 옮겨지는 것과 같은 엄청난 재앙이 자연세계에서 이유 없이 흔히 일어나는 것처럼 자신에게 닥친 재앙 역시 같은 이치로 생각할 수 있다는 것입니다.15:17-19 그러나 빌닷은 욥의 울분이 아무리 커도 땅을 움직이고 바위를 들어 올려 던지겠는가? 라고 되받아 칩니다.18:4 즉 아무리 욥이 격정적으로 울분을 토해도 변할건 아무 것도 없다고 빌닷은 자신의 주장을 옹호한 것입니다. 빌닷은 빛과 어두움의 이미지를 사용하여 하나님의 공의를 각인시키고 있지요18:5 결국 세 친구들은 줄기차게 죄와 고난을 등식으로 연결시키고 있습니다.[56]

---

55) 보복의 시편으로서 35, 58, 59, 60, 70, 109, 137, 140편 등이 있다.
56) 4:7 - 11; 5:2 - 7; 8:3 - 4, 11 - 21; 11:11; 15:20 - 35

빌닷은 악인의 말로의 비참함에 대해 강조하고 있습니다. 하지만 욥기는 내세에 대한 이야기를 하지 않는다는 점을 공부를 통해 알게 되지 않았습니까? 그러니까 여기서 빌닷이 말하고자 하는 악인의 말로는 이생에서의 죽음을 말한 것으로 보는 것이 상식적이라고 말할 수 있어요.[57] 그러나 지옥으로 생각하는 학자나 설교가들도 많이 있지요. 굳이 악인의 말로가 어느 곳을 지칭하는가를 따지는 것은 중요하지 않다고 봅니다. 빌닷이 말하는 악인의 말로는 멸망을 말하니까요.

자, 빌닷의 연설을 분석해 보면 그가 주장하고 있는 인생의 성공방정식을 찾아낼 수 있어요. 그의 설명 속에 사람들이 추구하는 모든 삶의 성공욕구들이 다 들어있어요. 즉 재산, 장막, 건강, 이름, 후손 등이 그것 입니다. 또 이런 성공방정식을 위해서 들어가는 함수가 그물, 계략, 올무, 함정 또는 빛, 불꽃, 등불이라는 것입니다. 결국 의인의 삶은 빛, 불꽃, 등불로 인도되는 삶이지만 악인은 스스로의 올무와 함정에 빠져서 결국 비참한 삶을 맞이하게 된다는 것이지요. 결국 인생의 성공은 재산, 장막, 건강, 명예, 자손들로 측정한다는 것인데 이런 공식을 대비해 볼 때 모든 것을 잃어버린 욥은 실패한 인생이라는 결론에 이르게 되는 것입니다.

하지만 빌닷의 주장에는 분명한 모순과 한계를 가지고 있다는 점을 우리가 알아야 합니다.

첫째, 빌닷의 성공방정식이 항상 작동하는가? 하는 질문입니다. 성경의 인물들을 보거나 역사 속 그리고 현재의 경건한 신자들의 삶에서도 이 공식은 잘 들어 맞지 않는다는 점입니다. 오히려 악인들이 이 땅에서 부귀 영화를 누리는 등 성공방정식의 수혜자로 생각될 때가 많고 성경도 그렇게 말하고 있기 때문입니다.

둘째, 진정한 성공방정식은 이생의 삶의 모습으로 판단할 수 없다는 점이지요. 부자와 나사로의 경우처럼 역전되는 경우가 허다하지 않습니까? 오히려 부자가 천국에 들어가기가 더 어렵다고 하지 않았습니까? 욥의 친구들의 논리라면 성공한 부자는 의인이라는 증거이며 반드시 천국으로 들어가야 맞는 것 아닙니까? 성경적

57) 롱맨. (Kindle Location 6298). Clines, *Job* 1-20, 416. 그러나 지옥으로 해석하는 학자들도 있다.(애쉬 270-281)

진리와 분명 배치되는 주장입니다.

세째, 욥의 자녀들의 죽음을 함부로 판단한 경박함을 들 수 있습니다. 친구들도 천상회의가 있었다는 사실을 알지 못했기 때문에 욥의 자녀들이 왜 죽었는지 알 수 없었겠지만 그렇기에 더욱 더 쉽게 판단해서는 안될 일이었습니다. 지금 지상교회에서도 특정 교인들의 삶의 모습을 보고 이리저리 재단하는 일이 얼마나 비일비재합니까? 우리는 천상 영역에 있는 하나님의 뜻을 다 알지 못합니다. 그러기에 함부로 판단해서는 안된다는 것입니다. 아무리 자신의 신학이 정통이고 논리가 정연하다고 해도 말이지요. 하나님은 정통신학과 논리에 매이는 분이 아니기 때문입니다. 그렇다고 하나님이 신학을 무시하고 비논리적이라는 말은 아닙니다.

네째, 빌닷의 보복신학은 정의의 하나님을 강조하는 듯 보이나 실제적으로는 하나님을 잔인한 하나님으로 몰고 가는 반쪽 신학입니다. 하나님은 그의 정의를 실현하시기 위해 때로는 잔인할 정도로 무섭게 징계를 하시기도 하시지만 당신의 심판계획을 포기하거나 바꾸시기까지 하시며 그의 정의를 사랑으로 대체하시기도 하기 때문입니다. 보복신학에는 서슬이 시퍼런 심판만 있을 뿐 하나님의 사랑이라는 대전제가 빠져 있습니다. 친구들의 신앙행태를 한마디로 말한다면 서기관, 바리새인류의 신자라고 말할 수 있습니다. 여러분은 어떻게 생각하세요? 댓글 달아주세요. 구독과 좋아요 눌러 주시고요. 감사합니다.

당고알 고집사: 이제 노골적으로 갖은 공갈을 섞어 겁을 주고 있는 꼴을 좀 보소. 내사마 백번 양보해서 욥이 큰 죄를 지어 얻어 맞아서 만신창이가 되었다고 치자. 그래도 그렇지 어떻게 친구라 카는것들이 이렇게 잔인한 말을 할 수 있나 말이다. 정말 욥이 회개하고 돌아 오길 기다린다면 저런 방법 못쓴다. 빌닷 이 친구야말로 악인이라카이.

참말로, 하나님도 무심하시지. 왜 아무 말씀도 안하시고 계신지? 욥을 번뜩 일으키시며 그의 손을 들어 주셔서 친구들의 코를 납작하게 만드시지 않고 말이야. 하나님 당신이 일으키신 일 당신이 책임을 지셔야 할 것 아닌가 말이다. 그래 욥의 신앙을 자랑하기 위해 사탄에게 내어 놓으셨다고 하자. 욥이 지금 고군분투하면서도 하나님을 끝까지 부인하지 않고 잘 버티고 있지 않나 말이다. 그렇다면 자, 이제 고만 됐다 하고 게임을 끝내야 맞는 거 아냐? 하나님 지금 어디 가셨노?

아이고 내사마 욥기 다시 읽기도 싫은데 이번에 저 당하알 박사께서 또 이번엔 새로운 각도로 해석한다고 하길래 속는 셈치고 들었더니만 또 속이 뒤집어진다카이. 아니 욥이나 친구들이야 천상회의를 알지 못하니까 서로 횡설수설한 거라고 하지만 지금 지상교회 인간들은 왜 똑같은 행동을 반복하는가 말이다. 우린 성경을 통해 전말을 다 알고 있고 또 이미 하나님이 주신 답이 있는데도 왜 친구들의 논리에 빠져 자꾸 똑같은 짓을 하고 있는지 모르겠단 말이다.

욥의 고통은 까닭없는 것이라고 하나님도 말했고 욥도 그렇게 느끼고 있는데도 그게 아니고 다 이유가 있다면서 손가락질을 계속 하고 있는기라. 사람들은 왜 계속해서 욥기서를 통해 고통의 기원이나 하나님의 정의 문제를 연구하고 찾으려 하는지 모르겠단 말이다. 지상교회 사람들의 심리를 분석하는 거라면 또 모르겠지만서도.

요즘 교회 가면 편가르기가 너무 심하다카이. 소위 복받은 사람들과 그렇지 못한 사람들 이렇게 편이 쫙 갈려 있다니까. 또 복 받지 못했다고 생각하는 사람들은 복받은 사람들이 우상인기라. 교회 다니는 사람의 소원은 오로지 복받는 거라카이. 오케이 복받는 것 자체는 문제가 될 건 없지. 그런데 문제는 말야. 교회에서 말하는 복이나 세상에서 말하는 복이나 불상 앞에서 비는 복이나 다 똑같다는 데 문제가 있단 말야. 그래서 이미 복받은 사람과 복 받지 못한 사람으로 편이 갈리는 거란 말이지.

그러니 사람들이 생각하기엔 우리 가정은 영원한 벌을 받았다고 믿는거지. 기도를 하든 무슨 다른 수를 써서라도 장애를 고쳐 올 때까지는 큰 죄인으로 살아야 하는 거지. 잊을 만하면 능력의 종들이 나타나 우리 보고 기도 안해서 아직도 고침을 받지 못하는 거라고 윽박지른다니까. 내도 오죽 답답했으면 죽은 사람도 살린 일이 있다고 자랑하는 큰 권능이 있다는 사자에게 기도 받으러 간 적이 있다만 정말 능력이 있다면 고쳐 주든가 할 것이지 한다는 말이 날 보고 목숨 걸고 기도 안해서 우리 딸 아직 안고쳐 주시는 거라 하면서 홱 가버리더라고. 그렇게 우리한테 책임을 전가시켜 버리니까 우린 영원히 저주받은 사람이 되더라고. 그래서 교회를 나가도 고개를 푹 숙이고 있어야 한다니까. 그런데 참 웃픈 것은 머리 숙이고 있는 우리에게 누군가 다가와서 허락도 받지 않고 머리에 손을 올리고서, "장애 마귀 물러가라" 소리 지르며 우리 딸내미 머리를 흔들어 대기까지 한다니까. 지금 생각하면 웃프지만 나도 그런 기도에 "아멘 아멘"했다니까. 그만큼 간절한 부모의 맘인기라.

심문5 및 변호

욥의 변호(19:1-29)

(속기록 19장) 제발 제발 날 그만 괴롭혀다오

욥이 대답하였다. 친구들이여 언제까지 내 마음을 괴롭게 하며 말로 나를 짓부술 생각이오? 너희들이 수십 번 나를 학대하고도 부끄러워 하지도 않는구나. 비록 내게 허물이 있다 해도 어디까지나 그것은 내 문제일 뿐일세.[58] 너희들이 참으로 자신들을 나타내고자 하여 나의 수치로운 모습을 이용하려 하는구나. 너희들이 분명히 알아야 할 것은 나를 억울하게 하시고 나를 그물로 에워싼 분은 하나님이라는 점일세.[59] 내가 폭행을 당한다고 부르짖어도 응답이 없고 도움을 청했으나 정의가 없도다. 그가 내 길을 막아 지나가지 못하게 하시고 내 앞길에 어둠을 두셨으며 내 영광을 거두어 가시고 나의 왕관을 내 머리에서 벗기셨도다. 나를 이렇게 사방에서 찢으시니 나는 이제 죽었도다. 내 희망을 나무뿌리 뽑듯 뽑으시고 나를 향하여 진노하시며 나를 원수 취급 하시는도다. 그의 군대가 일제히 달려와서 나를 둘러싸며 내 장막을 빙 둘러 진을 쳤도다. 그는 내 형제마저 나를 멀리 떠나게 하셨으니 이제 나를 아는 모든 사람들이 내게 낯선 사람들이 되었구나. 내 친척들도 나를 버렸고 가까운 친지들도 나를 잊었도다. 내 집에 머물러 사는 사람들과 여종들마저 나를 낯선 사람으로 여기니 내가 이제 그들 앞에 이방인이 되어 버렸구나. 내가 내 종을 불러 도움을 청하여도 대답조차 없도다. 내 아내도 내 숨

---

58) 개역개정은 "그 허물이 내게만 있느냐"로 번역했다. 잘못 읽으면 오해의 소지가 있다. 이 번역에는 '너도 죄인인데 왜 나에게 죄를 따지고 드느냐?' 하는 뉘앙스가 들어 있다. 그러나 본문은 '당신들이 따질 문제가 아니라'는 뜻이다. 원어에 '문제는 나에게 남아있다'는 뜻이 들어 있다. 나와 하나님 사이에 해결할 문제로 남아있다는 뜻이다.

59) 4절에 이어서 5-6절에 친구들이 자신을 정죄하는 일에 대해 욥은 분명 그건 하나님과 자신 사이의 문제이지 친구들이 나서서 정죄할 일이 아니라고 주장한다. 그들이 자신의 고통에 대해 분석하는 것은 어리석은 짓이라고 못박는다. 욥이 하나님이 자신을 옥죄고 그물에 가둔 것이라고 한 말이 하나님을 비난한 것처럼 들릴지 모른다. 하지만 그것은 죄 때문에 자신이 고통을 당한다고 비난하는 친구들에게 그게 아니고 이유는 모르나 하나님이 그렇게 하신 것이라고 강조하려는 뜻으로 사용하였다.

결을 싫어하고[60] 내 자식들도 나를 가련하게 여기는도다. 어린 아이들까지도 나를 업신여기고 나를 보고 조롱하는구나. 나의 가까운 친구들도 나를 미워하며 내가 사랑하는 사람들이 돌변하여 나의 원수가 되었도다. 이제 난 피골이 상접하여 남은 것은 겨우 잇몸 뿐이로다. 나의 친구들이여 나를 불쌍히 여겨다오. 제발 나를 불쌍히 여겨다오. 하나님의 손이 나를 치셨다네. 너희가 어찌하여 하나님처럼 나를 박해할 수 있는가? 내 몸으로도 부족하더냐? 오, 나의 말이 기록될 수만 있다면 책에 기록이라도 될 수 있다면 철필과 납으로 돌에 새겨 영원히 기록되었으면 좋겠노라. 내가 이제 나의 대속자가 살아계심을 아노니 마침내 그가 땅 위에 서실 것이라. 내 가죽이 벗겨진 후에는 내가 육체를 떠나서라도 하나님을 볼 것이로다.[61] 그때 내가 내 눈으로 똑똑히 그를 볼 것이라. 얼마나 그 순간을 내 마음 속으로 기다려 왔던고. 너희가 만일 "문제의 뿌리가 그에게 있으니 어떻게 그를 칠까?"라고 말한다면 그대들은 이제 칼을 두려워해야 할 것이니라. 분노는 칼의 형벌을 부르나니 너희에게 심판이 기다리고 있다는 사실을 알게 될 것이로다.[1-29]

(배심원 회의) None of your business

배심원1: 욥은 자신의 깊은 괴로움을 토로하고 있습니다. 육체적인 고통도 고통이지만 친구들이 말로 학대하는 것이 자신을 허물어 뜨리는 고통의 주범이라고 호소하며 제발 말로 정죄하는 것을 중지해 달라고 간청합니다. 혹 문제가 있다 해

---

60) 욥기서에서 욥의 아내에 대한 기술은 많지 않다. 오히려 꼭 언급되어야 할 곳에 빠져있다. 욥이 시험을 당할 때 욥의 아내는 욥에게 하나님을 욕하고 나가 죽으라고 저주를 했다. 여기서 사람들은 욥의 아내가 욥을 떠났을 것이라고 추정한다. 혹독한 시험을 마친 욥은 다시 축복을 받아 다시 10명의 자녀를 얻었고 세 딸들의 이름까지 기록되어 있으나 아내에 대한 언급이 없기 때문이다.(42:13-15). 그러나 19장 본문에는 분명 아내가 자신의 숨결을 싫어한다라고 언급된 것을 보면 고통의 기간에도 아내가 욥을 떠나지는 않은 것으로 보인다. 이것이 욥의 아내에 대한 욥기서의 기록 전부다.
외경의 기록들을 보자. 욥기서의 타굼은 욥의 아내를 야곱의 딸 디나로 추정한 반면 70인경은 타락한 아라비아 여인 요밥(Jobab)으로 기록하고 있다. 한편 Testament of Job은 욥의 아내에 대해 자세히 기록하고 있다. 욥의 첫째 아내는 열명의 자녀와 함께 처참하게 죽음을 맞이하고 욥은 둘째 아내 디나를 맞아 다시 열명의 자녀를 낳았다고 설명하고 있다. (Michael C. Legaspi: Job's Wives in the "Testament of Job": A Note on the Synthesis of Two Traditions. *Journal of Biblical Literature* Vol. 127, No. 1 (Spring, 2008), pp. 71-79. Published by The Society of Biblical Literature)
61) 개역개정은 "육체 밖에서 하나님을 보리라"로 번역했다.

도 그것은 어디까지나 자신과 하나님 사이의 문제지 친구들이 왈가왈부할 문제가 아니라고 못박습니다.

그러면서 자신의 논리를 다시 한번 확인합니다. 자신을 억울하게 하시고 그물로 에워싼 분은 하나님이라고 말입니다. 그리고 구체적으로 하나님이 자신을 어떻게 훼방하셨는지 나열합니다.

도움을 청해도 응답지 않고 오히려 앞길을 막아 서신다. 자신의 앞길에 어둠을 두시고 자신의 영광을 거두어 가셨다. 이렇게 사방에서 찢으셨다. 희망마저 나무뿌리 뽑듯 뽑으셨다. 자신을 향하여 진노하시며 원수 대하듯 하신다. 형제들과 친척 친지마저 자신을 떠나게 하셨기에 이제는 집에서 일하는 종들이나 객들까지 자신을 얕본다. 결국 아내와 아이들까지도 자신을 조롱하는 신세가 되었고 가까운 친구들이 돌변하여 자신의 원수가 되었다고 한탄합니다. 그리고 자신의 몸은 피골이 상접하여 죽을 지경에 이르렀다고 중얼거립니다.

이렇게 욥은 하나님의 정의에 대해 의문을 제기합니다. 하다못해 욥은 이제 친구들을 향하여 자기를 불쌍히 여겨달라고 애원합니다. 하나님의 손이 자기를 치신 것이니 제발 하나님처럼 자신을 박해하지 말아달라는 것입니다. 욥은 끝까지 친구들의 논리에 수긍하지는 못한다는 점을 확실히 한 셈입니다. 그러면서 자신의 말이 진실하기 때문에 영원히 변치 않을 진리와 같은 것이라고 자신합니다. 그 이유는 자신에게는 대속자가 계시기 때문이라는 것입니다. 욥은 대속자가 살아계심을 믿기에 자신이 비록 죽는다 해도 하나님을 본다는 믿음을 확실하게 고백하고 있습니다. 동시에 욥은 친구들을 향한 마지막 경고를 빼놓지 않습니다. 문제의 뿌리가 욥에게 있다고 굳게 믿는 그들에게 분노의 칼을 받으라고 저주를 퍼붓고 말을 맺습니다.

배심원2: 욥의 오늘 변론이야말로 자신의 심정토로와 더불어 말하고자 하는 핵심을 정확하게 표현한 것 같습니다. 첫째, 친구들은 나를 학대하는 언어폭력자들이다. 둘째, 혹시 내게 문제가 있더라도 그건 어디까지나 나와 하나님 사이의 문제이니까 신경꺼라. 세째, 내가 억울한 일을 당하는 배후에는 하나님이 있다. 네째, 그런 결과로 나는 다 잃었다. 자식을 잃고 마누라는 나를 저주하고 형제, 친지, 여종, 객들 심지어는 어린이들까지 나를 조롱한다. 다섯째, 나의 친구들은 더 이상 친구가 아니라 원수로 돌변했다. 여섯째, 친구들아, 제발 나를 그만 괴롭히고 불쌍히 여겨달라. 일곱째, 대속자가 나를 구원해 주실 것이다. 여덟째, 친구들이 계속해서 나를 정죄한다면 그들에게 심판이 있을 것이다. 이렇게 요약할 수 있습니다.

나는 욥이야말로 위대한 신앙인이라고 봅니다. 물론 지금 욥은 하나님의 정의에 대해 의문과 회의를 품고 있습니다. 그렇다고 해서 그가 하나님에 대한 신뢰까지 잃어버린 것은 아닙니다. 욥이 고난 중에도 끝까지 버틸 수 있는 유일한 소망이 바로 대속자가 계시기 때문이라고 하지 않습니까? 친구들은 이 사실을 모르고 있어요. 그들에게는 이런 믿음이 없어요. 아니 이런 믿음이 있는지도 몰라요. 그들은 자신들의 행위가 끝까지 버틸 힘이 된다고 믿는 모양입니다. 이게 욥이 근본적으로 친구들과 다른 점입니다.

세상에 믿을 사람 아무도 없어요. 보세요. 절친이라는 친구들을 보세요. 막상 어려울 때는 배신자가 되지 않습니까? 반지를 끼워 주며 영원히 같이 살자던 배우자도 결정적인 순간에 욥더러 나가 죽으라고 하지 않습니까? 욥의 위대한 점이 바로 여기에 있습니다. 욥은 자신의 고통이 빨리 그치기를 원하지만 그렇게 되지 않고 죽는다 하더라도 자신은 하나님을 만난다는 확실한 믿음을 가지고 있다는 것입니다. 친구들은 욥이 죄 때문에 하나님을 볼 수 없을 것이라 야멸차게 정죄 했지만 그런 비난에 아랑곳하지 않고 꿋꿋하게 자신의 신앙을 고백하는 욥이야말로 진정한 신앙인이 아니겠습니까? 이런 양심을 가진 욥의 변론에 우리 배심원들이 무게를 더 실어 주어야 하지 않겠습니까?

배심원4: 배심원2의 말을 듣고 보니 같은 말을 두고 어떻게 그렇게 다르게 해석할 수 있는지 말이라는 것이 묘하다는 생각이 듭니다. 배심원2는 욥의 말을 문자로 해석해서 그런 결론에 도출한 것이라고 생각합니다. 그러나 말을 문자로 해석해서는 오해가 생깁니다. 어떤 현장에서 말했으며 어떤 뉘앙스로 말했는가? 를 파악하는 것이 해석의 중요한 열쇠입니다. 물론 배심원2께서 정리한 내용이 욥이 한 말은 맞습니다. 그러나 욥은 지금 법정에서 자신의 무죄를 주장하기 위해 자기의 느낌과 신념을 말하고 있다는 사실에 우리는 유의할 필요가 있습니다. 어디까지나 증명할 수 없는 자신의 느낌과 감정 그리고 자신의 종교적 신념일 뿐 팩트라든가 객관적인 진리에 부합하다고 말할 수는 없기 때문입니다.

자 보십시요. 욥은 친구를 배반자로 불렀습니다. 그리고 자신의 주변 인물들이 모두 떠났다고 했습니다. 친구와 주변 인물들은 모두 실존인물이며 팩트이지만 하나님이 이들을 모두 떠나 보냈다고 하나님께 그 원인을 돌린 건 분명 욥의 피해망상적 해석일 뿐입니다. 자신의 주변 인물이 하나도 남지 않고 다 떠난 이유가 어디 있겠습니까? 이럴 때 자신을 돌아보고 오죽하면 집에서 자신을 섬기던 종들도 심지어는 객들까지 자신을 조롱할까 반성해 봐야 하지 않겠습니까? 평소 가진 것 좀 있다고 얼마나 거들먹거렸으면 지금 그런 모욕을 당하겠습니까? 멀리 있는 사람들이야 잘 알 수 없다 해도 매일 욥을 똑똑히 지켜보던 사람들이 그렇게 조롱할 정도면 욥이 완전 이중생활을 한 게 틀림없다고 봅니다. 밖으론 욥이 의인인 것처럼 보였어도 실제는 그렇지 못하다는 증거가 아니겠습니까? 법정에서 이런 말까지 하면 좀 적절하지 않을지 모르지만 오죽하면 마누라까지 나가서 죽으라고 했을까요? 그의 이중성에 진절머리가 났던 게 아니겠습니까? 마누라가 자기 숨결을 싫어한다고 고백할 정도면 알아 봐야하는 것 아닙니까?

결국 이렇게 많은 증인들의 모습이 팩트가 되는 것이고 욥의 해석은 일방적인 자기 주장일 뿐이라는 것입니다. 그렇다면 우리 배심원들이 누구의 말에 더 무게를 실어야 하겠습니까? 잘 생각해 주시기 바랍니다.

배심원5: 직전 빌닷의 표현이 좀 과하다 싶었는데 욥이 저렇게 애절하게 불쌍하게 생각해달라, 도와달라고 간청하고 나오는 걸 보니 내 마음이 짠하다. 이제 친구들도 좀 살갑게 다가오지 않을까? 욥의 진술을 두고 배심원2와 배심원4의 해석이 정반대로 갈리는 걸 들으니 나도 좀 헷갈립니다. 더 들어 보고 내 의견을 말하겠습니다.

당하알 하박사: 당하알 하박사입니다. 자 오늘 욥의 진술을 통해 그의 심리상태를 먼저 살펴보기로 하지요. 일단 욥은 자신의 상실감을 적나라하게 표현하고 있어요. 친구들은 더 이상 친구가 아니라 자신을 말로 고문하고 있는 배신자라고 일갈하지요. 그들은 자신을 위로하려는 목적이 아니라 자신들을 드러내려고 화려한 말을 구사한다고 질타합니다. 게다가 하나님마저 자신을 원수 취급하시고 위험에 몰아넣고 진으로 빙둘러 싸서 빠져 나오게도 못하신다고 자신의 절망을 토로합니다. 재산도, 자식들도, 친구들도, 친척과 친지들도 모두 자신을 떠났을 뿐 아니라 심지어 여종들과 객들마저 자신을 무시하고 조롱하기까지 하는 지경에 이르렀다고 탄식합니다. 이제 육신도 만신창이가 되어 피골이 상접한 상태에서 할 수 있는 게 아무 것도 없다고 절대적 상실감을 나타냅니다. 이런 절망감 속에서도 실낱같은 희망 아니면 물에 빠진 사람 지푸라기라도 잡는 심정이랄까요? 바랄 수 없는 사람들인 친구들에게 살려달라고 도와달라고 까지 애원합니다. 이쯤 되면 자존심 하나로 버텨왔던 욥이 내려갈 수 있는 최저 밑바닥까지 내려왔다고 볼 수 있어요. 심리적 최저 저항선이 무너진 상태라고 말할 수 있을 겁니다.

자, 이런 가운데 난파선의 구명보트가 문득 생각난 겁니다. 난파된 자신의 인생을 구해 줄 구명보트가 처음부터 자기 곁에 있었다는 사실을 그때 깨달은 것이지요. 바로 대속자가 그 분입니다. 위로자로 기대했던 친구들. 변호인이 될 줄 알았던 식구들과 친지들. 이들이 모두 떠난 자리에 그제서야 남겨진 분을 발견한 것이지요. 이게 욥이 버틸 수 있었던 힘이 된 것입니다.

여기서 대속자에 대한 해석이 다양한데요 몇가지만 간단하게 요약해 보겠습니다.

대속자에 대한 원어로 쓰인 단어 고엘[62]이 주는 일차적인 의미를 보면 첫째, 레위기 25장에 명시된 대로 만일 어떤 사람이 가난하여 자기 땅을 팔았을 경우에는 그의 가까운 친척이 그 땅을 다시 사서 그 재산을 다시 확보하는 제도를 말합니다. 때로는 살해 당한 친척을 대신해 보복을 하는 역할을 하며[63] 또 남편을 잃고 과부가 된 여인과 결혼을 하여 가계를 잇게 하는 역할[64]을 하게 한 제도가 고엘입니다. 따라서 고엘은 기울어진 가계에 도움을 주도록 친척 중 한사람에게 그 책임을 맡긴 유대인의 사회보장제도라고 할 수 있습니다. 그래서 욥의 경우도 이런 고엘을 말했다고 주장하는 학자도 있지만Newsom 대속자는 당연히 예수그리스도를 예표한다고 전통적인 주장을 하는 학자들도 여럿 있습니다.Clark, Ash

하지만 여기서 욥이 그리스도 또는 메시야를 떠올렸다고 보기엔 시대적인 배경상 거리가 멉니다. 욥이 살았던 시대적인 배경을 족장시대로 보는 데는 이견이 없거든요. 또 가계적인 고엘을 말했다고 보기에도 가족 친지들이 다 떠나고 남아 있는 가족들이 없다고 고백한 것을 보면 적절치가 않단 말입니다. 그래서 욥이 말하는 고엘은 하나님으로 볼 수밖에 없다는 견해가 일반적입니다.Barnes, Longman 그러나 이 견해 역시 지금 욥이 하나님과 법정에서 일전을 하는 것으로 전개되는 시나리오에서 하나님이 변호자 또는 옹호자로 나타난다는 것은 논리적 모순으로 지적됩니다. 따라서 여기서 욥이 말하는 대속자를 일반적인 의미에서 "변호자"로 해석하기도 하고Pope, Fyall, 또는 "옹호자, 증인, 대변인"으로 해석하기도 합니다.Clines

이런 여러 전문적인 견해가 있지만 저는 아무래도 일반 평신도를 위해 메시지를 던진다는 면에서 욥이 비록 의식하지는 못했다 할지라도 그가 말한 대속자는 메시아, 예수 그리스도를 예표한다고 보는 것이 은혜롭다고 생각합니다. 그렇게 될 때 우리들도 고난 가운데 이길 힘을 얻지 않을까요? 대속자 예수 그리스도를 생각하며 오늘 하루도 이기시길 바랍니다.

---

62) 한글성경은 "기업 무를 자"로 번역한다
63) 신 19:6, 11-12; 민 35:12, 19-27
64) 룻 3:12; 4:1-6

당고알 고집사: 마 욥이 정확하게 집었능기라. 친구들이 왈가왈부할 문제가 아니라카나. 오늘날 교회의 문제가 바로 그렇단 말이다. 교회에 기도부대들이 문제다카이. 기도제목 받는다고 요리조리 얼마나 해부를 해대는가 말이다. 진정한 위로는 들어주는 데서부터 시작된다 안카더나.

욥의 절규를 듣고 있노라면 내 몸도 막 저려 온단 말이다. 하나님은 자신을 찢고 폭력을 행사하시고 친구들은 말로 자신을 고문한다는 욥의 탄식을 들어 보라고. 저 말을 듣고 시비 걸 생각만 난다면 그건 정말 고통이 무엇인지 전혀 모르는 사람아이가. 하나님이 자신을 찢어 버린다고 느낄만큼 고통이 크다면 그 고통이 어떤건지 우린 상상도 못한다. 내도 많은 육체적인 고통을 겪어 봤어도 그렇게까지는 하나님께 대들지 못한 것을 보면 내 고통은 욥의 경우에 비할 바가 아니라는 거지.

그런데 말이다. 인생이란게 말이지 참 묘한 데가 있능기라. 자기가 잘 나갈 때는 주위에 사람들이 바글바글하다만 긴 병에 효자없다는 말처럼 시간이 지날수록 한 사람 한 사람 떠나간다 안카나. 오죽하면 마누라까지 저주하고 떠나갔을까 말이다. 그럼 혼자 남는 거지. 죽고 싶은 마음만 남아 있을 뿐 결국엔 자신마저 자신을 포기한다니까. 내가 경험한 신비한 체험인데 말이지. 내가 깊은 병에 걸려 이제는 죽음 밖에 남지 않았다고 생각될 때가 있었지. 송장같은 몸뚱이를 소파에 누인 채 영혼마저 깊은 암흑 속에 헤매다가 어느 순간 눈을 떴는데 말이지. 와. 눈 앞에 큰 바위얼굴 만큼이나 큰 주님이 보이는기라. 얼마나 놀라고 황홀했던지 그 순간은 지금도 잊을 수가 없다네. 그 경험을 통해 난 큰 것을 깨닫게 되었지. 내가 의지하던 것들이 나로부터 다 떠나가고 비로소 홀로 되었을 때 주님은 끝까지 내 곁에서 나를 지켜주시고 계셨다는 사실을 알게 된거지.

사실 그동안 내 눈에 보이는 게 너무 많았던 게야. 주님도 그 중에 하나였을 뿐이었어. 그래서 주님이 실감나게 보이지 않았던 거야. 마치 단체사진 중의 하나인 것처럼 말이야. 사실 나도 돌보아야 할 것들도 너무 많았고, 그래서 주님과는 겨우 주일날이나 큐티시간 정도 교제하고는 다시 봅시다 하는 거였어.

그러다 내 곁에서 모두 사라진 후에 보니 그분만이 엄청 크게 보이더라고. 그 분은 언제나 그 모습으로 계셨는데 말이지. 그보다 더 큰 위로가 없었어.

욥도 고통이 극에 달한 이 순간 대속자를 찾았다고 기뻐한 게 아니겠어? 아마도 내가 경험한 신비한 체험을 한 것 같아. 이런 말을 해도 좋을지 모르겠다만, 솔직히 말해서 난 하나님보다는 예수님 품이 더 포근하게 느껴져. 구약의 하나님은 의롭고 전능하신 하나님일지는 모르겠으나 우리에게 살갑게 다가오지는 않거든. 욥기서를 읽어도 하나님은 좀 냉정하고 잔인한 데가 있어. 욥도 그렇게 느꼈던 것 같아. 그래서 대속자란 이름을 부른게 아닌가 해.

(당고알 고집사 큐티 노트에서)

욥의 탄식에서 네 가지 종류의 고통을 찾아볼 수 있다. 그 하나가 물론 육체적인 고통이다. 욥은 몸이 만신창이가 되어 피골이 상접하고 남은 건 잇몸 뿐이라 했다. 두 번째로, 친구들의 언어폭력이다. 친구들은 욥의 문제를 집어내어 고통을 덜어주고자 하는 목적으로 시작한 대화였지만 결과는 욥을 잔인하게 짓밟는 데 사용되었다. 이 언어폭력은 육체적인 고통보다 더 견디기 어렵다. 세째가, 심리적 학대다. 욥은 자신의 모든 것재산, 자식들, 친구들, 친척과 친지들이 자신을 떠났을 뿐 아니라 도리어 원수로 돌변했다고 탄식했다. 극심한 고독감으로 인해 엄청난 심리적 트라우마가 생겼을 것이다. 게다가 여종들과 객들마저 자신을 무시하고 조롱하기까지 하는 지경에 이르렀으니 욥이 받은 심리적 학대는 가히 감당할 수준을 넘었을 것으로 보인다. 그래서 죽음을 자주 떠올린 것이겠지. 네째, 영적인 고통이다. 사실 이 고통이 가장 큰 것으로 보인다. 잔인하긴 하지만 세 가지 고통은 모두 욥이 인내로 버텨왔다. 그런데 하나님마저 자신의 편을 들긴 커녕 자신을 패대기치는 폭군으로 느껴진 것이다. 울어도 보고 호소를 해 보아도 아무런 반응조차 없다. 마지막 보루인 하나님마저 자신을 배신한 것으로 느껴진다. 이 고통이 욥으로 하여금 모든 소망을 놓게 만든 요인이 된 것이다.

욥기서의 저작 시기와 관련하여 욥이 대속자로 메시야를 상상했다고 볼 수 없다고 고집할 필요는 없다고 본다. 욥이 대속자로 찾은 하나님이 예수 그리스도를 메시야로 이미 준비해 놓으셨으니까 말이다. 또 욥이 하나님이 아닌 중보자를 마음 깊이 열망한 것으로 보아 욥이 메시야를 기다렸다고 보는 것도 무리는 아니라고 생각한다.[65]

65) 9:33,16:19-21,19:23-27

심문6 및 변호

소발의 심문(20:1-29)

(속기록 20장) 심판의 그날이 곧 오리라

나아마 사람 소발이 대답하였다. 친구여, 자네의 대답을 듣고 마음이 상하고 괴로운 생각들이 나로 하여금 또 말을 하게 하는구나. 네가 부끄럽게 하는 말로 나를 책망하였으나 나는 지혜의 영으로 대답하리다. 자네도 알고 있지 않은가. 사람이 이 땅에 생긴 이후로 악인이 승리하는 것도 잠시요 경건하지 못한 자의 즐거움도 잠시라는 걸. 그의 자만심이 하늘에 닿고 그 머리가 구름에 미칠지라도 그는 자신의 똥처럼 영원히 망할 것이라. 그를 본 자가 말하길 그가 어디 있는가 할 것이라. 그는 꿈같이 사라져 더 이상 찾을 수 없을 것이며 밤의 환상처럼 사라질 것이라. 그를 본 눈이 다시 그를 보지 못할 것이며 그가 살던 곳에서도 다시는 그를 보지 못할 것이라. 그의 아들들은 가난한 자들에게 손을 내미는 처지가 될 것이며 자기들 손으로 취한 재물들을 도로 내어 놓아야 할 것이라. 그의 기골이 청년같이 강건할지라도 그의 뼈들이 곧 흙에 누울 것이라. 그가 입에 달콤한 악을 혀 밑에 숨기고 아낀다고 버리지 않고 입천장에 물고 있을지라도 그의 음식은 창자 속에서 이미 변하여 뱃속에서 독사의 독액이 되도다. 하나님이 그로 하여금 그가 삼킨 재물을 토해 내게 하실 것이로다. 그는 결국 독사의 독을 빨며 독사의 혀에 죽을 것이로다. 그는 젖과 꿀이 흐르는 강을 보지도 못할 것이며 수고하여 얻은 것을 간직하지도 못하고 돌려 주어야 하며 장사하여 얻은 재물로 즐거움을 누리지도 못하리니 이는 그가 가난한 자를 학대하고 버렸기 때문이요 자기가 세우지 않은 집을 빼앗았기 때문이라. 그는 결코 마음에 평안을 얻지 못하고 그가 추구하여 얻은 보물로 여기는 것들을 하나도 보존하지 못하겠고 남은 것이 하나도 없게 될 것이니 그의 행복은 오래 가지 못할 것이로다. 풍족할 때도 괴로움이 임하겠고 모든 모양의 재난이 그에게 임할 것이라. 그가 배를 채우려할 때에 하나님이 맹렬한 진노를 비같이 그 위에 내릴 것이라. 그가 혹 철화살을 피할지라도 놋화살이 꿰뚫어 버릴 것이며 그의 등을 관통한 화살을 그의 간에서 빼낼 것이라. 이렇게 큰 두려움이 그에게 닥칠 것이라. 이제 큰 어두움이 그를 위해 예비되었고 사람이 일으키지 않은 불이 그를 삼켜 그 장막에 남은 모든 것을 불사를 것이라. 또 하늘이 그의 죄악을 만천하에 드러내며 땅이 그를 대적하여 일어날 것이라. 하나님의 진노의 날에 큰 홍수가 그의 가산과 집을 삼켜 버릴 것이라. 이런 것들이 바로 악인이 하나님으로부터 받을 몫이요 하나님이 그에게 정해 주시는 유산이로다.[1-29]

이상입니다.

(배심원 회의) 무죄추정의 원칙을 지키라! 과잉 확증편향 속물들아.

배심원 1 : 소발은 지난번 심문에 이어 이번에도 악인의 길에 대해 설파합니다. 그가 말한 악인의 길에 대해 대략 세가지로 요약할 수 있습니다. 첫째, 악인이 추구한 모든 기쁨의 요소들은 곧 사라질 것이다. 둘째, 달콤하다고 생각한 것들이 오히려 독사의 독이 되어 자신을 죽이게 될 것이다. 세째, 이제 피할 수 없는 진노의 심판이 그를 삼킬 것이다. 한마디로 말한다면 악인의 길은 처음에는 달콤하고 번영하는 것 같이 보여도 그런 것들이 오히려 독이 되어 결국 피할 수 없는 무서운 심판을 받게 될 것이라는 주장입니다. 소발은 이처럼 악인의 말로에 대한 설명에 집착합니다. 마지막 그가 한 말이 결론적으로 욥에게 하고 싶었던 말이라고 보여집니다. 하나님이 악에 대한 심판자이시며 만일 누구든지 지금까지 열거한 그런 진노를 당한다면 그건 필경 악인이 하나님으로부터 받을 몫으로 본다는 것입니다. 결국 욥이 악인의 길을 걷고 있으며 그 결과 악인이 받는 죄값을 받고 이제 죽음으로 가는 멸망만 남았다고 본 것 같습니다.

배심원4: 어쩌면 소발은 악인에 대해 이렇게 연구를 많이 했을까? 한마디 한마디가 뼈를 때리는 말일세. '악인론' 전문 박사학위를 줄만 하도다. 소발의 변론이 매우 논리정연하고 설명이 구체적이어서 이제 욥이 논박할 여지가 없어 보입니다.

역시 소발도 대인으로 보입니다. 욥의 말에 큰 상처를 입었지만 자신은 감정적으로 대응하지 않고 조근조근 지혜로운 말로 대답하겠다고 하면서 감정을 억누르고 차근차근하게 말하는 것을 보면 말입니다. 소발의 악인론은 지금 우리 백성들이 하나님에 대해서 생각하고 있는 정서와 딱 맞아 떨어지지 않습니까? 그러므로 우리 배심원들 역시 공동체의 정서와 결이 맞는 판단을 해야한다고 생각합니다.

배심원2: 법정에서 말을 가려서 해야지 "똥"이 뭡니까? 지금 이 엄숙한 법정에서 소발이 사용한 단어들을 보세요. 아무리 욥의 대꾸에 마음이 상했다고 해도 소발의 반론은 도를 넘어선 것 같습니다. 욥은 부끄럽게 하는 말을 사용했으나 자신은 지혜의 영으로 말한다고 하면서 악인론을 펼치는듯 하지만 그 설명이 천박하기 이를 데가 없단 말입니다. 보세요. 독사, 독사의 독, 철화살, 놋화살, 불화염, 화살이 간을 관통한다..어찌 이렇게 무시무시한 말을 사용하여 겁을 주는지 모르겠습니다. 자신은 지금 욥을 염두에 두고 저런 단어를 쏟아내면서 속으로는 시원했는지는 모르나 변론에서 사용해서는 안될 말이라고 생각합니다. 따라서 이번 소발의 발언을 아예 심의에서 제외하길 제안합니다.

누가 옆에서 잘한다 잘한다 하니까 불구덩이 위에서 춤추는 격이로다. 이제 금방 자기가 불구덩이에 떨어질지도 모른다니까. 어찌 사람이 이리도 못됐는지. 쯧쯧.

배심원3: 내 몸에 소름이 팍 돋는다. 와 무섭다. 그래 악인의 길은 무섭지. 악인에 대해서는 하나님도 단호하시다는 건 나도 압니다. 지나온 내 인생길에서도 체험한 하나님이 그러셨으니까요. 그렇지만 욥의 범죄에 대한 직접적인 증거가 하나도 없는 시점에서 그를 악인으로 몰고 가는 건 아니라고 봅니다. 소발은 욥의 고난을 직접적인 증거로 주장하고 있습니다만 피해자의 피해를 가해자의 증거가 아닌 피해자의 증거로 채택하자는 주장은 완전 논리 이탈입니다. 물론 지금 욥이 당하고 있는 무서운 일들을 보면 그렇게 의심해 볼 수는 있어도 어디까지나 우리 배심원단은 일단 무죄추정의 법칙하에서 심리해야 된다고 봅니다. 물론 고발자는 그렇게 몰아칠 수는 있어도 우리 배심원들은 무조건 고발자의 논리를 따라가서는 안된단 말을 드립니다. 좀 더 피고인 욥의 논리를 세심하게 들어 볼 필요가 있다고 봅니다.

배심원5: 소발의 말이 좀 과격하긴 하지만 악인의 길에 대해서는 바른 말을 하고 있지 않지 않습니까? 욥이 악인으로서 그 길을 갈 것이다 라고 단정적으로 말하진 않았으니까 소발을 너무 비난하는 건 과하다고 생각합니다. 지금은 어디까지나 심리과정에 있고 서로가 토론을 하다보면 시시비비가 가려질 것이니 그때까지 기다려 보는 게 좋지 않을까요? 조금만 더 들어봅시다.

당하알 하박사: 당하알 하박사입니다. 소발은 짧지만 강한 스피치를 했습니다. 소발의 스피치의 특징은 강도가 센 이미지를 사용하여 악인의 모습을 부각시키는데 있습니다. 은유를 사용하고 있긴 하지만 매우 직설적이며 공격적입니다. 소발의 악인론에 대한 평가를 하자면 먼저 악인론의 긍정적 기여도 있다고 말할 수 있어요. 악의 심각성에 대해서는 아무리 강조해도 지나치지 않을 것이니까요. 또 심하긴 하지만 원색적인 언어를 동원해서라도 욥을 돌이키려는 소발의 의지라고 볼 수도 있겠습니다. 악인의 길의 무서운 말로에 대해 직설적으로 표현함으로써 청자들에게 주의를 환기시키는 역할 역시 중요하다고 생각합니다.

그럼에도 불구하고 소발의 악인론은 심각한 문제점을 가지고 있어요. 가장 큰 문제점은 소발의 주장 그 어디에도 하나님의 자비가 들어 있지 않다는 것입니다. 그의 악인론은 하나님이 예비하고 계시는 은혜라는 부분을 다 잠식해 버려서 은혜가 들어 갈 일말의 자리도 허용하지 않는다는 데 심각한 오류가 있습니다. 둘째, 악인을 오로지 도덕적 잣대로만 평가한다는 데 큰 함정이 있습니다. 세째, 소발의 악인론은 악인이 돌이킬 수 있는 여지를 제공하지 않고 있습니다. 한번 잘못된 길에 들어서면 가야 할 길이 정해져 있다고 보는 것이지요. 회개와 용서라는 기회를 제공하지 않아요. 소발에게 있어서 회개의 증거는 고난이 없어지는 것입니다. 소발의 악인론은 심판도 사람의 행위에서 기인하고 용서도 사람의 행위를 돌이킴으로 온다는 것입니다. 하나님의 용서는 결코 사람이 악한 행위를 돌이킬 때 자동적으로 주어지는 수동적 승인절차가 아니라는 점을 지적하고 싶습니다.

네째, 목회적 관점으로 보아도 소발의 논리는 다분히 친구를 설득하기 보다는 정죄하는 데 방점을 찍고 있다는 점입니다. 소발은 재판정에서 욥에게 다시 돌아올 수도 없는 그런 심한 구형을 하고 있습니다. 결국 소발의 악인론은 인간에 대한 일반적 경고가 아니라 욥에게 그런 저주를 퍼부었다고도 볼 수 있습니다.

자신이 분명 위로자로 왔다면 욥을 살리는 방향과 방법으로 논지를 펴야함에도 불구하고 그는 스스로 위로자의 위치를 망각하고 계속 고발자의 역할을 하고 있다는 데 문제가 심각해 보입니다. 이것이 바로 오늘날 지상교회의 교인들이 범하고 있는 영적무지라고 생각합니다. 자신도 모르게 사탄의 궤계에 넘어가는 격이지요. 우리 채널 시청자께서도 이 점 유념하시길 바랍니다. 오늘은 여기까지 입니다.

당고알 고집사: 소발 이 자식, 참 지독한 녀석일세. 자기가 욥을 번쩍 들어 지옥불에 던지고 있단 말이다. 자기가 심판자인기라. 자기가 변호도 하고 심판도 하고 구형도 때리고 다하고 자빠졌다카이. 소발 이 친구가 바로 전형적인 과잉 확증편향적 속물인기라. 자기 주장의 확신에 과잉 몰입되어서 다른 사람의 말이나 심지어는 당사자의 변호조차 귀에 들어오지 않거든. 그냥 자기가 확신한 대로 믿는 거야. 그리고는 일체의 다른 의견에 대해서는 틀렸다고 속단해 버리는거지. 소위 보고 싶은 것만 보고 믿고 싶은 대로 말하는 거야. 와 이것 사람잡는데이.

나도 그런 일이 있었제. 논문을 쓰고 최종적으로 다듬기 위해 호텔에 가서 밤을 새우고 새벽에 나온 적이 있어. 집에서는 아이들 때문에 집중을 할 수 없고 시간은 쫓겨 하루 그렇게 했지. 밤을 꼬박 세우고 눈이 시뻘겋게 하고 나와 집에 와서 곧바로 골아 떨어졌지. 논문은 오후에 시간 맞추어 잘 제출했단말야. 그런데 며칠 후 학교에 서 연락이 와서 갔더니만 지도교수가 논문심사를 보류한다는거야. 도덕적인 문제가 제기되었다면서. 신학교 논문은 내용 뿐만 아니라 자세도 중요하다고 하면서 나를 의심의 눈초리로 바라보더라고. 왜 그러시냐고 되물었더니만 내가 호텔에서 나오는 모습을 두 눈으로 똑똑히 본 증인이 있다는 거야. 그게 문제가 아니라 내가 먼저 나온 후 묘령의 여인이 뒤따라 나왔다는거야. 호텔에서 밤새 같이 있다가 서로 모르는 척 시간차를 두고 따로 나와 자기들 갈 길로 갔다는 거야. 사람 미치고 팔짝 뛸 노릇이지. 아마도 내가 나온 다음에 어떤 여자가 나온 모양이야. 그래서 내가 그렇지 않다고 아무리 이야기해도 “두 눈으로 똑똑히 봤으니 두 눈의 증거를 더 믿을 수밖에 없다”는 거야. 내사마 더러워서 내가 내 논문을 철회해 버렸어. 그리곤 그 학교 쪽으로 오줌도 안눈다카이. 그날 이후부터 난 백수가 되어 버렸제.

말이 나온 김에 하나 더 하겠는데, 일부 목사들도 자신의 얄팍한 지식과 신학에 과몰입되어서 도무지 성경이 말하고자 하는 진의를 깨닫지 못하고 문자주의에 빠져 자신이 눈이 먼 맹인인지도 모르고 교인들을 인도하려고 하는 꼴이란 말이지.

내가 지난번 다니던 교회 마지막날 이야기해 주지. 그날도 난 교회가는 게 마치 도살장에 끌려 가는 기분으로 딸내미 데리고 집을 나섰었지. 우리 딸내미는 교회 가는 걸 너무 좋아하는기라. 언제나 찬송을 흥얼거리며 집을 나서지. 참 신기하기도 하지. 숫자도 모르고 요일도 모르는 애가 주일날만 되면 어김없이 아침부터 샤워하고 옷갈아 입고 교회 갈 준비를 하는 거야. 이건 한번도 틀려본 적이 없어.

교회 갔더니 마침 그날 성찬식이 있는 날이었어.

떡을 먼저 돌리고 잔을 돌리는 순서가 되어 맨 마지막 줄에 앉아 있던 우리 앞에 분잔을 하던 어느 장노님이 성찬기를 들이미셨지. 내가 잔을 집은 후 우리 딸이 집으려고 한 순간, 그 장노님이 화들짝 놀라면서 성찬기를 확 빼는거야. 장노님 뿐만 아니라 우리 주위에 앉았던 몇몇 교인들도 당황하면서 우리 딸을 제지하고 나선기라. 그리고 중얼중얼하더라고…. 하나님의 거룩한 성물을 더럽히면 안된다고….

참말로 기분이 더럽더라꼬. 그사람들 말이지. 매주 우리를 위해 기도해 준다고 나섰던 사람들이거든. 정말 예배만 아니었다면 내가 상을 다 엎어버리고 싶었다니까.

아 이제 생각나는구만. 몇년 전 담임목사님이 레위기 강해설교 한다카면서 장애인들은 흠이 있어서 제단에 나가면 안되는 존재라고 설명하더라고. 그때 이 교회 그만 둘라고 했지. 근데 갈 교회가 있어야 말이지. 그동안 몇몇 교회 다니다가 비슷한 경험을 하고 다 발을 돌리고 말았단 말이지.

이 교회는 그래도 장애인 사역을 하는 곳이라 왔거든. 그런데도 똑 같애..

장애인 주일날 담임목사님이 하는 말이 정말 기가 차더라꼬.

"우리 교회에 장애인들이 많이 있다는 사실을 새삼 알게 되었어요. 이번에 전수조사를 해봤거든요. 그래서 올해부터 장애인 주일을 지키고 이 가정들을 위해 축복을 하려고 해요. 우리 하나님의 기적을 기대합시다. 믿음을 가지고 기도하면 모든 장애 다 고쳐 주실겁니다. 아멘? 그리고 우리 장애인 가정들 얼마나 힘들겠어요. 이 가정들을 위해 특별헌금 순서도 가지겠습니다. 장애아를 둔 부모님들 한번 일어나 보세요."

우린 그때 졸지에 불우가정이 된기라. 예배 끝나고 나오는데 모두 불쌍한 표정으로 바라 보더라고.

심문7 및 변호

욥의 변호(21:1-34)

(속기록 21장) 악인들 내 눈으로 망하는 걸 보았으면 좋겠다마는

욥이 말을 받았다. 친구들이여 내가 하는 말을 잘 들어보시라. 이것이 그대들이 나를 위로하는 방법이 될 것이오. 참고 내 말을 좀 들어보소. 조롱을 하더라도 내가 말을 한 후에 하길 바라오. 내 원망이 사람을 향하는 것이 아니잖소? 그러니 내가 어찌 초조하지 않을 수 있겠소? 나를 좀 보시라. 충격적이지 않소? 이제 손으로 그대들 입을 가리시라. 난 생각만 해도 두려워 떤다오. 부들부들 떨림이 나를 사로잡는다오. 어찌하여 악인이 장수하며 그 권력은 점점 더 강해지는고? 그들은 자손들이 굳게 서는 것을 목도하며 그들의 후손들이 또 그리하도다. 그들의 집은 평안하고 두려움이 없으며 하나님의 매가 아직 그들 위에 임하지 않았도다. 그들의 수소는 새끼를 잘도 배게 하며 그들의 암소도 낙태하는 일이 없이 잘도 새끼를 낳는도다. 그들은 자식들을 양 떼 같이 들판에 내보내 놀게 하며 신이 나서 춤을 추는구나. 그들은 소고와 수금으로 노래하고 피리소리에 맞추어 흥겨워 하는도다. 그러나 그들의 행복도 잠깐뿐 곧 스올에 내려 간다네. 그럼에도 불구하고 그들은 하나님께 말하기를 “우리를 내버려두소서. 우리는 당신의 도를 알기 원치 않소이다. 우리가 섬길 전능자가 누구란 말이요? 우리가 기도한들 무슨 소용이 있겠소?” 하는도다. 그러나 악인들의 행복이 그들의 손 안에 있지 않나니 이제 그들의 계획이 나에게서 멀리 있도다.[66] 얼마나 자주 악인의 등불이 꺼졌던가? 얼마나 자주 하나님의 진노 때문에 그들이 곤고하게 되었던가? 과연 그들이 바람 앞에 검불같이 폭풍에 날려가는 겨 같이 된 적이 있던가? 하나님은 악인의 죄악을

---

66) 개역개정은 “악인의 계획은 나에게서 멀구나”로 번역했다. 그러나 앞의 문장과 의미를 맞추어 볼 때 “악인의 계획이 그들로부터 멀리 있도다”로 해석하는 것이 합리적이라고 주장하는 학자들도 있다.(Clines, Longman). KJV, ASV, RSV 등 주요 역본들이 모두 “나에게서 멀도다”로 번역하였다. NIV는 아예 “나는 악인의 계획으로부터 멀찍이 서 있겠다”로 해석을 했다.

그들의 자손들을 위해 쌓아 둔다는 말이 있지만 하나님이 악인을 갚으신다는 것을 그들이 알게 할지라. 자신들의 눈으로 스스로의 멸망을 보게 하며 그들로 하여금 전능자의 진노의 잔을 마시게 할 것이라.[67] 그들의 날 수가 다하게 되면 남겨둔 가족들을 생각한들 무슨 소용이 있겠는가? 하나님께서는 높은 자들도 심판하시나니 누가 하나님께 지식을 가르칠 수 있겠는가? 어떤 사람은 죽는 날까지도 기운이 왕성하고 몸은 반반하여 골수마저 윤택한 상태에서 편히 잠드는 반면 또 어떤 사람은 마음에 고통을 품고 죽으므로 행복을 맛보지 못하는도다. 그들은 죽는 날 흙 속에 나란히 누으며 구더기가 그 위에 덮이는도다. 내가 너희들의 생각을 알고 너희가 나를 해하려는 속셈도 내가 알고 있도다. 너희들 말이 이제 "귀인의 집이 어디 있으며 악인이 살던 장막이 어디 있느냐" 하는구나. 너희들이 길가는 사람들에게 묻지 않았는가? 그들이 하는 말 즉 "악인은 재앙의 날에도 살아 남고 진노의 날에도 구원을 받는다"[68]는 말에 귀를 기울여 보기나 하였는가? 누가 그들의 면전에서 그들의 행위를 질타하며 누가 그들의 소행을 보응해 주겠는가?[69] 그들은 죽어도 누군가 그들을 무덤으로 메어가고 또 사람들이 그들의 무덤을 지킬 것이라. 땅에 묻힌 그들은 골짜기의 흙덩이가 달게 느껴질 것이로다. 많은 사람들이 앞서거니 뒷서거니 하면서 행렬을 지어 그들을 조문하러 따라 가는도다. 그런데도 그대들은 나를 헛되이 위로하려고 하는구나. 그대들의 대답은 온통 거짓 뿐이로다.1-34

(배심원 회의) 세상에 믿음 좋은 사람들이 먼저 망하더구만

배심원 1: 욥은 친구들로부터 진심이 담긴 위로의 말을 듣지 못한게 못내 섭섭한 것 같습니다. 비록 그들이 7일동안이나 곁에 있었으나 그들로부터 단 한마디도

---

67) 개역개정에는 이하 구절에서 계속적으로 악인을 단수 취급해서 "그"로 해석하고 있으나 원문에는 복수이므로 여기서는 이하 "그들" 복수로 번역한다.

68) 개역개정의 번역-"악인은 재난의 날을 위하여 남겨둔 바 되었고 진노의 날을 향하여 끌려가느니라"-은 이해하기가 어렵고 반대의 뜻을 담고 있는 듯하다. 오히려 NIV 처럼 "악인은 재앙의 날에도 살아남고 진노의 날에도 구원을 받는다"는 사실을 지나가는 사람들도 잘 알고 있다고 해석하는 것이 자연스럽다.

69) 개역개정의 번역-"누가 능히 그의 면전에서 그의 길을 알려주며 누가 그의 소행을 보응하랴"-역시 이해하기 어렵다. 원문의 뜻은 악인들의 면전에서 그들의 악행을 누가 질타할 것이며 누가 그들의 소행을 보응하겠는가? 그렇게 하는 사람도 없고 하나님도 그렇게 하지 않으신다는 뜻이다. 악한 사람은 죽은 후에도 누군가 돌보아 준다고 비아냥거린 것이다.

진심어린 위로의 말을 듣지 못했으니까 말입니다. 또 친구들이 하는 말이 결코 사신을 위로하지 못하고 있다고 지적합니다. 따라서 자신이 하는 말을 듣게 되면 그것이 바로 자신을 위로하는 방법이라는 것을 알게 될 것이라고 말합니다.

이제 욥은 "내 원망이 사람을 향하는 것이 아니잖소?" 라는 말로 자신은 결코 친구들과 논쟁하는 것이 아니라 하나님과 씨름을 하는 중이라고 밝힙니다. 더 이상 불필요한 논쟁으로 친구들과 등을 지는 것을 원하지 않는다는 점을 암시하는 듯 합니다. 그래서 친구들에게 제발 입을 다물고 더 이상 말싸움 하지 말아달라고 주문합니다.

욥이 이번에는 소발이 제시한 악인론에 대해서 본격적으로 반론을 제기합니다. 친구들은 인과응보를 주장하지만 세상 돌아가는 일을 보면 그렇게 말할 수 없다고 반박합니다. 악인들을 보라는 것입니다. 그들은 세상에서 세력을 얻고 떵떵거리며 살 때도 자식들이 잘 되고 심지어는 신이 어디 있느냐고 방자하게 굴어도 당장 아무런 벌을 받지 않는다고 예를 듭니다. 이런 주장은 욥이 지난번 소발의 심문에 대한 답으로 이미 밝힌 바 자신의 솔직한 심정이라고 생각됩니다.[70)]

욥이 악인에 대해 논리적으로 분석했다라기 보다는 살면서 몸으로 느낀 악인에 대한 경험적 표현이라고 보는 것이 좋겠습니다. 욥의 발언을 요약하면 다음과 같습니다.

즉 악인들은 세상에 살 때 갖은 행복을 구가한다.[7-12] 심지어는 하나님을 조롱하고 살아도 벌을 받지 않는다. 악인의 등불은 꺼지지도 않는 것처럼 보인다.[13-19] 악인들은 죽는 순간도 편안하고 사람들의 위로를 받는다.[27-33] 그럼에도 불구하고 욥은 그들의 행복이 잠깐뿐이며[13] 전능자의 진노의 잔을 마시게 될 것이며[20] 하나님은 반드시 심판하신다[22]는 확신을 가지고 있습니다.

이런 욥의 주장은 세상에서 실제적으로 일어나는 사례를 조목조목 들어 반박함으로써 소발의 악인론이 너무 도식적이고 이론적일 뿐이라는 것을 드러내고자 한

---

70) 강도의 장막은 형통하고 하나님을 진노하게 하는 자는 평안하니 하나님이 그의 손에 후히 주심이니라(12:4)

것으로 보입니다. 결론적으로 소발의 악인론은 욥 자신을 속이려고 하는 거짓 주장이라고 말하면서 자기 변호를 마칩니다.

배심원 2: 욥의 기운이 좀 떨어진 것 같아 안타깝군요. 지금까지 해 온 것처럼 불같이 정열을 내뿜는 것도 사라졌고 말수도 반으로 줄었습니다. 그럼에도 불구하고 욥은 시종 자신의 논지를 견지하고 있다는 사실을 알 수 있습니다. 말싸움 하느라 지치긴 했어도 결코 포커스를 놓치지는 않았다는 점에서 욥의 정신력 하나만은 높이 사야 할 것 같습니다. 몸도 마음도 극도로 지쳐있는 가운데 친구들까지 몰아붙이는 상황에서 이렇게 감정 콘트롤을 할 수 있다는 것은 그가 평소 어떻게 인격을 연마해 왔는지 여실히 보여주는 증거가 아니겠습니까?

욥이 악인론을 들고 나온 소발의 전략에 말린듯 하지만 소발의 악인론의 결정적인 함정을 지적하고 있기 때문에 욥이 악인론에 집중한 것이 오히려 좋은 전략으로 보입니다. 즉 친구들의 주장처럼 악인은 그들이 잠시 행복을 누릴지 모르나 곧 스올에 내려간다.[13] 전능자의 진노의 잔을 마시게 될 것이다.[20] 하나님은 높은 자들도 심판하신다.[22] 이렇게 친구들의 인과응보론에 동조한 것처럼 들리지만 욥은 그런 하나님의 심판 역시 어디까지나 하나님의 손에 달려 있음을 주장합니다. 다시 말해서 악인이 장수하기도 하고 그들의 자손들조차 번영할 수 있다는 것입니다.[7-8] 그들의 등불은 좀체 꺼지지도 않고 하나님의 진노는 나타나지 않을 때가 많다는 것입니다.[16-17] 게다가 세상에서 온갖 권력을 다 누리다가 죽어도 무덤에서조차 편안하다는 것입니다.[32-33] 그러니까 하나님은 죄에 대해서 항상 인과응보식으로 일대일 대응하시지는 않는다는 것이지요. 욥의 결정적인 한방 펀치 아닙니까? 인과응보론의 결정적인 함정을 지적했으니까요.

배심원 4: 나는 오히려 정반대로 생각합니다. 욥은 지금 갑자기 톤을 바꾸어 자신이 주장해 오던 것과 정반대의 이야기를 하고 있습니다. 지금까지 줄기차게 자신은 벌을 받을 만한 죄를 범하지 않았기 때문에 고통을 받는 것 자체가 부당하다고 말해 오지 않았습니까? 그런 주장의 기조에는 고통은 어쨌거나 죄를 지은 사람이 받는 거라는데 동의를 한 것 아니겠습니까? 자신은 벌을 받을 만한 죄를 짓지 않았기 때문에 지금의 고통을 죄와 연결하지 말라는 욥의 주장 역시 인과응보론의 틀 안에서 이해하고 있다는 사실을 말해 줍니다. 그런 논리로 친구들하고 싸우더니만 지금 와서 갑자기 악인들은 고통을 받지도 않는다고 주장하고 있습니다. 그렇다면 의인들만 고통을 받는다는 뜻인가요? 그래서 지금 고통받는 자기는 의인이라는 것을 주장하는 건가요? 이건 논리의 비약을 넘어 소발의 전략에 완전 밀려 횡설수설한 것 아니면 무엇일까요?

욥은 자신의 말에 일관성이 없다는 점을 인정해야 합니다. 논리가 정연한 친구들이 집요하게 공격을 해대니까 그때 그때 생각하는대로 또 감정대로 대응을 하다 보니 결국 욥이 논쟁의 궤도를 이탈하고 말았다고 봅니다.

배심원 3: 내가 볼 땐 친구들도 그렇고 욥도 시종 일관되게 자신들의 주장에 충실한 듯 보입니다. 친구들은 처음부터 끝까지 인과응보론을 주장했고요. 욥은 처음부터 끝까지 악인과 의인의 구분은 고통의 유무로 판단하는 것이 아니라는 것이지요. 오히려 문제는 서로의 태도에 있다고 봅니다. 서로 상대방의 주장에 귀 기울이지 않고 자신들의 주장만 되풀이하고 있습니다. 그리고 자신들의 역할을 망각하고 있습니다. 위로하러 온 친구들은 야멸찬 고발자로 돌변했고요. 욥 역시 친구들의 주장에 혹 일리가 있진 않을까? 하고 돌아보는 태도가 전혀 없다는 점입니다. 논쟁이 평행선을 긋고 있는 이유입니다.

배심원 5: 이번엔 제대로 붙었다고 봅니다. 지난번 까지는 감정 싸움이었는데 이번엔 악인론을 가지고 제대로 공방을 하는데 상당히 끌리는 데가 있습니다. 이런 심리가 몇차례 더 계속되다 보면 시시비비가 갈릴 것으로 생각됩니다. 자 이제 2차 심리까지 끝이 났고 한번 더 3차 심리가 남았군요. 모든 심리가 끝나고 재판장은 누구의 손을 들어줄지 몹시 궁금하군요.

당하알 하박사: 당하알 하박사입니다. 오늘 논의의 초점은 소발의 악인론입니다. 배심원4가 생각하듯 욥이 소발의 악인론 전략에 말려 들었다고 보는 것 보다는 오히려 전략적으로 맞받아 친 것으로 보입니다. 욥이 지금까지 자신의 고통을 정죄하는 친구들에게 감정적으로 대하다가 이제 비로소 친구들의 논리에 대꾸할 여유를 얻었다고나 할까요? 욥이 소발의 악인론에 대하여 본격적으로 반박한 것은 그들의 인과응보론 특히 소발이 주장하고 있는 악인론에 대해 따끔하게 일침을 가할 필요를 느꼈기 때문일 것입니다.

욥의 이번 변호는 반의법을 많이 사용한 것이 특징입니다. 자칫 잘못하면 욥의 말을 오해하기 쉽습니다. 즉 악인은 반드시 망할 것이다 라는 논지로 욥이 말했다고 읽기 쉬워요. 자 보세요. 욥이 말한 부분을 자세히 들여다 보세요. “악인의 등불이 꺼지고 하나님이 진노하사 그들이 결국 바람 앞에 검불같이 폭풍에 겨같이 되었도다”17-18 “하나님이 그들의 죄악을 자손들을 위해 쌓아 두시며”19, “하나님께서 높은 자들을 심판하시니”22, “그들 위에 구더기가 덮힌다”26등. 어떻습니까? 욥도 본질적으로는 악인에 대한 하나님의 심판을 믿습니다. 그러나 동시에 이 말을 전후 맥락과 함께 읽어야 한다는 점입니다.

욥은 반어법을 동원하여 악인에 대한 심판이 친구들이 주장하는 것과 같이 공식화될 수 없다는 구체적인 논거를 제시합니다.

> “어찌하여 악인이 장수하며 권력은 점점 세어지는고? 그들은 자신들과 그의 후손들이 굳세게 서는 것을 목도하는도다.”7-8

> “그들은 하나님께 말하기를 ‘우리를 내버려두소서. 우리는 당신의 도를 알기 원치 않소이다. 우리가 섬길 전능자가 누구란 말이요? 우리가 기도한들 무슨 소용이 있겠소?’ 하는도다.”13-15

"얼마나 자주 악인의 등불이 꺼졌던가? 얼마나 자주 하나님의 진노 때문에 그들이 곤고하게 되었던가?"16-17

"과연 그들이 바람 앞에 검불같이 폭풍에 날려가는 겨 같이 된 적이 있었던가?"18

이렇게 반문하면서 악인론은 결코 일반화될 수 없는 억지 논리임을 지적합니다. 세상에서 일어나는 실제적인 삶에서는 소발의 도식적인 악인론 공식이 전혀 들어 맞지 않는다고 주장한 것입니다. 그러면서도 욥의 마음 한 켠에는 그들의 죄악이 쌓여서 자손들이라도 하나님의 진노의 잔을 마시기를 원한다는 한탄을 털어놓기도 합니다. 그만큼 악인론에 대한 한이 서려있다고나 할까요?

여러분들은 소발의 악인론에 대처하는 욥의 주장에 대해 어떻게 생각하세요? 댓글 달아 주세요.

당고알 고집사: 자기의 몰골을 보고도 그런 말이 나오냐고 푸념하는 욥의 말을 들으니 참 짠하데이. 지금 욥의 심정이 바로 딱 내 심정인기라. 친구들의 머리빡을 한대 쥐박아 주고 싶은 심정이다마. 체험하지 않고 지껄이는 고고한 이론들, 무슨 주의, 무슨 론자 붙은 것들 말이지. 소발인지 사발인지 그 자식의 악인론만 해도 그래. 주구장창 자신의 잣대에 짜맞춘 이론일 뿐인기라. 지네들은 생각하길 한치의 이탈이나 예외를 허용하지 않는 완벽한 이론이라고 뿌듯해 하겠지만 말이다. 하나님은 언제나 예외를 법칙으로 두시는 분이라는 사실을 절마들은 모르는기라. 경험을 해봤어야 알제. 꼭 체험 없는 것들이 사람 잡는다니까.

욥의 푸념 중에 내 맘에 가장 와 닿는 말이 뭔고 하면 바로 "어떤 사람은 죽는 날까지도 기운이 왕성하고 몸은 반반하고 골수마저 윤택하기도 한 상태에서 편히 잠드는 반면 또 어떤 사람은 마음에 고통을 품고 죽으므로 행복을 맛보지 못하는도다. 둘은 죽는 날 흙 속에 나란히 누으며 그들 위에 구더기가 덮이는구나" 라는 이 말이라카이. 나도 이런 걸 이해 못하겠다 아이가. 하나님을 믿는 사람의 마지막 모습은 누가 봐도 하나님의 축복을 받은 모습이 되어야 안되겠나? 그래야 예수 믿은

보람이 날 거 아이가.

잘 믿는 사람이나 하나님을 욕하고 잘 묵고 잘 산 사람이나 죽을 때 나란히 눕는다카면 인생이 다 똑같다는 말 아이가? 그런데 세상에서 잘 묵고 잘 산 놈들이 죽는 날까지도 기운이 왕성하고 몸은 반반하고 골수마저 윤기가 난 상태에서 편히 잠든다꼬? 죽어서도 때깔이 난다고?

욥의 오늘 변론은 한마디로 오늘날 지상교회의 기복신앙을 한방에 날려 보내는 혜안이 있었다고 본다고. 오늘날 교단도 많고 교파도 많고 신학교도 천지고 교회도 수없이 많은데 말이야. 어쩌면 가르치는 게 그토록 천편일률적인가 말이다. 욥의 친구들이 말하는 것하고 똑같다니까. 그 뭐꼬. 빌닷이 한 말 있제. "처음엔 미약하였으나 나중엔 창대하리라" 는 그 말만 마음에 쏙 박히는기라. 빌닷이 비아냥거린 말을 하나님이 한 말씀인 줄 믿고 있는 꼴 하고는. 우째든 간에 오늘날 교회들이 하나님 잘 믿는 사람 복 받고 죄지은 사람 벌 받는다는 프레임을 벗어나지 못하고 있어요. 그러니까 한결같이 욥의 친구들처럼 사람을 판단하는기라. 현생에서 못사는 사람, 병든 사람, 장애인들, 부도 나고 차 사고 난 사람, 모두 하나님으로부터 천벌을 받은 사람인기라.

그렇게 생각하는 소발이에게 오늘 욥이 묵사발을 맥인기라. 직원들 임금 떼먹어도 헌금 많이 내면 교회에서 존경 받지. 자식들 돈 처발라 좋은 학교 보내고 좋은 회사 취직 시키고 시집 장가 보내면 성공한 부모가 되는 거지. 교회에서도 그런 사람들 되라고 얼마나 핏대 올리며 설교하는가 말이다.

그래서 나도 한동안 지켜봤다 안카나. 세상에 십일조 한 번 떼먹은 적 없고 교회 한 번 빠지기는 커녕 새벽예배 거른 일 없고 헌금이란 헌금은 분에 넘치게 하는 사람들이 제일 먼저 망하더라니까. 그런데 우리가 제일 먼저 망할 꺼라고 생각하던 그 망나니 인간들은 말이지. 우짠 일로 그 자식에 자식들까지 잘 묵고 잘 살고 있단 말인가?

그렇다면 누구 말이 맞는기고? 욥의 말이 맞다기 보다는 소발의 말이 틀렸다는 게 증명이 된 셈 아니겠노? 좀 씁쓸한 결론이긴 하지만 말이지. 나 같아도 하나님 잘 믿는 사람이 이 세상에서도 잘 되고 갖은 행복 다 누렸으면 하고 바라지 누가 고난을 원하겠노?

그라고 이참에 한마디만 덧붙이자면, 거참 한글성경 좀 쉽게 쓰면 안되겠노? 내 사마 욥기서 읽고 시원하게 이해했다는 사람 못봤데이. 번역에 문제가 있는 것도 있지만 전체적으로 무슨 말인지 못 알아 듣겠는기라. 오히려 영어성경 읽으면 이해가 된다카이. 문제가 있능기라.

제3차 심리

- 심문7 및 변호
  - 엘리바스의 심문22장
  - 욥의 변호23장, 24장

- 심문8 및 변호
  - 빌닷의 심문25장
  - 욥의 변호26장-28장

- 최후 변론
  - 욥의 최후변론29장-31장

- 변호인
  - 엘리후의 등장
  - 보충심문1 32장-34장
  - 보충심문2 35장-37장

심문7 및 변호

엘리바스의 심문(22:1-30)

(속기록 22장) 이제 가면을 벗게나

데만 사람 엘리바스가 대답하였다. 친구여 듣게나. 사람이 어찌 하나님께 유익하겠나? 지혜자도 자기에게만 유익을 줄 뿐이라네. 네가 의로운들 전능자에게 무슨 기쁨이 되겠으며 네 행위가 온전한들 그에게 무슨 유익이 되겠는가? 네가 하나님을 경외한 것 때문에 하나님이 너를 책망하시며 너를 심문하신다고 생각하는가? 오호라 네 악이 크고 네 죄악이 끝이 없도다. 네가 까닭 없이 형제를 볼모로 잡으며 헐벗은 자의 옷을 벗기고 목마른 자에게 마실 물을 주지 않았고 주린 자에게 먹을 음식을 주지 않았도다. 권세있는 자는 토지를 얻고 존귀한 자는 거기서 사는도다. 너는 과부를 빈손으로 돌려 보내며 고아의 팔을 꺾더니 그러므로 올무들이 너를 두르고 두려움이 갑자기 너를 엄습한 것이로다. 어둠이 너로 하여금 보지 못하게 하고 홍수로 너를 덮어버린 것이라네. 하나님이 높은 하늘에 계시지 않은가? 하늘의 별들이 얼마나 높이 떠있는지 보이지 않는가? 그러나 네 말은 하나님이 무엇을 아시며 흑암 중에 어찌 심판할 수 있겠는가? 빽빽한 구름이 그를 가려서 그가 보지 못하시고 그저 둥근 하늘을 거니실 뿐이라 하는구나. 너도 악인이 밟던 옛길을 따라 밟겠는가? 그들은 때가 이르기 전 끊겨 버렸고 그들의 터는 강물로 인해 함몰되었도다. 그들이 하나님께 말하기를 “우리를 떠나소서. 전능자가 우리를 위하여 무슨 일을 하실 수 있겠습니까?” 하였으나 그들의 집을 부귀로 채우신 분도 하나님 아니시던가? 그런데도 악인들이 하나님을 멀리하고 그런 일을 도모 하다니 의인은 악인들의 망하는 것을 보고 기뻐하며 죄없는 자들이 그들을 비웃으며 말하기를 “우리의 원수가 망하였고 불이 그들의 재산을 삼켰도다” 하도다. 친구여 제발 하나님과 화목하고 평안하라 그리하면 너에게 복이 임할 것이라. 부탁하건대 너는 하나님 입에서 나오는 가르침을 받고 하나님의 말씀을 네 마음에 두길 바라네. 네가 만일 전능자에게 돌아 온다면 다시 회복될 것이며 네 장막에서 불의가 제거될 것이로다. 또 네가 보화를 티끌로 여기고 오빌의 금[71]을 계곡의 돌로 여긴다면 전능자가 너의 금은보화가 되실 것이라. 그리하면 너는 전능자 안에서 기쁨을 되찾을 것이며 비로소 하나님께 얼굴을 들 수 있을 것이라. 이제 네가 기도하면 그가 들어 주시겠고 비로소 너의 서원을 갚게 될 것이라. 네가 무슨 결정을 하든 이루어질 것이요 네 길에 빛이 비칠 것이라. 사람들이 너를 낮추거든 너는 "높이시리라"고 말하라[72]. 하나님은 겸손한 자를 구원하시는도다. 하나님은 죄 없는 자가 아니더라도 건져주시는 분이시니[73] 네 손을 깨끗하게 씻으면 그가 건져주실 것이로다.[1-30]

이상입니다

(배심원 회의) 허위사실 공표죄로 잡아 넣어야 해

배심원1: 엘리바스는 말문을 열자마자 욥을 꾸짖습니다. 엘리바스는 욥이 자신이 의롭기 때문에 하나님으로부터 벌을 받을 이유가 없다고 주장한 것으로 이해합니다. 따라서 "하나님을 경외한 것 때문에 하나님이 너를 책망하시며 너를 심문하신다고 생각하는가?"라고 되물으며 "네 죄악이 크고 네 죄악이 끝이 없도다"라고 탄식합니다. 이렇게 이번 심문에서는 엘리바스가 욥을 대놓고 죄인이라며 노골적

---

71) 오빌은 금광으로 유명한 지역이다. cf. 왕상 9:28; 10:11; 22:48; 대하 8:18; 9:10.

72) 이 구절은 난해구절이다. 주석가들에 따라 해석이 다르다. 속기록에 "높이시리라"로 해석(NIV)한 원문 단어를 교만(pride)으로 번역하여 "하나님은 교만한 자를 낮추신다"라고 해석하는 학자들도 많다.(Clines, Longman, NRSV). 상당수의 성경 번역본들과 주석가들은 "there is(생략된 부분) lifting up"으로 번역 또는 해석한다.(KJV, NIV, RV). 즉 "사람들이 너를 낮출 때 하나님께서는 높게 하실 것"이라는 마음을 가지라는 것이다. 그런 마음이 겸손한 마음이고 겸손한 자를 하나님이 구원하신다고 이해한다. 교만으로 번역하는 학자들의 논거는 엘리바스가 욥의 결정적인 문제로 교만을 지적했다는 것이다. 따라서 하나님은 교만한 자를 겸손케 하신다고 설파함으로서 욥이 겸손해지길 바라는 마음을 말한 것으로 해석한다. 한글성경은 29절을 각각 다음과 같이 번역하였다. 개역개정은 "사람들이 너를 낮추거든 너는 교만했노라고 말하라"고 번역했다. 새번역은 "사람들이 쓰러지거든, 너는 그것이 교만 때문이라고 일러주어라. 하나님은 겸손한 사람을 구원하신다"고 했고 현대인의 성경은 "네가 천한 대우를 받고 굴욕을 당하거든 다시 너를 높여 줄 자가 있음을 기억하여라. 하나님은 겸손한 자를 구원하실 것이며"로 번역했다. 개역한글은 "네가 낮춤을 받거든 높아지리라고 말하라 하나님은 겸손한 자를 구원하시느니라"고 번역했다.

73) 원문 단어의 불명확성 때문에 해석도 달라진다. 이중부정을 사용한 것으로 보아 "죄없는 자가 아니더라도"(개역개정) 또는 "무죄한 자가 아니더라도"로 해석하는 반면 이중부정은 필사본의 오류로 보고 "죄없는 사람을 구원하신다"(새번역)로 해석하기도 한다.

으로 고발합니다. 이런 생각을 지금껏 강하게 암시하기는 했지만 입 밖으로 뱉은 적은 없었습니다.

엘리바스는 욥의 죄목을 낱낱이 적시합니다. 이유없이 친족들의 안전을 위협했으며 헐벗은 사람들의 옷까지 탈취했고 목마른 자에게 물도 주지 않았으며 배고픈 자에게 먹을 것을 주지도 않았다. 과부를 빈손으로 돌려 보냈고 고아의 팔을 꺾었다는 것입니다. 그러면서 욥 자신은 고관대작처럼 온갖 좋은 것을 누리고 살았다고 정죄했습니다. 바로 이런 죄들 때문에 하나님으로부터 고난을 받는 것이라 말합니다.

이어서 엘리바스는 하나님은 반드시 죄인을 벌하시는 분이라고 재차 강조합니다. 그러면서 욥이 마치 하나님이 멀리 계셔서 보지 못할 것이라 착각하는 것이라고 지적하며 욥이 악인의 길을 간다고 질타합니다. 동시에 엘리바스는 욥에게 하나님과 화해하기를 종용합니다. 하나님과 화평하는 것이 사는 길이라고 말입니다. 그렇게 하면 부귀영화가 다시 돌아올 것이라고 얼래기도 합니다.

엘리바스는 욥이 회개하고 돌아오면 얻게 될 하나님이 주실 복을 세가지로 말합니다. 첫째, 전능자 하나님이 친히 금은보화가 되어 주실 것이다. 둘째, 기도가 응답되고 서원을 갚게 될 것이다. 셋째, 결국 무슨 일을 하든 형통의 빛이 비칠 것이다.26-28

배심원2: 연장자로서 점잖게 욥을 타이르던 엘리바스가 갑자기 태도를 돌변하여 감정적인 비난을 쏟아낸 이유를 알지 못하겠군요. 이런 엘리바스의 저질스런 비난으로 이제 욥과의 친구관계는 영영 돌이키지 못할 강을 건넌 것 같습니다. 욥더러 이중적이라 하더니만 지금 보니까 엘리바스 자신이 이중적인 사람이라는 것이 드러났습니다. 욥의 덕목으로 잘 알려진 사실들을 모두 뒤집어 버립니다. 형제를 볼모로 잡고 헐벗은 자의 옷을 벗기고 목마른 자에게 마실 물을 주지 않았고 주린 자에게 먹을 음식을 주지 않았다고 주장합니다. 게다가 과부를 빈손으로 돌려 보내며 고아의 팔을 꺾은 파렴치범으로 욥을 몰아 갑니다.

욥의 경건한 삶을 누구보다도 잘 알고 있을 가까운 친구의 공격치고는 유치하기 짝이 없습니다. 이쯤되면 엘리바스는 거짓증인을 하는 것이고 허위사실공표죄로 처벌을 받아야 마땅합니다. 싸움에도 금도가 있습니다. 지금 엘리바스는 심리자체를 훼방하고 있다고 보입니다. 지금까지 고난의 문제에 대한 토의를 하다가 느닷없이 욥의 도덕성을 문제삼고 나왔습니다. 그런 문제제기는 정당하다고 봅니다. 하지만 문제는 팩트와는 정반대되는 거짓주장을 하고 있다는데 심각성이 있습니다. 이는 권위있는 재판정에 대한 모독으로 보입니다. 엘리바스의 주장에 대해서는 배심원 여러분들께서는 더 이상 믿을 만한 논거로 사용해서는 안된다고 봅니다.

배심원4: 배심원2께서는 엘리바스의 욥에 대한 충정을 왜 이해하지 못하는지 모르겠습니다. 엘리바스의 주장을 속기록에만 의거해서 읽다 보면 배심원2와 같은 오해도 생길 수는 있다고 봅니다. 그러나 엘리바스의 상기된 얼굴을 떠올리면서 속기록을 읽어 주십시오. 엘리바스가 얼마나 욥에게 애정을 가지고 말하고 있는지 속기록에 진하게 묻어 있습니다.

지금 엘리바스는 최후의 무기를 사용한 것으로 보입니다. 점잖은 말로는 욥을 타이를 수 없다는 사실을 깨달은 거죠. 자신들이 한마디 하면 두 마디 세 마디 하면서 변명만 잔뜩 늘어놓는 욥에게 극약처방을 한 것으로 보입니다. 충격요법이라고나 할까요? 없는 말을 지어서라도 친구를 돌아오게 하려는 터프러브 아닐까요? 물론 엘리바스나 친구들도 욥이 경건하다는 사실을 다 알고 있었겠지요. 오늘 엘리바스의 심문의 요지를 잘 새겨 보면 그가 욥을 정죄하는 데 힘이 실려 있지 않고 욥이 회개하고 돌아오라는 데 방점이 찍혀있다는 사실을 알 수 있습니다. 그래서 욥이 누릴 축복을 더 많이 열거하면서 자신의 간절한 마음을 담아 하나님과 화해 하라고 권유하고 있는 겁니다. 기도하는 사람 욥에게 기도 생활을 회복하라고 권고한 것만 보아도 엘리바스의 진심을 알 수 있습니다. 또 기도하라는 충고는 욥의 중보기도 생활을 잘 알고 있다는 증거이기도 합니다. 그러니 배심원 여러분들께서 이번 엘리바스의 심문내용을 오해하지 않았으면 좋겠습니다.

배심원3: 사람 참 알다가도 모를 일입니다. 점잖고 교양있는 사람의 입에서 어떻게 저렇게 거친 말이 나올 수 있을까요? 더구나 친구들 중에서 연장자이며 리더 아니던가요? 다른 어린 친구들이 저렇게 말해도 말려야 할 사람이 그것도 근거도 없이 오히려 없는 사실 뒤집어 씌워 사람 잡고 있으니 말입니다. 욥이 어떻게 살아왔는지가까운 친구라고 하는 사람이 결코 모를 리가 없는 데도 말이죠. 사람 참 무섭습니다. 그러니 친구도 좋을 때 친구라고 하지 않습니까? 그런데 왜 친구들이 저토록 욥을 비난하고 나섰을까? 난 그게 궁금합니다. 지금 욥과 친구들이 재산 싸움하는 것도 아니고 어떤 권리를 두고 다투는 것도 아닌데 말입니다. 아무런 이권관계가 없는 상태에서 왜 저리도 무섭게 대드는지 도무지 모르겠단 말입니다. 아직 그 누구의 말도 나를 설득하고 있지 않습니다.

배심원5: 아, 마지막 심문이라 그런지 좀 살벌하군. 친구한테 저렇게 모질게 대하다니 아마 인연 끊겠다 작정한 모양이로다. 욥의 심기가 몹시도 불편하겠구나.

당하알 하박사: 당하알 하박사입니다. 마지막 심리라 그런지 점잖은 엘리바스도 대놓고 욥이 큰 죄인이라고 거세게 몰아 붙이고 있군요. 뿐만 아니라 밖으로 알려진 욥의 이미지 전부를 뒤집습니다. 결국 엘리바스의 이번 주장은 욥이 근본적으로 잘못 되어 먹은 인간이라는 뜻인데 어떤 근거로 그렇게 주장했을까요? 상식적으로 말한다면 엘리바스가 욥의 경건한 삶을 몰랐다고 추정하기도 어렵습니다. 아주 가까운 친구 사이임은 분명해 보이고요 또 욥의 덕스러운 삶이 널리 소문이 나 있었기 때문이지요. 그런데 왜 엘리바스는 갑자기 이런 주장을 했을까요? 엘리바스의 의도는 저도 좀 알기가 어렵습니다. 그래서 주석가들은 어떻게 해석했는지 알아 보았더니 대부분의 학자들은 다음과 같이 이야기 합니다.

자신이 적시한 그런 죄들을 욥이 지었다고 엘리바스가 단정적으로 말한 것은 아니다. 다만 당시 욥의 사회적 위치가 한 마을의 최고 지도자급이었으므로 그런 사회적 지위를 가지고 있는 사람들이 흔히 저지르는 죄악들을 열거한 것이다. 엘리바스는 욥도 아마 그런 죄들을 저질렀을 것이라는 가정하에 말했다고 본다.

네, 그렇게 해석할 수도 있겠어요. 우리는 소위 말하는 "절친"으로 이해하고 있기 때문에 친구의 사생활도 모르는 친구가 어디있나? 하는 생각으로 욥과 친구들을 이해하고 있지 않습니까? 그러나 70인경의 설명으로는 욥과 친구들 모두 당시 한 지방의 왕들이었다는 것입니다. 그런 신분상 위치에서 맺어진 친구라고 볼 때 사생활에 대해 자세히 모를 수가 있겠지요. 그런 신분을 가정하고 엘리바스가 욥에게 그런 죄들을 지었을 것이라고 장담했다면 자신들도 자연스럽게 그런 생활을 했다는 추정이 가능합니다.

따라서 어떤 배경을 가지고 그런 정죄를 했던 간에 엘리바스는 자신에게 손가락질을 한 셈이 됩니다. 사생활까지 깊이 알 수 있는 절친 사이였다면 엘리바스는 지금 욥을 모함하고 있는 것이고요 또 최고 지도자라는 사회적 신분으로 맺어진 관계라면 자신이 그런 죄들을 저지르는 사람이라고 스스로 폭로한 셈이니까요.

욥은 실제적으로 그런 삶을 살지 않았음이 분명합니다. 욥이 자신의 입으로 구체적으로 반박한 내용을 보면 알 수 있습니다.

> "내가 언제 가난한 자의 소원을 막았거나 과부의 눈으로 하여금 실망하게 하였던가. 나만 혼자 내 떡덩이를 먹고 고아에게 그 조각을 먹이지 아니하였던가. 실상은 내가 젊었을 때부터 고아 기르기를 그의 아비처럼 하였으며 내가 어렸을 때부터 과부를 인도하였노라. 만일 내가 사람이 의복이 없이 죽어가는 것이나 가난한 자가 덮을 것이 없는 것을 못본 체 했다면 만일 나의 양털로 그의 몸을 따뜻하게 입혀서 그의 허리가 나를 위하여 복을 빌게 하지 아니하였다면 만일 나를 도와주는 자가 성문에 있음을 보고 내가 주먹을 들어 고아를 향해 휘둘렀다면 내 팔이 어깨 뼈에서 떨어지고 내 팔 뼈가 그 자리에서 부스러지기를 바라노라 나는 하나님의 재앙을 심히 두려워하고 그의 위엄으로 말미암아 그런 일을 할 수 없느니라."31:16-21

이번 엘리바스의 말 중에서 아주 재미있는 표현이 우리의 눈길을 끕니다. 최영 장군의 "황금을 보기를 돌같이 하라"는 말의 원조가 엘리바스란 말이죠. "네가 보화를 티끌로 여기고 오빌의 금을 계곡의 돌로 여긴다면 전능자가 너의 금은보화가 되실 것이라"고 말하지 않았습니까? 그렇다면 엘리바스에게 저작권을 주어야 하지 않을까요? 그냥 재미있으라고 드린 말이고요.

욥이 금이나 보석같은 것을 좋아 한 것은 사실인 것 같습니다. 어떤 목적으로 수집을 했는지는 모르지만요.

엘리바스가 이런 말을 할 정도면 말입니다. 28장에 욥의 진술을 보면 알 수 있습니다. 욥은 금광의 구조나 금이나 은, 철등을 제련하는 공정을 잘 알고 있습니다. 나는 알지도 못하는 각종 보석들의 이름을 줄줄 꿰고 있는 것을 보면 확실이 욥이 금은보화에 대하여 일가견을 가졌다고 볼 수 있습니다. 당시에도 금은보화가 재산증식이나 투자 수단으로 사용된 것 같아 보입니다. 장식을 위해 모으는 것이라면 부인들이 더 잘 알았을테니까요.

갑자기 보석 하나 없는 나의 처지가 처량해 지려고 합니다. 농담이었고요. 오늘은 여기까지 입니다.

당고알 고집사: 이 친구 이제 논리 싸움에 밀리니까 가짜뉴스를 생산해서 퍼뜨리는 작전을 쓴 모양이로구나. 가짜뉴스가 의외로 파워풀하거든. 보라고. 가짜뉴스를 퍼뜨려 자기세력을 결집하는 무리들 말이다. 옛날에도 헛소문이 사람 많이 잡아 묵었제. 자, 가짜뉴스라 카는게 뭐냐고 하면, 실제 있었던 사실을 비틀어 버리는 것과 하지도 않은 말을 실제 사건에 살짝 끼워 넣는기라. 한마디로 말해서 있는 팩트에 물을 타거나 염색을 하는 거지. 사람들을 헷갈리게 만드는 거란 말이다.

자 봐라, 엘리바스 임마가 어떻게 지금 가짜 뉴스를 생산하고 있는지. 아예 없었던 일을 지어내면 사람들이 잘 믿지 않을거니까 사람들에게 잘 알려진 일들에 대해서 그게 가짜라고 말하는 전략을 쓴 거란 말이지. 그럼 사람들이 아, 그게 가짜였단 말이야? 라면서 의문을 갖기 시작한다는 거지.

욥이 가난한 사람들과 과부와 고아들에게 진심을 다해 잘했다는 사실은 먼 동네까지 소문난 팩트였잖아. 그런데 엘리바스가 이 팩트를 비틀어 버리는 거라 지금.

"당신들은 욥이 불쌍한 사람들에게 참 의인 노릇했다고 알고 있지만 실제로는 이유 없이 친족들의 안전을 위협했고 헐벗은 사람들의 옷까지 탈취했으며 목마른 자에게 물도 주지 않고 배고픈자에게 먹을 것을 주지도 않았단 말이오. 과부들을 빈손으로 돌려 보냈을 뿐 아니라 고아들의 팔을 꺾어 버린 야비한 인간이란 말이오. 내가 두 눈으로 똑똑히 봐서 아는데 욥은 고상한 척하면서 오히려 온갖 호사를 다 누리고 살았단 말이오!"

"또 네가 보화를 티끌로 여기고 오빌의 금을 계곡의 돌로 여긴다면 전능자가 너의 금은보화가 되실 것이라[23-25]"고 한 말 역시 욥을 교묘하게 묶는 전략인 거야. 지금 욥이 괴로워 하는 이유가 잃어버린 금은보화 때문이라는 거야. 그래서 금을 돌같이 여기고 하나님께 돌아오라는 주장을 하는 거야. 완전 사실을 왜곡하고 있잖아.

이렇게 사실을 비틀어 버린단 말이지.

가짜뉴스 생산자는 진실을 소유한 사람을 가짜뉴스 진원지로 고발한다는 특징이 있다니까. 자기가 가짜뉴스를 생산하면서 욥이 자신에 대해 거짓정보를 흘렸다고 뒤집어 씌우는 거지.

엘리바스는 욥이 "하나님이 무엇을 아시며 흑암 중에 어찌 심판할 수 있겠는가? 또 빽빽한 구름이 그를 가려서 그가 보지 못하시고 그저 둥근 하늘을 거니실 뿐이라"고 말했다는 거야. 사실 그런 말을 한 일이 없거든. 다만 하나님을 알 수 없다고 푸념은 계속 했다만. 그 점을 엘리바스가 탁 잡아 채서 "하나님이 뭘 알기나 해?"라고 비틀어 버린거란 말이지.

에덴동산에서 선악과를 먹으면 "죽게 될 것이다"라는 말을 "절대 죽지 않는다"라고 뱀이 바꾸어 말한 것과 같단 말이다. 마귀는 말이야 없는 말을 지어내기도 하지만 주로 있는 진리를 비틀어 버리는 재주꾼이지. 지금 엘리바스가 바로 마귀짓을 하고 있는 거라니까.

가짜뉴스의 문제는 진리를 포함하고 있다는 점이야. 엘리바스가 말한 것을 보라고. 하나님은 땅에서 일어나는 모든 일을 보고 계신다. 하나님은 사람들이 겸손하게 회개하며 돌아오길 기다리신다. 하나님은 돌이키는 자를 축복하시길 즐겨하신다. 맞아. 이런 논지는 성경적 진리야. 그리스도인이라면 언제나 견지해야 할 삶의 자세인기라. 그러나 문제는 엘리바스가 회개의 모양만 갖추면 무조건 구원을 받을 수 있는 것처럼 말했다는 거란 말이지. 욥은 자신이 죄인이긴 하지만 이번 문제만은 어떤 특정한 죄때문에 그에 상응한 고난을 받고 있는 게 아니라고 문제의 핵심을 바로 보고 있는 반면 친구들은 자기들의 인과응보식 신학공식만을 주장하고 있다는 게 진짜 문제라는 말이야.

그렇다면 말이다. 왜 엘리바스가 심리의 마지막에 와서 이런 전술을 가지고 나왔을까? 하는 의문이 들지 않는가? 난 그게 엘리바스가 바로 자기 살 길을 찾아 나가는 방식이라고 본다고. 물론 최상의 시나리오는 욥이 다시 회복하고 돌아와서 우정을 다시 한번 유지해 나가는 거겠지. 그렇게 되면 자기들은 욥을 회개시키고 돌아오게 한 일등공신이 되는 거고. 욥도 이전의 부귀영화를 다시 누리게 될 것이고. 그렇게 되면 이전처럼 곁에서 얻어 먹을 떡고물도 다시 많이 생길 거고 말이야.

그런데 욥이 반성하고 회개할 기미가 눈꼽만큼도 안보이는기라. 그래서 이쯤해서 욥과 손절하는 게 자신들의 앞날에 유리하다고 생각한기라. 이 친구들 지금 머리 굴리고 있는 거라니까. 욥을 버려야 자기들이 살 수 있다는 시점이라고 판단한거지. 욥이 재판이 끝날 때까지도 회개를 안하는데 자신들이 욥의 편을 들었다가는 사람들로부터 욥과 같이 망할 놈들이라고 자신들을 외면할 것이 두려웠던거야.

지상교회의 싸움이 딱 이런기다. 노선 싸움을 하는 것처럼 보이지만 줄서기, 눈치 밥, 밥그릇 싸움이란 말이지.

심문7 및 변호

욥의 변호(23:1-24:25)

(속기록 23장) 그가 나를 단련하신 후에는 내가 순금같이 나오리라

욥이 말을 받았다. 오늘도 처절하게 원망할 수밖에 없도다. 나의 탄식에도 불구하고 그의 손이 나를 눌러 무겁게 하는도다.[74] 내가 어디서 하나님을 발견할꼬? 그분의 처소[75]에 내가 나갈 수만 있다면 내가 변론할 말을 입에 채우고 그 앞에서 내 사정을 아뢸 것이라. 그가 내게 대답하시는 말씀을 듣고 내가 깨달을 수 있을 것이라.[5] 그가 큰 권능을 가지시고 나와 더불어 다투시겠는가? 아니로다. 그가 오히려 내 말을 들을 것이라. 거기서는 정직한 자가 그 앞에서 무죄를 주장할 수 있으니 내가 심판자로부터 영원히 벗어나게 될 것이라. 그러나 내가 동쪽으로 가도 그를 찾을 수 없고 서쪽으로 가도 찾을 수 없도다. 그가 북쪽에서 일하실 때도 나는 그를 만날 수 없고 남쪽으로 오신다 해도 난 그를 만날 수 없도다.[76] 그러나 내가 가는 길을 그가 아시나니 그가 나를 단련하신 후에는 내가 순금같이 나올 것이라. 내 발이 그의 걸음을 따랐으며 내가 그의 길을 지켜 치우치지 않았고 내가 그의 입술의 명령을 어기지 않았을 뿐더러 나의 일용할 양식보다 그의 입의 말씀을 더 귀하게 여겼도다. 그가 한번 뜻을 정하시면 누가 돌이킬 수 있겠는가? 그는 한번 마음에 하고자 하시는 일이면 반드시 그대로 행하시나니 그런즉 내게 작정하신 일도 이루실 것이오. 그에게는 이런 일이 얼마든지 있다오. 그러므로 내가 이런

---

74) 개역개정에는 "내가 받는 재앙이 탄식보다 무거움이라"로 번역되어 있다. 하지만 대부분의 역본들이 "재앙"대신에 "손"으로 번역한다. 다만 마소라 사본에는 "나의 손"으로, 70인역에는 "그의 손"으로 번역되었다. 현재 번역본들도 두가지 번역을 각기 따르고 있다. 한글새번역과 공동번역이 "그의 손"으로 현대인의 성경은 개역개정과 같은 의미의 "내가 받는 벌"로 번역되었다. 영어번역본에서는 NRSV, NKJV가 "my hand"로 NIV, NASV는 "his hand"로 번역했다.

75) 하나님의 처소를 일반적으로 어디나 계시는 하나님의 임재로 해석할 수 있으나 여기서는 법정용어를 차용한 것으로 보이며 욥이 변론할 말을 가지고 그 앞에 나가겠다는 뜻으로 해석할 수 있다.

76) 개역개정에는 "앞으로 가도.. 뒤로 가도.."(8), "왼쪽에서….오른 쪽으로…"(9)로 번역하였다. 그러나 다른 모든 역본들은 동서남북으로 번역하였다.

일을 생각하면 그가 두려워 그 앞에서 떨게 된다오. 하나님이 나의 마음을 약하게 하시며 전능자가 나를 두렵게 하셨기 때문이라오. 이는 내가 두려워하는 것이 어두움이나 흑암이 내 얼굴을 가렸기 때문이 아니라오.[1-17]

(속기록 24장) 부자 망해도 삼년 먹을 것이 있다더니

어찌하여 전능자는 때를 정해 놓지 않으셨는지? 어찌하여 그를 아는 자들이 그날을 헛되게 기다리게 하는고? 어떤 사람들은 땅의 경계석을 옮기며 남의 양떼를 빼앗아 기르며 고아의 나귀를 끌어가고 과부의 소를 볼모 잡으며 가난한 자를 길에서 몰아내니 세상에서 학대받는 자들이 모두 스스로 숨는구나. 그들은 거친 광야의 들나귀 같아서 나가서 일하며 먹을 것을 부지런히 구하지만 그들의 자식을 위하여 음식을 내주는 곳은 빈들 뿐이로다. 밭에서 남의 꼴을 베며 악인이 남겨둔 포도를 따며 옷이 없어 벗은 몸으로 밤을 지내며 추워도 덮을 것이 없으며, 산 중에서 만난 소나기에 젖으며 가릴 것이 없어 바위를 안고 있느니라. 어떤 악인은 아버지가 없는 아이를 어머니 품에서 빼앗아 가기도 하고 가난한 사람들이 돈을 갚지 못한다고 어린아이를 담보로 빼앗아 가는 인간들도 있도다. 그래서 그들은 입을 옷이 없어 벌거벗고 다니며 이삭을 주어 나르지만 여전히 배를 곯는다네. 또 기름을 짜면서도 맛보지 못하고 포도주 틀을 밟으면서도 여전히 목말라 하도다. 성 중에서 죽어가는 사람들이 신음하며 마음이 상한 자들이 부르짖지만 하나님은 그들의 간구에 귀를 기울이지 않으시도다. 또 빛을 거슬려 사는 사람들이 있나니 그들은 빛이 인도하는 길을 알지도 못할 뿐더러 그 길을 따라 가지도 않는도다. 살인자가 새벽에 일어나 가난한 자들과 궁핍한 자들을 죽이고 밤에는 도적질을 하며 간음하는 자는 날이 저물기를 기다리고 '아무도 나를 보지 못하겠지'하고 얼굴을 가리는도다. 도둑들은 밤이면 어둠을 틈타 집을 뚫고 들어가지만 낮에는 문을 닫고 들어 앉아서 빛을 보지 않으려 하도다. 그들은 아침을 죽음의 그늘같이 여기니 깊은 어두움의 공포를 알기 때문이로다.[77] 그들은 물거품 같아서 곧 사라질 것

77) 다른 번역본들은, "이들에게는 한밤중이라도 아침과 같아서 죽음의 공포에 친숙한 자들이라네"(현대인의성경), "그들은 한낮을 무서워하고, 오히려 어둠 속에서 평안을 누린다"(새번역)와 같이 번역한다. 예를 들어 NIV, RSV, NEB 등은 "midnight is their morning"으로

이며 그들의 땅도 저주를 받나니 그들이 다시는 자신들의 포도원 길로 다니지 못할 것이라. 가뭄과 더위가 눈 녹은 물을 삼켜 증발시켜 버리듯이 죄인들도 스올로 그렇게 사라질 것이로다. 그들을 낳은 어머니도 그들을 잊을 것이며 구더기가 그들을 달게 먹을 것이라. 다시는 아무도 그들을 기억하지 않을 것이니 나무처럼 꺾여지고 말 것이로다. 그들은 임신하지 못하는 여자를 학대하며 과부를 선대하지도 않았도다. 그러나 하나님이 그의 능력으로 강포한 자들을 끌어내시나니 그들이 다시 일어난다 해도 살아남을 확신이 없도다. 하나님이 그들에게 잠시 평안을 주신다 하실지라도 그의 눈은 그들의 길을 낱낱이 살피시는도다. 그들은 잠깐동안 높아졌다가 이내 천대를 받을 것이며 잘려 모아진 곡식 이삭처럼 될 것이로다. 만일 그렇게 되지 않는다 하더라도 나를 거짓말쟁이라고 하거나 내 말이 헛되다고 주장할 사람이 누가 있겠는가?1-25, 78)

(배심원 회의) 또 하늘법정을 열어달라고?

배심원1: 욥은 이제 세상법정에서의 지루한 싸움을 끝내고 하늘법정으로 가서 하나님께 탄원할 기회가 있었으면 하고 다시 호소합니다. 배심원 여러분들께서도 이미 아시는 사실이지만 욥은 이전 심리에서 이미 재판기피 신청을 한 바 있습니다.속기록 13:3-5 그러나 그 신청이 받아들여지지 않자 지금까지 친구들과 변론을 이어왔던 것입니다. 오늘은 정식으로 재판기피 신청을 했다라기보다는 이전에 받아들여 지지 않은 경험때문인지 다시 하늘법정을 사모하며 현재 심리절차의 무용성을 원망하고 있습니다. 즉 하나님 앞에서 구구절절 자신의 마음 속에 있는 모든 응어리를 풀어 놓겠다는 각오로 보입니다. 세상법정에서는 자신이 악인이요 부정직한 자로 고소를 당하지만 하늘법정에서만은 하나님 앞에 정직한 자로 설 수 있다고 생각하며 하나님과 변론하면 반드시 심판에서 영원히 벗어날 수 있다고 확신한

번역하여 도둑들에게는 한밤중이 보통사람들이 일할 시간인 낮과 같이 생각한다고 해석한다. 그러나 문맥상 오히려 아침이 되면 그들에게는 죽음의 그늘과 같은 시간이 된다는 뜻으로 읽는 것이 더 매끄러운 해석으로 본다.(Clines, *Jerusalem Bible*).

78) Clines 등 일부학자들은 24:18-25 부분은 소발의 발언으로서 27장 17절과 18절 사이에 들어갈 내용으로 본다.

다는 것입니다.

그런데 욥에게는 하나님이 보이지 않는다는 것입니다. 동서남북 어디를 둘러보아도 애타게 불러 보아도 그를 만날 수도 없을 뿐더러 보이지도 않는다는 것입니다. 그럼에도 불구하고 욥은 하나님께서 자신을 단련하시기 위해 이런 연단을 주신 것으로 알고 곧 순금같이 되어 나올 것이라는 믿음의 고백을 합니다. 이렇게 하나님 앞에서 옳다고 인정받기를 갈망하며 자신은 하나님 앞에 정결한 삶을 살아왔음을 되뇌이지만 자신에게 엄습한 두려움을 부인하지 않습니다. 그러나 이 두려움은 단지 자신에게 닥친 어두움이나 흑암때문이 아니라 근본적으로 한번 작정하신 일을 이루시고야마는 하나님의 속성에 기인하는 것으로써 지금은 그 하나님의 뜻이 무엇인지 알지 못해 두려울 뿐이라고 심정을 토로합니다.속기록 23장

나아가 욥은 톤을 높여 깊은 탄식을 내뱉습니다. 한마디로 전능자라고 하는 하나님이 왜 악인의 심판날을 정해 놓지 않으셨냐는 것입니다. 욥의 탄식은 구체적입니다. 가진 자들은 권력을 남용하여 고아와 과부와 가난한 자들과 같이 힘없는 자들을 학대하고 탈취를 해도 그들은 아무런 제재도 받지 않는다. 또 가난한 자들이 먹을 것이 없고 입을 옷도 없고 거처할 곳도 없이 유리방황하여도 아무도 거들떠보지 않는다는 것입니다. 더욱이 하나님도 그들의 부르짖음에 귀를 기울이지 않는다는 것입니다.

따라서 욥은 자신의 소원을 담아 악인은 반드시 벌을 받아야 마땅하다고 열을 올립니다. 악인들을 도적, 살인자, 간음자로 비유하면서 그들의 악행들을 죽 열거하고 있습니다. 욥이 열거한 악행목록은 속기록 24장을 참고하시기 바랍니다.

그러면서 욥은 하나님께서 악인들을 반드시 마지막 심판날에 곡식의 볏단처럼 불사를 것이라는 것을 확신합니다. 이 확신은 어디까지나 욥 자신의 바램이 섞인 호소처럼 보입니다. 그래서 욥은 마지막 말을 덧붙였습니다. 이런 바램이 이루어지지 않는다 할지라도 자신은 거짓말을 하는 헛된 사람이 아니라고 못을 박습니다.속기록 24장

배심원4: 마지막 심리에 들어오니 욥이 말도 많아지고 악을 쓰는것 같습니다. 세상법정에서 싸우는 건 무의미하다고 지난번 재판기피 신청을 하더니만 하늘 법정에서도 받아 들여지지 않으니까 이제 하나님께 들이 받는 모습 좀 보세요. 그만큼 자기 논리가 없다는 것을 말해 줍니다. 세상에 일어나는 모든 일들이 이제 하나님 책임이라고 떼를 쓰고 있습니다. 성 중에는 엄청난 참상이 벌어지고 죽어가는 사람들이 신음하고 사람들이 소리 높여 부르짖어도 하나님은 그들의 간구에 귀 기울이지 않는다고 책임을 하나님께 돌리고 있단 말입니다. 욥 저 친구 순진하고 착하게 보였는데 알고 보니 무서운 친구네요. 신앙도 깊은 줄 알았는데 오늘 보니 막가파로군요. 하나님에 대한 근본적인 예의조차 없는 것 좀 보세요. 그러니까 사람은 어려운 때 알아 본다고 하지 않습니까?

악인들이 세상에서 득세하는 것은 맞지만 세상의 악이 어찌 그들만의 책임이겠으며 또 악인의 오만방자함이 그것을 막지 않으시는 하나님의 책임이겠습니까? 자신이 고아와 과부와 가난한 자들을 좀 도왔다고 해서 그들을 착취하는 사람들만 악인으로 몰아가는 것은 지극히 편협한 주장이라고 봅니다. 그런 약자들을 착취하는 놈들은 악의 꼬리고요 진짜 악인들은 권력과 짜고 나라를 몽땅 털어먹는 악의 몸통이 아니겠습니까? 욥의 주장은 지극히 지엽적입니다.

배심원2: 배심원4님 말 한번 잘하셨습니다. 네 그래요. 사람은 어려운 때 알아 보는 겁니다. 오히려 저 세 친구들의 소행을 보십시오. 욥의 친구 맞습니까? 좋은 시절 욥에게 들어 붙어 갖은 좋은 양분 다 빨아먹다가 이제는 별 볼 일 없다고 생각되니까 홱 돌아서는 꼴을 보십시오. 욥이 오죽 답답했으면 여기 재판기피 신청을 하고 하늘 재판을 요청했을까요?

욥의 이번 진술은 비장하게 느껴집니다. 지상에서의 지루한 공방전으로 인해 극도로 피곤함을 느낀 욥이 하나님 처소에 나아갈 수만 있다면 하나님은 자신의 말을 들으주시고 모든 누명을 벗겨 주실 것을 확신하고 있습니다. 그런데 문제는 하나님을 찾을 수가 없다는 것입니다. 잠잠하신 하나님 앞에 좌절하고 있습니다.

그럼에도 불구하고 욥은 하나님이 자신을 단련하시는 것이라고 믿습니다. 이 얼마나 뿌리깊은 신앙인입니까? 이 한마디 고백만 들어 보아도 욥의 진정성을 믿을 수 있지 않습니까? 그러면서도 욥은 지상 재판에도 진심을 가지고 최선을 다하고 있습니다. 자신의 의견을 진중하게 개진하면서 억지 논리로 자신을 정죄하는 친구들에게 애원도 해보고 겁박도 해보고 다짐도 해보는 등 자신이 할 수 있는 모든 방법을 다 써서 최선을 다하고 있지 않습니까? 그러다 하나님께 하소연하고 있는 모습을 보면 욥은 그야말로 거짓없이 정직하게 진술하고 있다고 보아야 합니다. 자 보십시요. 지금 몸과 마음이 만신창이가 되어 저렇게도 처절한 입장에서 어떻게 이런 고백이 나올 수 있을까요? "내가 가는 길을 그가 아시나니 그가 나를 단련하신 후에는 내가 순금같이 나올 것이다." 배심원 여러분들께서도 이점만은 부인하지 못하리라 생각합니다.

오늘 욥의 진술을 잘 들어 보십시오. 욥은 결코 악을 쓰거나 하나님을 들이받고 있는 게 아닙니다. 자신의 처지를 한탄하며 탄식하면서 하나님께 사정을 아뢸 수 있는 기회를 달라고 간절하게 하소연 하고 있습니다.

그런데 하나님을 찾을 수도 만날 수도 없다는 사실 앞에 탄식한 것이지요. 그러나 욥은 숨도 고르지 않고 자신은 하나님께서 자신을 연단시키시려는 목적인 것을 알기에 두려움과 떨림으로 그때를 기다리겠다고 진술하지 않았습니까? 얼마나 경건하고 진지한 모습입니까?

물론 속기록 24장에 가서는 하나님께 항의를 합니다. 악인들이 이 땅에서 가장 보호받고 위로를 받아야 할 약자들을 짓밟으며 자신들의 부를 쌓아가는 그들의 악랄한 모습을 신랄하게 비판하면서 왜 하나님은 이들을 즉각 심판하지 않으시는지 모르겠다고 항의합니다. 그러나 욥의 말을 잘 보십시요. 욥은 하나님께 항의를 하는 것 같이 보여도 그의 항의는 하나님에 대한 신뢰와 자신의 믿음의 확신에 기반을 두고 있다는 점을 분명히 보셔야 합니다. 욥이 악인의 행태를 고발하면서 하나님께 항의를 한 후에 결론적으로 한 말이 바로 욥의 이번 진술의 핵심이란 말입니다.

즉, "하나님이 그의 능력으로 강포한 자들을 끌어내시니 그들이 다시 일어난다 해도 살아남을 확신이 없도다. 하나님이 그들에게 잠시 평안을 주신다 하실지라도 그의 눈은 그들의 길을 낱낱이 살피시는도다. 그들은 잠깐동안 높아졌다가 이내 천대를 받을 것이며 잘려 모아진 곡식 이삭처럼 될 것이로다."24:22-24 사람들의 눈에는 악인이 끝까지 승리하는 것처럼 보여도 하나님은 마지막날 악인을 반드시 불사르실 것이라고 확신한다는 것입니다.

게다가 욥은 한마디 덧붙입니다. "만일 그렇게 되지 않는다 하더라도 나를 거짓말쟁이라고 하거나 내 말이 헛되다고 주장할 사람이 누가 있겠는가?"24:25 자신의 믿음과 확신대로 되지 않는다 할지라도 하나님의 속성에 대해 거짓말을 하는 것이 아니라고 단정짓습니다. 와 놀라운 신학적 고백을 하고 있는 욥입니다. 이런 고백으로 끝맺고 있는데 어찌 하나님께 대든다고 이해 하십니까?

우리 배심원들에게 부탁의 말씀 하나 드리겠습니다. 속기록을 문자로만 보지 마시고 발언의 목소리로 들어주시기 바랍니다. 문자로만 보시면 오해하기 쉽습니다.

배심원3: 솔직히 하나님이 악인을 다루는 모습에 이해가 안되기는 나도 마찬가지입니다. 우리 주위에 고통 당하는 사람들을 보면 착한 사람들이 더 많단 말입니다. 욥이 적나라하게 예를 든 것처럼 사람들 착취하고 사기 치는 놈들은 오히려 떵떵거리며 잘 살고 있지 않습니까? 나도 그런 사람들 빨리 심판 받게 해달라고 기도를 합니다만 그런 기도에 응답 받아 본 적은 없는 것 같습니다.

그런데 말입니다. 내가 조금만 잘못하기라도 하면 하나님은 즉각 나를 혼내시거든요. 사고가 생기거나 자식들이 아프거나 사기를 당하거나 꼭 그런 일이 일어난단 말입니다. 그런데 가만히 생각해 보면 꼭 원인이 있었거든요. 십일조를 조금 떼먹었다거나 공예배에 빠졌다거나 등등. 이렇게 나한테는 피곤할 정도로 간섭하시는 분이 큰 것 해 먹는 놈들은 왜 가만 두시는지 나도 기분이 안 좋긴 합니다. 이런 질문을 목회자들께 하면 한결같이 "그 놈들은 크게 해 먹었기 때문에 나중에 크게 망하게 하시려고 지금 손을 안대는거야"라고 대답하시거든요. 그런데 말입니다. 그 사람들은 죽는 날까지 잘 먹고 잘 살고 그 자식들까지도 승승장구하여 이제는 부모보다 더 악랄하게 하거든요. 나도 이 점이 짜증난단 말입니다. 그래도 최후 심판의 날에 하나님이 짠~하고 나타나실 것을 나도 확신하고 있습니다. 이런 마음으로 고백한 욥의 고백—"내가 가는 길을 그가 아시나니 그가 나를 단련하신 후에는 내가 순금같이 나올 것이다"—이 오늘 내 마음을 울립니다. 욥의 마음 충분히 이해하겠습니다.

배심원5: 물론 하나님이 하늘재판 신청을 받아 들이시지도 않으니까 욥도 화가 난 것은 맞습니다. 재판장의 입장으로서 심리가 다 끝나기까지 중립을 지키시려는 태도는 충분히 이해가 갑니다만 욥의 심리절차에 관한 이의신청에 대해서는 가타부타 말씀해 주셨으면 좋지 않았을까 생각합니다. 그러나 아예 대꾸를 하지 않으심으로서 기피신청을 받아들이지 않는다는 답을 하신 것으로 알고 심리가 계속되는 것을 보니 그것도 하나님이 대답하시는 방법이 아닌가 생각합니다.

재판 결과가 결코 욥에게 유리할 것 같지 않다는 생각이 드네요. 오늘 재판장을 향해 대든 것은 아무래도 욥의 감정이 너무 앞선 것 같아요. 아니 재판장의 책임이라고 쏘아 붙여서 자기에게 유리할 게 뭐 있다고 저럴까요? 그냥 재판이 불공정하다고 재판기피 신청했으면 차라리 심리를 끝까지 보이코트 하던가 할 것이지 재판장에게 비아냥거리며 감정적으로 대든 것은 아무래도 실착이라고 봅니다.

당하알 하박사: 당하알 하박사입니다. 오늘은 욥의 진술 내용 분석에 들어가기 전에 속기록의 문제점에 대해 먼저 집고 넘어가겠습니다. 일단 속기록에 문제가 있어 보입니다. 아마 속기록 원본을 나중에 보관 정리하는 과정에서 뒷장과 섞인 게 아닌가 추정됩니다. 많은 학자들은 24장에서 27장까지가 뒤죽박죽 되었다고 봅니다. 특히 그 중에서 24:18-24은 제3차 심리중 소발의 심문에 속한 것으로 봅니

다.[79] 그 이유는 다음과 같습니다. 욥의 변호 후반부에 와서 악인들이 절대적으로 심판을 받는다고 한 그의 천명은 이전의 욥의 주장과 상반되기 때문에 모순이 있습니다. 또 3차 심리에 소발의 심문이 누락 되어있는 것으로 보아 이 부분을 소발의 심문으로 보는 것이지요. 저도 이 부분을 욥의 주장으로 보지 않습니다. 그래서 욥이 강하게 천명했다고 보는 악인의 말로에 대해서 저도 동의를 하지 않는다는 점 말씀드립니다. 물론 저의 개인적인 생각이고요. 또 지금의 욥기 포맷을 전적으로 부인하는 것은 아닙니다. 다만 욥기서의 흐름상 문제가 있다는 것을 지적하고 싶고요. 이 문제는 지금 욥기 연구의 대학자들이 내놓은 결론이기도 하기에 저는 설득력이 있다고 보지만 또 그렇게 보지 않는 학자들도 많이 있기에 여러분들은 굳이 저의 주장에 동의하지 않으셔도 됩니다.

자 그럼 내용으로 들어가겠습니다. 소발의 심리로 추정되는 부분에 대해서는 여기서 설명하지 않겠습니다.

욥은 이미 하늘법정에 서서 자신있게 자신을 변호하는 모습을 상상하고 일인칭을 반복적으로 사용해서 자신을 나타냅니다—내가 호소하며, 내 입에 채우고, 내가 알며, 내가 깨달으리라, 내게 말씀하시며, 나와 다투시리, 내 말을 들으리라, 내가 심판자에게 등등.23:4-7

욥은 하나님을 만나기만 하면 자신의 억울함이 풀려 무죄판결을 받을 것을 확신하며 감정을 끌어 올리고 있습니다. 그러나 그런 일은 결코 발생하지 않아요. 욥은 답답해 합니다. 도무지 하나님을 찾을 수가 없다고 하소연 합니다. 하나님을 찾을 수 없는 이유가 하나님이 숨어 버리셨기 때문이라고 절규합니다.23:8-12 하나님은 절대주권을 가지고 계셔서 도무지 욥이 알 수도 없는 행동양식으로 일하시므로 더욱 절망합니다.23:13-17

---

79) 욥기 전문 연구가들 가운데 이렇게 생각하는 학자들이 많다.(Clines, 667-673/권지성 159). NAV는 18-21절 부분을 아예 번역을 하지 않았다. 이 부분에 대해서는 학자들간에 이견이 크다. 하지만 소발의 심문으로 볼 수 있는 텍스트상의 근거가 없고 욥이 하나님의 공분(retributive justice) 자체를 반대한다고 생각하는 것이 부자연스럽기 때문에 기존 성경 배열대로 읽어야 한다고 주장하는 학자들도 많다.(Longman. *Job*. Kindle Locations 13803-13804, Smick, Job, 808 - 9.).

이로 인해 욥의 탄식은 깊어만 갑니다. 하나님 앞에 나가면 나갈수록 하나님께서 더 깊이 숨어 버리시니 깊은 신심을 가진 욥에게 아이러니가 아닐 수 없습니다. 이건 욥의 깊은 영적고뇌를 넘어 영적전투라고 볼 수 있습니다. 이런 영적고뇌는 오늘을 사는 우리도 때때로 경험하는 바 아닙니까? 욥은 하나님을 결코 포기하지 않습니다. 지금 하나님이 나타나시지 않는 이유가 자신을 연단시키시기 위한 하나님의 계획이라는 믿음이 있어요. 전능자 하나님이 이미 자기의 길을 예비해 놓았다고 굳게 믿고 있어요. 그래서 지금 명언 명구가 된 "내가 가는 길을 그가 아시나니 그가 나를 단련하신 후에는 내가 순금같이 나오리라"는 말을 하게 된 것입니다.[80] 참 대단한 신앙고백입니다.

욥은 하나님의 속성을 아는 것과 체험하는 것 사이에 괴리가 발생했음을 인식합니다. 우리도 그런 경험하지요? 우리가 아는 하나님은 권능자, 주권자이시기 때문에 누구의 간섭도 받지 않으시고 스스로 일을 처리하시는 분이시다. 이렇게 정의할 수 있지요. 이런 이론적 지식은 사람들에게 매우 객관적으로 들립니다. 그러나 지금 욥이 경험하고 있는 하나님은 독단적이고 변덕스럽기까지 합니다. 그래서 불똥이 어떻게 튈지 욥은 무서워하고 있는 것입니다. 이런 생각에 미치니 방금 전에 했던 신앙고백도 무력해지고 맙니다. 하나님을 만날 수만 있다면 자신의 원통함을 풀 수 있을텐데. 하지만 그것마저 허락지 않으시는 하나님이 못내 야속하기만 합니다.

자신의 무죄를 호소하고 싶은 욥이 하나님을 만나지 못하자 이제 세상의 부조리를 고발하는 작전으로 바꾼 듯 합니다. 세태를 고발하고 있는 듯하지만 실제로는 하나님을 고발하고 있는 것처럼 보입니다. 보세요. 숨을 잠깐 고른 후 이어진 욥

80) 전통적으로 주석가들이 취하고 있는 해석이다. 하지만 최근에는 다르게 해석하는 주석가들도 있다. 하나님께 저항하는 모습을 보이고 있는 욥이 갑자기 신앙고백한다는 것이 부자연스럽다는 것이다. 히브리서 접속사 "키"를 '그러나'로 해석하는 것보다 '왜냐하면'으로 해석하는 것이 훨씬 자연스럽다는 주장이다. 그렇게 해석하면 10절이 욥이 세상 어디에서도 하나님을 찾을 수 없는 이유에 대한 근거를 제시해 준다는 것이다. 즉 하나님이 내가 살아온 모든 삶의 길을 아시기 때문에 그 분이 나를 단련한다 하실지라도 내가 순수한 금과 같이 나올 것을 아시기 때문이라는 것이다. 따라서 10절은 불순물이 제거된 순금으로 변화할 것에 대한 욥의 희망찬 믿음의 고백이라고 생각하기 어렵다고 주장한다.(권지성, 164).

의 변호 첫마디가 전능자가 심판의 시간도 정해 놓지 않았을 뿐만 아니라 심판의 시간을 고의로 지연시키고 있다고 자신의 느낌을 말하기 때문이지요. 이제 대놓고 하나님이 문제의 원흉임을 지적한 것이지요. 심판을 잔뜩 기대하고 있는 자들이 그 심판의 날을 보지 못한다고 탄식을 하고요.24:1 이제 욥의 탄식은 분노로 바뀌면서 힘없는 자들이 권력자들에 의해 유린 당하는 실상을 낱낱이 폭로합니다.24:2-8 나아가 함께 공평하게 살아가야 할 사회가 얼마나 처참한 계급착취의 모습을 하고 있는지 적나라하게 적시합니다.24:9-12 참으로 눈뜨고 볼 수 없는 참상을 고발합니다.

18절에서 24절까지의 언급은 갑자기 악인이 심판을 받을 것이라고 주장하는 내용이기 때문에 욥의 주장으로 생각하기 어려운 점이 있습니다. 물론 악인들이 징벌을 받지도 않고 버젓이 살아가는 실상에 대한 탄식으로 친구들의 악인론에 대한 반격이기도 합니다만 동시에 이런 악인들은 반드시 하나님이 심판하실 것이라는 믿음 또한 강고하다고 볼 수도 있습니다만 이것은 욥의 평소 주장과 상반되어 보이기 때문에 학자들은 이 부분은 소발의 발언으로 보는 것입니다.

아무튼 이런 아수라장이 된 세상의 참상에 하나님도 눈을 감고 계신다는 사실 때문에 욥의 심연의 고통은 더해집니다.24:12 세상이야 공정할 수 없어도 하나님은 공의롭지 않으신가 하고 묻습니다. 악인들이야 대명천지에 날뛰어도 하나님은 그들을 처벌할 수 있지 않은가? 하고 말입니다. 욥은 하나님이 자신의 책무를 유기하신다고 느끼는 것입니다.

지상에서는 자신을 이해하지 못하기 때문에 이제 욥은 하나님으로부터 자신의 무죄를 인정받기를 원합니다. 그런데 정작 하나님은 자신에 대한 변호는커녕 세상을 제대로 다스리는 일까지 포기한 것처럼 보입니다. 이런 절망적 심정에서 욥은 하나님 당신께서 스스로 제정하신 창조질서를 제대로 다스리는 매너저 역할을 좀 잘 해주길 바라는 마음을 토로한 것으로 생각됩니다.[81]

---

81) Clines는 욥의 바램을 하나님의 매니저 역할로 설명한다. Clines, *Job* 21-37, p.618

덧붙여 하나 더 언급하고 싶은 점은, 욥은 이 탄식 속에서 하나님의 관심을 정확하게 파악하고 있다는 사실입니다. 하나님의 관심은 어디까지나 정의에 관한 것이고 그 정의는 이 세상에서 고아와 과부와 가난한 자들을 어떻게 대하는가에 따라 나타난다는 것입니다. 이 모티브가 구약 전체의 모티브라고 해도 과언이 아닙니다. 24장 전체에 걸쳐 있는 욥의 탄식 속에 고아, 과부, 가난한 자, 학대받는 자가 계속 언급되고 있습니다. 이것이 바로 하나님의 정의 실천에 대한 바로미터라는 것입니다. 결국 욥은 자신에게 가해지는 불공정을 넘어 세상의 불공정과 불의에 대해 탄식하고 있는 것입니다. 오늘 여기까지 하겠습니다.

당고알 고집사: 나는 24:18-24을 욥의 말로 보지 않고 소발의 말로 본다는 하박사의 주장에 반대한다. 사본상 명백한 증거도 없거니와 욥이 그렇게 말했을 수 있다는 개연성이 충분하다고 보기 때문이다. 자신이 재삼 재차 말한 것처럼 욥이 이해하고 경험한 하나님은 분명 움직이지 않는 바위처럼 요동하지 않고 악의 문제에 대해 귀를 닫고 계신 분이다. 그러나 욥은 또 악인이 결국 망할 것이라는 믿음도 소유하고 있었다고 보는 게 더 자연스럽다. 그건 당시 문화적인 인과응보 차원의 신앙을 넘어서 하나님을 믿는 보편적 체계 자체가 그 요소를 포함하고 있기 때문이다. 그래서 하나님의 손가락의 움직임도 보이지 않는 흑암같은 절망 속에서 오로지 할 수 있는 건 마음 깊이 배어 있는 믿음의 기도일 것이다. 욥의 악인의 멸망에 대한 소망이 신앙체계의 근본과 전혀 거리가 먼 것이라고 한다면 몰라도 그 바램이 신앙체계의 일부라고 한다면 욥의 깊은 열망이 탄식과 함께 터져 나왔다고 보는 것이 더 자연스러운 해석으로 생각된다. 따라서 굳이 욥의 생각과 거리가 멀다는 이유로 이 부분을 소발의 발언으로 보는 것이 더 인위적이라고 본다. 당고알 고집사 큐티노트에서

나는 욥의 이번 자기변호가 욥기서의 하이라이트로 본다. 고통받는 사람이 낼 수 있는 모든 목소리를 담았다고 보기 때문이다. 그래서 말이다. 지금의 시각으로 보면 신학적으로 문제를 야기할 만한 말을 욥이 했다 해도 그건 신학적 논의를 위

한 것이 아니기 때문에 거기다 신학적인 반론을 제기하는 것은 무의미한기다. 내가 이 부분을 욥기서의 하이라이트라고 하는 이유는 말이다. 그건 욥의 외침이 극심한 고통에 있는 사람들의 심리를 그대로 반영하고 있다는 점에서 그렇다는기다. 잘 보라니까. 배심원2가 그런대로 욥의 입장을 반영하여 말한 것 같긴 하다만 욥의 진술에는 악에 대한 탄식, 악을 그대로 두고 보는 하나님에 대한 항의, 악인의 멸망에 대한 갈망, 그리고 하나님의 심판에 대한 확신과 하나님에 대한 신뢰, 이런 요소를 다 포함하고 있다. 어떤 한 요소에만 방점을 찍고 말하는 것은 아니라는 말이지.

고통을 당하는 사람들의 입에서 제일 먼저 나오는 비명이 뭐꼬? “하나님 나에게 왜?”라는 외침 아닌가 말이다. 지금 욥이 하나님을 향해 하나님 왜 이러십니까? 라면서 요리조리 되짚는 반문을 두고 조직신학적으로 논의하는 것 자체가 어불성설이다카이. 그러니까 말이다. 욥더러 하나님을 제대로 이해해야 한다고 주문할 것이 아니라 욥의 질문과 부르짖음을 바로 이해해야 한다는 말인기라. 이게 바로 욥기서를 읽는 목적이 되어야 한다는 말이지.

그런데 문제는 말이다. 사람들이 욥의 독백에 자꾸 어떤 해답을 줄라고 하기 때문에 문제인기라. 욥은 지금 어떤 정확한 답을 얻기 위해 질문을 하고 있는 게 아니란 말이지. 욥 자신도 이미 알고 있다고 했잖아. 지금은 그냥 자신에게 일어나는 분노, 회의, 질문들을 막 쏟아 놓고 싶은 거란 말이지. 그렇게 해서라도 하나님의 사랑을 좀 느끼고 싶은 것이지. 그런데 진짜 문제는 하나님은 냉정하게도 전혀 반응을 하지 않는 거란 말이다. 하나님의 임재를 바라는 욥에게 하나님은 침묵으로 답하신 것이지. 침묵한다고 해서 부재하신다고 말할 수 없는 게 아니겠나. 그러니 더욱 간절하게 말 좀 해달라는 거겠지. 바로 이 점이 욥이 느끼는 절망이라는 거 아니겠노?

만일 악인들이 자신의 눈 앞에서 심판 받는 모습을 보기라도 한다면 이렇게까지는 절망하지 않을 거라고 한숨을 쉬면서까지 말이다.

“하나님, 왜 나에게 고통을?”이라는 질문에 대하여 누가 답을 할 수 있단 말이고? 지금까지 욥기를 읽고 연구한 사람들치고 시원한 답을 내놓은 사람이 있던고?

마 욥기 연구로 신학박사 수백명이 나왔는지는 몰라도 내사마 뾰쪽한 답 난 못들어봤데이.

한마디 덧붙인다면 말이야. 우리 고통받는 사람들의 입장에서 하나님을 향해 품는 원망이 하나 또 있지. 예를 들어 어떤 부모가 자기 능력이 모자라서 자녀에게 무엇을 못해준다면 그 부모는 마음이 쓰릴지는 모르겠지만 자식들은 그러려니 하며 이해는 한다고. 능력이 안되는데 우짜겠노. 그런데 해 줄 능력이 있으면서 아무 것도 안해 준다고 할 때 성질이 나는 거란 말이지. 안해주면서도 눈하나 깜빡거리지 않는 부모의 갑질이 더 원망스러운기라.

그러니까 하나님 말이다. 죽은 자도 살릴 수 있고 암환자도 벌떡 일어나게 하실 수 있지 않나 말이다. 우리 눈 앞에서 악을 행하는 자들 모두 싹 쓸어 버리실 수도 있지 않겠노. 성경에도 그 예가 수두룩하게 많고 또 교회에 가면 그런 간증들이 넘쳐나잖아. 그런데 문제는 말이다. 내가 그런 간구를 하면 잠잠하신다 말이야. 뭐 사람 차별하는 것도 아니고 말이야. 그러니까 사람들은 우리들한테 문제가 있는 거라고 손가락질을 한다니까.

하나님이 못하셔서 안해 주신다면 나도 아무 말 안하겠어. 그런데 말이다. 할 수 있는데 왜 안하신단 말이꼬? 아니 다른 사람들한테는 잘 해주시면서 나한테는 대꾸도 안하신단 말이지. 이게 사람을 더 미치게 하능기라. 욥이 말은 안했어도 아마 이런 심정이 아니었을까 한다.

심문8 및 변호82)

빌닷의 심문(25:1-6)83)

속기록(25장) 자 이제 그만하자

수아 사람 빌닷이 입을 열었다. 하나님은 주권과 권능을 가지셨으며 높은 곳에서 화평을 이루시는 분이시로다. 그대가 하나님의 군대의 수를 셀 수 있겠는가? 그가 비추는 빛을 받지 않는 자가 누가 있단 말인가? 그런즉 어찌 하나님 앞에서 사람이 감히 의롭다고 주장할 수 있으며 여인에게서 난 자가 어찌 깨끗하다 할 수 있겠는가? 비록 달이라도 하나님 눈에는 밝은 것이 아니며 별들마저 청명한 것이 아닐진대, 하물며 벌레와 구더기같은 인생이야 말해 무엇하겠는가?1-6

이상입니다

(배심원 회의) 그럽시다 재판 빨리 끝냅시다

배심원1: 오늘의 빌닷의 짧은 변론에서는 하나님의 주권을 찬양하는 말로 시작한 다음 엘리바스가 이미 두차례나 제시했던 논증속기록 4:17; 15:14-16을 한마디로 정리하여 결론적인 주장으로 내놓습니다. 즉 하나님 앞에서는 그 어떤 사람이라 할지라도 의롭다고 주장할 수 없다는 것입니다. 그 다음 하나님의 정결하심을 찬양

82) 상식적으로 생각하면 욥의 변호 부분이 지나치게 길고 소발의 심문이 빠진 채 친구들의 모든 심문절차를 마치고 바로 다음 엘리후가 등장하는 것이 부자연스럽기는 하다. 따라서 욥의 긴 변호부분은 두번의 변호가 합쳐진 것으로서 중간에 소발의 심문부분이 있었다고 보는 것이 자연스럽다고 보는 견해가 많다. 그래서 이들은 이미 소개한 것처럼 24:18-24절 부분을 소발의 마지막 심문으로 보고 27:17절과 18절 사이에 삽입시키는 게 원래의 포맷으로 생각한다.

83) 많은 학자들은 빌닷의 세번째 심문내용이 26:14절까지 연결된 것으로 본다. 대표학자가 Clines 이다. 그러나 이런 견해를 반박하는 학자들은 그런 임의적 재배열을 뒷받침해 줄 만한 사본상의 증거가 없다는 점을 들어 반대한다.

하며 벌레같은 인생을 대비한 후 짧은 변론을 마칩니다.

배심원2: 왜 말을 하다 말지? 다 끝난거야? 이제 더 이상 할 말이 없다는 증거네. 욥의 주장에 반박을 하기 보다 엘리바스의 주장을 요약한 것을 보면 욥의 주장에 더 이상 반박할 말을 못 찾았다는 걸로 보입니다. 사실 그동안 친구들이 한결같이 너무 말도 안되는 논리로 우격다짐만 하더니만 빌닷이 오늘 짧게 자신의 소견을 밝힌 것은 더 이상 심리가 의미가 없다는 심정을 나타낸 것으로 보입니다.

배심원4: 아이코 나도 좀 당황스럽긴 합니다만 무슨 뜻이 있을 거라고 봅니다. 그렇다면 오늘 발언의 행간을 잘 살펴 보는 게 중요하지 않을까요? 함께 속기록 검토의 시간을 가질 것을 제안합니다.

배심원3: 오늘 간략해서 좋네. 그래요 변론은 이렇게 해야 하는 겁니다. 간단명료! 근데 문제는 내 머리로는 간단하게 정리가 안된다는 게 문제입니다. 어떡하든 우리가 결론을 내려면 배심원4의 제안을 받아들여 우리 배심원들도 이제 입을 모아야 할 시간이 온 것 같습니다.

배심원5: 간단해서 좋네요. 이제 재판 빨리 끝나나 봅니다. 할 일도 쌓여 있고 가족들도 기다리니 난 빨리 끝나기만 기다립니다.

당하알 하박사: 당하알 하박사입니다. 지난 번 강의 중 속기록에 문제가 있다고 한 저의 주장에 댓글로 엄청난 반응을 보여 주신 모든 분들께 먼저 감사의 말씀을 드립니다. 저는 솔직히 항의성 댓글로 엄청나게 시달릴 줄 알았습니다만 생각보다는 긍정적인 반응과 또 한편으로 걱정해 주시는 분들이 반반 정도였습니다. 긍정적인 반응으로는 그렇게 읽어야 욥기서의 맥을 바로 잡을 수 있다고 동의를 해 주셨고요 또 여러분들께서는 제가 근무하고 있는 보수 신학교에서 살아 남을 수 있

겠는가 하고 걱정을 해 주셨습니다. 다행히 저희 신학교에서는 학문의 자유를 어느 정도 인정하고 있어서 제가 운신할 수 있는 폭이 큰 편입니다. 다시 말씀 드리지만 저도 속기록 오류가 있다고 단정적으로 주장하는 것은 아닙니다. 다만 새로운 주장을 받아들여 읽을 때 좀 더 합리적인 해석을 할 수 있다고 생각해서 그 주장을 따르는 편이라고 말씀 드립니다. 사실 어떤 분은 저를 학교에 고발하겠다고까지 댓글을 다셔서 좀 조심해야겠다는 생각은 들었습니다.

그래서 제가 나의 주장이 아니라 속기록을 재정리하는 것이 해석상 더 논리적이라고 주장하는 학자들의 주장을 다시 정리해 드리겠습니다. 이 주장을 받아들이고 안받아들이고는 전적으로 여러분 개인의 선택이라는 말씀을 드립니다.

그럼 요약해 드리겠습니다.

지금 유력한 욥기서 주석가들은 빌닷의 변론이 지금 25:1-6으로 끝나지 않고 이어서 26장 14절까지 이어진 것으로 본다. 그리고 욥의 변호가 27장 1절로부터 시작하여 일단 6절에서 끝나고 그 다음 소발의 심문이 시작된다.27:1-6 이에 다시 욥이 반박하고11-12절 또 다시 13-17절까지가 소발의 심문이 계속 된다. 24:18-24 부분이 그 다음 소발의 발언이 이어지는 것으로 본다. 그리고 27:18-23으로 연결하여 끝까지 계속된다고 본다.[84]

저도 이 분들의 의견을 따르기 때문에 오늘 본문을 6절에서 끊고 26장 14절까지를 빌닷의 스피치로 보기 때문에 속기록이 있는 그 부분에 가서 다시 논의를 하기로 하겠습니다.

다만 한가지만 코멘트하자면 빌닷의 벌레 구더기 발언은 소위 "구더기신학"이라고 이름 붙일 수 있는 것인데 사람을 너무 희화화한게 아닌가 생각이 들긴 합니다. 따라서 여러 학자들은 빌닷의 이런 생각이 성경이 말하는 인간론에 위배되는 것이라고 지적하기도 합니다.[85] 인간이 하나님의 형상으로 지어진 존귀한 존재이

84) 이런 주장의 대표학자가 Clines이다.
85) Longman, Tremper III. *Job*. Kindle Locations 7928-7929. Baker Publishing Group.

기 때문에 빌닷의 이런 표현은 진리에서 빗나간 발언이라는 것입니다. 그리니 하나님께서 "지렁이같은 이스라엘"[86]이라고 부르지 않았습니까? 그런 면에서 저는 빌닷이 인간은 하나님을 전적으로 이해할 수 없는 무능력한 존재라는 뜻으로 말했다고 보기에 적절한 발언으로 생각합니다.

왜냐하면 빌닷이 욥에게 답을 준 것이기 때문입니다. 욥의 주장—즉, 하나님의 정의가 자꾸 연기되어 행사되지 않고 그래서 하나님의 절대적 주권에 회의를 품게 되었다. 세계질서는 엉망진창이 되고 말았다. 악인을 그대로 두신다—은 하나님께서 온 우주에 그의 권능을 채우시기만 하면 한 순간에 정리가 된다는 것입니다. 그렇다면 사람들은 하나님 앞에 구더기나 벌레같은 존재일 뿐이라고 욥에게 냉소적인 답을 한 것으로 보입니다.

자 오늘은 여기까지입니다. 오늘도 여러분의 의견을 댓글로 남겨 주시고요. 다만 악플은 자제해 주시면 감사하겠습니다.

당고알 고집사: 내사마 성경의 무슨 비평 캐싸면서 편집이 어떻고 하는 것 별로 안좋아한데이. 그런 주장이 아주 신빙성이 없다거나 학문적으로 들어볼 가치가 없다고 말하는 건 아니지만 내 주장은 그런 열심은 이렇게 유튜브 채널에서 공개적으로 말할 것이 아니라 연구실에서나 열심히 하라는기다. 그러나 강대상에서나 상담할 때는 제발 그런 소리하지 말라는 거야. 난 빌닷이 이쯤해서 말을 그쳤다고 있는 그대로 받아들이는 것이 맞다고 본다. 지금 편집설을 주장하는 학자들의 의견도 존중해야겠지만 현재 우리가 사용하고 있는 성경을 채택할 때나 그것을 번역할 때 참여했던 신실한 학자들의 주장도 똑같이 중요하다고 생각해야 된다는 말이지. 그렇다면 자신들의 주장이 백퍼센트 확실한 증거로 채택될 때까지는 현행의 포맷을 존중해야 한다는 게 내 주장일세.

저 당하알 하박사 요즘 너무 잘 나간단 말이야. 조회수가 엄청 많아서 지금은 저

---

86) 이사야 41:14

걸로 밥 벌어 먹고 산다니까 좀 부럽기도 하다만. 그런데 좀 시청자들이 선호하는 방향으로 나가는 건 아닌가하고 째끔 염려는 된다카이. 그래도 잘 들어보면 자기 주장을 늘어놓는 분은 아니거든. 이번 욥기서 특강도 전문적으로 연구한 분들의 견해를 두루두루 설명해 주기 때문에 발란스가 있다고 봐. 정리의 달인이라고나 할까? 나의 쪽집게 과외선생이올시다.

그런데 지금 방송에 하나 흠이 있다면 중간 중간에 웬 광고가 그렇게 많이 붙는지 조금 집중해서 들을라카면 끊어지고 또 끊어지고 그게 흠이란 말이지. 또 광고를 할라치면 성경주석이라든지 신학서적같은 걸 광고해야지 무협지나 만화 광고가 웬말인고? 인공지능이 하나님을 안 믿어서 그런게지. 뭘.

심문8 및 변호

욥의 변호(26:1-28)

(속기록 26장) 너희들이 참지혜를 알기나 해? 모르면 말을 하지마.

욥이 말을 받았다.[87] 네가 힘없는 자들을 참 잘도 도와 주는구나. 기력없는 팔도 참 잘 잡아주는구나. 또 지혜없는 자를 잘 가르치며 큰 지식 자랑도 참 잘하는구나. 누가 너에게 그런 말을 가르쳤는가? 누구의 영감이 네게서 나왔는가? 죽은 자의 영들이 물 밑에서 떨며 물에서 사는 것들도 그러하도다. 하나님 앞에서는 스올도 벗은 몸으로 드러나며 아바돈[88]도 가려지지 않는도다. 그는 북쪽 하늘을 허공에 펴시며 이 땅덩어리를 아무 것도 없는 빈 곳에 매달아 놓으시고 물을 빽빽한 구름으로 싸시사 물이 구름 밑으로 터져 나오지 못하게 하셨도다. 그는 보름달을 가리시고 구름을 그 위에 펴시며 수면에 경계를 그어 빛과 어두움을 나누셨도다. 그가 꾸짖으신즉 하늘기둥이 흔들리며 놀라는도다. 그가 능력으로 바다를 잔잔하게 하시고 그 지혜로 라합[89]을 깨뜨리시는도다. 그의 입김으로 하늘을 맑게 하시고 그의 손으로 날렵한 뱀을 찌르시는도다. 그러나 이런 것들은 그가 행하시는 능력의 극히 일부분일 뿐이며 우리가 그에게서 듣는 것도 미세한 속삭임에 지나지 않는도다. 그러니 그 누가 능히 하나님의 큰 능력의 우레소리를 헤아릴 수 있겠는가?[1-14]

---

87) 앞에서 밝힌대로 여러 학자들은 26장이 25장의 연속된 빌닷의 발언으로 본다.

88) 스올과 병치되어 나온 단어 '아바돈'을 원어 그대로 사용하기도 한다.(NASV, RSV). '아바돈'은 앞에 나온 스올과 같은 의미로 쓰이며 죽음, 파괴, 멸망을 뜻한다. 구약성경에 여섯 번 쓰였다.(Job 26:6; 28:22; 31:12; Ps. 88:11; Prov. 15:11; 27:20). 개역개정과 대부분의 역본들은 "멸망(destruction)"으로 번역한다.

89) NKJV는 "라합"을 "폭풍"으로, 한글 현대인의 성경은 "바다의 교만"으로 번역한다. 라합에 대해서는 앞부분 9장 13절의 각주를 참조하라.

(속기록 27장)[90] 내가 한 수 가르쳐 주지

욥이 비유를 들어 말을 이었다. 나의 의로움을 부정하신 하나님, 내 영혼을 괴롭히시는 전능자 앞에 내가 맹세하노니, 내 안에 아직 생명이 있고 내 코에 하나님의 숨결이 아직 살아 있는 한 결코 내 입술이 불의를 말하지 않을 것이며 내 혀가 거짓말을 하지 않을 것이오. 나는 결코 너희를 옳다 인정할 수 없으며 내가 죽어도 내가 온전하다는 생각을 버리지 않을 것이로다. 내가 나의 의로움을 굳게 잡고 놓지 않으리니 내 양심도 나의 생애를 비웃지 않을 것일세. 나의 원수들과 나를 치는 자들이 악인들과 같이 벌 받기를 원하노라. 하나님이 불경건한 자의 생명을 끊어버리신다면 그에게 무슨 희망이 있겠는가? 환난이 그에게 닥칠 때에 하나님께서 그의 울부짖음을 들으시겠는가? 그가 전능자 안에서 기뻐하고 항상 하나님께 부르짖을 줄 아는가? 내가 그대들에게 하나님의 능력을 가르쳐 주겠소. 전능자의 도를 내가 숨기지 않겠소. 이미 그대들은 이것을 보았으면서도 어째서 그토록 무의미한 말을 지껄이고 있단 말이오? 악인이 하나님께 얻을 분깃, 포학자가 전능자로부터 받을 유업은 이것이니 비록 자손이 번성하다 할지라도 그들의 운명은 칼이라. 또 그 후손들은 배불리 먹을 것이 없을 것이로다. 혹시 살아남은 자가 있을지라도 역병으로 죽을 것이며 그들의 과부들은 울지도 않을 것이로다. 그가 비록 은과 의복을 산더미처럼 쌓아 놓아도 그가 준비한 옷들은 의인들이 입을 것이며 쌓아놓은 은들은 죄없는 자들이 나눠 가질 것이로다. 그가 지은 집은 나방이 지은 집 같고 일꾼들이 사는 움막 같도다. 부자로 잠자리에 들지라도 다시는 그 부요함을 누리지 못할 것이요 눈을 뜬 즉 모든 것이 사라져 버릴 것이로다. 이제 두려움이 홍수처럼 닥칠 것이요 폭풍이 밤에 그를 쓸어갈 것이라. 동풍이 그를 들어 메어쳐서 자기 처소에서 날려보낼 것이로다. 폭풍이 사정없이 그를 날려 버리

---

90) 27장의 재배열에 대해서는 학자들간에 견해가 크게 갈린다. 먼저 Clines의 주장에 따르면 27장 1-6절과 11-12절이 욥의 발언이며 7-10절과 13-17절 부분을 소발의 심문으로 본다. 그리고 17절과 18절 사이에 소발의 발언으로 보이는 24장 18-24절이 삽입되고 그후 다시 소발의 발언이 27장 18-23절로 이어진 것으로 본다. 이런 재배열을 통해 욥기 전체 구조에서 친구들과 욥이 주고 받았던 논쟁들이 일관성을 유지한다는 주장이다. 하지만 MT(Masoretic Text)의 배열대로 장 전체를 욥의 발언으로 본다는 주장들이 주류를 이룬다. 욥의 발언으로 받아 들여도 그의 논리에 모순이 있거나 논쟁의 흐름에 지장이 없다는 것이다.

므로[91] 안간힘을 써서 빠져나와 도망치려 해도 피하기가 어려울 것이라. 사람들이 그를 보고 손뼉을 치며 그의 처소에서 비웃을 것이로다.[1-23]

(속기록 28장)[92] 왕년에 내가 보석을 좀 만져서 아는데

은을 캐는 광산이 있고 금을 정련하는 제련소가 있으며 철은 땅에서 캐내고 구리는 광석을 녹여서 얻는도다. 사람들은 땅속 깊이 파고 들어가서 아주 어두운 곳까지 탐지하여 광석을 캐내도다. 그들은 사람이 사는 곳에서 멀리 떨어진 곳 즉 사람의 발이 닿지 않는 곳에 갱도를 깊이 뚫고 줄을 타고 매달려서 외롭게 일을 하는도다. 먹거리는 땅에서 나오지만 그 밑에서는 용암이 들끓고 있도다. 돌에서 청옥이 나오고 사금도 섞여 있도다. 거기 가는 길은 솔개도 알지 못하고 매의 눈도 찾지 못하는도다. 용맹스러운 맹수도 그 길을 밟아 보지 못하고 사나운 사자도 그리로 지나가지 못하도다. 사람들은 단단한 바위를 깨고 산뿌리까지 파들어가서 바위에 굴을 뚫어 각종 진귀한 보물을 찾아내는도다. 그들은 물줄기를 찾아내며 숨은 보화들을 밝은 데로 가지고 나오는도다.[93] 그러나 지혜는 어디서 얻으며 명철이 있는 곳은 어디인고? 아무도 그 가치를 알지 못하나니 사람 사는 땅에서는 찾을 수가 없구나. 깊은 물이 말하기를 "내 속에 있지 않도다." 바다가 말하기를 "나와 함께 하지 않도다" 하는도다. 지혜는 순금으로 바꿀수 없고 은으로도 살 수가 없도다. 또 지혜는 오빌의 금이나 값진 마노나 사파이어로도 그 값을 치를 수가 없도다. 황금이나 수정과도 비교할 수 없고 금보석과 바꿀 수 없도다. 지혜는 진주와 벽옥으로도 살 수 없고 지혜의 값은 산호보다 귀하도다. 또 이디오피아의 토파즈[94]와도 비교할 수 없고 순금을 주고도 살 수가 없도다. 그런즉 지혜는 어디

---

91) 22절의 개역개정의 "하나님은 그를 아끼지 아니하시고 던져버릴 것이니"의 하나님을 '폭풍'으로 번역하는 역본들도 있다.(NIV, NASV, NRSV). 본 속기록에서는 이 번역을 채택했다. 그렇게 번역하는 것이 앞뒤 문맥에 일치한다.

92) 28장을 27장에 이어 계속된 욥의 발언의 일부로 보는 견해 대신 그 다음 장에 나오는 욥의 최후진술 또는 독백으로 묶어 생각하는 학자도 있다.(Longman). 그러나 Clines는 32:1-37:24와 28:1-28이 연결된 엘리후의 스피치로 본다.

93) 개역개정은 "반석에 수로를 터서"(10)와 "누수를 막아 스며 나가지 않게 하고"(11)로 번역한다.그러나 "바위에 굴(터널)을 뚫고"와 "물줄기" 또는 "강의 근원"으로 해석하는 것이 자연스럽다.(NIV).

94) 보석의 일종

서 오며 명철이 머무는 것은 어디인고? 그것은 모든 생물의 눈으로부터 감추어져 있고 공중의 새에게서도 숨겨져 있도다. 멸망과 사망도 말하기를 우리도 귀로만 그 소문을 들었다 하는도다. 오직 하나님만이 그 지혜가 있는 곳을 아시며 그 길을 아시노라. 이는 그가 땅 끝까지 감찰하시며 온 천하를 살펴 보시기 때문이로다. 하나님은 바람의 무게와 물의 수량을 달아 보시며 또 비내리는 법칙을 정하시고 천둥번개가 지나갈 길을 정하시도다. 바로 그때 그가 지혜를 보시고 선포하시는도다. 진정 그가 지혜를 굳게 세우시며 탐구하셨도다. 그리고 사람들에게 말씀하시기를, "주를 경외하는 것이 지혜이며 악에서 떠나는 것이 명철이도다" 하셨도다. 1-28

(배심원 회의) 욥이 보석방을 운영했던가?

배심원1: 욥의 태도가 다분히 냉소적으로 바뀌었군요. 스스로를 "힘없는 자", "기력없는 팔", "지혜없는 자"라고 하면서 친구들을 향하여 그런 자신을 잘도 도와 준다고 비아냥거립니다. 아무에게도 도움이 되지 않는 그 지혜가 도대체 어디에서 온 것이냐고 빈정댑니다. 그러면서 이들의 지혜와는 비교가 되지 않는 하나님의 권능과 주권을 찬양합니다. 먼저 욥은 하나님의 주권이 땅 밑과 죽은 자들에게도 미친다고 강조합니다. 욥이 르바임[95]이란 단어를 사용하여 이를 스올과 아바돈과 비교하여 점증법을 사용하여 자신이 말하고자 하는 핵심을 정확하게 전달하려고 한 것 같습니다. 즉 이것들은 사람들의 최고 두려움의 대상이니까요.

욥은 이어서 하나님의 주권은 그가 친히 창조하신 하늘과 바다 그리고 산까지 미치지 않는 곳이 없다고 힘주어 말합니다. 그런데 그런 하나님은 피조물들을 그 창조원리대로 움직이는 데 그 힘을 사용하시지만 때로는 창조질서를 뒤흔드시는 데 사용하시기도 한다는 것입니다. 이런 하나님의 섭리를 누가 이해할 수 있겠는가? 반문하며 욥은 숨을 잠깐 고릅니다. 속기록 26장

---

95) 26:5절에 죽은 자들 또는 죽은자들의 영들로 번역된 원어가 "르바임"이다. 잠언 9:18이나 이사야 26:14 등에서 같은 단어가 쓰였다.

다시 발언을 시작한 욥은 살아계신 하나님 앞에 맹세하건대 자신은 거짓이 없고 무죄하다고 단호하게 말합니다.

그리고 나서 욥은 자신을 고발하고 있는 친구들을 신랄하게 비난합니다. 속기록은 이 부분이 욥이 비유로 한 말이라고 적시하고 있습니다.

욥은 먼저 친구들의 증언을 믿을 수 없기에 자신은 양심을 걸고 진실함을 유지하겠으나 자신을 치는 자들은 악인과 같이 벌 받기를 원한다고 탄원합니다. 욥은 악인들의 고통을 적나라하게 열거하면서 악인의 말로는 비참하다고 힘주어 말합니다. 즉 악인은 환난의 날 혹 하나님께 부르짖어도 하나님이 그들의 울부짖음을 듣지도 않으신다. 자손이 번성하다 할지라도 칼이 기다릴 것이며 후손들은 먹을 것이 없이 굶주릴 것이다. 혹시 살아남은 자도 역병으로 죽고 그의 과부들은 울지도 않을 것이다. 그들이 생전에 쌓아두었던 재산은 스스로 누리지도 못하고 사람들이 나눠 가질 것이며 모든 것이 사라져 버릴 것이다. 폭풍과 홍수처럼 이런 심판이 닥쳐 그들을 날려버릴 것이다. 사람들도 이제 그들을 보고 손뼉을 치며 비웃을 것이다.

이렇게 말함으로써 욥은 친구들이 그런 위험에 처했음을 지적하고 있는 것으로 보입니다. 친구들이 참 지혜자라면 악인들이 이러한 길로 가고 있음을 이미 보았을텐데 무지하여 아무 것도 깨닫지 못한다고 비아냥거립니다.27:12 이제 아무리 안간힘을 써도 이런 재앙을 피할 길이 없다고 단언합니다.속기록 27장

계속해서 욥은 말을 이어갑니다. 이제 감정을 좀 추스리고 여러 비유법을 사용하여 자신의 생각을 드러냅니다. 먼저 광산 이미지를 사용합니다. 광산에서 캐내는 각종 광석들은 사람들의 큰 수고를 통해 얻을 수 있지만 지혜는 광산에서 캐낼 수 있는 성질의 것이 아니다. 지혜는 값을 매길 수 없는 것으로서 돈이나 어떤 값 나가는 물건으로도 살 수가 없다. 다음 지혜의 가치를 각종 보석과 비교하면서 지혜는 어떤 보석으로도 바꿀 수 없다고 힘주어 말합니다. 그럼 이 지혜를 어디서 구할꼬? 욥은 반문합니다. 그 지혜는 모든 만물이나 생물들

에게도 숨겨져 있고 죽음으로도 살 수 없는 것이며 그 지혜는 오직 하나님만이 아시고 하나님만이 가르쳐 주실 수 있다고 역설합니다. 하나님이 분명히 사람들에게 말씀하신 경구—"주를 경외함이 지혜요 악을 떠남이 명철이다"—를 들려주며 욥은 발언을 마칩니다. 욥기 28장

배심원2: 욥이 마음을 착 가라앉히고 차분하게 자신의 주장을 비유로 말한 작전은 효과가 큰 것으로 보입니다. 상대방에게 대놓고 핏대를 올리는 것보다 냉소적인 메세지를 통해 스스로 깨닫게 하는 방법이 효과적으로 보이기 때문입니다. 비유나 풍유의 강점을 잘 살린 언어구사법으로서 설득력이 있어 보입니다. 물론 이렇게 했다고 해서 저 강퍅한 친구들이 자신들의 생각을 바꿀 것이라고 생각하지 않습니다. 그럼에도 불구하고 심리 마지막까지 오면서도 흔들리지 않고 자신의 신념을 꿋꿋하게 밀고 나가는 욥에게 점수를 주지 않을 수가 없습니다. 처음부터 끝까지 논리가 일관되었다는 점에서 욥의 변증을 신뢰해야 한다는 점을 말씀드립니다. 물론 나의 개인적인 생각이긴 하지만 지금까지 봐서는 욥의 일방적인 승리로 보입니다.

배심원4: 욥의 일방적인 승리 좋아하시네. 이 게임은 욥의 완패입니다. 신성한 법정심리를 게임이라고 해서 죄송합니다만 친구들과 욥은 분명 게임을 하고 있는 것으로 보입니다. 그렇게 본다면 범죄심리학적 접근을 해 볼 수 있습니다. 범죄심리학에 따르면 말이 많은 사람이 범인일 가능성이 크다는 것입니다. 지금까지 발언의 양을 보십시오. 욥은 친구들이 말을 할 때마다 항상 두배 이상 변명을 늘어 놓았습니다. 별 내용도 없으면서 쓸데없는 말을 많이 했습니다. 처음부터 끝까지 자기변명 아니면 하나님께 아양 떠는 소리 밖에 하지 않았습니다. 결국 자기도 불리하다는 것을 직감한 거라고 볼 수 있습니다. 더욱이 손을 들어주시는 분은 재판장이신 하나님이라고 하면서 아예 재판을 보이콧하고 재판장에게 읍소하는 전략을 구사한 것을 보면 이 심증은 더욱 굳어집니다. 재판장이 결코 온정주의에 빠

지실 분이 아니지 않습니까? 재판은 어디까지나 합리적 의심과 논리에 따라 판결을 하는 것인데 자신의 논리에 자신이 없다는 방증이 아니고 무엇이겠습니까? 그리고 친구들이 자기를 모함한다고 시종일관 징징대고 있으니 재판장이 좋아할 리도 없겠지요. 욥이 애는 많이 썼지만 결과는 뻔해 보입니다.

배심원3: 욥이 광산을 소유했던가요? 아님 보석방을 운영했던가? 그것도 아니라면 아내가 보석광이었던가? 아무리 욥이 비유로 말한다고 했지만 금은보화와 각종 보석들에 대해서 어찌도 저렇게 잘 알고 있을까? 단지 아내가 보석을 좋아했기 때문이라면 저렇게까지 박식하지는 못했을거니까요. 광산에서 금과 은을 캐내는 모습을 저렇게 생생하게 말하는 것을 보면 광산을 소유했던가 아니면 광산을 자기 집처럼 드나들었던 것 같습니다. 그래서 사람들의 부러움을 샀을 것이고 주위에 사람들이 들끓었던 것으로 보입니다. 그러다가 그 모든 것들을 잃어버리니까 주위의 사람들 다 떠나고 친구마저 배신자로 돌변한 것 아니겠습니까? 내가 저 때 살았더라면 욥의 편에 끝까지 서 있을 텐데요.

이렇게 구체적인 증언을 보면 신뢰가 가긴 갑니다만 지금까지 양측 모두 나름대로 자신들의 논리에 충실했다고 봅니다. 비수같은 말을 서로 주고 받으면서 양측 모두 자존심에 큰 상처를 입었기 때문에 결코 질 수 없는 한판으로 보입니다. 나도 이제 어느 편에 설까 결정을 하긴 해야 되는데 아직 확신이 없네요. 점쟁이를 찾아갈 수도 없고 난감합니다.

배심원5: 이제 정말 욥의 최후 변론만 남았군. 최후 변론이 재판에 결정적 영향을 미칠 수 있는데 욥이 얼마나 설득력있게 재판장의 마음을 움직일지 궁금하다. 길게 말한다고 꼭 좋은 건 아닌데 최후변론에서는 욥이 이번처럼 길게 말하지 않는게 좋을 것 같다.

속기록에 문제 있다

당하알 하박사: 오늘도 반갑습니다. 당하알 하박사입니다.

오늘 부득불 속기록 재배치에 대해 다시 설명을 합니다만 이런 의견에 동의하시지 않는 분들은 오늘까지만 좀 참아주시면 감사하겠습니다. 채널을 떠나시지는 마시고요.

지난번 말씀드린 대로 제가 속기록 26장은 25장의 빌닷의 심문 연속으로 보고 또 27장 7-10절을 소발의 스피치로 보는 견해를 따르기 때문에 이 배치에 따라 멘트를 드린다는 점을 양해해 주시기 바랍니다. 그리고 27장 17절과 18절 사이에 소발의 마지막 심문으로 본 24장 18-24절 부분을 삽입합니다. 이건 욥기서 연구의 대가인 클라인스Clines의 주장입니다. 그러나 28장에 대해서는 클라인스의 주장을 따르지 않습니다. 클라인스는 28장을 엘리후의 발언으로 봅니다만 저는 욥의 스피치로 봅니다. 또 롱맨Longman같은 학자들은 또 28장을 욥의 최후변론의 도입부로 보고 29장에서 31장까지 계속된 욥의 최후변론과 붙여서 해석하기도 합니다.

아무튼 이 부분은 욥기서에 있어서 학자들 사이에 가장 논란이 많은 부분이긴 하지만 일반 독자들에게 있어서는 혼란스런 부분이기도 합니다. 일단 이런 논의가 있다는 정도로만 참고하셔도 좋겠습니다.

다음과 같이 26장에서 28장까지 정리해 봅니다.

26장은 25장에서 시작된 빌닷의 계속된 발언이다. 25장에서 빌닷은 하나님을 찬양하는 시를 노래하듯 이야기한다. "하나님은 주권과 권능을 가지셨으며 높은 곳에서도 화평을 이루시는 분이시로다"라고 노래한 그 하나님을 26장에서는 힘으로 자신의 창조물을 다시리시는 모습으로 그린다. 그것이 하나님께서 평화를 이루어 가시는 방법이라고 인식한다.

26장에서 빌닷은 다시 하나님의 창조를 찬양한다. 그는 하늘을 북쪽 창공에 펴시며 땅덩어리를 우주에 달아 놓으시고 물을 구름 위에 싸셨으나 구름이 찢어지지 않게 보호하셨다. 그리고 빛과 어두움을 나누셨다. 이렇게 하나님의 창조의 경이

스러움을 찬양하다가 빌닷은 톤을 바꾸어 하나님의 위엄있는 능력과 권세를 그의 창조하신 창조물들을 꾸짖고 찌르고 하시는 모습으로 그린다. "누가 능히 하나님의 큰 능력의 우레소리를 이해할 수 있겠는가?" 반문한다.

욥이 대응한다.27:1-6 지금까지 견지해 온 논법과는 사뭇 다른 새로운 방법으로 욥은 자신을 변호한다. 여기서 욥은 하나님을 더 이상 공격하지 않는다. 대신 맹세법을 사용한다. 이런 방법은 새로운 형태의 저주법이다. 즉, 자신이 말한 것이 진실하지 않다면 하나님을 저주하게 될 것이다. 왜냐하면 하나님의 이름으로 맹세했기 때문이다.96) 이것이야말로 욥의 벼랑끝 전술이라고 말할 수 있다. 하나님께서 자신의 의로움을 부정하시고 친구들 역시 자신의 일생의 삶을 부정하기 때문에 이제 믿을 건 자신의 무죄에 대한 신념 밖에는 없다는 것이다.27:5 여기서 일부 주석가들은 욥의 유치한 신앙수준을 탓하기도 한다.

소발이 다그친다.27:7-10 소발은 욥에게 한 이전의 자신의 주장을 다시 한번 반복한다. 악인이 받을 고난을 재차 강조한다. 악인은 반드시 벌을 받아야 한다. 악인의 울부짖음은 하나님도 외면하신다고 확신한다. 또 환난 가운데서도 하나님께 부르짖지도 않는다고 지적한다. 소발이 비유하고 있는 악인이 지금 욥을 가르키고 있다는 사실이 분명해 보인다.

욥이 대꾸한다.27:11-12 욥은 소발과 친구들에게 허탈해한다. 지혜자라고 자처하는 자들의 지혜가 헛된 것을 안 것이다. 그래서 오히려 자신이 하나님의 능력을 가르쳐 주겠다고 반박한다. 하나님을 경험한 사람이라면 그런 논리를 펼 수 없다는 것이다. 욥은 지금 친구들이 쓸데없는 이야기만 씨부렁 거린다고 대꾸한다.

---

96) Clines, Job 212-37. p.649

소발이 다시 도발한다.27:13-17 소발은 여기서 악인의 말로를 자손들의 운명으로 대입하여 설명한다. 인생에게 있어서 자손의 축복을 보기 원하는 것은 인지상정이다. 당시 문화에서 자손들의 축복은 믿음의 증거다. 소발은 그 점을 착안하여 동일한 원리로 욥을 옥죈 것이다. 벌을 받는 것도 죄가 있어서 그렇듯 자손이 잘못되는 것 역시 부모의 죄 때문이라는 암시다. 욥의 자녀들이 비참하게 죽은 것을 염두에 둔 듯하다. 소발은 의인의 많은 자녀는 축복의 상징이지만 악인의 많은 자녀는 오히려 죄짐이라고 비교했다. 악인의 자녀들은 먹을 것도 없고 근근히 살다가 전염병으로 죽게 될 운명이라는 것이다.14-15

소발이 변론을 이어간다.24:18-24 소발은 악인의 운명을 눈이 녹는 것과 비교한다. 그만큼 빨리 사라진다는 것이다. 또 흔적도 남기지 않는다는 것과 기억되지 않고 잊혀진다는 점이 공통점이다. 나무가 꺾인다는 이미지 역시 멸망을 의미한다. 기억되지 않는 인생이란 본질적으로 태어나지 않은 인생과 같은 것이다. 하나님이 창조하신 인생은 영원히 기억되는 존재이기 때문이다. 악인들이 잠시 평안을 누리고 잠깐동안 높아졌다 할지라도 하나님은 매와 같은 눈으로 그들을 감찰하시기 때문에 그들은 결국 아궁이로 들어가는 볏단처럼 될 것이라고 강조한다.

계속 쏟아낸다.27:18-23 소발의 마지막 발언 역시 악인의 운명이 주제다. 악인들이 짓는 집은 사상누각이다. 모래 위에 지은 집 같다. 그러나 문제는 악인들은 자신들이 구축한 집이 그렇게 부실하다는 사실을 알지 못한다는 데 있다. 마냥 영원히 살 것처럼 금과 은을 산더미처럼 쌓아놓고 의복으로 방을 가득 채워놓는다는 것이다. 하지만 기분좋게 누울지라도 눈을 뜨즉 순식간에 모든 것이 사라질 것이다. 이런 심판을 하나님의 손으로 하신다는 것이다. 이런 광경을 목도하는 사람들은 박수를 치며 조롱할 것이라는 말로 소발은 모든 심문을 끝낸다.

자 이렇게 정리해 보았습니다. 저는 이런 재배치가 합리적이라고 생각하지만 어디까지나 제 개인적인 생각이라는 것을 다시 한번 말씀 드립니다.

소발은 이번 심리에서 욥에게 직접적인 심문이나 질문 또는 권고를 하지 않습니다. 다만 악인의 운명에 대해 장황한 설명을 합니다. 아마도 이런 간접적인 호소를 통해 욥이 악인의 길을 고집하지 않고 돌이킬 것을 기대한 것 같습니다. 아니면 마지막 심리에서 욥을 더 이상 설득하는 것이 무의미하다고 생각했는지도 모릅니다. 그럼에도 불구하고 자신의 주장을 계속함으로서 마지막 선택은 여전히 욥에게 있음을 암시한 것으로 보입니다.

그럼 28장에 대해 좀 살펴보지요. 클라인스는 28장을 엘리후의 스피치로 보지만 저는 욥의 발언으로 봅니다. 왜냐하면 28장의 내용이 욥의 주장과 일맥상통하기 때문이고요 또 지금의 성경배치와도 일치하고 있기 때문입니다. 욥은 고통의 억울함을 풀어주시는 분은 오직 하나님 밖에 없다는 생각으로 논쟁을 시종일관하지 않습니까? 28장도 오직 하나님에게만 지혜가 있다고 노래하고 있기 때문에 욥의 발언으로 보는 게 합리적이라고 봅니다.

자, 그럼 28장의 내용을 보겠습니다.

욥은 먼저 광산을 예로 들면서 인간의 기술과 능력을 개척적인 정신으로 무장하여 많은 성취를 가져 온다고 언급합니다. 그러나 세상의 모든 가치를 초월하는 지혜는 광물을 캐는 것처럼 결코 사람이 탐색하고 발견할 수 있는 성질의 것이 아니라고 못박습니다. 인간의 노력으로 얻을 수 있는 성질의 것이 아니라는 점을 분명히 한 것입니다. 인류가 생긴 이후 자고로 수많은 사람들이 지혜를 얻으려고 갖은 방법과 수고를 다해 왔다는 사실도 암시하고 있습니다. 그러나 지혜는 그렇게 수고로 획득하고 소유할 수 있는 성질의 것이 아니라는 점을 분명히 하고 있습니다.

이제 욥은 "지혜는 어디서 얻으며 명철이 있는 곳은 어디인가?"[20]라는 근본적인 질문을 던집니다. 그건 자신의 경험적 회의로부터 나온 개인적인 의문이자 또 세상 모든 사람에게 던지는 질문이며 도전이다. 그러니까 지혜와 명철은 부귀영화라든가 또는 선현의 지혜나 또는 지혜자로 자칭하는 사람들로부터 얻어지는 것이 아니라는 선언입니다. 그리고 욥은 대안으로 답을 내놓습니다. 하나님만이 참 지혜를 주실 수 있는 분이라는 것이지요. "하나님이 그 길을 아시며 있는 곳을 아시나니"23 이렇게 답합니다. 자문자답인 셈입니다. 마지막으로 욥은 지혜는 어떻게 얻을 수 있는지에 대해 말합니다. 자세한 설명이나 어떤 다른 서술이 필요없이 하나님이 주신 말씀으로 간단하게 선포합니다. "주를 경외하는 것이 지혜요 악을 떠남이 명철이다"28라고.

한마디 덧붙이자면 어떻게 경건한 욥이 저주를 할 수 있을까? 하는 질문에 대해 나름대로 답해 봅니다.

욥이 이렇게 말한 것에 대해서 많은 사람들이 욥의 불경건한 태도를 문제 삼습니다.

"나의 원수들과 나를 치는 자들이 악인들과 같이 벌 받기를 원하노라. 하나님이 불경건한 자들의 생명을 끊어버리실 때는 그들이 무슨 희망이 있겠는가?"27:7-8라고 말한 것을 두고 그렇지요.

이어진 표현은 어떻게 경건한 사람이 그렇게까지 표현할 수 있을까 의문이 들 정도입니다.

"악인이 하나님께 얻을 분깃, 포학자가 전능자로부터 받을 유업은 이것이니 비록 자손이 번성하다 할지라도 그들의 운명은 칼이라. 또 그 후손들은 배불리 먹을 것이 없을 것이로다. 혹시 살아남은 자가 있을지라도 역병으로 죽을 것이며 그들의 과부들은 울지도 않을 것이로다."13-15 칼과 역병으로 죽을 것이라 저주하고 살아남은 과부들은 전혀 개의치 않을 것이라는 독설입니다.

우리는 이것을 어떻게 이해해야 할까요? 정말 욥의 신앙이 밑바닥을 드러낸 상황일까요? 저는 이렇게 생각합니다. 욥이 겪은 이런 처절한 경험 즉 심리적, 영적, 정서적 밑바닥 경험을 통해 진정한 하나님에 대한 지혜를 얻는 과정이었다고 봅니다. 마치 광산에서 금을 캐내어 정련하는 과정에 엄청난 고통과 인내의 과정이 따르듯 하나님을 아는 지혜 역시 엄청난 고통의 과정을 통해서 얻을 수 있다는 것입니다. 그것은 감정의 선이 폭발할 정도라는 것입니다. 그래서 이 과정에서 외치는 외마디 비명은 오히려 솔직하고도 진솔한 신앙인의 모습이라는 것입니다.

그러니까 본문의 표현 역시 극심한 고통 가운데 솔직하게 내뱉은 욥의 절규로 보아야 합니다. 시편에는 소위 "저주시"로 분류되는 시들이 많아요. 그러나 그런 시들이 저주를 목적으로 쓴 시가 아님을 우리가 알 수 있듯이 욥의 저주 역시 그렇다고 보아야 합니다.

욥은 이미 17장에서도 친구들을 향하여 저주를 퍼부은 바 있어요. "보상을 얻으려고 친구를 비난하는 자는 그의 자손들의 눈이 멀게 되리라."17:5

또 예를 들면 저주시로 알려진 시편 55편의 말씀은 충격적입니다. 욥의 심정을 그대로 반영한 것 같은 시입니다. 자 읽어 보세요.

> "나를 비난하는 자가 차라리, 내 원수였다면, 내가 견딜 수 있었을 것이다.
> 나를 미워하는 자가 차라리, 자기가 나보다 잘났다고 자랑하는 내 원수였다면,
> 나는 그들을 피하여서 숨기라도 하였을 것이다. 그런데 나를 비난하는 자가 바로 너라니!
> 나를 미워하는 자가 바로, 내 동료, 내 친구, 내 가까운 벗이라니!
> 우리는 함께 두터운 우정을 나누며, 사람들과 어울려 하나님의 집을 드나들곤 하였다.
> 그들이 머무르는 곳, 그곳에는 언제나 악이 넘쳐흐르는구나.
> 죽음아, 그들을 덮쳐라. 산 채로 그들을 음부로 데리고 가거라!55:12-15 새번역

이 시편 저자가 저주를 퍼붓고 있는 대상은 다른 사람이 아닌 어제까지 절친한 친구입니다. 우리는 얼마나 고통스러웠으면 이런 표현까지 내뱉었을까 생각해야 합니다. 진심으로 친구들을 저주한 것이 아니라 미움으로 나타난 지극한 사랑의 한탄이라고 보아야지요.

오늘 여기까지 입니다. 아무튼 소발의 발언을 재편집하여 설명한 점 널리 이해해 주시고요. 새로운 학문적 접근법을 소개하려고 했다고 널리 이해해 주시기 바

랍니다. 너무 심한 댓글로 비난은 이제 삼가해 주시면 감사하겠습니다. 다음 시간 또 만나요.

당고알 고집사: 아이고 머리 아프다카이. 오늘은 저 당하알 하박사 선생 말이 하나도 머리에 안들어 온단 말이라. 속기록을 갈기갈기 찢어서 다시 붙여 놓았는데 우째 내사마 믿음이 안간다 말이다. 수 천년이 지난 이제 와서 원본을 짜맞춘다는 게 가능한가 싶어서 말이다. 우쨌든 오늘은 유튜브 선생의 전문적인 논리에는 내가 뭐라꼬 할 말은 없지만 난 그냥 전체를 욥이 말한 것으로 이해하는 게 마 편한기라. 당하알 저 양반 매우 보수적인 학자로서 꼬장 꼬장하두만 이렇게 가끔 진보적인 주장을 할 때가 있단 말이지. 나름대로 합리적이다 생각하고 새로운 관점이라고 우리들에게 소개해 주면서 각자 알아서 취사선택하라고 가이드를 준 것이니까 당하알 선생께 너무 대들지 않았으면 한다.

이번 변론에서 욥이 여러가지 예를 들어가면서 주저리 주저리 길게 말했지만서도 한마디로 요약하면 '너희들이 참 지혜를 알기나 해" 이거 아이가? 나는 알고 있는데 너희들은 모른다는 이 말이지. 그런 믿음이 욥을 끝까지 버티게 해 준 힘이 된 거 아니겠나. 고통 당하고 있는 사람들이 버틸 수 있는 힘이 어디서 나오는 줄 아나? 모든 재산 다 잃어버렸지, 자식들 모두 비명에 갔지, 자신은 병에 걸려 오늘 내일 하지, 마누라는 저주하고 떠났지, 친지들도 고개를 절레절레하지, 친구들은 손가락질 하지, 하나님마저 보이지 않지, 이런데 신앙에 회의가 오지 않을 사람이 누가 있겠노? 그럼 대부분 하나님을 떠난다 아이가. 이렇게 실제 상황은 암울해, 소망이 안보여, 하나님도 이해가 안돼, 이런 상황에서 버틸 수 있는 유일한 비결이 뭔지 아나? 그건 바로 지금 욥이 보여준 태도와 똑같은 거라고. 너무 고통이 심해서 입으로 절규하고 저주와 변명을 주절거리기도 하고 회의와 의심이 번갈아 들다가도 가슴속에 마지막 남은 한마디 말씀때문에 버티는 거지. "주를 경외하는 것이 지혜로다." 바로 이 말씀 말이다.

욥이 왜 이 말씀을 자신의 생명줄로 여겼는지 우리는 그 행간을 읽어야 하는기

라. 친구들이나 세상이 붙잡고 있는 게 뭐야? 아니 오늘날도 하나님을 믿는다고 하는 사람들이 금과옥조처럼 붙들고 있는 게 뭐야? 입으로는 하나님, 하나님 말씀 하지만 실제로는 뭐냐 말이야? 축복 아니가 축복? 그런데 그 축복이 뭐꼬? 욥이 이전에 누리던 부귀영화 이걸 축복으로 보는 거 아닌가 말이다. 그런데 그런 걸 몽땅 잃어 버렸으니까 큰 문제가 있는 걸로 보는 거지. 그래서 문제를 해결해야 한다는 거야. 문제를 해결하기 위해서는 회개를 해야 하고 회개하는 방식은 그 뭐꼬? 금식 플러스 뭐? 그런 것 있잖아. 갖다 바쳐야 하는 거지. 말로는 하나님의 마음을 시원하게 해야 문제가 해결이 된다고 하면서 말이다.

사탄도 믿는 사람들의 그런 행태를 정확하게 집어냈고 욥도 똑같은 신자일 거라고 단정해 버린거지. 친구들 이것들 사탄의 대리인 노릇 한기라. 함께 신앙생활을 해 온 동지라고 하지만 실제로는 마귀 새끼들이었던 거야. 물론 내가 친구들 보고 마귀라고 하는 말은 아닐세. 오해 없길 바라네. 오늘날 지상교회의 리얼한 모습을 생생하게 반영하고 있다고 생각하면 되지. 자기가 옳바른 믿음이라고 생각하고 주장하는 것이 자신도 모르게 사탄의 생각을 반영하고 있다는 사실을 알아야 한다는 말이다. 이런 점에서 욥의 친구들은 지금 사탄의 계략을 충실하게 실행하는 대리인인 셈이다 이 말이야. 사탄은 고발자 아닌가? 지금 친구들은 고발자라니까!

이렇게 삼총사가 사방에서 따발총으로 쏘아대는 총탄을 맞아가면서도 의연하게 대처하는 욥. 참 대견하단 말이다. 어떻게 그렇게 할 수가 있었는지 생각해 봤어? 그건 바로 욥이 품 속에 품고 있었던 마지막 하나님의 말씀 바로 그거 때문이야.

세상과 친구들이 생각하는 축복은 물질적인 소유지만 욥이 생각하는 신앙인의 표지는 하나님을 소유하는 것이고 하나님의 지혜를 소유하는 것이라는 거지. 그러니까 물질적인 것을 다 잃어버려도 하나님을 잃지 않는 것 그게 바로 지혜로운 사람이라는 거야. 그러니까 마지막 순간에도 욥은 친구들에게 비아냥대면서 말할 수 있었던거라고. 자칭 지혜자들이 욥더러 지혜가 없다고 하지만 진정한 지혜자는 바로 자신이라고 말하고 있는거야. 마지막 순간까지도 하나님을 소유하고 있으니까 말이지.

이게 바로 신앙인의 마지막 자존심이라고 말할 수 있는기라. 다 잃어 버렸는데 무슨 자존심이야 라고 하겠지만그런 상황에서는 이런 거룩한 자존심만이 사는 길이고 사람 살리는 길인기라. 누가 뭐래도 하나님과 사람 앞에서 당당할 수 있는 진짜 비결은 하나님 그 분을 소유하고 있기 때문이지. 하나님을 소유한다는 건 우리가 어떤 물건을 소유한다는 개념과는 다르다카이. 하나님을 소유한다는 것은 자신이 하나님 품에 딱 안겨서 하나님 밖에는 안보이는 상황을 말하는기라. 이때 진짜와 가짜가 갈리는기다. 하나님이 주시는 떡고물 때문에 신앙생활하는 사람은 더 먹을 게 안나올 때 울고불고 하나님 원망하다가 더 이상 소망이 안 보이면 저주하고 떠난다 아이가. 그렇다면 누가 진짜고? 바로 욥 아이가. 욥이 언제 하나님이 뭐 주신다고 좋아하고 안 주시면 삐지고 했단 말이가?. 욥은 자신이 홀딱 다 벗겨졌을 때 오히려 의엿하게 말하지 않았던고? “주신 이도 하나님이요 가져 가신 이도 하나님이시니 나는 하나님을 찬양할지라”고. 이런 고백이 어떻게 헛소리로 나오겠노? 또 이렇게 신앙고백하면 더 큰 축복주시겠지 하는 얄팍한 생각으로 하나님께 툭 던져본 말도 아니라니까. 다 가져가셔도 난 하나님 자체가 좋다. 이 말이지. 그래서 당당할 수 있었던 거란 말이야. 그러나 친구들은 하나님이 축복을 도로 빼앗아 가셨다고 생각하고 결국 하나님도 욥을 떠났다고 생각한 거야. 참내 고난을 당하는 당사자는 의연한데 옆에 있는 사람들이 더 난리라니까!

오늘날도 똑같애. 자기들이 더 신났어. 무슨 수수께끼라도 풀 듯 달려들어 한마디씩 툭툭 던지고는 재미있어 한다니까. 욥을 진짜 괴롭게 하고 미치게 한 건 바로 친구들이란 말이다. 신앙 좋다고 하는 사람, 기도 많이 한다고 하는 사람들, 은사 많다고 하는 지도자들, 이 사람들이 문제란 말이다. 소위 믿음 좋다고 하는 이 사람들이 아픈 사람한테 다가와서 자기는 한 눈에 안다고 진단한다니까. 음. 너 무슨 죄 지었구나 하면서 해결책으로 갖은 처방과 주문을 다 내놓는기라. 그렇게 안하면 끝까지 저주받는다고 악담까지 덧붙이면 그거 안 따라 할 사람 없어요. 물에 빠진 사람 지프라기라도 잡는다니까.

우리 처제 말이야. 서른 셋 이른 나이에 위암으로 하늘나라에 먼저 갔어. 불치병에 걸렸는데 기도 안할 사람이 어디 있겠노? 처제 부부는 기도원에 올라 가서 목숨 걸고 기도했어. 우리도 금식기도로 함께 했었지. 그때 주위에 있던 기도꾼들이 달려들어서 각종 처방을 내렸나봐. 기도의 양이 차야 돼, 하나님 앞에 걸릴 게 하나도 없어야 해, 생각나지 않는 죄 때문인지도 몰라, 기도는 말로만 해서는 안되고 분에 넘치는 감사의 제사를 드려야 해. 암은 물러가라 먼저 선포하고 이제 병 나은 사람처럼 살아야 해 등등. 그러던 차에 영발이 있다는 강사가 와서 안수기도를 해줬대. 그것도 그 강사목사한테 기도받기 위해 비서실에 특별헌금을 넣어서 순서가 겨우 왔다는 거야. 그 양반이 피골이 상접한 처제를 보자마자, "쯧쯧, 왜 이렇게까지 기다려? 회개를 했으면 회개의 열매를 드려야지. 하나님이 지금 기다리고 계신단 말이야. 지금 환상으로 보여 주시는데 하나님이 자매님의 회개를 받으셨단다. 이제 감사의 재물만 드리면 되니까 걱정하지마. 암? 암 고쳐주시고 말고." 하고 손을 얹고 가더래. 그런데 옆에 서 있던 비서가 귓속말로 "시시하게 드리면 안돼요. 이 기회에 한번에 고치셔야죠"하고 속삭였대. 그래서 처제는 남편과 상의한 후 겨우 장만한 집을 팔아 바쳤지. 그랬더니 "이제 집에 가도 돼요. 암병 하나님이 이미 고쳐주셨어요" 하더래. 그래서 믿고 기도원을 내려왔지. 며칠 후 처제는 하나님 품에 안겼어.

아이코 이런 예는 이 세상 끝나는 순간까지 밤새워 해도 모자랄거야. 내가 굳이 처제 이야기를 하는 건 말이지. 이런 비리를 자꾸 까발리려는 게 아니고 이제 교회가 하나님을 믿는 근본적인 신앙 자체를 바로 가르쳐야 한다는 말을 하고 싶은기다. 자꾸 나보고 말끝마다 교회를 비난하는 마귀같은 놈이라고 카는데 난 사명을 가지고 지금 말하는 거라고. 하긴 내가 말한다고 바뀔 것 같으면 벌써 바뀌었겠지.

욥의 최후변론 (29장-31장)

(속기록 29장) 아, 옛날이여

욥이 다시 비유를 들어 말을 이어 갔다. 하나님이 보호해 주시던 지나간 세월로 내가 다시 돌아 갈 수만 있다면 얼마나 좋을까? 그때에는 하나님이 내 머리에 등불을 비추어 주셔서 내가 흑암에서도 걸어다닐 수 있었다오. 내 인생의 전성기인 그때, 내 집에서 하나님과 따뜻한 교제를 했던 그 시절, 그때에는 전능자가 나와 함께 계셨으며 나의 자녀들도 나를 둘러 있었다네. 내가 걸을 때마다 발이 가축들의 젖으로 적셔질 정도였으며 바위가 올리브 기름을 뿜어 내어 시내를 이룰 정도였도다. 그때에 내가 성문에 나가서 거기 광장에 자리를 잡고 앉을 때, 젊은 이들은 나를 보고 숨고 노인들은 일어 섰으며 유지들도 말을 삼가고 손으로 입을 가렸다오. 귀족들도 말소리를 낮추었으니 마치 그들의 혀가 입천장에 달라 붙기라도 한 것 같았다오. 나에 대하여 듣거나 나를 본 사람들은 모두 나를 칭송하였다오. 그것은 내가 빈민들이 도움을 청하며 부르짖을 때 구해 주었으며 도와 주는 사람이 아무도 없는 고아들을 돌보아 주었기 때문이오. 망하게 된 사람마저 나를 위해 복을 빌어 주었으며 과부들의 마음도 기뻐서 노래하게 했다오. 나는 의를 옷으로 입었고 나의 정의는 내 겉옷과 모자와 같은 것이라오. 나는 맹인에게 눈이 되어 주었고 저는 사람의 발이 되어 주었으며 빈궁한 자의 아버지도 되고 나그네들의 송사도 돌보아 주었다오. 하지만 불의한 자들에게는 그들의 턱뼈를 부서뜨리고 노획물을 빼내 주었다오.[97] 나는 내 보금자리에서 숨을 거둘 것이며 나의 사는 날들은 모래알 같이 많을 것이라고 늘 생각했었다오. 또 나는 뿌리가 물가에 뻗은 나무와

97) 17절 개역개정은 "노획한 물건을 그 잇새에서 빼 내었느니라"로 번역했다. 빼앗아 먹다가 잇몸에 낀 것이라는 뜻이니까 노획물이라고 번역한 것이다. 이 번역은 NASV/RSV/ASV가 'prey'로 번역한 것과 같고 "희생자"로 번역한 한글 새번역과 현대인의 성경은 NIV/NKJV/NLT의 "victims"의 번역과 함께 한다.

같고 그 가지가 밤새 이슬에 젖은 나무와 같아서 내 영광은 날로 새로워지고 내 손에는 늘 새로운 화살이 당겨져 있었다오. 사람들은 기대를 가지고 내 말을 들었으며 내 조언을 조용히 경청했다오. 내가 말한 후에는 아무도 대꾸하지 않았으니 그건 내 말이 그들에게 스며 들었기 때문이라오. 그들은 단비를 기다리듯 나를 기다렸으며 봄비를 맞이하듯 입을 벌려 나의 말을 받아 마셨다오. 내가 미소를 지으면 그들이 새로운 확신을 얻고 내 밝은 얼굴이 그들에게는 값진 용기가 되었다오. 나는 그들의 길을 택하여 주고 나 또한 그들의 지도자로 앉아 마치 군대를 거느린 왕과 같았고 슬퍼 우는 자들을 위로하는 자와 같았다오.[1-25]

(속기록 30장) 개만도 못한 것들

그러나 이제는 나보다 젊은이들이 나를 비웃는구나. 그들의 아비들은 내가 보기에 내 양떼를 지키는 개 중에도 둘만 하지 못한 자들이로다. 그들의 기력이 쇠잔하였으니 그들의 손의 힘이 내게 무슨 도움이 되겠는가? 그들은 곧 궁핍과 기근으로 인해 파리하게 되며 캄캄하고 거칠고 메마른 땅을 방황하다가 마른 풀뿌리나 씹으며 덤불나무 아래서 쓴나물을 뜯으며 대싸리 뿌리로 먹을거리를 삼는도다. 사람들이 소리쳐서 마치 도둑이라도 되는 것처럼 그들은 동네로부터 쫓겨나서 음산한 골짜기에서 바위에 굴을 뚫고 살며 짐승처럼 가시덤불 사이에서 울부짖고 그 사이에 웅크리고 있도다. 그들은 본래 어리석고 미련한 자들의 자식으로서 자기 땅에서 쫓겨난 자들이라. 이제는 그들이 나를 노래로 조롱하니 내가 그들의 놀림거리가 되었구나. 그들이 나를 미워하고 멀리하며 서슴지 않고 내 얼굴에 침을 뱉는도다. 이는 하나님이 내 활시위를 늘어지게 하시고 나를 곤경에 빠뜨리시니 저희들이 마치 고삐 풀린 망아지처럼 내 앞에서 날뛰는구나. 그들이 내 오른쪽에서 나를 공격하며 내 발 앞에 덫을 놓고 나를 대적하여 길을 에워싸는도다. 그들이 내 길을 헐고 나를 무너뜨려도 아무도 나를 도와줄 자가 없도다. 그들이 성벽을 뚫고 그 틈사이로 물밀듯이 몰려와 내게로 달려드니 나는 순식간에 공포에 휩싸여 버렸다오. 내 품위는 바람같이 날아가 버리고 내 행복도 구름과 같이 사라져 버렸도다! 이제는 내 생명이 내 속에서 녹으니 환난 날이 나를 사로잡는구나. 밤이 되면 내 뼈가 쑤시니 나의 아픔이 끊이지 않는구나. 그가 큰 능력으로 내 옷을 잡으시고 내 옷깃을 잡아 나를 휘어 잡으시는도다. 하나님이 나를 진흙 가운데 던지셨으므로 내가 티끌과 재같이 되었도다. 내가 주께 부르짖으나 주께서 대답지 않으시고 내가 주 앞에 섰으나 주께서 나를 돌아보지 아니하시는도다. 주께서 돌이켜 나에게 잔폭하게 하시고 힘있는 손으로 나를 대적하시는도다. 나를 들어 바람 위로 날아가게 하시며 폭풍 속에 나를 던져 버리시는도다. 나는 그가 나를 죽게 하신 후 모든 생물을 위하여 정한 집으로 나를 데려가실 것을 안다오. 그러나 사람이 넘어질 때 어찌 손을 펴지 아니하며 재앙을 당할 때에 어찌 도와 달라고 부르짖지 않겠는가? 내가 고난 당하는 자를 위해 울지 않았던가? 내가 빈궁한 자를 위하여 마음에 근심하지 않았던가? 내가 복을 바랐으나 화가 왔고 빛을 기다렸으나 흑암이 왔도다. 내 마음은 번민으로 평안함이 없고 결국 환난 날이 내게 임하였구나. 나는 햇볕에 쬐지도 않았는데 피부는 까맣게 변해 버렸으며 사람들이 모여 있는 곳에 서서 도움을 청하는 신세가 되었다오. 아, 나는 이리의 형제요 타조의 벗이로구나. 내 피부는 까맣게 변해 버렸고 내 뼈는 고열로 타버렸구나. 내 수금은 통곡이 되었고 내 피리는 애곡이 되었도다.[1-31]

(속기록 31장) 내 마누라를 걸고 맹세하건대

내가 내 눈과 약속을 하였으니 어찌 내가 젊은 여인들을 정욕의 눈으로 보겠는가? 만일 그렇게 한다면 하늘에 계신 하나님께서 우리에게 남겨 주실 몫이 어디 있으며 높은 곳의 전능자께서 주시는 상급이 무엇이겠는가? 불의한 자에게는 환난이 아니겠는가? 행악자에게는 재앙이 아니겠는가? 하나님은 내가 가는 길을 살피시고 내 걸음을 다 세시는 분이 아니시던가? 만일 내가 거짓과 동행하거나 내 발이 속임수에 빨랐다고 한다면 하나님께서 나를 공평한 저울에 달아보시고 내가 진실하다고 판단하시면 좋겠도다. 만일 내가 가는 길이 정도에서 이탈했거나 내 마음이 내 눈 가는대로 따라 갔다거나 또는 내 손에 더러운 것을 묻혔다면 내가 심은 것을 다른 사람이 먹고 나의 소출이 뿌리채 뽑히길 바라노라. 만일 내 마음이 이웃의 여인에게 유혹되어 그녀의 문을 엿보고 숨어 기다렸다면 내 아내가 다른 집에서 맷돌을 돌리며 외간 남자와 동침한다 해도 내가 할 말이 없노라. 그것은 참으로 음란한 것이니 반드시 재판에 회부할 죄악이요 이런 죄는 나의 모든 소출을 뿌리채 뽑아버리고 마는 멸망에 이르게 하는 불이로다. 만일 남종이나 여종이 나에게 불만을 제기할 때 내가 정의롭게 처리하지 않았다면 하나님이 나를 불러 세우고 심판하실 때 내가 뭐라고 대답할 수 있겠는가? 나를 태 속에 만드신 분이 그들도 만드시지 않았던가? 우리를 뱃속에 지으신 분이 동일하신 분이 아니시더냐? 내가 언제 가난한 자의 소원을 막았다거나 과부의 눈을 실망하게 한 적이 있었더냐? 나 혼자만 먹겠다고 떡덩이를 움켜 잡고 있으면서 고아들과 나누지 않은 적이 있었던가? 실상은 내가 젊었을 때부터 고아들에게 아비처럼 대하며 길렀으며 과부들을 내가 어렸을 때부터 돌보아 왔다오. 만일 내가 사람이 입을 옷이 없어 죽어가는 것이나 또는 가난한 자들이 덮을 옷이 없는 것을 보고도 못본 체 했다면, 또 내가 양털로 옷을 지어 그들을 따뜻하게 해 주었을 때 그들이 진심으로 나를 축복해 준 사실도 없었다면, 만일 내가 성 안에 영향력을 행사할 수 있는 자의 힘을 믿고 고아들에게 폭력을 휘둘렀다면 차라리 내 팔이 내 어깨 뼈에서 떨어져 나가고 내 팔 뼈가 그 자리에서 부스러지는 걸 바라겠소. 난 하나님의 재앙을 심히 두려워하고 그의 위엄을 무서워하기 때문에 나는 절대 그런 일을 할 수 없다오. 만일 내가 금을 의지하여 금에게 말하기를 너는 "나의 의지할 바라"고 하거나 나의 손으로 얻은 많은 재산을 보고 즐거워 하거나 했다면 또 하늘에 해가 빛나고 달이 밝게 뜬 것을 보고 슬며시 마음이 유혹되어 경배하는 표시로 손에 입을 맞추기라도 했다면 그것 또한 심판을 받아야 할 죄악이니 만일 내가 그런 짓을 했다면 위에 계신 하나님을 속이는 것이리라. 내가 언제 나를 미워하는 원수의 멸망을 기뻐하고 그가 당하는 재앙을 즐거워 했던가? 난 결코 그가 죽기를 바라는 말로 그의 생명을 저주하는 죄를 결코 범하지 않았다오. 내 집에 거하는 모든 식솔들도 "주인의 고기를 배부르게 먹지 않은 자가 어디 있습니까?"하고 말하지 않더냐? 나는 나그네가 길거리에서 자는 일이 없도록 항상 우리집 문을 열어 두었다오. 내가 언제 다른 사람들처럼 죄를 숨기거나 죄를 감춘 적이 있으며 내가 언제 군중들과 친족들로부터 받는 수모가 두려워 대문 밖으로 나가지 못하고 입 다물고 있었던가? 아, 거기 내 말을 들어줄 자 아무도 없소? 나의 서명이 여기 있으니 전능자가 내게 답하시길 원하노라. 나의 고발자여 고소장을 쓰소서. 내가 그걸 어깨에 메기도 하고 왕관처럼 머리에 쓰기도 하리다. 뿐만 아니라 나의 일거수 일투족을 주께 알리고 내가 왕자처럼 그 앞에 나갈 것이로다.[98] 만일 내 밭이 나를 향해 부르짖고 밭 고랑이 눈물을 흘린 일이 있다면 또 내가 값을 지불하지 않고 그 소출을 빼앗고 소작인을 죽게 했다면[99] 내 밭에 밀 대신 가시나무가 나고 보리 대신 독초가 나는 게 마땅하도다.1-40

욥이 말을 끝내다.

(배심원 회의) 욥의 치명적 판단미스로다

배심원1: 욥은 지난 발언에 이어 최후변론에서도 비유를 들어가면서 상당히 긴 시간동안 자신을 변호합니다. 먼저 속기록 29장을 요약하겠습니다.

욥은 하나님께서 특별하게 자신을 보호 하셨던 옛시절을 기억하며 그때의 영광을 회상합니다. 그때는 전능자가 보호하셨다.2, 함께 계셨다.4, 5는 말을 강조하면서 지금은 하나님께서 자신을 보호하시지 않고 함께 계시지 않는다는 사실을 말하고 싶어 합니다.30:20

욥은 이렇게 회상합니다.

그때에는 건강하여 원기가 왕성했을 뿐 아니라 기름기가 줄줄 흐르는 부유한 삶을 살았다. 공동체에서도 존경을 받았으며 성문에 나가면 심지어 노인들이 일어서서 경의를 표하기까지 했다. 이런 존경심은 특별히 소외된 자들고아, 과부, 빈민, 가난한 자 등을 잘 돌보았기 때문이다. 또 맹인의 눈도 되고 다리 저는 사람의 발도 되고 가난한 자의 아비도 되고 나그네의 변호인도 되고 불의한 자를 혼내주는 보안관도 되어 주었다. 공동체에서도 사람들 앞에 설 때마다 그들은 숨죽이고 자신의 말을 경청했는데 마치 봄비가 대지에 스며드는 것 같았다. 결국 공동체에서 왕과 같은 위치에 올라가게 되었다.속기록 29장

---

98) "그"를 누구로 보느냐에 따라 번역과 해석이 갈린다. 재판장이신 전능자로 보는 경우도 있고 고발자로 보는 견해도 있다. 여기 속기록에서는 하나님을 고발자로 여기며 하나님께서 쓰신 고소장을 보여 달라고 적었다. 아마 욥은 하나님의 고발장에 자신이 무죄하다고 쓰여 있을 것이라고 확신한 것 같다. 그래서 그것을 어깨에 메고 다니며 자신의 명예로 생각할 것이라고 자신한다.

99) 역본에 따라 "죽게 했다면" 또는 "절망하게 했다면"으로 번역한다.

욥은 현실로 돌아와 자신을 한탄합니다.

자신보다 젊은 것들이 비웃고 있다. 화가 치밀어 그들의 아비들은 양떼를 지키는 개 중에도 둘만 하지 못한 자들이라고 저주까지 한다. 고향에서 쫓겨나 먼 타향살이에 땅을 파서 가시덤불 같은 곳에 모여 살던 불쌍한 사람들을 돌보고 먹여 살려 주었더니 이제 그들이 자신을 향하여 놀리고 침까지 뱉고 있다고 탄식한다.

그러나 문제는 이런 일이 발생하도록 내버려 둔 장본인이 하나님이라는 것이다. 자신이 수치를 당하도록 허용하신 정도가 아니라 친히 자기에게 화살을 겨누신 분. 자기를 진흙과 티끌과 잿더미에 앉히신 분. 잔혹하게 폭풍 가운데 자기를 던져 버리신 분, 결국 죽도록 내버려 두실 분이란 생각만 들어 공포에 휩싸여 있다. 더욱이 주께 부르짖어도 대답지 않으신다. 연약한 자들을 돌보아 주고 우는 자와 함께 울어준 자신에게 돌아온 것이 재앙 뿐이니 괴로움으로 마음이 들끓는다. 허물고 진물이 나서 검게 변해 버린 자신의 피부와 앙상하게 드러낸 뼈를 보며 통곡한다.속기록 30장

이렇게 신세 한탄조의 변을 늘어놓고 통곡을 한 후 울음을 그치고 정색을 한 욥은 재판장에게 정식으로 자신의 무죄 방면을 청원합니다. 무죄를 입증하기 위해 자신이 저지를 수 있는 모든 경우의 수에 대한 무죄의 증거를 제시합니다. 자신은 정욕을 절제하고 깨끗한 삶을 살았으며31:1-4, 속임수도 쓰지 않았고31:5-6, 탐욕도 부리지 않았다.31:7-8 간음한 일도 없었으며31:9-12, 부리고 있던 종들에 대해 그들의 권리를 빼앗지도 않았다.31:13-15 소외된 자들가난한 자, 과부, 고아 등을 무시하거나 외면하지 않았으며31:16-23, 황금에 대한 욕심을 부리지도 않았다.31:24-25 또 우상을 섬기는 죄를 범하지 않았다.31:26-28 원수를 증오하는 마음도 없었으며29-30 나그네를 냉대하지 않고 잘 대해 주었다.31:31-32 부정직하여 죄를 숨긴 일이 없으며31:33-34 땅에서 나는 소출에 대해 착취하지 않고 정당한 삯을 지불했다.31:38-40

이렇게 욥이 주장한 배경에는 당시 율법이 요구한 의무 그 이상의 일을 했다는 점을 강조한 것으로 보입니다.

이렇게 자신의 결백한 삶의 정황을 구술한 후 욥은 호소합니다. 지난번에도 호

소한 바 있지만 이번에도 다시 호소한다고 하면서 제발 하늘법정을 열어 자신의 무고함을 풀어 달라고 합니다. 세상 법정에서는 판단할 수 없는 성질의 것이라는 것입니다. 이제 고발자에게 차라리 고소장을 써달라고 요청합니다. 그것을 들고 다니며 당당하게 모든 사람들에게 알리겠다는 것입니다. 자신은 그만큼 숨길 것이 없다는 것입니다. 그러니 하나님께서 제발 나타나셔서 자신의 억울함을 풀어달라고 호소하면서 자신의 최후 변론을 마칩니다.욥기록 31장

자 이렇게 욥의 최후변론이 마쳤습니다. 심리의 모든 일정이 마쳤기 때문에 이제 우리 배심원들이 결심을 해야할 시간이 왔습니다. 일단 한분 한분 오늘 욥의 최후변론에 대한 의견을 먼저 주시기 바랍니다. 그 다음에 함께 모여 평결을 하도록 하겠습니다.

배심원2: 완벽한 최후변론문입니다. 욥의 최후변론은 토씨 하나 뺄 것 없이 아주 정교하게 잘 짜여졌고 감정조절의 완급도 탁월한 것 같습니다. 욥이 모든 면에서 친구들을 압도했다고 봅니다. 내용이나 태도면에서도 그렇지만 재판정에서의 호소력 하나는 가히 압권입니다. 비굴할 만큼 저자세이지도 않고 허황될 만큼 과장되지도 않습니다. 그러나 감정을 폭발시킬듯 하다가도 냉정한 논리로 돌아서는 완급조절이 돋보입니다. 정말 정당한 재판을 받고자 하는 욥의 간절한 심정이 절절해 보입니다. 이런 최후변론을 듣고 재판장의 마음도 움직였을 거라고 생각합니다.

물론 평결 때 나의 입장을 분명하게 밝히겠지만 욥은 처음부터 끝까지 평정심을 잃지 않고 자신의 주장에 일관성을 유지했을 뿐 아니라 자신의 주장에 대한 증거들을 모두 제시했습니다. 심지어 욥은 하나님 앞에서도 떳떳하니 차라리 하나님 앞 법정에 자신을 세워달라고 요청했습니다. 욥의 당당함이 돋보입니다.

반면에 세 친구들은 지나치게 인과응보라는 논리를 주장함으로써 오히려 하나님의 세계를 억지로 해석할 뿐 아니라 욥의 형편을 자신들의 논리로 해석하는 것에 무리가 있다는 것을 알고 심리 막판에는 인신공격으로 선회했습니다. 그들이 제시

한 증거가 모두 거짓증거라는 것도 밝혀졌습니다. 따라서 욥의 증인을 무게있게 받아들이지 않을 수 없다는 점을 미리 밝힙니다.

배심원4: 나는 욥이 마지막에 결정적 판단미스를 저지르고 말았다고 봅니다. 이 귀중한 최종변론 시간에 왜 자신의 옛날 이야기와 자랑질만 장황하게 늘어 놓았는지 모르겠습니다. 자신이 모함을 받고 덫에 걸려 모진 고초를 당하고 있다는 점을 강조하기 위해 자신의 과거 행적이나 업적을 죽 늘어 놓았는데 과연 재판장이 그걸 참조라도 할까요? 자기 자랑질로 밖에 들리지 않는데 말입니다. 그러니까 "난 이런 사람인데 왜 내가 벌을 받아야 합니까?" 라고 거만하게 배를 내미는 꼴 아닙니까? 옛날이나 지금이나 욥은 인품이나 행동에 달라진 게 하나도 없어요.

이번 심리는 두 논리가 팽팽하게 맞서는 그런 지극히 논리적인 재판이란 말입니다. 지금까지 그런 방법으로 심리를 잘 전개해 오다가 최종변론에 가서 욥이 친구들의 작전에 완전히 말려들어 버렸다고 생각합니다. 자신의 논리를 정리해야 하는데 그만 친구들의 논리로 자기 변호를 하는 치명적인 실수를 저지르고 말았으니 말입니다.

죄때문에 벌을 받고 있다는 친구들의 주장에 자신은 벌을 받아야 할 아무런 죄를 저지르지 않았다고 대처했단 말입니다. 최후변론 시간에 자신의 논리를 내던지고 친구들의 논리로 대응한 것입니다. 결국 지금까지 견지했던 자신의 주장을 철회한 것으로 보입니다.

또 욥의 법정 태도도 불량해 보입니다. 최후변론에서 재판장의 감정을 건드리는 것은 자신에게 벌을 달라는거나 마찬가지 아니겠습니까? 재판장 보고 빨리 법정에 나오라느니 고소장을 쓰시라느니 그걸 가지고 동네방네 다니며 공개하겠다느니 이런 말들을 하면서 자기는 당당하다는 느낌을 주려는 훌륭한 작전으로 생각할지 모르지만 이건 분명 자살골입니다.

배심원3: 음, 욥의 이번 전략이 판단미스라는 배심원4의 지적이 일리가 있어 보입니다. 친구들이 주장한 사필귀정에 대해 굳이 자신이 어떤 죄도 범하지 않았다고 각종 죄들을 죽 나열한 것은 위험한 접근으로 보입니다. 거기 나열하지 않은 죄들도 짓지 않았다는 것인가요? 그렇게 되면 자신은 죄를 전혀 범하지 않은 의인이라는 주장이 되는데 그건 욥의 근본 신앙관 즉, 모든 사람은 죄인이라는 생각과 거리가 먼 주장이 되기 때문이지요.심리에서 마지막 최후변론이라는 순서를 둔 건 참 잘한 것 같습니다. 그동안 모든 변론을 한마디로 정리해 주니까 말입니다. 또 억울한 자신을 호소할 절차를 남겨 둔 좋은 제도로 보입니다. 이 제도를 살려 오늘 욥은 훌륭한 변호를 했다고 봅니다. 우리 배심원들도 생각을 정리할 수 있는 좋은 시간인 것 같습니다.

배심원5: 드디어 심리가 모두 끝났네요. 재판장이 누구의 손을 들어줄까 몹시도 궁금합니다. 나는 다른 배심원들의 생각을 다 들어 본 후에 어느 쪽 손을 들어줄지 결정해야 할 것 같습니다.

배심원1: 자 그럼 배심원 소회의실로 옮겨 평결에 들어가도록 하겠습니다.

법정서기: 등장 잠깐만요. 보충 심문이 갑자기 잡혀 있다고 합니다. 그것 듣고 배심평결하시기 바랍니다.

당하알 하박사: 당하알 하박사입니다. 아이고, 지난번 강의 후 달린 댓글 테러로 정말 마음 고생이 심했어요. 무슨 보수신학교 연합 학생회라는 이름으로 인신공격글로 댓글에 도배를 하더군요. 또 어떻게 제 전화번호를 알았는지 문자메시지가 폭주하는 바람에 핸드폰을 사용할 수도 없었어요. 제가 근무하는 신학교에 항의전화가 너무 많이 와서 학교에서 저에게 유튜브 자제 권고를 내렸습니다. 다음주 교수회의 때 해명을 해야할 판입니다. 또 여러 구독자들이 떠나서 섭섭하기도 합니다. 그러나 지난번 강의 때도 분명하게 말씀드린 것처럼 어디까지나 제 개인적인

견해이며 그 또한 내가 사사로이 푼 것이 아니라 어디까지나 욥기 연구를 깊이 하고자 하는 분들을 위해 작금의 욥기 연구의 대가들의 견해를 소개한 것이니까 널리 이해해 주시기 바랍니다.

자 그럼 욥의 최후진술 내용 분석에 들어가겠습니다.

일단 욥은 최후 진술을 시작하면서 자신의 과거의 화려했던 영광을 되뇌입니다. 이런 접근은 그가 지금 당하고 있는 고통과 극명하게 대비시켜 자신이 고통과 비난을 받아야 할 하등의 이유가 없다는 사실을 역으로 증명하기 위한 발상으로 보입니다. 다시 말해서 자신의 운명이 이렇게도 극명하게 갈려야 할 이유가 없다는 주장입니다.

욥은 자신의 이런 주장을 뒷받침하기 위해서 자신의 화려했던 옛시절을 회상합니다. 그때는 하나님이 함께 하셔서 많은 축복을 받고 누렸다는 것입니다. 등불과 빛, 어두움과 흑암의 이미지를 대비시켜서 자신이 받은 하나님의 영광을 설명합니다.29:3 이렇게 하나님이 자신을 돌보시던 모습을 떠올립니다. 이어 자녀들과 하인들에게 둘러 싸여 지내던 시절을 추억하면서 그 시절 자신은 자기 발을 씻기에도 충분할 만큼의 우유와 기름 그리고 풍성한 먹거리로 유복한 시절을 지냈음을 회상합니다.29:5-6

이제 욥은 자신의 이전의 사회적 지위에 대해서도 소회합니다. 한 도시의 존경받는 지도자로서 자신은 소외된 자들-고아, 장애인, 과부, 가난한 자, 나그네-을 적극적으로 도와 주었으며 불의한 자들의 포악으로부터 그들을 구해 주었다고 자신을 변호했습니다. 이런 자기변호는 지난번 엘리바스가 정죄한 욥의 죄목에 대한 반박으로 보입니다.22:6-9 욥의 이런 변호는 바울의 자랑을 연상시킵니다. 바울이 자신을 변호하기 위해 부득불 자랑한 증거들 말입니다.

이번 변론에서 욥은 유독 사람의 신체와 몸과 관련한 이미지를 많이 사용합니다. 귀11, 눈11, 15, 옷14, 겉옷과 모자14, 발15, 맹인15, 저는 다리15, 턱뼈17, 잇새17 등. 이런 표현법을 통해서 욥은 아마도 신체적 모든 기관이나 착용물들이 몸의 건

강을 유지시키는데 절대적인 역할을 하는 것처럼 자신도 사회 공동체를 위해 그런 감각기관의 역할을 했다는 사실을 주장한 듯 합니다. 반면 그런 감각기관이 정상 작동하는 데 방해를 받을 때는 자신이 과감하게 그 기능을 다시 되돌리는 역할을 했다는 뜻에서 그런 감각 메타포를 사용한 것으로 보입니다. 자신이 이렇게 축복된 삶을 누리게 된 배경으로 하나님과 좋은 관계를 유지했기 때문이라고 욥은 자가 분석하고 있습니다.29:4

이어서 욥은 자신의 소망을 되새깁니다. 자신이 과거에 가졌던 소망은 자손의 증식과 장수의 축복이었다고 말합니다.29:18 욥은 이것을 나무와 새의 이미지로 설명합니다. 그리고 마지막으로 자신의 생활공동체에 있었던 구성원들과의 관계를 회상합니다.29:21-25 자신의 리더십이 공동체에서 얼마나 효과적으로 발휘되었는지 구체적으로 설명합니다. 이웃들은 자신의 소망을 주는 메세지를 숨죽이며 들었으며 자신의 말이 그들 마음속으로 비가 땅에 스며드는 것 같았다고 떠올립니다. 자신의 위치가 마치 군대를 거느리고 보좌에 앉아 애곡하는 백성들을 위로하는 왕 같았었다고 회상합니다. 공동체가 자신을 얼마나 잘 따르고 받들었는지를 상상케 합니다.속기록 29장

여기서 이런 욥의 모습을 두고 클라인스 등 일부 학자들은 욥과 타인들과의 관계가 일방적이었다고 주장합니다. 권지성은 욥이 말할 때 듣는 자들이 욥을 "신뢰하지 않으면서도 그의 권위적인 모습에 눌려 호의를 받아내려고 애쓰는 모습을 보였다"고 해석합니다. 욥은 "지배자의 입장에서 백성들이 원하는 것을 제공하고 백성들은 일방적으로 욥이 주는 것을 받아간다. 욥은 가난한 자들을 섬기는 자가 아니라 그들을 명령하는 왕이었으며 욥은 군림자로서 자신을 하나님의 자리에 올려놓았다"고 주석했습니다.100) 한편 뉴섬Newsom은 본문을 통해 욥의 성품을 어느정도 추론하는 것은 가능한 일이지만 어디까지나 그의 행동과 사고방식은 자신이 함

100) 권지성, 특강 욥기(ivp, 2019).197-198./Clines, 990-994, 1020-1025. 권지성은 혐오와 한국교회(삼인, 2019) 책에 실린 그의 글 "내 양떼를 지키는 개 중에도 둘 만하지 못한 자들(욥 30:1)"(37-55)에서도 욥을 혐오를 생산하는 자와 억압자라는 관점에서 조명하였다.

께 하고 있는 공동체의 도덕적 가치와 교류가 가능한 범위의 것이어야 한다. 따라서 욥이 열거한 사례들을 보면 욥이 공동체 내에서 리더십을 잘 발휘한 것으로 보인다. 이런 리더십이 가능하도록 하는 가장 중요한 덕목은 '의로움'과 '정의'29:14라고 본다. 따라서 공동체가 욥에게 의존한 것 뿐 아니라 욥도 공동체와 상호의존관계였다고 보아야 한다고 주장했습니다.[101] 다만 당시 문화 자체가 서열문화였기 때문에 거기에 해당하는 언어를 사용했을 뿐이라는 것입니다.

이렇게 아름답게 유지되던 상호관계를 자신에게 은혜를 입었던 사람들이 먼저 깨버렸다는 자괴감에 욥이 순간적인 울분이 차올라 심한 말까지 하게 된 것으로 보입니다. 자신을 비난하며 망나니짓을 하는 젊은이들의 아비들을 향하여 양치기 개 무리에도 끼지 못할 사람들이라고 매우 심한 말을 한 이유가 바로 그렇다고 봅니다. 이런 비난의 행간에는 그들이 공동체의 무리에 끼지 못할 사람이라는 뜻을 내포하고 있습니다. 29장에 계속해서 가족이라든가 무리라든가 젊은이, 노인과 같은 용어를 사용한 것은 그만큼 공동체 안에서의 관계가 중요하다는 사실을 암시한 것입니다. 그런데 이런 사회적인 배경에서 존경받던 위치에서 전락하여 수치를 당하는 자리로 내려온 것이 바로 욥이 가장 견디지 못할 고통이 된 것입니다. 이제 자신은 둥지를 잃은 동물처럼 되었다고 탄식합니다.30:29

30장에 와서 욥은 "이제는"1,9,16이라는 접속사를 사용하여 과거를 회상하는 모드에서 현재 상황으로 시선을 전환합니다. 그리고 영광을 누렸던 지난 삶에서 어떻게 고난으로 점철된 지금의 상황에 이르게 되었는지 토로합니다. 그러면서 이런 변화는 결코 자신의 잘못으로 발생한 것이 아니므로 불공평하다고 항의합니다. 자신은 이제 존경을 받던 존재에서 조롱을 받는 위치로 전락했다고 자조합니다. 그런데 자신을 더욱 비참하게 만드는 것은 다름 아닌 자기 수하에 있던 자들이나 자신의 돌봄을 받던 자들이 조롱자로 나섰다는 점입니다. 욥이 받는 이런 모욕감은 상대적으로 엄청 큰 것입니다. 뿐만 아니라 이제는 자신을 모르는 객들까지 침

---

101) Carol A. Newsom. The Book of Job: A Contest of Moral Imaginations (Kindle Location 3177-3187.

을 뱉으며 자신을 조롱하고 아예 욥을 파괴할 모양으로 덫을 놓고 에워싸며 공격하기도 한다고 탄식합니다.30:9-15 이렇게 욥은 자신의 품위 손상을 마음 아파합니다.30:15 그가 물질적인 것을 상실한 것에 대해서는 큰 냉정심을 유지했지만 자신이 인격적으로 받는 모욕은 견디기 어려워합니다.

욥은 이런 고통의 배후에 하나님의 개입이 있다고 강하게 의심합니다. 하나님을 지목하면서 그의 이해 못할 행위를 열거합니다. 하나님이 자신을 진흙 가운데 던지셨고30:19, 살려달라고 부르짖어도 거부하셨을 뿐 아니라 돌아보지도 않으셨다.30:20 하나님이 강한 손으로 자신을 잔혹하게 다루셨다.30:21 자신을 적군처럼 공격하고 폭풍 속으로 집어 던지기까지 하셨다.30:22 하나님이 결국 자신을 죽도록 버려두실 것이다.30:23

이런 생각에 미치자 욥은 깊은 슬픔에 잠깁니다.30:24-31 자신은 남을 위해 그토록 복을 베푸는 삶을 살았건만 정작 자신은 어두움과 절망 속에 갇혀있다고 한탄하는 것이지요30:24-25 복을 갈구했으나 오히려 어두움이 도래했다고 절규합니다.30:26 이어서 자신이 육체적으로 받는 고통의 적나라한 모습을 묘사합니다. 피부병으로 인해 까맣게 죽어 벗겨지는 자신의 피부와 녹아버린 뼈를 보면서 끝내 통곡을 하고 맙니다.30:30-31 속기록 30장 저는 감정과 논리를 잘 조절하던 욥이 자신의 처참한 모습을 내보이며 통곡하는 이 장면에서 울컥해 집니다. 만일 마지막 변론을 시작하자마자 울고 불고 했다면 재판장이나 배심원들은 '쟤 왜그래?'하며 외면했을 것입니다. 가장 적절한 시점에서 감정을 폭발했다는 점에서 욥의 프리젠테이션이 큰 효과를 주었을 것으로 생각됩니다.

이렇게 감정의 클라이막스에 있던 욥이 순식간에 감정을 끌어내리고 정연한 논리로 마무리 발언을 합니다.

31장은 욥의 최후 변론문이라고 할 수 있습니다. 욥은 무죄를 주장하면서 자신의 무죄를 뒤집을 만한 범죄가 드러난다면 기꺼이 벌을 달게 받겠다고 서약합니다.31:5-34 그러면서 가정법을 사용하여 자신이 범할 수 있는 모든 범죄의 유형을 열거합니다. 그런 후에 자신은 그 어떤 조항에 해당하는 죄를 범한 일이 없다고 단호하게 말합니다. 욥이 제시한 죄악은 다음과 같습니다. 정욕1-4, 속임수5-6, 탐욕7-8, 간음9-12, 종들에 대한 불공정13-15, 소외된 자들가난한 자, 과부, 고아 등에 대한 강퍅한 마음16-23, 소유욕24-25, 우상숭배26-28, 원수를 증오하는 마음29-30, 나그네에 대한 환대심이 없음31-32, 부정직33-34, 소출 착취38-40 등등. 여기에 열거된 항목들은 꼭 실정법에 저촉되는 죄목만을 말하지 않습니다. 이렇게 욥은 시민으로서 또 신앙인으로서 마땅히 해야 할 의무와 책무를 넘어 자발적으로 소외된 자들에게 사랑을 많이 베풀고 살아왔음을 강조합니다. 욥이 이렇게 장황하게 죄목을 나열한 것은 아마도 친구들이 갖다 붙일 수 있는 모든 가능한 범죄를 다 나열하면서 자신은 그런 죄를 짓지 않았다는 고육지책인 것으로 보입니다.

욥은 자신의 이런 호소에 대해서 하나님이 판단해 주시길 간청합니다. 즉 재판장의 선고를 듣겠다는 것입니다. 자신에 대한 고소장을 자랑스럽게 다니며 왕되신 하나님 앞에 왕자처럼 당당하게 나가겠다고 자신만만해 합니다. 그만큼 자신은 결백하기 때문에 거리낄 것이 없다는 것이지요. 이런 주장을 두고 혹자는 욥이 자기 연민에 빠져 있다고 평하기도 하고 교만이 가득한 자기 변명이라고 폄하하기도 합니다.

하지만 욥이 자기 자랑을 많이 늘어 놓은 것 같지만 사실은 지금까지 친구들이 지적했던 문제들에 대한 증거로 일일이 응대하여 재판장의 최종판결에 결정적인 자료로 채택할 것을 주장한 것으로 보입니다.속기록 31장

자, 이제 요약합니다. 최후 변론문에 나타난 욥의 전략을 분석해 보자면 29장은 자신이 과거에 어떻게 살아왔으며 사람들로부터 어떻게 존경과 명망을 쌓아 왔는지 구체적인 증거를 제시하면서 간증을 했고요.[102] 30장에서는 그런 사람이 지금 무고하게 당하고 있는 비참한 참상을 적나라하게 묘사함으로서 감정적인 접근을 했습니다. 31장은 자신의 명예를 걸고 맹세하며 진실하게 진술하겠으니 자신의 청원을 들어달라는 호소문입니다. 법정에서 최후변론으로 사용할 수 있는 나름대로

---

102) Newsom은 간증문(testimony)로 본다. Carol A. Newsom. *The Book of Job: A Contest of Moral Imaginations* (Kindle Location 3110).

훌륭하게 잘 짜여진 3단논법이라 할 수 있습니다.

당고알 고집사: 지루한 심리가 끝나고 마지막 최후변론 때가 되면 누구나 센티멘탈해지는기라. 그걸 가지고 읍소작전이라느니 감정적이라느니 그렇게 꼬집는 건 저 자리에 서 보지 않아서 그런기다. 상실감으로 인해 불평으로 가득 찼던 지난 스피치에서 지금 마지막 변론에 와서 감사가 넘치는 회상의 센티멘탈로 전환했다는 것은 무엇을 말해겠노? 사람이 다 그런 거지. 괴로움의 끝에 서서 자신의 과거를 회상하며 그리워하는 건 인간 본능이란 말이다.

이번 욥의 마지막 변론을 폄하하는 자들의 주장을 들어 보니까 대략 다음과 같다.[103)]

첫째, 욥이 감정이 폭발하여 자제력을 잃고 자신을 비난하는 젊은이들을 미련하고 이름 없는 자들의 자식이라고 비난하며 그들의 아비를 양치기개보다 못한 자들이라고 심한 욕을 한 것은 도를 넘은 것이다.

둘째, 공동체의 지도자로 추앙 받으면서 오히려 지나친 권위와 권력을 휘둘렀음이 분명하다. 공동체 구성원들이 자발적으로 순종한 것이 아니라 힘에 눌려 어쩔 수 없이 순응적인 태도를 보인 것이다.

세째, 소외된 자들에게 베푼 자선의 행위는 자기만족에서 온 것이지 결코 진정한 정의의 사도의 모습에서 나온 것이 아니다. 따라서 욥이 시종일관 주장하고 하나님께 상소한 정의는 개인적인 정의에 머무르고 말았다.

네째, 자신을 하나님의 자리에 올려 놓았다.[29:25] 대충 이렇다.

여기에 내가 반박을 해 보겠다. 첫째, 양치기개보다 못하다는 말이 심한 말인건 나도 인정. 하지만 욥이 극심한 감정기복과 함께 결국 자제력을 상실했다는 주장은 비약이다. 최후 변론을 처음부터 끝까지 쭉 들어보면 욥은 결코 자제력을 잃지 않았다. 다만 이 부분에서 감정이 북받쳐 심한 말이 터져 나온 것은 사실이다. 하지

---

103) 권지성 194-195, 215-219. Clines, 990-994, 1020-1025

만 욥은 곧 이내 평정심을 되찾으면서 자신을 비난하는 사람들에 대해서 사실은 그들이 어떻게 살았던 사람들인지 객관적으로 법정에서 증언하는 장면이다. 즉 자기 고향에서 쫓겨나 이방땅에 와 땅을 파서 움막에서 살며 가시덤불에서 나물을 캐고 나무 뿌리로 먹거리를 삼고 살면서 궁핍과 기근에 찔어 있던 그들을 먹여 주고 보살펴 준 자신의 은공을 깡그리 무시한 채 비난과 조롱을 일삼고 있는 젊은이들을 보며 그들의 아비들에게 화가 치밀어 올랐던 것이다. 그들이 바로 실제적으로 욥의 도움을 받은 장본인들이었으니까. 그러나 이건 의도적인 연출이라고 본다. 과장된 분노를 통해 자신의 진실을 극대화하려 했던 것은 아니었을까? 그렇게 감정을 토한 후에 갑자기 자신의 처량한 신세를 절규함으로서 재판장의 감정이입을 유도한 것이 아닌가 생각한다.

둘째, "불의한 자들의 턱뼈를 부수고 노획한 물건을 그 잇새에서 빼내어 주었다"29:27는 서술이 욥이 소외된 자들에게 자신을 과시하거나 강압적인 것이었다는 사실을 증명한다고 주장하는 클라인스는 욥이 정의를 실현하는 방법으로 폭력을 사용하는 일에 대하여 별다른 의식이 없었다고 해석한다.[104] 또 권지성은 이방인이란 관점에서 욥을 관찰하면서 "자신이 당한 혐오를 왜곡된 방식으로 소외된 집단에 쏟아 부었다"고 해석한다. 욥의 돌봄을 받던 사람들을 동물보다 못한 존재로 격하함으로써 욥은 "하나님이 아름답게 만든 인간성을 파괴하고 자신을 정당화한다"고 주장한다.[105]

하지만 욥이나 친구들은 변론을 하면서 자주 은유법과 메타포를 사용해 왔다. 바로 최후변론에서도 사용한 "의를 옷으로 삼아 입고"라든가 "정의는 자신의 겉옷과 모자" 또는 자신은 "맹인의 눈"과 "다리 저는 사람의 발"이라는 표현은 욥이 직유법과 같은 레토릭을 썼다고 보는 것이 맞다.[106] 즉 욥이 자신의 철두철미한 정의감을 그렇게 표현했다고 본다. 정의감이란 느끼는 감정이 아니라 엄격한 실천력

---

104) Clines, *Job* 21-37. 990
105) 권지성. 『혐오와 한국교회』(삼인. 2020). 55.
106) Carol A. Newsom. *The Book of Job: A Contest of Moral Imaginations*. Kindle Location 3187.

에 있다는 생각에서 좀 과격한 표현을 했다고 본다.

세째, 욥의 자선적 행위가 자기만족에서 온 것이지 결코 진정한 정의의 차원이 아니다. 결국 개인적인 정의에 머무르고 말았다는 주장에 대해서. 이런 비판은 지금의 잣대로 당시의 정의를 재단하는 것과 같다. 지금 세분화된 의미의 정의를 사용하여 욥의 당대의 정의를 판단하는 것 자체가 무리다. 욥이 제시한 자선적 행위의 범위가 이미 개인적인 의무를 넘어서 사회적인 차원을 포함하고 있기 때문이다. 또 사회적인 부조리와 싸워서 소외된 자들의 목소리를 대변했다는 증언 자체가 개인적인 정의 차원이 아니라는 점이다.

네째, 자신을 하나님의 위치에 올려 놓았다는 주장에 대해서. 이런 주장을 하는 주석가들은 욥이 정의를 실행하는 방식에서 스스로를 하나님과 동등한 자로 생각했다는 것이다. 소외된 자들에게 호의를 베풀었다면서 불의한 자의 턱뼈를 부수고 빼앗긴 물건을 다시 빼앗아 온다고 한 표현은 다분히 하나님의 속성적 표현이라는 것이다. 또 고아의 아비가 되고 과부를 인도했다는 표현도 하나님이나 쓸 수 있는 표현이라는 것이다. 이 역시 부적절한 비교라고 본다. 실제적으로 욥은 고아의 아비가 되어 주었고 과부들을 도왔다. 이건 팩트다. 욥의 이런 증언 역시 그의 솔직한 표현으로 보아야 한다. 이렇게 자신의 정의감에 찬 실천력과 자비심에 근거한 돌봄의 행위에 대한 솔직한 표현이 하나님의 영역을 침범했다고 볼 수 없다.

아이코 마, 내답지 않게 너무 학구적인 이야기를 했구만. 그러나 욥의 최후변론에서 내가 기가 차다고 느낀 게 하나 있다. 욥이 자신의 깨끗함을 주장하면서 만일 자신의 주장에 틀린 것이 있다면 자기 마누라를 노예로 삼거나 심지어는 욕보여도 상관없다는 말을 했단 말이지. 원 세상에 자기 마누라를 걸다니. 욥 이 친구, 혹시 갱상도 사나이 아이가? 우리가 흔히 자기 말이 틀리면 "내가 니 새끼다"라고 한다거나, "내 목숨을 건다," "장을 지진다" 카면서 걸기를 잘 하잖나 말이다. 참내, 욥이 자기 목숨도 아니고 마누라를 걸다니 기가 막힌데이. 혹 욥의 이 말을 가지고 또 욥의 윤리의식에 문제가 있다고 지적한다면 그 사람은 지혜문서를 읽을 자격이 없다 이 말이다. 지방 사투리 가지고 논리 들이대는 건 넌센스다카이.

변호인 엘리후의 등장

배심원5: 저 친구는 또 누구야? 재판장이 나와서 판결을 해야할 시간에 저 친구가 왜 나와.[107)]

배심원3: 누가 불렀어?

참고인 진술1 (32장-34장)

(속기록 32장) 이제 더 참다 못해 한마디 하리다

욥이 자기를 의인이라고 주장하므로 세 친구는 말문을 닫고 말았다. 부스사람 바라겔의 아들 엘리후가 자신을 의롭다 주장하는 욥을 향하여 화를 냈다. 그리고 또 세 친구들에게도 화를 냈다. 그들이 욥을 반박하지도 못하고 정죄만 했기 때문이다. 엘리후는 그들이 자기보다 나이가 몇살 더 많았기 때문에 욥에게 말하기를 참고 있다가 세 사람이 더 이상 할 말이 없는 것을 보고 화를 내며 말하기 시작했다. 엘리후가 말하였다. 나는 연소하고 당신들이 연장자들이므로 두려워서 감히 내 의견을 내놓지 못하고 참고 있었습니다. 연장자가 그 연륜으로 지혜를 말해 줄 것이라고 기대하면서 말입니다. 그러나 사람에게 지혜를 주는 것은 전능자의 영이라는 사실과 나이가 많다고 해서 지혜가 있다거나 노인이라고 해서 옳고 그름을 깨닫는 것은 아니라는 점을 알게 되었습니다. 그러므로 이제 내 말을 들어 주시길 바랍니다. 나는 지혜의 말을 기대하고 기다리며 당신들의 말을 죽 듣고 있었으나 내가 자세히 들어 보니 당신들 가운데 아무도 욥의 주장을 꺾거나 답을 제대로 하는 사람을 보지 못했습니다. 제발 "우리가 진상을 파악했으나 그를 추궁할 자는

107) 사실 주석가들이나 구약학자들 사이에서도 엘리후가 갑자기 나타나서 연설한 부분에 대해서 나중에 첨가된 내용이라고 보는 경우가 많다. 엘리후가 욥기의 서문이나 다른 어떤 곳에서도 언급이 없었다는 이유를 근거로 그렇게 주장하기도 하고 엘리후의 주장이 욥기 전체의 흐름과 맞지 않는다고 지적하기도 한다. 하지만 이런 주장에 대해 대부분의 주석가들은 동의하지 않는다.

사람이 아닌 하나님"이라고 말하지는 마십시오. 욥이 나에게 직접적으로 자신의 논리를 말하지 않았으니 나도 당신들의 논리로 그에게 답하지 않겠습니다. 그들이 놀라서 다시 대답하지 못하니 할 말이 없음이었더라. 당신들이 말없이 가만히 서서 아무런 대답도 하지 않으시니 내가 어찌 더 기다리겠습니까? 이제 나도 내 생각을 말해 보고자 합니다. 내 속에 할 말이 가득차서 더 이상 참을 수도 없습니다. 보세요. 난 지금 봉해 놓은 포도주통 같고 금방 터질 것만 같은 새가죽 부대 같답니다. 그러니 내가 지금 말을 해야 시원할 것 같아 입을 열겠습니다. 나는 결코 누구의 편을 들거나 그 누구에게도 아첨하지 않겠습니다. 나는 아첨을 할 줄도 모릅니다. 만일 그렇게 한다면 나를 지으신 창조주께서 나를 데려갈 것입니다.[1-22]

(속기록 33장) 제발 입 좀 다물고 내 말 들으시오

그러므로 욥이여 내 말을 듣고 내 모든 말에 귀를 기울여 주시기 바랍니다. 내가 입을 여니 입 속에서 내 혀가 말을 합니다. 내 마음 속에서 나오는 정직한 말로 그리고 내 입술이 진실하게 말하겠습니다. 하나님의 영이 나를 지으셨고 전능자의 입김으로 내게 생명을 주셨습니다. 만일 할 수 있다면 일어서서 내게 논박 하시기 바랍니다. 나와 그대가 하나님 앞에서는 동등하니 나도 흙으로 지음을 받은 피조물입니다. 내 위엄으로는 그대를 두렵게하지 못하고 또 그대를 누르지도 못할 것입니다. 나는 당신이 하는 모든 말을 다 들어 알고 있습니다. 당신이 말하기를, "나는 깨끗하며 아무 잘못도 하지 않았다. 또 나는 결백하고 아무 죄가 없다. 그런데 하나님이 나에게서 잘못을 찾으시고 나를 당신의 원수로 여기시며 내 발을 차꼬에 채우시고 나의 모든 길을 감시하고 있다"고 했습니다. 내가 지금 당신께 말해 주겠습니다. 당신의 말은 옳지 않습니다. 하나님이 당신보다 더 위대하신 분이십니다. 왜 당신은 하나님께서 사람의 말에 대답하지 않는다고 하여 하나님과 논쟁을 하려 하십니까? 하나님은 한 번 말씀하시고 또 말씀하고 계시지만 사람들은 도무지 관심이 없단 말입니다. 하나님은 사람이 침상에서 졸거나 깊이 잠들 때나 밤에 꿈이나 환상을 통해 사람의 귀를 열어 듣게 하시며 경고를 주어 두렵게도 하십니다. 하나님이 이렇게 하시는 것은 사람으로 하여금 자신의 악행을 버리게 하심이며 교만을 막으시려는 것입니다. 또 사람의 혼이 구덩이에 빠지지 않게 하시며 칼에 맞아 멸망하지 않게 하시려는 것입니다. 때때로 사람은 징계를 받아 병상에 누워 뼈가 쑤시는 고통을 받기도 합니다. 그때는 입맛을 잃어 몸과 영혼이 별미마저 싫어 합니다. 그의 살은 파리하여 보이지 않던 뼈도 밖으로 드러나게 됩니다. 이럴 때 그의 마음은 구덩이에 그의 생명은 죽음의 사신 앞에 이르게 됩니다. 만일 일천 천사 중 하나가 그의 중재자[108]로 있다면 하나님께서는 그를 불쌍히 여겨 "그를 구덩이에 내려가지 않도록 구하라. 내가 그를 위하여 대속물을 찾았노라"고 하시면서 그에게 옳은 길을 가르쳐 주라고 천사에게 명하실 것입니다. 그리하면 그의 살이 어린이처럼 다시 새로워지고 젊음을 회복하게 될 것입니다. 그가 하나님께 기도할 때 하나님이 은혜를 베푸실 것이며 그는 기쁨으로 외치며 하나님의 얼굴을 보게 될 것입니다. 하나님께서 그의 의를 회복시킬 것입니다. 그가 사람들 앞에서 이렇게 노래할 것입니다. "내가 범죄하여 옳은 것을 그르쳤으나 내게 유익한 것은 하나도 없었습니다. 하나님이 내 영혼을 건지사 구덩이에 내려가지 않게 하셨으니 내 생명이 빛을 보리로다." "실로 하나님께서 사람에게 이 모든 일을 재삼 행하심은 그들의 영혼을 구덩이에서 끌어내어 생명의 빛을 그들에게 비추려 하심이로다." 욥이여, 내 말을 귀담아 들으십시오. 부디 잠잠하시오. 내가 말하겠습니다. 만일 할 말이 있다면 나에게 말씀하십시오. 나도 기쁨으로 당신의 의로움을 대변하겠습니다. 그러나 할 말이 없다면 잠잠하고 내 말을 들으십시오. 내가 당신께 지혜를 가르쳐 드리겠습니다.[1-33]

(속기록 34장) 계속 내 말 안들으면 천벌받소

엘리후가 말을 계속 하였다. 당신들, 지혜자들이여, 내 말을 들으십시오. 지식 있는 자들이여 내게 귀를 기울여 주십시오. 입이 음식물의 맛을 분별하고 또 귀가 말을 분별하는 것처럼 무엇이 정의이며 무엇이 선인가 우리가 함께 알아 보도록 합시다. 욥 당신이 하나님께 "나는 의로우나 하나님이 내 의를 부인하셨고 내가 정당한데도 거짓말장이로 여기셨으며 내가 허물이 없으나 화살로 나에게 치명적인 상처를 입히셨다오"라고 말하지 않았소? 어떤 사람이 욥과 같겠습니까? 비방을 물 마시듯 하면서 악한 자들과 한 패가 되어 "하나님을 기쁘게 하는 일이 무익하

---

108) 대속자를 기다리는 욥을 향하여 주는 위로의 말이다. 엘리후는 대속자를 천사중 하나로 본다.

도다" 라고 말하며 다닌단 말입니다. 그러므로 총명한 분들이여, 내 말을 들으십시오. 하나님은 악을 행하지 않으시며 전능자는 결코 불의를 행하지 않으시고 사람의 행위를 따라 갚으시며 각각 그의 행위대로 보응하시는 분이십니다. 진실로 하나님은 악을 행하지 아니하시며 전능자는 공의를 굽히지 아니하십니다. 누가 그에게 땅을 다스리는 권한을 주었으며 누가 그에게 온 세상을 맡겼습니까? 만일 하나님이 작정하시고 그의 영과 숨을 거두신다면 모든 육체가 다 함께 죽을 것이며 인간은 모두 흙으로 돌아갈 것입니다. 만일 당신이 총명하다면 내가 하는 이 말에 귀를 기울이십시오. 정의를 미워하시는 분이시라면 어찌 그대를 다스리시겠습니까? 당신이 의로우시며 전능하신 그 분을 정죄하시겠습니까? 하나님은 왕들에게도 '무용지물'이라 하시며 지도자들에게도 '악하도다' 라고 말씀하시는 분이 아니십니까? 그는 고관대작이라고 해서 편애를 하시거나 가난한 자들 앞에서 부자의 낯을 세우시는 분이 아니시니 사람들이 모두 그의 손으로 지음 받은 피조물이기 때문이 아닙니까? 그들은 한밤중 순식간에 죽기도 하고 백성들은 떨며 혼비백산하여 도망갈 수밖에 없고 권력자들도 아무런 도움도 받지 못하고 제거를 당합니다. 하나님은 사람의 길을 주목하시며 모든 걸음을 감찰하셔서 행악자가 숨을 만한 그늘이나 어두움이 존재할 수 없습니다. 하나님은 사람을 심판하시는데 오래 생각할 필요도 없습니다. 권력자들을 조사할 필요도 없이 꺾으시고 다른 사람을 그 자리에 앉힐 수도 있는 분이십니다. 왜냐하면 하나님은 그들의 행위를 아시기 때문에 밤중에 그들을 뒤집어엎어 흩으시는 분이시기 때문입니다. 그들을 악한 자로 여겨 사람들이 보는 앞에서 벌하시는 이유는 그들이 하나님을 떠나 그가 가르치시는 어떤 길도 깨닫지 못하기 때문입니다. 그들은 가난한 자들을 울부짖게 만들었으므로 하나님은 빈궁한 자들의 부르짖음을 들으셨습니다. 주께서 침묵하신다고 누가 그를 정죄 하겠습니까? 그가 얼굴을 가리신다면 누가 그를 볼 수 있겠습니까? 이는 그가 어느 사람에게나 어느 민족에게나 동일하신 분으로서 경건하지 못한 자가 권력을 잡아 백성을 옭아매지 못하게 하시려는 것입니다. 누구는 하나님께 이렇게 말합니다. "내가 죄를 지었사오나 다시는 죄를 짓지 않겠나이다. 내가 깨닫지 못하는 것을 내게 가르치소서. 내가 악을 행하였으나 다시는 그러지 않겠나이다"라고 말입니다. 이제 그대가 거부하였는데 어떻게 하나님이 당신께 속죄를 베푸시겠습니까?[109] 그대가 스스로 결정하십시오. 그건 내가 할 일이 아닙니다. 당신의 뜻을 말해 주십시오. 분별력이 있고 지혜로운 사람이라면 반드시 내게 말할 것입니다. "욥이 무식하게 말하니 그의 말이 지혜롭지 못하다" 라고 말입니다. 오, 나는 욥이 끝까지 시험 받기를 원하는 바입니다. 저의 대답이 악인과 같습니다. 그가 자신의 죄에 반역을 더하며 우리 앞에서 손뼉을 치며 하나님을 거역하는 말을 참 많이도 하기 때문입니다.[1-37]

잠깐 물 좀 마시고 계속 하겠습니다.

(배심원 회의) 이 친구 정체가 뭐지?

배심원3: 이 양반 누구야? 누구 편을 들러 온거야?[110] 뒤늦게 나타나서[111] 말은 왜 이리 장황하게 늘어 놓는 거야? 이제 절반이나 했는지 모르겠네. 아무튼 조금 쉬었다가 계속 할 모양일세.

배심원1: 네, 갑자기 나타난 엘리후 때문에 우리 배심원 회의가 연기된 것에 대해서 유감입니다만 아무튼 엘리후의 추가변론에 대해서도 공식적인 심리의 일부분이므로 우리 배심원들도 엘리후의 발언을 참고해야 합니다. 지금은 제가 일단 엘리후의 변론을 요약한 후 여러분들께서 엘리후의 변론에 대한 의견을 주시기 바랍니다. 그 후에 다시 모여 최종 평결에 들어 가도록 하겠습니다.

자, 그럼 엘리후의 발언을 요약하겠습니다.

비록 엘리후 자신의 나이는 가장 어리지만 "사람에게 지혜를 주는 것은 전능자의 영이라는 사실과 나이가 많다고 해서 지혜가 있다거나 노인이라고 해서 옳고

---

109) 어떤 사람들은 31-32절에 예를 든 것처럼 하나님께 회개하고 바른 길로 나가지만 욥은 그렇게 회개하기를 거부하기 때문에 하나님도 욥에게 은혜를 베풀 수가 없다는 뜻을 엘리후가 욥에게 전한 것이다.

110) 엘리후의 역할에 대해서도 주석가들 사이에 의견이 갈린다. 하나님의 생각을 전하는 대변인으로 보는 이도 있고 욥의 변호인 또는 조력자로 등장한 것이라고 보는 이도 있다. 또 엘리야나 세례요한처럼 하나님이나 예수님을 예비하는 인물로 보는 경우도 있다.

111) 사실 엘리후가 뒤늦게 등장한 것은 아니다. 처음부터 조용하게 욥과 친구들의 변론을 주의 깊게 듣고 있었다.(32:11-12).

그릇을 깨닫는 것은 아니라는 점을 알게 되었다"고 하면서 자신의 말을 들어 달라고 요구합니다. 엘리후는 먼저 욥을 향하여 시종일관 자신의 의로움만 주장했다고 화를 냅니다. 그리고는 세 친구들을 향하여 화를 쏟아냅니다. 이렇게 말합니다.

심리를 시종 지켜봤으며 귀를 기울이고 들었다. 누가 진정한 지혜로 답을 하는지 보려고 기다리고 또 기다렸다. 그러나 그 누구도 욥과의 변론에서 압도할 만한 논리를 가지고 있지 않았다. 그리고는 더 이상 아무런 반박도 못하고 뻘쭘하게 서 있는 친구들의 모습을 보고 속에 할 말이 가득 차고 더 이상 참을 수가 있어 부득불 나섰다. 속기록 32장

엘리후는 욥에게 "내 말을 들으라"고 호소하며 먼저 욥이 한 말을 요약합니다. 욥이 스스로 하나님 앞에서 의롭다고 했으며[9] 하나님이 자신을 부당하게 겨냥하고 자신을 원수로 대하시며 자신의 일거수일투족을 감시한다고 불평했습니다.[10,11] 이런 욥의 항거에 대해서 엘리후는 한마디로 잘라 말해서 옳지 못한 태도라고 지적합니다.[12] 왜냐하면 하나님이 사람보다 더 크시기 때문이라는 것입니다.[12]

욥이 제기한 문제, 즉 하나님께서는 사람의 말에 대꾸도 하지 않으신다는 불평에 대해 엘리후는 하나님은 인간들에게 다양한 방법으로 말씀하신다고 답합니다. 꿈과 환상으로[15], 때로는 질병과 고통을 통해서[19] 말씀하신다고 하나님의 계시의 범위를 넓혀 설명합니다. 어떤 방법이 되었던 간에 하나님이 사람들로 하여금 그의 악한 행실을 버리고 교만을 막으시려는 목적이 있다는 것입니다.[17,18]

또 하나님이 잠잠하신 것이나 아무 행동이 없으신 것 역시 하나님의 정의와 모순되지 않는다고 덧붙입니다. 사람들이 하나님을 찾지 않는 것이 더 문제라고 꼬집습니다.[14] 하나님의 심판은 주권적이며 공정하며 확실하며 심지어 지체하시더라도 심판하시는 분이시기에 정의롭다는 것입니다.

따라서 고난 가운데 들리는 하나님의 음성에 귀를 기울여야 한다고 힘주어 말합니다.[19-22]

또 하나님은 중보자를 보내 고난 당하는 자에게 자비를 베풀고 그를 위해 변호

하며 그를 구덩이에서 건져낸다.[24,25] 따라서 징계를 받고 있는 자가 회개를 하면 하나님과 완전한 회복의 기회를 얻을 것이라고 충고합니다.[25-26]

이렇듯 하나님은 생명의 빛[30]을 주시려고 끊임없이 구원의 일을 행하신다고 강조합니다.[29] 이렇게 하나님은 그의 선하신 섭리로 왕성하게 일하고 계시건만 욥이 하나님을 비난하는 것은 잘못이라고 못박습니다. 엘리후는 욥에게 자신의 말에 주목해 달라고 거듭 호소하며 잠시 숨을 고릅니다.[속기록 33장]

다시 말을 시작한 엘리후는 이번에는 욥의 친구들을 향하여 토론 주제를 하나 제시합니다. 무엇이 정의이며 무엇이 선한 것인지 함께 토의해 보자는 것입니다.[4] 여기서 엘리후가 제시한 주제어는 '정의'입니다. 욥은 하나님이 정의롭지도 않으며 선하지도 않을 뿐더러 오히려 의로운 자신을 괴롭히고 있다며 하나님을 비난했다고 지적합니다.[5,6] 엘리후는 욥이 한 말을 토대로 욥을 냉혹하게 고발합니다. 어떤 사람이 하나님 비방하기를 물 마시듯 하고 악인과 한패거리가 되어 다니며 하나님이 아무 소용이 없다고 했다고 말하면서 욥이 바로 그런 사람이라고 말합니다.[7-9] 이에 대하여 엘리후는 자신의 의견을 제시합니다. 전능하신 하나님은 결코 불의를 행하시는 분이 아니며 절대적으로 사람의 행위대로 심판하시는 분임을 강조합니다.[10,11] 엘리후가 여기서 한 말은 세 친구들이 이미 한 말과 비슷합니다.[8:3] 엘리후는 이제 직접 욥을 향해 의롭고 전능하신 하나님을 정죄했다고 꾸짖습니다. 하나님이 정의롭게 심판하시기 때문에 욥의 주장이 틀렸다고 지적한 것입니다.

엘리후는 이렇게 긴 변론을 마치면서 회개하기를 거부하는 욥을 심히 못마땅하게 생각합니다. 이렇게 완고한 욥의 태도 때문에 하나님이 속죄를 베풀지 못하는 것이라고 거듭 꼬집습니다.[33] 엘리후가 기분이 상했던지 마지막에 욥을 저주합니다. 욥이 끝까지 시험을 받기 바란다고 말입니다. 욥의 대답이 악인과 같기 때문이라는 것입니다.[31-32 속기록 34장]

배심원2: 젊은 친구가 카리스마가 있네. 나이 어리다고 깔보지 말고 자기말 들으라고 호통을 치고 있는 것 좀 보세요. 욥과 친구들을 모두 혼 내키는 것처럼 시작하더니만 결국 화살을 욥에게 겨눈 것을 보면 이 친구 역시 욥을 도와 주러 온 것은 아닌 것 같습니다. 욥이 불러 온 변호사는 아닌 것 같아요. 욥은 자기를 이해하거나 도와주는 사람도 없어서 직접 변호를 하고 있으니까 말입니다. 또 욥은 재판장하고 직접 담판을 짓겠다고 나섰지 않았습니까? 그렇다면 이 친구는 누구를 위해 나타난 변호사란 말입니까? 혹시 관선변호사? 케이스를 심각하게 살피지도 않고 와서 적당히 둘러대고 자기 자랑질이나 하면서 시간만 장황하게 끌다가 마지막에 가서 바게닝 하려고 드는 관선변호사 같아 보입니다. 보십시오. 친구들의 말도 다 맞는 말은 아니라고 슬쩍 물타기를 하기도 하고 말입니다. 변론 내내 잔뜩 자기 지식 자랑으로 시간 때우다가 결국 욥더러 자존심 굽히고 용서를 빌라고 하지 않습니까? 이건 욥이 원하는 바가 아니지 않습니까? 그렇다면 엘리후 이 친구 왜 나타난 겁니까? 지식은 번드르 하지만 삶의 경험이나 깊은 성찰은 한없이 부족한 변호인의 전형입니다. 혹시 이번 기회를 자신을 나타내기 위한 기회로 삼는 것이 아닌지 의심이 갑니다.

배심원4: 아니죠. 이 젊은 변호사 친구의 논리 정연한 심리에 믿음이 갑니다. 변호사답게 욥이 한 말을 빠짐없이 기억했다가 그대로 인용하면서 조목조목 반박을 하고 있으니 말입니다.[112]엘리후의 말을 잘 새겨서 들어보면 결국 세 친구들의 추론이 맞다는 것 아니겠습니까? 물론 똑똑한 티 내려고 친구들의 논리에 자신의 생각을 장황하게 덧붙이긴 했지만 말입니다. 결국 이 양반 말대로 하나님의 정의는 어떤 경우에라도 시행된다는 결론이 아닙니까? 하나님이 스스로 정하신 공의의 방법을 마음대로 바꾸거나 사람따라 다르게 시행한다면 그건 하나님의 공의가 아니지 않습니까?

배심원3: 이 양반 정말 아리송하네. 요지가 뭔지 선명하지가 않아요. 처음 말을

112) 34:5-6,9,18,31,32,35-37

시작하면서 욥에게 화를 낸 다음 친구들에게도 화를 내는 것을 보고 좀 신선한 논리가 나올 것을 기대했건만 가만히 들어보니 세 친구들의 논리하고 다른 게 없는 것 같습니다. 그렇다면 세 친구들을 편들려고 온 첩자가 아닌가 의심이 생기다가도 곰곰 곱씹어보면 욥의 편을 드는 것 같기도 하고요. 뭐야 이친구. 이중간첩? 혼란스럽습니다.

배심원5: 그러게. 엘리후가 발언을 계속 한다고 하니 더 들어 봅시다.

당하알 하박사: 당하알 하박사입니다. 엘리후가 등장했네요. 이 친구의 정체에 대해서는 여러 의견이 있습니다. 프롤로그에 엘리후가 소개되어 있지 않다는 점. 갑자기 나타나 자기 할 말을 다하고 또 갑자기 사라졌다는 점. 하나님의 마지막 판결에도 욥과 세 친구들만 언급했을 뿐 엘리후의 발언에 대하여 아무런 말씀이 없다는 점. 이런 점들을 들어 많은 학자들은 엘리후의 발언이 나중에 첨가된 것으로 이해합니다.

또 엘리후의 역할에 대해서도 의견이 분분합니다. 엘리후의 스피치가 하나님의 것과 많이 닮았다는 점을 들어 하나님의 대변인 역할을 한다고 보는 사람이 있는가 하면 엘리후의 주장 역시 세 친구들의 주장과 크게 벗어나는 것이 아니라는 점에서 친구들의 주장에 가세했다고 보는 견해도 있습니다. 한편 엘리후의 발언이 친구들의 주장을 옹호하는 것처럼 보이기도 하지만 또 다른 한편으로는 하나님의 마음과 그 마음을 나타내시는 방법에 대해 좀더 구체적으로 설명하면서 욥이 하나님 앞에 서기 바로 직전 어떤 몸가짐을 가져야 할 것인지를 준비시키는 욥의 변호인 역할을 했다고 보는 사람도 있습니다. 제가 생각해도 엘리후의 역할에 대해서 명확하게 한마디로 규정하는 게 쉽지 않은 것 같습니다. 여러분들은 어떻게 생각하십니까?

엘리후는 자신의 연소함을 들어 나이 많은 선배들의 이야기를 경청하고만 있었으나 듣고 보니 너무나 헛점이 많은 토론이어서 자신이 끼어들고 싶어 심장이 터지는 줄 알았다는 말로 변론을 시작합니다. 엘리후는 이야기를 시작하면서 화부터 냅니다. 자신의 연소함을 커버하기 위한 전략이 아닐까요? 욥에게는 하나님보다 자기가 의롭다고 한 점을 들어 화를 냈고 세 친구들에게는 욥에게 적절하게 답변하지 못하는 것을 보고 도저히 참을 수가 없어 자신이 나섰다고 하면서 '분노한다'는 말을 연거푸했습니다.32:2, 3, 5 그리고는 엘리후는 "사람에게 지혜를 주는 것은 전능자의 영이라는 사실과 나이가 많다고 해서 지혜가 있다거나 노인이라고 해서 옳고 그름을 깨닫는 것은 아니라는 점을 알게 되었다"고 하면서 "이제 내 말을 들어 달라"고 도전합니다.32:8-10 이 말의 행간에는 영력에 있어서는 그 누구에게도 모자라지 않는 하나님의 특별하신 영적교감이 있다. 따라서 자신은 말할 수 있는 권위가 있다는 뜻이 내포되어 있다고 봅니다. 당시 문화에서 나이는 매우 중요한 사회적 질서였습니다. 따라서 나이를 초월하는 권위가 자신에게 주어져야만 선배들과 일전을 할 수가 있다고 생각한 엘리후는 바로 전능자의 영감이라는 무기를 들고 나왔던 것입니다.

젊은이의 당찬 패기라고 말할 수 있을 겁니다. 엘리후는 선배들이 토론만 잔뜩 늘어놓은 후 욥을 설득하는 것을 포기한 것은 어디까지나 직무유기로 보았기 때문에 더욱 부화가 치밀은 것으로 생각됩니다.32:13

그러나 위로자로 자처한 세 친구들과는 달리 엘리후는 욥이 죄를 숨기고 있다고 직접적으로 정죄하지는 않습니다. 또 욥이 받고 있는 고난이 그의 죄를 뒷받침하는 증거라고 주장하지도 않습니다. 한편 엘리후는 인간의 잘못을 교정하기 위한 목적으로 또 교훈을 주시기 위해 하나님께서 고통을 허락하신다는 새로운 주장을 펼칩니다. 또 "하나님께서 사람의 말에 대꾸도 하지 않으신다"는 욥의 생각[113] 역시 잘못된 판단이라고 지적합니다.

엘리후는 하나님이 인간들과 교통하시는 방식에 다양한 방법이 있음을 제시합니다. 이는 욥이 하나님과 대면하여야만 하나님의 뜻을 알 수 있다고 고집하기 때

---

113) 33:13; 9:16; 19:7; 30:20

문에 그의 주장을 반박하기 위해 제시한 논리로 보입니다. 엘리후는 하나님이 사람들과 교통하는 방법으로 꿈과 환상을 예로 듭니다. 꿈과 환상은 경고로서 이를 통해 사람들의 악행을 돌이키고 구원을 베푸신다는 것입니다. 그 다음 방법으로 사람의 병과 고통을 징계의 수단으로 사용하여 사람들로 하여금 돌이키도록 한다는 것입니다.33:15-18 이렇게 엘리후는 욥의 고통에 대해서 세 친구들 보다 한걸음 더 나아간 진단을 내놓습니다.

엘리후는 이렇게 하나님이 일하시는 다양한 방법에 대해 설명을 하면서도 하나님의 징계에 초점을 맞춥니다. 사람들이 징계를 받을 때 나타나는 고통을 세심하게 표현하고 있는데 이것은 아마도 욥이 당하고 있는 고난에 대한 묘사로 보입니다.33:19-22

한편 엘리후는 욥에게 화해의 방법을 제시합니다. 욥의 친구들은 화해의 방법으로 회개를 촉구하였으나 엘리후는 회복은 하나님의 은혜로 오는 것이라고 말합니다.

하나님께 기도하면 "그의 살이 어린이처럼 다시 새로워지고 그가 젊음을 회복하게 될 것이다. 그가 하나님께 기도할 때 하나님이 은혜를 베푸실 것이며 그는 기쁨으로 외치며 하나님의 얼굴을 보게 될 것이다. 하나님께서 그를 완전하게 회복시킬 것이다."33:25-26

그리고 또 욥이 찾고 있는 중재자가 천사라고 소개합니다.

> "하나님께 기도하면 하나님께서 불쌍히 여겨 천사중 하나를 중재자로 보내주셔서 욥에게 옳은 길을 가르쳐 줄 것이라."33:23

그 다음 엘리후는 욥에게 하나님이 주시는 고난의 목적을 다시 한번 상기시켜 줍니다. "실로 하나님이 사람에게 이런 모든 일을 두 세번 행하심은 그들의 영혼을 구덩이에서 건져내어 생명의 빛을 그들에게 비추려 하심이라."33:29-30 결국 엘리후가 전하는 메시지는 고통과 고난이 징계의 수단도 되지만 또 사람에게 교훈과 훈육을 주시기 위한 하나님의 은혜라는 것입니다. 이런 엘리후의 논점은 세 친구들과는 다른 측면을 말한 것이긴 하지만 엄격히 말해서 여전히 인과응보적 세계관 틀안에 있는 것으로 보아야 합니다.

34장에 와서 엘리후는 욥의 친구들에게 함께 토론할 것을 제안을 하지요.34:3-4 글쎄요. 함께 결론을 도출해 보자는 의미로 보기 보다는 자신의 의견을 설파하려는 뜻이 더 강한 것으로 보입니다. 엘리후는 이미 자신의 말을 들어야 한다는 확신으로 가득차 있었기 때문입니다. 엘리후는 "내 말을 들으라"고 연신 내뱉습니다. 자신의 주장을 들을 줄 알아야 분별력있는 사람이라는 논리까지 폅니다.34:2-3

엘리후는 하나님의 정의에 대해 자신의 생각을 내놓습니다. "하나님은 악을 행하지 않으시며 전능자는 결코 불의를 행하지 않으시고 사람의 행위를 따라 갚으시며 각각 그의 행위대로 보응하시는 분"이라고 말입니다.34:10-12 하나님의 정의 역시 사람의 행위에 따라 보응한다는 주장이라면 엘리후도 결국 세 친구의 논리의 범주를 벗어나지 못합니다.

그럼에도 불구하고 엘리후는 세 친구들보다 하나님의 일하시는 방법에 대하여 포괄적으로 이해합니다. 예를 들면, 엘리후는 자연현상 속에 나타난 하나님의 섭리를 강조합니다.[114] 또 욥의 세 친구들은 욥이 지었을 과거의 죄를 의심하는 반면 엘리후는 그런 차원을 넘어선 죄의 문제를 지적합니다. 세 친구들이 철저히 전통과 경험 그리고 이성적인 판단을 중시한 반면 엘리후는 하나님의 주권과 섭리에 초점을 맞추었다는 점에서 비록 자연주의신학의 범주에 머무른 한계가 있긴 해도 좀 더 신본주의적 접근을 했다고 할 수 있습니다. 엘리후는 욥이 과거에 저지른 죄 때문에 고난을 받는 것은 아니지만 현재 받는 고난 때문에 욥이 하나님께 불평하는 죄를 짓고 있다고 주장합니다.33:8~11, 35:15~1

또 엘리후는 하나님의 주권은 모든 민족 누구에게나 공의롭게 시행된다.34:29 그러나 설령 하나님이 침묵하신다고 해도 아무도 하나님을 정죄할 수 없다. 왜냐하면 하나님을 떠난 사람들이 하나님이 가르치시는 도를 도무지 깨닫지 못하기 때

114) 34:10-15; 33:29-30; 36:22-37:24

문이며 또 경건하지 못한 자들이 권력을 잡아 백성들을 옭아매지 못하게 하시려는 뜻이 있기 때문이다.34:28-30 하나님이 말씀하지 않으시는 것처럼 보이지만 사실은 사람들이 관심이 없기 때문이라고 말합니다.33:13-14 이렇게 주장함으로써 사람의 고난에 대해 침묵하신다고 주장하는 욥의 불평을 입막아 버린 셈입니다.

자, 그럼 엘리후의 주장에 모순은 무엇일까요?

자신은 세 친구들과 차별된 주장을 한다고 했지만 결국은 세 친구들의 논리의 범주를 벗어나지 못했고요. 세상을 깊이 경험하지 못한 젊은이의 머리 속에서 막 튀어나온 이론만으로는 실제적인 삶의 정황에서 나온 질문을 결코 이해하지 못한다는 점입니다.

엘리후가 말한 공식대로 세상의 일들이 그렇게 돌아가지 않습니다. 공평과 정의가 세상의 통치원리로 항상 작동되는 것이 아니니까요. 엘리후는 하나님의 정의가 자연의 질서처럼 한치의 오차없이 실행된다고 주장 하지만 어디 현실이 그렇던가요? 오히려 현실세계에서 하나님이 악한 지도자들을 즉각 심판하시는 장면을 보는 일이 더 어렵지 않습니까? 파시스트, 나찌, 인종청소, 테러와 같은 일들이 버젓이 일어나고 죄없는 사람들이 얼마나 많이 죽었던가요? 그때 하나님은 왜 침묵하셨는지 말해 주지 않습니다.

마지막으로 엘리후가 가지고 있는 영적 교만, 다시 말하면 영적 엘리티시즘을 지적하고 싶습니다. 한마디로 그는 고상한 지도자 코스프레를 하고 있는 것처럼 보입니다. 저는 이를 두고 엘리후 증후군이라고 명명하고자 합니다. elegance우아, 고상, 기품와 arrogant거만하게 보이는 지나친 자만심의 차이라고나 할까요? 엘리후는 엘레강스하게 보이려고 애쓰지만 참 arrogant교만한 사람입니다. "나는 적어도 세 친구들과는 지적으로 또 영적으로 수준의 차이가 있다"고 말하고 싶어합니다. 아주 지능적인 교만 아닙니까?

엘리후, 그는 경건의 모양은 훌륭합니다. 그러나 그 속에 교만이 충만합니다. 연장자들 앞에서 겸손한 척 하다가 '노인이라고 해서 옳고 깨달음이 있는 것은 아니라'고 한방에 날려 버립니다.32:8-10 욥의 주장을 꺾고 답을 제대로 하는 사람이 하나도 없었다고 직설적으로 깎아 내립니다.32:11-12 '지혜의 말을 기대하면서 욥의 친구들의 말을 죽 듣고 있었으나 건질 것이 없었다'는 엘리후의 말은 아주 교만arrogant한 말입니다. 참 얄미운 말입니다.

이런 교만한 말은 계속 됩니다. 보세요.

"내 마음 속에서 나오는 정직한 말로 그리고 내가 입술로 진실하게 말하겠습니다. 하나님의 영이 나를 지으셨고 전능자의 입김으로 내게 생명을 주셨습니다. 만일 할 수 있다면 일어서서 내게 논박을 하시기 바랍니다."33:3-5

"욥이여, 내 말을 귀담아 들으십시오. 부디 잠잠하시오. 내가 말하겠습니다. 만일 할 말이 있다면 나에게 말씀하십시오. 나도 당신의 의로움을 대변하겠습니다. 그러나 할 말이 없다면 잠잠하고 내 말을 들으십시오. 내가 당신께 지혜를 가르쳐 드리겠습니다."33:31-33

이제 한수 가르쳐 주시겠답니다. 입 다물고 듣는다면 말입니다. 상대방의 감정과 말에는 관심이 없습니다. 상대방의 소리에는 귀를 기울이지 않고 입다물면 욥을 대변하겠답니다. 이게 대변인입니까?

엘리후의 교만은 이제 절정에 오릅니다.

"지혜자들이시여, 내 말을 들으십시오. 지식 있는 분들이여 내게 귀를 기울여 주십시오.1-2

입이 음식물의 맛을 분별함 같이 또 귀가 말을 분별하는 것처럼 우리가 무엇이 정의이며 무엇이 선한 것인지를 함께 알아 보도록 합시다."34:3-4

"그러므로 총명한 분들이시여, 내 말을 들으십시오. 하나님은 악을 행하지 않으시며 전능자는 결코 불의를 행하지 않으시고 사람의 행위를 따라 갚으시며 각각 그의 행위대로 보응하시는 분이십니다."34:10-11

여기서 엘리후는 '함께 알아 보도록 합시다'란 말을 뱉자마자 계속해서 자신의 '말을 들으라'고 윽박지릅니다. 하나님께 귀를 기울이라는 것도 아니고 자기의 말을 들으라고 합니다. 오늘날 종교 지도자들에게서 흔히 볼 수 있는 현상입니다.

"우리가 함께"라는 엘리바스의 말에 한 에피소드가 떠오릅니다. 어느 선교사님이 자신과 동역하자는 요청이 왔습니다. 그런데 저더러는 자신의 아젠다에 동참하고 거기 전폭적으로 지원하고 자신은 바쁘니까 우리의 아젠다에는 동참할 수는 없다는 것이었습니다. 그러면서 입으로 수백 번은 동역이라는 말을 되풀이했습니다. 엘리후 한테 배운 말솜씨인지 모르겠네요.

자, 이제 자기말을 안들으니까 금방 서슴없이 저주를 내뱉습니다. 아뿔싸. 뒷끝 작렬입니다.

"오, 나는 욥이 끝까지 시험 받기를 원하는 바입니다. 저의 대답이 악인과 같습니다. 그가 자신의 죄에 반역을 더하며 우리 앞에서 손뼉을 치며 하나님을 거역하는 말을 참 많이도 하였기 때문입니다."34:31-32

오호라, 점입가경입니다. 이제 교만의 끝을 보입니다. 이제 하나님을 대신하여 말한다고 합니다.

"잠깐만 참아 주십시오. 제가 하나님을 대신하여 드릴 말씀이 아직도 남아 있습니다. 내가 먼 곳을 마다않고 찾아다니며 배운 지식을 가지고 왔습니다."36:1-3

마지막으로 한마디만 덧붙이겠습니다. 이렇게 장황하게 늘어놓은 엘리후의 참고진술로 인해 욥의 마지막 최후변론이 묻혀버리고 말았습니다. 엘리후는 욥을 위해 나선 것이 아닌 것이 분명합니다.

오늘 설명이 많이 길어졌네요. 끝까지 경청해 주신 우리 채널 구독자 여러분들께 감사드리고요. 다음에 또 뵙겠습니다. 좋아요 알람설정 잊지 마시고요.

당고알 고집사: 참내. 엘리후 이 친구 말에 바늘이 돋아 있다 아이가. 참으로 교묘한 녀석이란 말일세. 말이 너무 번드르르 해서 속아 넘어가기 쉽다카이. 욥의 말을 하나하나 반박하면서 욥의 입을 꽉 막아 버리는 작전을 쓴건데 정작 자신의 논리에 헛점이 있다는 것은 모르고 있단 말이다. 젊은 패기가 사람잡는다꼬. 교실에서 배운 이론만 가지고는 사람을 몬살린다 안카더나. 지금 변호사 신분으로 왔으면 사람을 살려야 하는 것 아이가? 그런데 자기말만 잘 들으면 바로 살아난다고 주장하고 있으니 그게 바로 사람 잡는 소리란 말이다.

자, 엘리후 이 친구가 얼마나 사람 잡는 소리를 하는지 내 한번 꼬집어 보마.

첫째, 엘리후는 인생들에게 교훈을 줄라고 또 교육을 시킬라고 하나님이 고통을 주시는 거라고 주장했는데 아이고 마, 이 소리 교회에서 귀따갑게 듣던 소리데이. 우리 장애인 가족들에게는 정말 가슴 아픈 말인기라. 오케이 하나님이 나를 경고하든 단련을 시키든 벌을 주려면 나한테 직접 주실 일이지. 와? 자녀들한테 벌을 안기는가 말이다. 그래서 평생 죄짐을 못 벗어나는 부모들이 얼마나 많은고!

이런 주장의 결정적인 폐해는 뭔고하면 교훈을 듣고 회개까지 했는데 고통이 없어지지 않는데 있다는기다. 장애가 고쳐지지 않는다 말이지. 이게 현실이야. 장애아를 가진 부모들이 무언들 안해봤을까? 아마 목숨이라도 바꾸라고 한다면 안 바꿀 부모들 없다 안카나.

그래, 장애가 생기거나 불치병에 걸리게 되면 신앙인이라면 제일 먼저 뭘하겠노? 죄때문이라고 자책하며 눈물로 참회를 하겠지. 그런데 말이야. "아직 문제가 해결되지 않는 걸 보니 죄문제가 해결이 아직 안되서 그렇다"고 하는 거야. 나도 어릴 때 부모님한테 거짓말한 것까지 회개하고 또 하고 하지 않았겠어. "생각나지 않는 죄때문이라면 그 죄 생각나게 해주세요"하며 금식기도까지 했다니까. 그런데도 병이 낫지 않는기라. 또 "무언가 정성이 부족하다," "분에 넘치는 헌금해야 응답받는다"고 해서 빚까지 내서 헌금했다니까. 그런데도 차도가 없자"아직 회개의 양이 차지 않아서", "아직 회개하지 않은 죄가 있어서", "더욱 연단하시려고" 하며 계속 정죄를 하는기라. 결국에는 하나님이 원망스럽다니까.

두번째는 엘리후의 태도가 문제인기라. 엘리후가 욥에게 만일 자기 말을 듣지 않으면 끝까지 죽을 고생 좀 해봐라34:36고 한 말은 충고가 아니라 악담이 아니고 뭐꼬? 게다가 사람들한테 들었다고 하면서 소문을 그대로 옮기는 건 상담자의 기본도 안되어 있는기다. 욥이 비방을 물 마시듯 하면서 악당들과 한패가 되어 몰려다니면서 하나님 믿어서 좋은 게 뭐가 있노?34:7-9하며 다닌다고 욥을 꾸짖었는데 말이다. 이건 전형적인 가짜뉴스 소비자 겸 생산자가 된 거라고. 엘리후가 진정으로 욥을 권고하려면 적어도 인격살인은 하지 말았어야 한단 말이다. 이게 오늘날 종교지도자들이 하는 상담의 한계이기도 한기라. 특히 엘리후처럼 머리만 큰 사람, 열정만 가득찬 사람, 자기 말만 들으면 다 된다는 사람이 문제인기라. 이런 사람들은 자신의 지시를 받아들이지 않거나 그대로 했는데도 아무런 일이 일어나지 않을 때 또 뭐라고 하는지 아나? "기도 안해서 그렇다", "믿음이 적어서 그렇다", "제단에 제물을 바치지 않아서 그렇다", "목숨걸고 기도해라". "정성이 부족하다" 등등 하면서 발뺌을 한다니까. 안수하는 자기들은 아무 책임도 없다는 기다. 그리고는 꼭 엘리후처럼 악담을 퍼붙는다니까. "그래, 끝까지 시험 좀 받아 보시지 그래" 라고.

하나 더 꼬집어 보자. 이것도 심각한 일이다. 엘리후는 계속해서 욥과 친구들에게 입 다물고 자신의 말을 들으라고 강요한다. "잠잠하라." 이 말은 욥이 친구들로부터도 귀따갑게 듣던 말이다. 지금까지 혼자 변호하느라 고군분투해 왔거늘 엘리후마저 잠잠하란다![115] 참내, 욥을 변호해 달라고 했지 누가 자기 생각을 말하라고 했단 말이고? 지금 욥은 자신의 말을 들어 줄 사람이 필요한 기다. 자신의 생각을 들으려고도 이해하려고도 않고 하는 말마다 또박또박 말대꾸하는 세 친구들에게 질려 그들에게 차라리 입다물어 달라고 애원했던 터인데[116] 뒤늦게 나타난 엘리후마저 욥에게 입 다물고 있으라카이 얼마나 괴롭겠노? 결국 욥은 '잠잠 트라우마'에 걸리고 만기다.[117] 지금 욥은 자신의 말을 경청하는 사람이 필요한기라. 자기 말을 들어 주시는 하나님이 필요한기라.

오늘날 교회의 문제가 뭐꼬? 지도자들마다 강대상에서 "입 다물고 순종, 순종!"을 주문하지 않나 말이다. 순종이 제사보다 낫다고. 문제는 말이다. 말로는 하나님께 순종해야 한다고 하면서 실제로는 목사 말에 100% 순종해야 한다는 기다. 심지어는 이치에 맞지 않거나 억지스런 요구를 하면서도 성도들은 입 다물고 순종해야 한다고 하잖나 말이야? 내사마 교회 다니면서 "순종~" 인 박힐 정도로 들었다 안

115) 33:31,33
116) 6:24, 13:5,13
117) "오호라 내가 말을 해도 내 고통은 사라지지 않고 내가 또 잠잠하여도 내 아픔이 줄어들지 않는구나"(16:6).

카나. 오늘날 교회는 어떤 의심이나 의문도 허락하지 않는데이. 반론이나 합리적 의심을 하기라도 하면 믿음이 없는 반항으로 생각한다니까. 그건 폭력이라꼬. 의심, 반항, 회의를 허하라! 이게 욥기서가 교회에게 명하는 주문인기라!

배심원1 : 엘리후가 계속 발언을 시작했습니다

배심원5 : 아이고 저 친구 웬 말이 그렇게 많을꼬?

변호인 엘리후의 등장

참고인 진술2 (35:1 - 37:24)

(속기록 35장) 하늘을 보고 땅을 보면 답이 보이는 법

엘리후가 다시 말을 시작 하였다. 욥이여 그대가 정말 의롭다고 생각하시오? "나는 하나님보다 옳다"고 말한 당신의 주장 말이오. "내가 죄를 짓지 않는다고 얻는 유익이 무엇이 있겠습니까?"라고 그대가 묻지 않았소? 이제 내가 그대와 그대의 친구들에게 답을 하겠습니다. 하늘을 한번 쳐다 보십시오. 그리고 위에 높이 뜬 구름을 바라 보십시오. 그대가 범죄한들 하나님께 무슨 영향이 있겠으며 그대의 악행이 가득한들 하나님과 무슨 상관이 있겠습니까? 그대가 의로운들 하나님께 무엇을 드리겠으며 하나님이 그대의 손에서 무엇을 받으신단 말입니까? 그대의 악은 당신과 같은 사람들에게나 영향을 주는 것이고 그대의 의로움 역시 사람들에게만 조금 유익을 줄 뿐입니다. 사람들이 학대에 못이겨 울부짖으며 군주들에게 눌린 힘으로부터 빠져 나오려고 소리치지만 아무도 "나를 지으신 하나님이 어디 계시냐? 밤에 노래를 주신 분이 누구시냐?"라고 묻는 자는 없도다. "땅의 짐승들보다 우리를 더 가르치시며 공중의 새들보다 우리를 더 지혜롭게 하시는 이가 어디 계시느냐?" 라고 묻는 자도 없도다. 하나님은 악인이 교만으로 부르짖는 외침에는 대답하지 않으시는도다. 실로 하나님은 헛된 소리에 귀 기울이지 않으시며 전능자는 관심도 없도다. 하물며 "하나님을 볼 수도 없고 일의 판단하심은 그 앞에 있으니 나는 그를 기다릴 뿐이라"고 말하는 당신에게 응답하시겠습니까? 게다가 당신은 하나님이 진노로 벌하지 않으시고 악행에 대해서 털끝만큼도 관심이 없으시다고 말하지 않습니까? 그대는 지금 입을 열어 헛된 말만 지껄이고 지식 없는 말만 나열하고 있습니다.[1-16]

(속기록 36장) 내가 하나님의 대리인이라니까요

엘리후가 계속 말을 하였다. 잠깐만 참아주십시오. 내가 하나님을 대신하여 드릴 말씀이 아직도 남아 있습니다. 내가 먼 곳을 마다않고 찾아다니며 배운 지식은 나의 창조주께서 의로우신 분이라는 사실입니다. 하나님은 전능하시니 아무도 멸시하지 않으시며 그의 지혜가 무궁하사 악인을 살려두지 아니하시며 고난받는 자에게 공의를 베푸시며 그의 눈을 의인들에게서 떼지 아니하시고 그들을 왕들과 함께 왕좌에 앉히시고 영원토록 존귀하게 하시는 분이시로다. 혹시 그들이 족쇄에 매이거나 환난의 줄에 얽혔다면 그들의 소행과 악행과 교만한 행위를 일깨워 주셔서 그들로 하여금 귀를 열어 교훈을 깨닫게 하시며 죄악에서 돌아오도록 명하십니다. 만일 그들이 순종하여 섬기면 남은 삶이 형통하며 나날이 행복할 것이오. 만일 그들이 순종하지 않으면 칼에 망하여 지식 없이 죽을 것입니다. 경건하지 않은 사람들은 분노를 쌓으며 하나님이 속박을 해도 도움을 구하지도 아니하나니 그들은 젊은 나이에 죽어 남창들 곁에 묻힐 것입니다. 하나님은 고난 당하는 자를 그 고통에서 건져 주시고 학대 당할 때 귀를 여십니다. 그러므로 하나님이 그대를 환난에서 이끌어 내사 평안하게 살 수 있는 넓은 곳으로 인도하시고 식탁에는 언제나 기름진 것으로 넘치게 하셨습니다. 그러나 이제는 악인이 받을 벌이 그대에게 가득하였고 심판과 정의가 그대를 단단히 붙잡고 있습니다. 부나 재물이 그대를 유혹하지 않도록 조심 하십시오. 그리고 뇌물이[118]그대를 그릇된 길로 가게 할까 조심하십시오. 그대가 가진 모든 능력을 가지고 곤고한 가운데서 빠져 나올 수 있다고 생각하십니까? 그대는 밤을 사모하지 마십시오. 사람들을 그 있는 곳에서 끌고 가기 때문입니다. 삼가 악으로 치우치지 마십시오. 그대가 겪는 환난이 바로 당신이 악을 택했기 때문입니다. 실로 하나님은 권능으로 존귀하신 분이시니 또 이 같은 스승이 어디 있겠습니까? 누가 그의 길을 정해 주기라도 했습니까? 또 누가 "당신이 불의를 행하셨습니다"라고 말할 수 있겠습니까? 그대는 하나님께서 하신 일을 기억하고 높이 찬송하십시오. 인생들도 그리합니다. 모든 사람이 그의 위대함을 보며 멀리서도 그를 보고 있습니다. 하나님은 높으시니 우리

---

118) 역본에 따라 속전(ransom) 또는 뇌물로 번역했다. 속전(ransom): NASV, KJV. 한글새번역. 뇌물: NIV, 한글공동번역, 개역개정.

가 그를 알 수 없고 그의 햇수를 감히 헤아릴 수도 없습니다. 그가 불방울을 모아 빗방울이 되게 하시고 빗방울을 증발시켜 안개가 되게 하시도다. 또 그것을 구름에서 내려 많은 사람에게 쏟아지게 하시는도다. 누가 겹겹히 쌓인 구름과 그 우레 소리의 이치를 이해할 수 있단 말입니까? 그가 어떻게 빛으로 자기의 사면에 두르시고 바다 밑 깊은 곳까지 비치시는지 보십시오. 그는 이런 방법으로 사람들을 다스리시고 풍성하게 먹이십니다. 그가 번갯불을 손바닥 안에 넣으시고 번갯불더러 과녁을 치게 하십니다. 그의 우레가 다가오는 폭풍을 알려주니 가축들도 그 다가옴을 알게 됩니다.1-33

(속기록 37장) 더 이상 변호 못하겠소

이로 인해 내 심장이 심히 떨려서 그 자리에서 튕겨나갈 것만 같소이다. 하나님의 음성 곧 그의 입에서 나오는 소리를 똑똑히 들으십시오. 그는 먼저 번개를 쳐서 온 하늘과 땅끝까지 이르게 하시는도다. 그 후에 위엄 찬 소리로 계속 우레소리를 발하시도다. 한번 발하신 음성은 다시 멈추지 않으시는도다. 하나님은 놀라운 소리를 내시며 우리가 헤아릴 수도 없는 큰 일을 행하시는 분이시라. 그가 눈을 명하여 땅에 내리라 하시며 적은 비와 큰 비도 내리게 명하시도다. 그가 모든 사람들의 손에 표를 주셔서 사람들로 하여금 그가 지으신 것을 깨닫게 하시도다. 짐승들은 굴속에 들어가 몸을 피하여 그곳에 머물도다. 폭풍우는 그 밀실에서 나오고 추위는 북풍을 타고 오도다. 하나님의 입김이 얼음을 얼게 하시니 큰 물줄기도 얼어 버리는도다. 또 그는 구름에 습기를 실으시고 번개로 구름을 흩어지게 하시도다. 구름은 하나님의 지시를 따라 땅위에서 빙글빙글 돌다가 그가 명령하는 대로 일을 수행하는도다. 하나님은 징계를 위하여 또는 땅을 위하여, 또는 긍휼을 베푸시기 위해 이런 일을 생기게 하시도다. 욥이여 이것을 듣고 가만히 서서 하나님의 오묘한 일을 깊이 깨닫기 바랍니다. 하나님이 어떻게 구름을 조정하며 또 어떻게 번개를 번쩍거리게 하시는지 그대가 알기나 합니까? 어떻게 구름이 하늘에 자리를 잡는지? 완전한 지식을 가지신 그 분이 하시는 그 경이로움을 아십니까? 남풍이 불어와 대지가 고요에 쌓일 때 그대의 의복이 따뜻한 까닭을 알기나 하십니까? 그대는 하나님을 도와 창공을 두드려 펴서 구리거울처럼 단단하게 할 수 있겠습니까?

그대가 하나님께 할 말을 차라리 우리에게 알려 주시기 바랍니다. 우리는 아둔하여 당신을 변호할 말을 찾지 못하겠습니다. 내가 말하고 싶은 것을 하나님께 고한다고 들어나 주겠습니까? 자신이 삼켜지길 바라는 사람이 어디 있겠습니까? 바람이 불어 하늘이 말끔하게 되면 아무도 그 밝은 빛을 볼 수 없습니다. 하나님의 금빛 찬란한 영광이 북쪽에서 나오니 그의 놀라운 위엄이 있도다. 오 주여, 전능자께서는 우리가 찾을 수 없는 높은 곳에 계시며 권능이 지극히 크시도다. 정의와 무한한 공의를 굽게 하지 않으시도다. 그러므로 사람들이여 하나님을 경외할지니라. 하나님은 스스로 지혜롭다고 하는 자를 무시하느니라.[1-24]

이상입니다. 저의 긴 말을 경청해 주셔서 감사합니다.

(배심원 회의) 엘리트 변호사답군

배심원1: 엘리후의 발언이 계속되었기 때문에 평결 작업을 하기 전에 엘리후 변론에 대한 의견을 먼저 개진하겠습니다. 그런 다음 마지막 평결로 바로 들어가겠습니다.

먼저 엘리후의 발언의 요지를 정리하겠습니다.

이번에도 엘리후는 욥의 말을 인용하면서 자신의 주장을 이어갔습니다. 엘리후는 욥이 "나는 하나님보다 옳다", "내가 죄를 짓지 않는다고 얻는 유익이 무엇인가?"라고 말했다는 것입니다. 이런 질문에 대하여 엘리후는

하나님은 본질적으로 사람의 선행이 필요하지 않으며 우리의 선행은 아무런 유익도 끼치지 못한다. 악이나 공의를 통해 고통을 받거나 유익을 얻는 것은 어디까지나 인생살이에서 일어나는 일일 뿐 하나님과는 상관이 없는 일이다.[8] 라고 못박습니다.

세상에는 군주들의 압제가 있고 학대 당하는 사람들의 울부짖음이 있다.[9] 그런데 하나님은 이런 상황에서 왜 아무일도 하지 않으시는가? 라고 묻는 욥의 질문에 엘리후는 압제 당하는 사람들이 간구하지 않기 때문이라고 추론합니다.[10] 더 나아가 하나님은 악인이 교만으로 부르짖는 외침에는 대답하지 않으신다.[12]고 잘라 말

합니다. 결국 그들의 부르짖음은 헛된 소리에 불과하다는 것입니다.[13]

결국 "하나님을 볼 수도 없고 일의 판단하심은 그 앞에 있으니 나는 그를 기다릴 뿐이라"는 욥의 주장이야말로 헛된 소리이기 때문에 하나님이 응답할 리가 있겠는가 하고 반문합니다.

엘리후는 "하나님이 악인들에게 진노로 벌하지 않으시고 악행하는 자들에게 털끝만큼도 관심이 없다"라고 한 욥의 생각이야말로 헛된 말이며 지식없는 말이라고 변박을 줍니다. 속기록 35장

엘리후는 자신은 지혜를 얻기 위해 먼곳을 마다하지 않고 다니며 지식을 얻어왔다고 자신의 지식의 객관성을 내세웁니다. 이제 엘리후는 자신을 하나님의 대리인으로 자처합니다.[2] 엘리후의 목표는 하나님께 의를 돌려 보내는 것입니다.[3] 즉 하나님이 의롭다는 사실을 자신이 증언해 드리는 일이라고 생각하는 듯 합니다. 이것이 엘리후가 논쟁에 끼어든 동기라고 생각됩니다. 자신의 권위는 하나님이 주신 것이기 때문에 거짓이 없다고 주장합니다.[4] 엘리후의 주장은 이렇습니다. 하나님은 반드시 악인을 심판하시는 공의의 하나님이시다.[6] 의인들을 영원토록 존귀하게 하신다.[7] 그러나 세상에는 본의 아니게 고난과 환난의 줄에 매여 사는 의인들이 있다.[8] 이런 고난을 통해 하나님은 그들에게 회개의 기회를 제공하려는 것이다.[9-10] 하나님은 고난 당하는 자를 그 고통에서 건져주신다.[15]

엘리후는 사람들이 징계를 당할 때 두 갈래 길을 제시합니다. 즉 징계를 겸손하게 받아들이고 회개하는 자, 이들은 크게 축복을 받는다.[11] 다른 한 유형은 순종하지 아니하는 경건치 않은 자들이다. 이들은 칼에 망하게 된다.[12,14]

이런 설명을 한 후 엘리후는 욥을 향하여 호소합니다. 하나님은 욥을 환난에서 건져 축복의 자리로 옮기시길 원하신다고 설득합니다.[16] 그런데 문제는 욥이 악인들이 받을 심판을 자초하고 있다는 것입니다.[17] 스스로 이 고난을 빠져 나오려는 어떤 시도도 생각조차 하지 말라고 경고합니다. 욥 스스로 악을 선택하여 환난을 자초했다고 진단합니다.[21] 따라서 권능으로 세상을 다스리시고 주권으로 길을 인도하시는 하나님께 더 이상 불평하지 말고 회개하고 돌아와 하나님을 찬송하라는

것입니다.[22-24]

마지막으로 엘리후는 하나님의 세상 통치의 놀랍고 경외로운 신비감을 노래합니다. 사람은 하나님을 완전하게 이해할 수 없다는 사실을 재삼 강조합니다. 엘리후는 물의 신비함을 예로 듭니다. 물이 증발하여 안개가 되기도 하고 안개가 폭우로 돌변할 수도 있는 것처럼 이런 변화가 사람에게 유익을 주기도 하지만 때때로 폭우와 같이 사람에게 피해를 입힐 수도 있다는 것입니다. 구름과 천둥, 번개 역시 같은 이치라는 것입니다. 즉 하나님의 하시는 일을 사람이 헤아리기 어렵다는 뜻입니다. 그러나 궁극적으로는 이 모든 것을 통하여 사람들을 풍성히 먹이시려는 하나님의 섭리라는 것입니다. 또 우레가 다가오는 폭풍을 알려주는 것 같은 기능을 한다는 것입니다.[31 속기록 36장]

엘리후는 숨을 잠시 고른 후 마지막 발언을 합니다. 엘리후는 이미 예로 든 폭풍우에 대하여 생생하고 극적인 묘사를 하면서 하나님이 말씀하시는 방식이 그렇다고 설명합니다. 즉 하나님의 음성은 천둥, 번개, 우레와 같이 위엄이 있어서 그 권능이 땅끝까지 미친다. 이렇게 신비한 방법으로 말씀하시며 사람이 헤아릴 수도 없는 큰 일을 행하시는 분이시다.[3-6] 그러기에 하나님의 음성을 똑똑히 듣고 그 오묘한 일을 깊이 깨달아야 한다고 욥에게 충고를 합니다.[2, 14]

엘리후는 마지막으로 욥에게 호소합니다. 엘리후는 하나님의 권위를 내세워 욥의 한계를 일깨우려 합니다. "가만히 서서 깨달으라"[14]고 주문하면서 하나님이 날씨를 어떻게 다스리는지 이해할 수 있느냐고 묻습니다.[15-18] 그리고는 하나님의 주권적 권능 앞에 바짝 엎드리는 길만이 지혜로운 자의 선택이라고 욥을 설득합니다. 아울러 희망을 부여합니다. 폭풍이 지나가고 구름이 사라져 밝은 태양이 떠오르듯 황금빛 같은 영광으로 하나님이 오신다는 것이다. 그 길만이 살길이라고 결론 짓습니다.[속기록 37장]

배심원2: 엘리후의 논리가 너무 장황하고 산만해서 귀에 쏙 들어 오지가 않아요. 세 친구들의 말에 동조를 하면서도 새로운 논리를 들고 나온 것 같긴 한데 내가 들어 봐서는 그 말이 그 말 같거든요. 그러면서도 무조건 자기 말을 들어야 한다고 윽박지르는 걸 보니 이 친구 역시 사이비 같은 느낌이 든다 말입니다.

난 우선 엘리후 역시 욥이 한 말을 교묘하게 조작하고 있다고 생각합니다. 욥이 "나는 하나님 보다 옳다"라고 했다는 겁니다. 그러나 속기록을 다시 뒤져 보아도 욥은 그렇게 말한 적이 없습니다. 또 "내게 무슨 유익이 있습니까? 내가 죄를 짓지 않는다고 얻는 이익이 무엇입니까?"라고 말했다는 것입니다. 욥이 언제 이런 말을 했는지 나도 알 수가 없습니다. 일단 팩트 체크부터 하는 게 좋겠습니다. 이건 욥이 한 말을 뒤틀어 버리는 전형적인 공격 수법입니다. 엘리후가 왜 심리에 끼어 들었는지 여전히 의문입니다.

보십시요.

엘리후가 인용한 욥의 말들을 복기해 보겠습니다.

"나는 깨끗하며 아무 잘못도 하지 않았다. 또 나는 결백하고 아무 죄가 없다. 그런데 하나님이 나에게서 잘못을 찾으시고 나를 당신의 원수로 여기시며 내 발을 차꼬에 채우시고 나의 모든 길을 감시하고 있다."33:9-11

"나는 의로우나 하나님이 내 의를 부인하셨고 내가 정당한데도 거짓말쟁이로 여기셨으며 나는 허물이 없으나 화살로 나에게 치명적인 상처를 입히셨다오."34:5-6

"나는 하나님보다 옳다", "내게 무슨 유익이 있습니까? 내가 죄를 짓지 않는다고 얻는 이익이 무엇입니까?"35:2-3

그런데 말입니다. 엘리후는 욥의 발언을 인용한다고 하면서 모두 살짝 비틀어서 말하고 있다는 사실입니다. 예를 들어 욥이 하나님이 자신을 거짓말쟁이로 여기신다고 말한 적은 없습니다. 게다가 나는 하나님보다 옳다 라는 말은 욥이 한 말이 아니라 엘리후가 그렇게 본 것입니다. 욥은 자신과 하나님을 비교하여 자신의 생각이 더 옳다라는 논지를 편 일이 없습니다. 다만 하나님의 정의를 이해할 수 없다는 탄식을 했을 뿐입니다.

게다가 엘리후는 욥의 생각에 대해 자기의 의견을 진지하게 제시하는 것보다 욥의 인격을 무시하는 말들을 서슴없이 뱉으면서 욥을 공격하고 있습니다.

엘리후가 욥을 정죄한 말들 보십시오.

욥이 회개하기를 거부하였으므로 욥이 끝까지 시험받기를 원한다.34:33,36

욥은 입만 열면 헛된 말만 지껄이고 지식없는 말만 나열한다.35:16

악인이 받을 벌이 욥에게 가득찼다. 욥이 스스로 악의 길을 택하였기 때문이다.36:21

그러니까 엘리후가 욥에게 입을 열어 헛된 말만 지껄인다고 공격하고 있지만 사실은 엘리후가 헛된 말을 지껄이고 있는 것입니다.

더욱이 웃기는 것은 자신이 욥의 변호인으로 또 하나님의 대변인으로 나타났다고 해놓고는 이제 와서 변호할 말을 찾지 못하겠다고 욥에게 책임을 떠 넘깁니다. 또 욥의 친구들더러 욥과 더 이상 변론을 하지 못하고 하나님께 판단을 맡긴다고 심하게 질책을 해놓고서는 정작 자신도 '내가 말한다고 하나님께서 들으시겠는가?'하고 발을 빼버립니다. 그렇다면 이 친구는 뭐하러 나타나 이렇게 시간만 낭비합니까?

배심원4: 역시 엘리트 변호사 티가 나네요. 세 친구들 수준으로부터 한 단계 업그레이드한 논리로 정리하면서 욥이 빠져 나갈 구멍을 차단해 버린 것 보세요. 세 친구들은 인과응보의 법칙에 머물렀지만 엘리후는 하나님의 정의가 인과응보라는 대원칙에는 충실하시지만 꼭 그렇게 한 가지 방법으로만 행사되는 것은 아니다. 하나님을 알 수 있는 방법도 여러가지가 있듯 하나님의 공의를 이해하는 방법도 여러가지라는 것입니다.

엘리후는 하나님을 이해하지 못할 때가 많다는 데 동의합니다. 하지만 그런 때 역시 하나님은 분명한 목적을 가지고 있다는 것입니다. 즉 첫째로, 하나님이 고난을 통해 사람들을 일깨워 주시고 교훈하려는 목적이 있다는 것입니다. 엘리후는 분명하게 말합니다. 의인들이 족쇄에 매이거나 환난의 줄에 얽혔다면 그들의 소행과 악행과 교민한 행위를 일깨워 주셔서 그들로 하여금 귀를 열어 교훈을 깨닫게 하시며 죄악에서 돌아오도록 명하십니다.[36:8-10] 그런데 문제는 사람들이 도움을 청하지도 않는다는 것입니다.[36:13]

둘째로, 고난을 징계의 수단으로도 사용하신다는 것입니다. 즉 하나님은 징계를 위하여 또는 땅을 위하여 또는 긍휼을 베푸시기 위하여 고난을 사용하신다는 것입니다.[37:13]

그러니까 욥의 고통의 문제는 욥에게 가르치고자 하는 하나님의 분명한 레슨이 있다는 것입니다. 이해가 되어야만 하나님을 믿고 따르겠다는 자세 자체가 잘못된 것입니다. 욥의 문제가 바로 여기에 있습니다. 문제의 본질은 하나님을 이해하고 못하고에 있지 않습니다. 고통의 원인이 어디서 온 건지에 대한 문제도 아니라는 것이지요. 그런 질문은 사람의 영역 밖이라는 것이 엘리후가 말하고자 하는 요점입니다.

발언 마무리에 엘리후가 "하나님은 스스로 지혜롭다고 하는 자를 무시한다"라고 말한 것은 스스로 지혜로운 척하는 욥을 염두에 두고 경고한 것으로 보입니다.

배심원3: 확실히 엘리트는 용어 선택이나 접근 방법이 평민들과 다르긴 하네. 그런데 엘리트들의 문제는 말이 어렵다는 데 있어요. 전문용어와 많은 예를 들어 화려하게 말을 하니까 사람이 홀리는 데가 있단 말입니다. 그런데 듣다가 막상 정신 차리면 초점이 다른 데 가 있을 때가 많거든요.

난 아직도 엘리후 이 양반의 정체를 모르겠단 말입니다. 욥을 위하는 것 같기도 하고 정죄하는 것 같기도 하고. 친구들의 편을 드는 것 같긴 한데 처음부터 호통치고 기를 죽여 놓기도 하고. 양쪽 다 후려치는 걸 보니 자신이 언급한 것처럼 하나님의 대리인인 것 같기도 하고. 워낙 변호사들이 작전상 하는 말들이 많으니까 엘리후의 진심이 어디에 있는지 헷갈리네요.

배심원5: 아무튼 이제 모든 순서가 끝나서 후련합니다. 심판장이 나오셔서 어떤 판결을 하실지 궁금합니다. 지금까지 심리 과정을 쭉 지켜본 결과 하나님이 어느 한 쪽편의 손을 들어 줄지 솔직히 장담할 수 없을 것 같네요.

배심원1: 그럼 소회의실로 옮겨 평결에 들어가겠습니다.

법원서기: 지금 재판장님께서 폭풍우를 동반하시고 등원하고 계십니다.

배심원1: 그럼 배심원 평결 작업은 어떡합니까?

법원서기: 일단 평결작업은 중단합니다.

배심원1: 그럼 재판장님 판결을 들어 봅시다.

당하알 하박사: 당하알 하박사입니다. 이번에도 엘리후가 좀 장황하게 말을 했습니다만 제가 요지를 정리해 보겠습니다.

35장은 이전의 엘리후의 변론과는 다르게 처음부터 끝까지 단수형으로 말합니다. 메시지 전달을 욥에게 집중하겠다는 뜻이겠지요. 35장에서 엘리후는 세 친구들의 경직된 주장을 보완하려는 듯 하나님의 정의에 대해 좀 더 유연한 견해를 밝힙니다. 즉, 하나님의 정의가 때때로 제대로 실행하는 데 실패하는 것처럼 보일 때도 있다고 인정합니다. 그럼에도 불구하고 그것은 어디까지나 사람들이 고통을 당하면서도 하나님을 찾지 않기 때문이지 욥이 의심하는 것처럼 하나님의 정의실현에 문제가 있는 것이 아니라는 것입니다.35:9-11 욥의 케이스도 마찬가지라는 것입니다. 결국 하나님이 마음대로 판단하실 뿐 아니라 악인에 대해서는 벌도 주시지 않으시니 이제 자신은 하나님만 기다리고 있을 뿐이라35:14-15는 욥의 태도가 하나님의 응답을 막았다는 논리입니다.

엘리후는 하나님의 정의에 대해서 세 친구들과는 차별된 해석을 내 놓습니다.

물론 인과응보라는 큰 틀에서는 궤를 같이 합니다만 엘리후는 좀 더 섬세한 접근을 하고 있습니다.

하나님은 사람이 선한 일을 한다고 해서 또는 악행을 저지른다고 해서 그때마다 예민하게 반응을 하시는 분이 아니라는 대전제를 내놓습니다.35:5-8

엘리후는 하나님의 정의가 좀처럼 제대로 시행되고 있지 않다고 불평하는 욥에 대해서 두가지 답을 내놓습니다. 첫째, 사람들이 고난을 당하면서도 하나님을 찾지 않기 때문에 하나님이 반응하시지 않는다는 것이고요35:9-12; 36:13 둘째, 사람들이 깨닫고 죄에서 돌아오도록 하시기 위해 고난을 주신다는 것입니다.36:8-10 즉 교훈적 목적으로 고난을 허용하신다는 것이지요. 세째, 고난을 징계의 수단으로 동시에 긍휼의 수단으로 사용하신다는 것입니다.37:13-14

자, 그럼 사람들이 고난을 당하면서도 하나님을 찾지 않기 때문에 하나님이 반응하시지 않는다는 엘리후의 첫번째 주장에 대해 코멘트를 하겠습니다. 엘리후의 이런 주장은 고통을 경험해 보지 않은 사람들이 흔히 저지르는 전형적인 판단착오입니다. 사람이 고난을 당할 때 첫 반응이 무엇입니까? "하나님"하고 외치는 외마디 비명소리 아닙니까? 사람들은 본능적으로 먼저 하나님을 찾습니다. 이걸 두고 그건 본능적인 순간반응이지 진정성있는 부르짖음이 아니라고 폄하하지만 그건 잘못된 생각입니다. 인생들이 하나님을 찾을 때가 대개 그렇지 않습니까? 엘리후가 사람들이 학대에 못이겨 신음소리를 내며 울부짖지만 정녕 하나님을 찾지 않는다고 본 것은 그의 관찰이 잘못 되었다고 봅니다. 사람들이 학대에 못이겨 부르짖고 군주들의 힘에 눌려 소리치는 그 소리 자체를 하나님을 찾는 소리로 보아야 한다고 생각합니다. 모세의 출애굽 배경이 된 당시 상황을 보면 고통의 탄식을 하나님이 들으신다고 했습니다.

> "이스라엘 자손은 고된 노동으로 말미암아 탄식하며 부르짖으니 그 고된 노동으로 말미암아 부르짖는 소리가 하나님께 상달된지라." 출 2:23

고통을 당하고 있는 사람이 극심한 고통의 상황에서 어떻게 "창조주 하나님, 밤에 노래를 주신 하나님, 땅의 짐승과 하늘의 새보다 지혜로우신 하나님" 35:10-11과 같은 서사적인 표현으로 노래할 수 있겠습니까? 엘리후의 그런 주문이 바로 그가 믿음의 현장인 삶의 여정을 잘 이해하지 못하고 있다는 방증입니다. 아직 젊기 때문에 삶의 경험이 일천해서 극심한 고난을 겪는 사람들을 잘 이해하지 못하겠지요.

두번째 엘리후의 주장, 즉 하나님께서 교훈적 목적으로 고난을 주신다는 주장에 대해서 우리는 어떻게 받아 들여야 할까요? 엘리후가 뭐라고 했습니까? "혹시 의인들이 족쇄에 매이거나 환난의 줄에 얽혔다면 그들의 소행과 악행과 교만한 행위를 일깨워 주셔서 그들로 하여금 귀를 열어 교훈을 깨닫게 하시며 죄악에서 돌아오도록 하시려는" 하나님의 목적이 있다는 것이지요. 36:8-10 엘리후는 하나님은 악인에 대해서는 즉각적으로 공의를 시행하신다는 점을 강조하면서 의인에 대해서는 하나님의 공의가 특별한 목적을 가지고 있음을 내비칩니다. 즉 의인들이 자신들의 지난 소행과 교만을 깨닫고 죄악에서 돌이키는 훈육적 목적에서 고난을 주시는 것이라는 것입니다. 이런 주장은 사실 엘리바스도 언급한 바 있습니다. 5:17

이 주장은 욥의 세 친구들의 논리에 비하면 분명 한 걸음 더 나아간 생각이라고 말할 수는 있을 겁니다. 세 친구들은 욥이 지은 죄때문에 고난을 당하는 것이라고 줄기차게 주장하고 있는 반면 엘리후는 의인도 족쇄나 환난의 줄에 얽힐 수 있다고 인정하기 때문입니다. 그러나 이 주장 역시 고난이 회개를 촉구하는 수단이라는 점에서는 대동소이하다고 볼 수 있습니다.

엘리후의 세번째 주장, 징계의 수단으로서 고난에 대해 말해 봅시다. 엘리후는 "하나님은 징계를 위하여 또는 땅을 위하여, 또는 긍휼을 베푸시기 위해 이런 일을 생기게 하십니다. 37:13" 라고 의미를 부여했습니다. 이 주장 자체는 큰 오류가 없어 보입니다. 우리가 하나님은 고난을 징계의 수단으로 사용하지 않으신다고 단정적으로 배제할 수가 없기 때문입니다. 그러나 문제는 엘리후가 욥에게 이 공식을 적용하고 있다는 데 있습니다.

엘리후는 악인과 의인의 운명을 대조하면서 하나님의 정의를 설명합니다. 경건치 않은 악인들은 고난을 당해도 하나님을 찾지 않기 때문에 멸망한다는 점을 강조한 반면36:13-14 비록 고난을 당하나 하나님의 훈계를 달게 받는 의인은 구원이 뒤따른다는 점을 역설합니다.36:15-16 인간은 죄를 떠나 진공 속에 사는 의인들이 아니므로 인생들의 구원의 여정에 있어서 고난은 필수적으로 뒤따르는 동반자라는 것입니다. 이 때문에 고통을 받고 있는 욥이 이제 할 일은 하나님께 회개하는 길밖에 없다는 점을 지적하고 엘리후는 욥에게 간절하게 그 길을 따를 것을 권유합니다. 하지만 순종하지 않을 경우 악인이 받는 동일한 심판을 받을 것이며 하나님의 정죄가 뒤따를 것임을 강력하게 경고합니다.36:16-21

이번 엘리후의 변증 가운데 또 하나 세 친구들과 구별되는 것은 엘리후가 하나님께서 자연현상을 통한 신비한 방법으로 그의 뜻을 인간들에게 나타내신다고 주장한 점입니다.37:5, 7, 16, 23-24 그는 하나님의 능력이 자연현상을 통해 나타난다고 길게 변증합니다.36:22-37:24 이런 자연현상들로부터 하나님의 음성을 들을 줄 알아야 한다고 역설합니다. 그러기 때문에 욥과 인생들은 하나님 앞에 예배하여야 한다36:24는 것과 또 이런 경이로운 일들을 통해 행하시는 하나님의 정의를 깨달아야 한다는 것입니다.37:13-18

그러나 엘리후의 이런 주장에 대해 짚고 넘어가야 할 점이 있습니다. 엘리후가 말한 대로 우리는 분명 자연을 통해 하나님의 지식을 얻을 수 있습니다. 그러나 이 지식은 구원에 이르는 지식이라고 볼 수는 없습니다. 엘리후는 분명 자연현상을 통해 회개를 동반한 구원에 이를 수 있다고 주장한 것으로 보입니다. 모든 자연현상을 하나님이 주시는 교훈적 의미로 해석해야 할까요? 과연 자연현상의 어느 선까지 하나님이 주시는 징계적 교훈으로 받아들여야 할까요?

참고로 여기서 욥의 세 친구의 논점과 엘리후의 논점에 어떤 차이가 있는지 정리해 보겠습니다. 사실 모두 본질적으로는 같은 이야기를 하고 있습니다만 굳이 차이점을 찾자면 그렇다는 것입니다.

엘리바스는 전통적 도덕률에 따라 고난의 원인을 철저하게 인과응보론에 의거하여 규명했으며 그 결과 욥의 고통의 원인이 그의 죄에 있다고 보고 욥의 회개를

촉구했다. 15:17-19; 4:7-9; 5:17-27

빌닷도 하나님의 공의를 인과응보론으로 풀이했다. 그러나 빌닷의 주장은 전승이나 선현들의 지혜에 많이 의존했다. 8:1-10

소발 역시 모든 고난은 죄의 결과라는 전통적인 가치관에 의거 변론했으나 욥에게 직접적으로 회개를 촉구했다는 점이 다르다. 20:2~4; 11:12-20

이에 반해 엘리후는 하나님의 공의에 권선징악적 요소가 있다는 사실은 인정하지만 아울러 의인의 고난은 하나님이 연단과 교훈을 위해 주신다는 점도 강조한다. 더불어 자연 현상 속에 나타난 하나님의 섭리를 강조한다. 34:10-15; 33:29-30; 36:22-37:24

또 욥의 세 친구들은 욥이 지었을 과거의 죄를 의심하는 반면 엘리후는 그런 차원을 넘어선 죄의 근원적 문제를 지적한다. 세 친구들이 철저하게 전통과 경험 그리고 이성적인 판단을 중시한 반면 엘리후는 하나님의 주권과 섭리에 초점을 맞추었다는 점에서 비록 자연주의신학의 범주에 머무른 한계가 있긴 해도 좀 더 신본주의적 접근을 했다고 할 수 있다.

이렇게 요약을 해 보았습니다만 사실 이번 엘리후의 변론의 가장 큰 문제점은 그의 독선적인 태도라고 말할 수 있습니다. 다른 친구들에 비해서 매우 동정적인 태도를 가진 변호사처럼 등장하여 변론을 시작했으나 마지막에 가서는 욥에 대한 비난을 서슴지 않으면서 자신의 말만 들어야한다고 주장하는 독선을 나타냈기 때문입니다. 자신의 역할에 대한 정체성을 혼동하고 있습니다. 처음에는 욥을 위해서 변론한다고 했다가 태도를 바꿔 하나님을 대신해서 나왔다고 주장했습니다. 그가 시종 하나님의 대변인 또는 하나님의 역할을 하고 있다고 생각한 것이 결정적인 문제입니다. 마지막에는 엘리후가 하나님을 카피하고 있습니다. 36장 후반에서 37장까지의 스피치는 다음에 등장하는 하나님의 스피치 스타일마저 그대로 따라하고 있습니다. 스스로 하나님 흉내를 낸 것으로 밖에 보이지 않습니다.

자, 이제 모든 심리과정을 마쳤습니다. 종합적으로 정리하다 보니 오늘 좀 길어졌습니다. 함께 해 주신 구독자 여러분께 감사드립니다. 다음 시간에 또 뵙죠.

당고알 고집사: 저렇게 말만 번지르르하게 하는 엘리후의 태도는 전형적으로 두가지 문제를 제기해 준다 아이가. 첫 번째가 교훈이라고 하는 말 말이다. 남의 고통을 진단한답시고 하나님이 뭔가 말씀해 주시고 있다거나 그게 다 약이 된다 카는 사람들, 한대 팍 패주고 싶다니까. 교훈, 교육 그게 그렇게 좋으면 지네들 한번 받아 보라지. 내사마 수도 없이 그 말 안 들었다카나. "집사님, 하나님이 말씀하시는 기회를 놓치지 마세요. 그것만 잡으면 모든 게 만사형통해집니데이." 이런 말 들을 때 왜 나한테는 꼭 그런 방법으로 말씀하시노 하는 생각이 들더라고. 내가 엄청나게 말을 안 들어서 이런 방법밖에 없다는 소리로 들리는데 말이지. 하나님이 인간들이 말을 안 들을 때마다 깨우치게 할라고 꿀밤 한대 쥐박았어도 아마 인간들 모두 다 뇌진탕으로 죽었을거구마. 사람들이 말을 안 듣는 게 몰라서 그러는게 아니라니까. 다 알면서 그러는기라. 그런 인간들에게는 백날 고통을 준다캐도 아무 소용이 없는기다.

두 번째가 자연현상을 두고 벌이는 아전인수격 해석 말이다. 일전에 인도네시아 쓰나미를 두고 그 유명한 목사 양반이 뭐라켔노. 해난 발생 지역이 힌두교도와 이슬람이 지배한 지역이어서 '하나님의 심판'이라고 하지 않았나 말이다. 큰 자연재해가 생길 때마다 이런 소리를 무책임하게 해버리니까 개독교라는 욕을 먹는기라. 나도 하나님이 자연 재해를 통해 심판하시고 말씀하실 수 있다고 믿어. 성경에도 그런 일이 있었다고 했으니까 말이지.

그렇다고 모든 자연재해가 그런 목적으로 일어나는 게 아니란 말이지. 문제는 무고하게 죽은 사람들이 마치 죄 때문에 하나님께 맞아 죽은 사람들이라는 뉘앙스를 준다는 데 있는기라. 그 처참한 재앙 앞에 슬퍼하는 사람들과 함께 애통하기는 커녕 고소하다는 식의 태도는 주님이 주시는 마음이 아니란 말이다.

보라꼬. 성경에도 망대가 무너져 열여덟 명이 죽은 사건을 두고 예수님이 뭐라켔노. 그 당시 사람들도 죽은 사람들이 벌 받아 죽었다고 손가락질 했다아이가. 그러나 예수님은 "망대가 무너져 치어 죽은 열여덟 사람이 예루살렘에 거한 다른 모든 사람보다 죄가 더 있는 줄 아느냐"고 했지.

또 다른 예를 들어 보자고. 어느 선교단이 탄 비행기가 사고로 추락했다 치자. 절반은 죽고 절반은 살아났어. 살아난 사람들이 기적을 일으키신 하나님을 찬양했어. 새 삶을 주신 하나님의 뜻을 깨달아 남은 삶 주를 위해 살겠다고 간증하고 다녀. 그럼 죽은 사람은 뭐야? 기도 안해서? 회개 안해서? 십일조 떼먹어서? 그것도 아니라면 아직도 예수 안 믿는 식구들 하나님 앞에 돌아오라는 교훈인가? 아이고, 말 함부로 해서 안되는기라. 그런 말때문에 두 번 세 번 죽는 사람들 많다카이.

재판장 최종심리

- 1차 질의와 진술
  - 재판장 하나님의 질문1 38장-40:2
  - 욥의 진술 40:3-5

- 2차 질의와 진술
  - 재판장 하나님의 질문2 40:6-41:34
  - 욥의 진술 42:1-6

1차 질의와 진술

재판장 하나님의 질문1(38:1-40:2)

배심원5 : 갑자기 폭풍이 무섭게 몰아치고 있네. 번개와 천둥까지. 그럼 최종심리 재판이 열리기 어렵지 않을까?

배심원3 : 어, 폭풍우 가운데 재판장이 등장하고 계시네. 아니 재판을 열어놓고 나가시더니만 이제사 들어 오시네. 아무말도 듣지 않고 무슨 판결을 내리실까?

(속기록 38장) 내가 묻는 질문에 하나라도 답해 보아라

그때 여호와께서 폭풍우 가운데 나타나셔서 욥에게 말씀하셨다. 무지한 말로 하나님의 생각을 어둡게 하는 자 누구냐? 너는 이제 허리를 동이고 대장부처럼 나서서 내가 묻는 말에 대답할지라. 내가 땅의 기초를 놓을 때에 네가 어디 있었느냐? 알거든 대답해 보아라. 누가 이 땅을 설계하였는지 누가 그 위에 측량줄을 띄웠는지 네가 아느냐? 땅을 받치는 주춧돌은 어디에 세워졌으며 또 모퉁이돌은 누가 놓았느냐? 그때 새벽별들이 기뻐 노래하며 천사들[119]이 다 기뻐 소리를 질렀느니라. 바다가 땅 속 모태에서 터져 나올 때에 누가 문을 닫아 바다의 경계를 만들었는가? 그때 바로 내가 구름으로 그 옷을 만들고 흑암으로 바다를 감쌌도다. 그렇게 한계를 정하여 문빗장을 지르고 "네가 여기까지 오고 더 넘어오지 못할 것이니 네 높은 파도가 여기서 그칠지니라'"고 내가 명하였느니라. 네가 언제 아침에게 명령하여 새벽에게 동틀 자리를 일러준 일이 있었더냐? 그것으로 땅 끝을 붙잡고 악한 자들을 그 땅에서 떨어낸 일이 있더냐? 땅이 변하여 진흙에 인친 것처럼 변하여 주름잡힌 옷과 같이 되었으나 악인에게는 그 빛이 차단되고 그들의 높

119) "하나님의 아들들"로 번역하기도 한다.(한글개역개정, KJV).

이 든 팔이 꺾이느니라. 네가 바다의 샘에 들어가 보았느냐? 깊은 물 밑으로 걸어 다녀 보았느냐? 죽음의 문이 네게 나타났더냐? 사망의 그늘진 문들을 보기나 했느냐? 땅의 너비를 네가 측량할 수 있느냐? 네가 이 모든 것을 안다면 말해 보아라. 어느 길이 빛이 있는 곳으로 가는 길이냐? 어느 길이 흑암이 있는 곳으로 가는 길이냐? 너는 각기 그들을 제자리로 인도할 수 있느냐? 그들의 근원까지 가는 길을 알고 있느냐? 네가 태어나서 오래 살았으니 아마도 알고 있겠구나. 네가 눈 곳간에 들어가 보았느냐? 우박 창고를 보았느냐? 내가 환난의 때와 전쟁의 날을 위해 이것들을 남겨 놓았노라. 빛이 어느 길로 뻗으며 동풍이 땅 위의 어느 길로 흩어지는지 아느냐? 누가 홍수를 위하여 물길을 터 주었으며 우레와 번개 길을 내어 주었느냐? 누가 사람 없는 땅에, 사람 없는 광야에 비를 내리며 황무하고 황폐한 토지를 흡족하게 하여 연한 풀이 돋아나게 하였느냐? 비에게 아비가 있느냐? 이슬방울은 누가 낳았느냐? 얼음은 누구의 배에서 나왔으며 공중의 서리는 누가 낳았느냐? 물이 돌 같이 굳어지고 깊은 바다의 수면이 꽁꽁 얼어 붙는 때를 아느냐? 네가 묘성을 매어 묶을 수 있으며 오리온 별자리를 풀 수 있겠느냐?[120] 너는 별자리들을 각각 정한 시간에 이끌어낼 수 있으며 또 큰곰자리[121]와 그 별 무리들을 인도하여 낼 수 있느냐? 네가 하늘의 궤도를 아느냐? 네가 하늘의 그 법칙을 땅 위에 적용할 수 있겠느냐? 네가 목소리를 높여 구름에게 명하여 넘치는 물이 되게 하여 너를 덮치게 명할 수 있느냐? 네가 번개를 내 보낼 수 있느냐? 그 번개가 너에게 와서 "우리가 여기 있습니다" 라고 하겠느냐? 가슴 속의 지혜는 누가 준 것이냐? 수탉에게 지혜를 준 자가 누구냐? 누가 구름을 셀 수 있는 지혜를 가졌느냐? 누가 하늘의 물주머니를 기울일 수 있느냐? 누가 티끌로 흙덩어리를 이루게 하며 그 흙덩이를 서로 붙게 하겠느냐? 너는 사자들이 굴에 엎드려 숨어 기다리고 있을 때 사자들의 먹이를 사냥하여 먹일 수 있느냐? 어린 사자들의 식욕을 다 채워 줄 수 있겠느냐? 까마귀 새끼가 하나님을 향하여 부르짖으며 먹을 것이 없어서 허우적거릴 때 그것들을 위하여 먹이를 마련하는 이가 누구냐?[1-41]

120) 묘성은 아마도 플레이아데스(Pleiades)별자리를 말하는 것이 아닌가 생각한다. 오리온 별자리: 개역개정은 "삼성"이라고 번역함.
121) 한글 개역개정은 "북두성"이라고 번역함.

(속기록 39장) 동물의 세계, 재미만 있더냐?

산염소가 새끼 치는 때를 네가 아느냐? 암사슴이 새끼 낳는 것을 본 적이 있느냐? 그것들이 몇달 반에 만삭이 되는지 또 언제 낳을 때가 되었는지 아느냐? 그것들이 몸을 웅크리고 앉아 새끼를 낳으니 고통이 끝나도다. 그 새끼들은 빈들에서 튼튼하게 자라 어미품을 떠나고 그후에는 다시 돌아오지 아니하느니라. 누가 들나귀를 놓아 자유롭게 하였으며 누가 나귀의 매인 줄을 풀어 마음대로 뛰놀게 해주었느냐? 내가 들판을 그들의 집으로 소금땅을 그들이 사는 처소로 삼아 주었느니라. 들나귀는 성읍에서 떠드는 소리를 비웃고 나귀 모는 농부의 말도 듣지 않는도다. 이들은 초장 언덕으로 두루다니며 푸른 풀들을 찾느니라. 들소가 어찌 기꺼히 너를 위해 일하겠으며 네 외양간에 머물겠느냐? 네가 능히 줄로 매어 들소가 이랑을 갈게 할 수 있겠느냐? 그것이 어찌 너를 따라 다니며 골짜기에서 쟁기를 끌겠느냐? 그것이 힘이 세다고 그것을 믿고 네가 할 수고를 그것에게 맡길 수 있겠느냐? 네 곡식을 집으로 실어와 네 타작 마당에 곡식 모으기를 그것에게 의탁할 수 있겠는가? 타조가 즐겁게 날개를 친다고 학의 깃털과 날개 같겠는가? 타조는 알을 낳고 땅에 버려두어 알이 흙에서 따스하게 되길 원하나 발에 밟혀 깨어지고 들짐승에게 밟힐 것을 생각하지 못하느니라. 타조는 제 새끼를 자기 새끼가 아닌 것처럼 모질게 대하며 출산의 고통이 헛되이 될지라도 상관하지 않는도다. 이는 하나님께서 그에게 지혜를 주지 않았고 총명을 주지 않았기 때문이로다. 그러나 그것이 날쌔게 뛰쳐 나갈 때는 말과 말 탄 자를 우습게 여기느니라. 네가 말에게 힘을 주었더냐? 네가 그 목에 흩날리는 갈기를 달아주었느냐? 네가 말들이 위엄스럽게 콧소리를 내며 메뚜기처럼 뛰게 만들었느냐? 말은 세차게 발굽질하면서 힘껏 내달아 전쟁터에서 군사들과 맞닥뜨려도 두려움을 모르며 칼날 앞에서도 겁내지 않고 물러나지 아니하니 그의 머리 위에서는 화살통이 덜커덩 거리고 창과 투창이 번쩍거리며 땅을 삼킬듯이 맹렬하게 내달리니 나팔소리가 나도 멈출 수가 없게 된다. 마침내 나팔 소리가 울리면 힝힝 콧소리를 내면서 멀리서도 전쟁 냄새를 맡고 지휘관들의 호령과 외치는 소리를 듣는도다. 매가 떠올라 날개를 펼쳐 남쪽으로 향하는 것이 어찌 네 지혜로 된 것이냐? 독수리가 공중에 높이 날아 높은 곳에 보금자리를 만드는 것이 어찌 네 명령을 따라 된 일이냐? 그것이 낭떠러지에 집을 지으며 뾰쪽한 바위 끝이나 험준한 데 살며 거기서 먹이를 살피는데 그 눈으로 멀리까지 살피느니라. 그 새끼들도 피를 빨아 먹나니 시체가 있는 곳에는 독수리가 있느니라.1-30

(속기록 40) 트집잡는 놈 나에게 시비를 걸다니!

여호와께서 또 욥에게 일러 말씀하시되 트집 잡는 자가 전능자와 다투겠느냐? 하나님을 탓하는 자는 대답할지니라!1-2

(배심원 회의) 동물의 왕국 보는듯 하도다

배심원1: 심리의 마지막 시간에 심판장되신 하나님께서 나타나셨습니다. 하나님은 나타나시자마자 욥을 향하여 "무지한 말로 생각을 어둡게 하는 자"38:2라고 꾸짖으셨습니다. 그리고 "허리를 묶으라"시며 당신의 말에 대답할 준비를 하라고 하십니다. 하나님께서 본격적으로 욥에게 말씀하시겠다는 뜻이 되겠습니다. 하나님은 먼저 우주의 창조 질서에 대해 말씀하십니다. 창세기를 소환한 듯 합니다. 우주는 큰 건축 프로젝트와 같다고 설명합니다. 즉 '측량사'가 '설계도'에 따라 '측량줄'로 재어 '주춧돌'과 '모퉁이돌'을 놓고 건축을 하는 일련의 과정이 있음38:4,5,6을 설명하면서 욥에게 땅의 기초를 놓을 때 네가 어디 있었는가? 물으십니다. 이 질문은 분명 하나님과 욥의 본질적 차이를 지적한 것으로 보입니다.

이어서 하나님은 바다를 예로 들면서 그 바다가 어떻게 시작되었는지 또 바다의 경계와 파도의 한계를 정하신 분이 누구냐고 물으십니다. 이 질문으로 하나님과 욥의 경계를 다시 한번 지적하신 것이 아닌가 생각합니다.

창조세계에는 만물을 움직이는 일정한 규칙이 있고 동시에 분명한 한계경계선가 있다는 것입니다.38:8-11

이것을 하나님의 지혜라고 말할 수 있습니다.

하나님은 계속 이미지 연상법을 사용하시며 욥에게 말씀하십니다.

'바다의 샘'이나 '깊은 물 밑' '사망의 문'같은 이미지38:16-18를 통해 욥을 죽음의 자리로 초대합니다. "네가 죽음의 자리에 가본 적이 있느냐?"는 질문은 욥의 경험과 상상력을 넘어선 지경입니다. 이어 하나님은 욥을 또 다른 극단의 장소로 인도합니다. 바로 광명이 사는 곳과 흑암이 사는 곳입니다.38:19-21 하나님의 고도의 전략적 이미지 선택이라고 볼 수 있습니다. 하나님이 사용한 모든 이미지는 욥이 경험할 수도 없고 또 완전히 이해할 수도 없는 영역이기 때문입니다.

하나님은 말씀을 이어 가십니다. 이번에 사용하신 이미지 연상법은 눈과 우박, 빛과 어두움, 홍수, 우레, 번개, 이슬방울, 얼음, 서리 등입니다.38:22-30 하나님은 신비한 자연현상들을 예로 들면서 이런 것들이 사람에게는 생명의 원천도 되지만 지극히 위험한 현상도 된다는 사실을 암시합니다. 그 다음 이미지로는 각종 별들과 별자리들이 등장합니다. 이런 별자리들의 운행법칙을 아는가? 라는 하나님의 질문에 욥은 할 말을 잃습니다. 여기서 '묶는 자' '푸는 자' '이끄는 자'를 강조하면서 하나님의 절대적인 주권을 주지시킵니다.38:31-33

하나님은 다음 단계로 많은 야생동물을 등장시킵니다. 야생동물의 세계에는 포식자와 피식자 사이에 먹이사슬의 법칙이 존재한다는 사실을 인식시킵니다. 동물들이 먹이를 사냥하고 식욕을 채우는 게 그들의 삶의 법칙이며 하나님이 설계한 자연법칙이라는 것입니다. 그러면서도 이런 자연법칙의 주인 역시 하나님이심을 분명히 합니다. 동시에 그는 창조물을 따뜻하게 돌보시는 분이심을 확인합니다.

염소와 사슴이 새끼를 배고 새끼를 낳는 과정이 고통도 크지만 출산 후에는 큰 기쁨이 뒤따른다. 그리고 새끼가 건강하게 잘 자라 때가 되어 집을 떠나는 것을 보는 것이 어미의 기쁨이라 말씀하십니다. 이런 메타포는 하나님의 모성애를 간접적으로 나타내신 것으로 보입니다. 그리고 여기서 "때"가 중요시 됩니다.39:1-4

또 다른 한편으로 야생세계에서는 인간 세계의 통제된 자유와 다른 야생적 자유가 있다고 확인시킵니다. 예를 들어 들나귀는 매임에서 풀려 자유롭게 놀면서 빠르게 달리기도 하는 등 야생에서 즐기는 야성미가 있다는 것입니다. 이런 야성적 자유와 놀이터를 친히 만드신 분이 바로 하나님이시라는 것을 강조합니다.39:5-8 다음으로 등장하는 동물이 들소입니다. 들소는 가축소와 다릅니다. 그러나 사람

들은 들소를 길들여 밭갈게 하고 싶어 합니다. 하지만 그런 노력은 헛수고일 뿐이라는 것입니다.39:9-12

그러다가 지금까지 소개한 동물들과는 판이하게 다른 성격을 가진 타조를 등장시킵니다. 타조에 대한 설명은 이전의 다른 동물들과는 달리 부정적인 묘사가 많습니다. 날개가 있으나 날지 못한다. 알을 낳고도 땅에 무방비상태로 버려둔다. 들짐승이 와서 밟고 깨뜨려도 신경쓰지 않는다. 제 새끼들을 모질게 대한다. 출산의 고통이 헛될지언정 상관하지 않는다 등등. 그럼에도 불구하고 타조에게도 남다른 재주가 있다는 것입니다. 그것은 기수가 말을 몰고 따라가도 따라 잡지 못할만큼 빨리 달리는 주력이 있다는 것입니다.39:13-18 이런 모습 역시 하나님이 그렇게 만드셨기 때문이라는 것입니다. 말하자면 모든 동물들에게도 그 존재의 이유가 있다는 뜻이 되겠습니다.

또 군마를 소개하면서 하나님은 군마의 엄청난 힘과 전장에서의 용맹성과 유용성을 칭찬하십니다.39:19-25 군인들이 이런 말의 힘과 용맹성을 이용해 전쟁에서 큰 무기로 사용하는데 그런 힘과 용맹성은 사람이 만들거나 길들일 수 있는 성질의 것이 아니라는 점을 지적합니다.

마지막으로 낭떠러지 뾰쪽한 바위 끝에 집을 짓고 살며 거기서 먹이를 살펴 사냥을 하며 새끼들을 먹이고 훈련시키는 독수리를 소개하면서 이런 독수리의 지혜가 '너에게서 온 것이냐'고 욥에게 짓궂게 물으십니다.38:26-30

이런 설명을 마치신 후 하나님은 욥에게 얼굴을 돌려, "너 트집잡는 자야, 너 전능자와 다투겠느냐?" "너 하나님을 탓하는 자야, 대답해 보아라" 하시며 욥을 다그치십니다. 하나님에게 있어 욥은 단지 "트집잡는 자", "하나님을 탓하는 자"일 뿐입니다.

배심원2: 드디어 하나님이 등장하셔서 욥을 만나 주신 것이니까 일단 욥의 기도가 응답 되었다고 봐야겠지요? 그런데 나타나시자마자 욥을 보고 고생한다는 등 따뜻한 말씀 한마디 없으시고 다짜고짜 욥을 혼내키시니 좀 섭섭합니다. 게다가 생전처음 들어 본 천체물리학, 동물학 퀴즈만 잔뜩 나열하시니 나도 얼떨떨하기만 합니다. 물론 하나님의 어떤 깊은 뜻이 있으실 것이라는 믿음은 있지만 말입니다. 그럼에도 불구하고 말씀을 맺으시면서도 하나님 옷자락만 붙잡고 버틴 욥을 '생트집 잡는 사람'으로 규정해 버리시니 섭섭한 마음이 듭니다. 여기까지만 들으면 최종판결에서 욥이 지는 걸로 판결날 것같은 예감이 들어 찜찜합니다만 하나님께서 계속 말씀하신다니까 소망을 가지고 지켜봐야겠습니다.

배심원3: 왜 하나님을 모략의 신이라고 부르는지 이유를 알 것 같습니다. 참 그 지혜가 놀랍기만 합니다. 와, 어떻게 최종심문에서 저런 말씀을 하실 수 있을까요? 허를 찔러서 욥이 단 한마디도 할 수 없게 만들어 버리시네요. 대단하신 하나님이십니다. 정작 욥이 질문한 것들에 대해선 일체 답도 안하시고 말입니다. 한마디로 무시해 버리시는 전략을 쓰신 것인데 그래도 욥에게는 가장 절실한 질문들 아닙니까? 그 질문들에 대해서는 한 말씀이라도 해 주셔야 하는 것 아닌가요?

배심원4: 역시 우리 하나님! 욥을 매몰차게 꾸짖으시는 것을 보니 이제 재판 결과는 뻔하다고 봅니다. 욥의 주장을 "무지하다"고 하시고 욥을 "트집잡는 자", "하나님을 탓하는 자"라고 하셨으니 이보다 더 명확한 판결이 어디 있을까요? 욥에게 반문하신 수많은 질문들을 보세요. 이게 욥이나 우리가 답할 수 있는 성질의 것이 아니잖아요. 욥이 몇 개나 답할 수 있을지 하나님이 궁금해서 욥에게 답을 해보라고 하셨을까요? 단 한 개도 답을 못할 문제들 아닙니까? 말하자면 "네가 그래도 입을 열겠니?" 그 말 아니겠습니까? 그러니까 빨리 깨닫고 넓죽 엎드려 용서를 빌어야 한단 말입니다. 하나님이 이렇게까지 말씀하셨는데 욥이 설마 못 알아 듣는 것은 아니겠지요?

배심원5: 참, 우리 인간들로서는 도저히 답할 수 없는 질문을 내셨는데 욥이 뭐라고 대답을 할수 있을까요? 하나님이 좀 짓궂으신 것 같아요. 마치 엄청 큰 장원

상금 걸린 대회에서 당선자가 없게 만들려고 낸 문제들 같다고요.

당하알 하박사: 당하알 하박사입니다. 오늘은 정말 제 닉네임의 의미를 제대로 음미해 볼 시간이 되겠습니다. 아직도 당하알이 "당신이 하나님을 알아?"의 줄인 말이라는 것 모르시는 분 없겠지요? 자 이제 긴 심리가 끝나고 드디어 재판장이신 하나님이 등장하셔서 판결을 하시는 날입니다.

하나님께서 폭풍 가운데 등장하셨다는 배경설명이 어떤 암시가 들어 있는 지문으로 보입니다. 하나님과 직접 담판 짓기를 원했던 욥에게 드디어 하나님이 나타나셨습니다. 욥의 간절한 소원이 이루어진 셈인데요. 하지만 이 직접대면을 통해 조근조근 주거니 받거니 질의응답을 하기를 상상한 욥의 기대와는 완전히 다른 방향으로 흘러가고 맙니다. 폭풍가운데 등장하셨다는 배경설명은 하나님의 대답이 폭풍과 같은 서늘한 대답일 것임을 시사하는 것 같습니다. 아니나 다를까요. 하나님이 시작하신 첫 질문부터 끝까지 어느 것 하나 욥이 반박하거나 답할 수 있는 성질의 것이 아닙니다. 한가닥 희망을 안고 하나님을 만난 욥의 마음에 폭풍우가 몰아친 셈입니다.

하나님은 본격적인 말씀을 시작하시기 전 다짜고짜로 욥을 향하여 "무지한 말로 하나님의 생각을 어둡게 하는 자"38:2라고 힐난하십니다. 하나님의 생각이라고 한다면 하나님의 지혜라고 하는 일반적인 수사보다는 하나님의 '계획'이나 '의도'로 좁혀 해석할 수 있겠습니다. 더 구체적으로는 하나님의 '설계도'나 '지도'라고 이해할 수 있습니다. 하나님께서 우주와 동물세계의 작동원리를 말씀하시면서 설계도가 있다는 사실을 강조하시지 않았습니까? 그러니까 그런 설계도 조차 읽을 줄 모르는 욥이라고 꾸짖으신 것이라고 생각됩니다. 설계도가 하나님의 생각이니까요.

그렇다면 욥이 읽지 못한 하나님의 생각은 무엇일까요? 친구들이 자신의 고통을 두고 인과응보라고 주장할 때 욥은 그 배후에 하나님이 있음을 의심했습니다. 이건 합리적인 의심이라 볼 수 있는데 하나님도 이런 의심까지 꾸짖은 것으로 보이지는 않습니다. 다만 '하나님이 왜 그렇게 하셨을까?'에 대한 원인 분석이 틀렸다는 것입니다. 욥은 하나님이 자신을 향하여 화살을 쏘고 창자를 터뜨리시는 폭군이며 악인들을 심판하시지 않으시고 죄도 없는 자신에게는 극도의 고난을 주신 분이라고 느낍니다. 이것이 바로 하나님이 세상을 공의롭게 다스리시지 못한다는 증거라고 주장한 것입니다. 하나님께서는 이런 욥의 주장에 대해서 직접적으로 답하지 않으시고 자신의 통치방법을 죽 나열하십니다. 그 틀 안에서 생각해 보라는 것입니다. 그 안에 답이 있다는 것이지요. 그렇다면 욥은 자신의 주장이 얼마나 과녁을 벗어났는지를 스스로 알게 될 것이라는 것입니다.

이미 배심원1이 잘 정리해 주었지만 다시 한번 설명하겠습니다.

하나님이 자신의 생각으로 설계한 창조세계를 설명하시면서 사용하신 메타포는 다양합니다. 처음에는 건축물로 비유합니다. 건축물을 설계하듯 창조세계를 "생각"하셨다고 말씀 하십니다. 이 생각 속에는 땅이나 하늘과 같은 물리적 세계와 함께 사회적, 도덕적, 영적 세계까지 포함한다고 보아야 합니다.

하나님은 끝없이 질문을 쏟아내십니다. 바다의 기원과 경계에 대해서38:8-11, 아침의 이치와 그 빛이 주는 의미에 대해서38:12-15, "바다의 샘"과 "깊은 물 밑" "사망의 문"으로 표현한 지하세계에 대해서38:16-21 등등 질문하시면서 궁극적으로는 이런 것들의 근원이 어디인지를 물으신 것입니다. 창조주도 아니고 과학자도 아닌 욥이 결코 알 수 없는 문제들입니다. 이렇게 하나님은 욥의 무지가 노출되도록 압박하신 것입니다. 욥의 '생각'으로는 어림도 없는 질문을 하나님은 의도적으로 계속 이어가십니다. 하나님의 작전과 기술이라고 볼 수 있습니다.

하나님의 질문은 계속 됩니다. 하늘의 창고에 있는 눈, 우박, 빛은 어떻게 작동하는지? 또 그 기능적 역할은 무엇인지?38:22-38 대기에 있는 물들은 어떻게 순환하는지?, 별들은 어떻게 움직이는지?, 비는 어떻게 비를 뿌리는지? 등등. 여기서 우리는 하나님의 말씀으로부터 중요한 힌트와 암시를 받을 수 있습니다. 엘리후는 자연현상이 사람들을 훈계하고 교육하는 목적이 크다는 점을 강조했지 않습니까? 그러나 하나님은 이런 자연현상을 설명하시면서 이를 전혀 심판과 징계

또는 훈련과 연결을 시키지 않으신다는 점입니다. 세 친구들이나 엘리후의 진단과 결을 달리한다는 암시가 아닐까요?

이어서 야생동물의 세계를 들어 하나님은 질문을 이어 가십니다.38:39-39:30 하나님이 예로 든 동물의 종류는 다양합니다. 사자, 까마귀, 산염소, 들나귀, 들소, 타조, 군마, 매, 독수리 등등. 하나님은 친히 창조하신 동물세계의 먹이사슬과 약육강식의 법칙을 상기시킵니다. 그것이 동물 세계의 본능이자 창조질서라는 것입니다. 동물의 세계는 사람의 도덕법칙으로 움직이지 않는다는 점을 분명히 한 것입니다. 사람의 눈으로 보면 비이성적이고 비합리적일 뿐 아니라 길들일 수 없는 야성과 함께 폭력성까지 동물들이 가지고 있다고 해서 그것들을 불합리하다고 말할 수 없다는 것입니다. 욥의 논리가 이처럼 비교할 수 없는 세계를 서로 비교하는 것과 같다고 지적한 것으로 보입니다. 두 세계 모두 하나님의 완벽한 통제하에 있다는 사실이 욥에게는 감정적으로 허락지 않는 것이지요.

여기서 하나님은 중요한 암시를 심어놓습니다. 그 암시를 요약하자면, 첫째, 하나님의 창조세계는 천지의 우주세계와 동물세계를 포함하여 모두 잘 짜여진 설계도하나님의 생각에 의해 움직인다. 둘째, 자연 만물은 창조 때 설계하신 자연법칙의 원리로 작동하며 그 또한 전적으로 하나님의 통제하에 있다. 세째, 서로 먹고 먹히는 약육강식도 하나님의 설계의 일부분이며 야생성과 난폭성도 그 설계에 속한다. 따라서 인간에게 유익을 끼치지 않고 오히려 해를 주는 자연질서도 있으며 그 또한 하나님의 통치범위 안에 있다. 하나님의 창조세계의 모든 요소가 사람에게 반드시 유익만 끼치지는 않는다는 점을 분명히 한다. 네째, 인간 세상에 대한 언급을 하지 않는다. 그리고 욥과 친구들이 치열하게 주고 받았던 논쟁의 주제 즉 정의와 고통의 문제에 대한 언급도 전혀 없다. 욥의 주관심사에 대하여 하나님의 의도적인 무관심으로 보인다. 다섯째, 이런 하나님의 통치법칙에 욥이 철저히 무지하다는 사실을 계속된 질문을 통해 확인시키고 있다.

결국은 창조의 하나님은 인간들이 생각하는 것처럼 통치의 범위가 국지적이지 않다는 것입니다. 반면에 인간들은 본질적으로 국지적local이며 편협narrow할 수 밖에 없는 존재입니다. 그러니까 인간들은 자신의 문제가 가장 중요한 아젠다가 되어 울분을 토하지만 하나님은 그 위에 창조질서를 염두에 두고 있다는 것입니다. 인간은 그 창조질서 범위안에서 사는 한계적인 존재라는 것입니다.

따라서, 하나님은 욥에게 "트집 잡는자"라고 꼬집으면서 자신과 계속 논쟁을 할 것인지 말해 달라고 하시면서 일단 말씀을 멈추십니다. 욥에게 이쯤 되었으면 트집 그만 잡고 논쟁을 끝내라는 주문으로 보입니다.

우리가 가지고 있는 하나님에 대한 의문이 결국은 트집잡는 것 밖에 되지 않는다는 것입니다. 욥이 친구들의 변론에 대해서 트집을 잡았지만 결국 욥의 논리도 하나님에 대해서는 트집 잡는 정도 밖에 되지 않는다는 것입니다. 결국 아무리 경건한 삶을 사는 욥이라해도 하나님을 대변할 수는 없다는 것입니다. 하나님을 아는 온전한 지식에 이를 수 없다는 것입니다. 우리가 그토록 알기 원하는 고난의 문제에 대해서 그리고 악의 기원에 대해서 소위 신정론자들의 질문에 대해서 하나님이 주시는 역설적인 답입니다. 하나님의 영역에 대해 트집잡지 말라!

오늘은 상당히 재미있는 접근방식이었습니다. 하나님은 언제나 우리의 상상 이상의 방법으로 일하신다는 사실을 다시 한번 깨닫게 되는 시간이었습니다. 여러분은 어떠셨습니까? 자 그럼 다음 시간에 또 뵙지요. 좋아요, 구독하기 눌러주시고요.

당고알 고집사: 그나저나 이 장면에 와서는 나도 늘 답답한 마음이 들단 말이데이. 참말로 하나님이 욥을 좀 따듯하게 한 번 안아 주셨으면, 아니 다정한 말 한마디만이라도 해 주셨으면 얼마나 좋을끼고. 비록 욥이 한 말이 이치에 맞지 않는 말이라 카더라도 말이다. 지금 욥은 위로 받기 원하는 기라. 그런데 이제 하나님마저 냉정하게 대하시니 더 이상 기댈 곳이 없다카이. 하나님도 경상도신가? 무뚝뚝 하기 짝이 없고 참 무정하시구만 그래. 그리고 알아 들을 수도 없고 답을 할 수도 없는 말도 안되는 질문만 속사포로 해대시니 말이다. 무슨 말씀을 하시고자 하는지 딱 알아 들을 수가 없단 말이지. 이건 골탕 먹이려고 작심하고 내는 문제가 아닌가

말이다.

지금 하나님이 끝내신 과학입문 강좌를 듣다 보이 하나님이 보통 스마트하신 분이 아닌기라. 욥을 골탕 먹이시는 방법도 참 스마트 하시다 이 말이다. 뭔 소린고 하니 본문을 보라고. 하나님은 생물 하나 하나의 특징을 세밀하게 묘사하신 후에 질문을 하시잖아. 그 개체의 생명의 기원을 아느냐고? 특정 행동의 이유를 알겠냐고? 아마도 여기서 사람들은 하나님이 과학적인 대답을 원하신다고 생각했을 기다. 그래서 모른다고 입을 닫을 것이란 말이다. 여기에 하나님의 질문에 트릭이 있는거라니까. 과학적인 질문이라고 생각하니까 답하기 난감한 기라. 답을 하지 못하는 욥에게 하나님이 스스로 주신 답은 뭐꼬? 하나님께서 당신 스스로 그 모든 창조물의 생존법칙을 친히 만드셨다고 했지. 만일 그런 질문인 줄 알았더라면 믿음 좋은 욥이야말로 망서리지 않고 "하나님이 그렇게 만드셨습니다" 라고 대답했을 기라. 하나님의 변증의 핵심이 바로 이런 것이란 말이다. 한마디로 모든 게 하나님의 섭리라는거지. 어렵게 질문한 것 같아도 답은 너무 쉬운기라.

그런데 말이지. 하나님의 이런 비유의 말씀을 과학적인 표현인 양 해석해서는 안된다는 말이지. 하나님이 말씀하신 타조 이야기만 해도 그렇지. 정말 타조가 그렇게 미련한 동물인가 말이다. 타조들이 알을 낳은 후 다 팽개치고 품지도 않는다고? 그래서 알들을 다른 맹수가 먹어 버린다고? 어쩌다 부화한 새끼들도 자기 새끼가 아니라고 모질게 대한다고? 내사마 관심이 있어 일부러 타조농장을 몇번 방문도 하고 타조에 관한 다큐멘타리까지 여러번 보았다 안카나. 타조들이 자기가 낳은 알들을 지키기 위해 얼마나 눈물겨운 시간을 보내던지, 알을 품고 있으면서 혹 덤벼드는 맹수들에게 몸을 던져 싸우는가 하면, 몸이 찢기더라도 알을 품는 장면을 보는데 말이지 정말 눈물 겹더구만. 이걸 성경이 틀렸다고 해야 할까? 아니면 지금 타조들은 확 달라졌다고 해야 할까?[122] 이렇게 반론 제기하면 난 또 하나님 말

122) Arthur Walker-Jones는 그의 논문 "The So-called Ostrich in the God Speeches of the Book of Job. (Job 39,13-18)"에서 39장의 타조는 타조가 아니고 "모레뇌조(sand grouse)"라고 주장한다. 한편 타조가 그렇게 멍청하지 않다는 논문도 많다.(cf. Wayne Jackson.The Ostrich-Not as Dumb as Her Critics. etc.)

씀을 안 믿는 놈이 된다니까. 참.

그러니까 하나님이 비유로 말씀하시고자 하신 포인트를 분명하게 잡아야 한다는 말이다. 하나님께서 각종 동물들을 소개하면서 그들의 특징적인 행동중에 사람이 이해할 수 없고 또 제어할 수 없는 특성을 들어 창조주 하나님과 피조물의 경계를 분명하게 각인시키신 것이라고.

38-39장에 나오는 질문 하나 하나에 대한 과학적인 답을 알고 있는지 물으신 게 아니란 말이다. 하나님의 질문 몇가지에 답을 할 수 있다고 해서 하나님의 질문에 오류가 있다는 것도 아니라니까. 그렇다면 지금의 독자들은 질문 중 상당수 과학적인 답을 알고 있다. 예를 들어서 "네가 땅의 너비를 측량할 수 있는가?"라는 질문에 대해서 지금은 너무나도 정밀하게 측정할 수 있지 않은가 말이다. 그렇다고 해서 하나님의 질문이 지금은 적용되지 않는다고 말하면 안된다는 거지. 하나님은 처음부터 그런 답을 원하신 게 아니라는거야. 하나님의 질문의 포인트는 하나님이 하시는 일이 있고 사람이 할 수 있는 일이 따로 있다고 말하는 거다. 내가 갑자기 하박사가 할 말을 했나? 오늘 좀 유식한 척했구만 그려.

1차 질의와 진술

욥의 진술(40:3-5)

(속기록) 입 다물고 있겠습니다

그때 욥이 주님께 대답하였다. 나는 비천한 사람이오니 내가 무엇이라고 주님께 감히 대답할 수 있겠습니까? 다만 손으로 내 입을 가릴 뿐입니다. 이미 말씀 드렸사오니 이제 두번 다시 더 말씀 드리지 않겠습니다.3-5

(배심원 회의) 꼬리 내렸군

배심원1: 이번은 따로 정리가 필요 없이 속기록 그대로 보시면 되겠습니다.

배심원4: 그럼 그렇지. 욥이 이제 완전 꼬리를 내렸구먼. 백기투항이로다.

배심원2: 욥이 할 말이 없다고 한 것은 하나님의 질문 자체가 성립하지 않는다는 말일 것입니다. 하나님이 하늘법정에서나 성립되는 질문을 하셨으니 자신은 할 말이 없다고 한 것 뿐입니다. 결코 욥이 자신의 의견을 거둔 것은 아니라고 봅니다.

배심원3: 하나님으로부터 호된 질책을 받은 욥이 머리를 완전히 숙이는 모습이네요. 하지만 이미 말씀드렸으니 두번 다시 말씀 드리지 않겠다는 말을 한 것으로 보아 배심원2가 지적한 대로 욥이 결코 자신의 주장을 거두어 들인 것 같지는 않습니다.

배심원5: 그러니까 이제 하나님의 판결을 계속 지켜보는 수밖에 없을 듯 합니다.

당하알 하박사: 당하알 하박사입니다. 사 이제 하나님의 1차 판결 앞에 욥의 짧은 반응이 나왔습니다. 욥은 먼저 하나님 앞에 자신이 비천한 자라고 겸손하게 자세를 낮춥니다. 물론 하나님의 질문에 말문이 막힌 것일 수도 있고 또 자신의 질문을 완전히 무시한 하나님의 처사에 절망했을 수도 있다고 봅니다. 그래서 욥은 더 이상 입을 열지 않겠다고 한 것 같습니다. 덧붙여 자신은 할 말은 이미 다 했는데도 불구하고 여전히 답을 받지 못했다고 마음에 불만이 남아 있음을 비칩니다.

많은 주석가들은 여기서 욥이 회개를 했다고 봅니다. 하지만 저는 그렇게 생각하지 않습니다. 그 이유를 말씀드리지요. 첫째, 욥이 하나님께 이미 분명하게 말씀을 드렸는데도 답을 받지 못했기 때문에 이제 더 이상 말씀드리지 않겠다고 했습니다. 이 말은 더 이상 말을 해봐야 답이 나오지 않을 게 뻔해서 말을 중단하겠다는 뜻이지 회개한다는 뜻은 아니라고 봅니다.

둘째, 자신을 비천한 자라고 낮춘 것은 하나님 앞에 겸손한 자세임에는 틀림없습니다. 원래 욥은 경건한 사람입니다. 친구들과 긴 논쟁을 통해서도 욥이 근본적으로 하나님 경외하는 자세를 잃은 적이 없습니다. 따라서 여기서 자신을 낮춘 자세는 자신의 과오를 깨닫고 회개한 모습이라기보다는 욥의 평소의 모습이라고 볼 수 있습니다.

세째, "입으로 손을 가릴 뿐"이란 표현은 입 다물고 있겠다는 뜻도 되겠지만 굳이 손으로 입을 가리겠다는 표현을 쓴 것으로 보면 할 말이 나오려는 걸 억지로 참는다는 뜻은 아닐까요? 입 다물고 침묵은 하겠으나 할 말이 없다는 건 아니라는 제스처로 보입니다. 이번 욥의 발언을 보면 진심으로 뉘우친다, 돌이킨다 라는 표현이 없습니다. 따라서 이 구절을 두고 욥이 회개를 했다고 보는 것은 부자연스럽다고 봅니다.

네째, 지금 욥의 모습은 거룩하신 하나님의 위엄 앞에 압도되어 초라하게 서 있는 모습이라 하겠습니다.

욥의 참 회개에 대해서는 다음에 논의하기로 하겠습니다. 오늘은 여기까지 입니다.

당고알 고집사: 마지막 순간까지도 사람들은 욥을 해부한다카이. 참으로 끈질긴 사람들이로다. 옛날 친구들이나 지금 욥기를 읽는 사람이나, 연구하는 사람 모두 똑같다니까. 지금 욥이 회개 했는지 안 했는지 따질 때인가 말이다. 욥이 풀 죽어 있는 모습이 애처롭지도 않나 말이다. 하나님이 하신 황당한 질문에 답은 못하겠지, 자신의 질문에는 대꾸도 안하시지, 냅다 처음부터 자기를 무식한 놈이라고 혼내키시지, 그런 하나님한테 지금 욥이 할 수 있는 선택이 뭐란 말이고? 욥이 지금 보인 태도가 가장 솔직한 거지.

난 이런 욥의 모습이 가장 솔직한 모습이라고 생각한다마. 하나님이 이해가 안될 때나 또는 하나님의 말씀이 이해가 안될 때 말이다. 동방의 의인이라고 하나님도 자랑하던 욥도 저렇게 초라해지는데 우린들 별 수 있겠나. 그런 면에서 우리는 째끔 위로가 된다 아이가.

2차 질의와 진술

재판장 하나님의 질문2(40:6 - 41:34)

(속기록) 하나님의 두번째 질문

(속기록 40장) 베헤못을 보아라!

그때에 하나님께서 폭풍우 가운데서 욥에게 말씀하셨다. 그가 말씀하시기를 '너는 대장부처럼 허리를 묶어라 내가 너에게 묻겠으니 내게 대답 할지니라' 하시니라. 네가 나의 공의를 부인하려느냐? 네 의를 세우려고 나를 악하다 하겠느냐? 네가 하나님처럼 능력이 있느냐? 하나님처럼 천둥소리를 낼 수 있느냐? 너는 위엄과 존귀로 단장하며 영광과 영화를 입을지니라. 너의 넘치는 노여움을 비우고 교만한 자를 찾아 그들을 낮출지어다. 너는 교만한 자를 모두 발견하여 겸손하게 만들고 악인을 그들의 처소에서 짓밟아 버릴지어다. 그들을 모두 땅에 묻고 그들의 얼굴을 천으로 싸서 무덤에 둘지니라. 만일 그렇게 할 수 있다면 나도 너의 오른손이 너를 구원할 수 있다고 인정하겠노라. 이제 소 같이 풀을 뜯는 베헤못을 보아라. 내가 너를 지은 것 같이 그것도 내가 지었도다. 그것의 힘은 허리에서 나오고 그 뚝심은 그 배의 힘줄에서 나오느니라. 그것이 꼬리 칠 때 백향목이 흔들리는 것 같고 그 넓적다리 힘줄은 서로 얽혀 있으며 그 뼈는 청동관 같고 그 뼈대는 쇠막대기 같으니 그것은 하나님이 만드신 것 중에 으뜸이라. 오로지 창조주만이 그에게 칼을 가지고 다가갈 수 있느니라. 산은 그것을 위해 먹이를 생산하며 모든 들짐승들이 곁에서 뛰노는도다. 그것은 연꽃잎 아래 눕고 갈대밭 그늘진 곳이나 늪 속에 몸을 숨기니 연꽃잎 그늘이 덮으며 시내 버들이 그를 감싸는도다. 그것은 강물이 소용돌이칠지라도 놀라지 않고 요단강물이 쏟아져 그 입으로 들어가도 태연하기만 하니 누가 그것을 눈 앞에서 능히 잡을 수 있으며 갈고리로 그것의 코를 꿸 수 있겠는가?6-24

(속기록 41장) 리워야단을 만져 볼래?

네가 낚시로 리워야단을 끌어낼 수 있겠느냐? 노끈으로 그 혀를 묶을 수 있겠느냐? 너는 밧줄로 그 코를 꿸 수 있겠느냐? 갈고리로 그 아가미를 꿸 수 있겠느냐? 그것이 어찌 네게 계속하여 간청하겠느냐? 부드럽게 네게 말하겠느냐? 그것이 어찌 너와 종신 계약을 맺고 너는 그것을 영원히 종으로 삼을 수 있겠는가? 네가 그것을 길들여서 새처럼 가지고 놀 듯 할 수 있으며 네 집의 여종들을 위한 놀이감으로 매어둘 수 있겠는가? 또 장사꾼들이 그것을 놓고 거래를 할 수 있으며 그것을 토막 내어 나누어 가질 수 있겠는가? 네가 능히 창으로 그 가죽을 꿰뚫거나 작살로 그 머리에 꽂을 수 있겠느냐? 네 손을 그것에 얹어보라. 다시는 싸울 생각을 못하리라. 그것을 잡으려는 희망은 참으로 헛된 것이로다. 그것을 보는 것만으로도 기가 꺾일 것이로다. 아무도 그것을 격동시킬만큼 담대하지 못하거든 누가 내게 감히 대항할 수 있겠느냐? 누가 내가 되갚아야 할 것을 내게 주었다고 주장을 할 수 있겠느냐? 천하에 있는 모든 것이 다 내 것이니라. 내가 리워야단의 지체와 용맹 그리고 늠름한 체구에 대하여 말하기를 잠잠하지 않으리라. 누가 그것의 겉가죽을 벗기겠으며 누가 겹재갈을 물릴 수 있겠느냐? 무서운 이빨들이 빙 둘러있는 그 턱을 누가 벌릴 수 있겠는가? 그의 등은 비늘로 즐비하게 덮혀 서로 단단하게 봉인이 된 것처럼 서로 달라 붙어 있어 바람이 그 사이로 지나가지 못하는도다. 이와 같이 그 비늘들이 서로 꽉 달라 붙어져 있으니 능히 나눌 수도 없도다. 그것이 재채기를 할 때 빛이 번쩍거리고 그것의 눈은 새벽 여명 같도다. 그것의 입에서는 화염이 나오고 불꽃이 튀어 나오며 그 콧구멍에서는 연기가 나오니 마치 갈대를 태울 때 가마솥이 끓는 것과 같도다. 그의 입김은 숯불을 지피며 그의 입은 불길을 뿜는도다. 그것의 힘은 그의 목덜미에 있으니 그 앞에서는 절망감만 감돌 뿐이로다. 그것의 살껍질은 서로 밀착되어 탄탄하며 움직이지 않는도다. 그것의 가슴은 돌처럼 단단하며 맷돌 아래짝 같이 단단하도다. 그것이 일어서면 용사라도 두려워하며 달아나리라. 칼이 그에게 꽂혀도 소용이 없고 창이나 투창이나 화살촉도 꽂히지 못하는도다. 그것이 쇠를 지푸라기 같이, 동판을 썩은 나무 같이 여기니 화살로도 그것을 물리치지 못하겠고 물맷돌도 그 앞에는 날리는 겨와 같도다. 그것은 몽둥이를 지푸라기 같이 여기며 날아오는 창소리도 우습게 여기는도다. 그것의 뱃가죽은 날카로운 토기그릇 조각과 같이서 그것이 지나갈 때 진흙바닥에 도리깨로 친 흔적을 남기는도다. 그가 깊은 물을 가마솥의 물이 끓듯 하게 하며, 바다를 기름병처럼 휘젓는도다. 그가 지나가면 뒤에서 빛줄기를 발하니 깊은 바다가 백발을 휘날리는 것처럼 보이는도다. 이 세상에는 그것과 족히 비교할 생물이 없도다. 처음부터 두려움이 없는 존재로 지음을 받았도다. 그것은 모든 높은 자들을 내려다보며 모든 교만한 자들에게 군림하는 왕이로다.1-34

(배심원 회의) 괴물 두마리. 이게 무슨 판결문?

배심원1: 하나님께서 여전히 폭풍우 가운데서 말씀을 계속 하십니다. 먼저 욥에게 허리띠를 졸라매고 정신 차리고 묻는 답에 답하라고 명령하십니다. 세차게 욥을 몰아 붙이시는 모양새입니다. 욥더러 "하나님의 공의를 부인하려느냐?" "네 의를 세우려고 하나님을 악하다고 하겠느냐?" "네가 하나님처럼 능력이 있느냐?" "하나님처럼 천둥소리를 낼 수 있느냐?"고 물으십니다. 이런 질문은 욥이 계속해서 하나님이 세상을 다스리시는 방법에 의문을 품었기에 반문법을 차용한 직설적 호통이라고 볼 수 있을 것입니다. 하나님의 공의를 의심하고 있는 욥에게 이제 하나님은 당신의 신분과 욥 사이의 근본적인 차이를 확인시켜 주십니다. 네가 하나님을 대신할 수 있겠느냐?고 단도직입적으로 물으십니다. "네가 교만한 자를 겸손하게 만들고 악인을 짓밟아 버릴 수 있느냐?"고 물으십니다. 만일 그렇게 할 수 있다면 욥이 자신을 구원할 능력과 지혜가 있다고 인정하시겠다는 것입니다. 그럴 능력이 욥에게 아예 없다는 것을 아시기에 이참에 욥에게 항복선언을 얻어내려는 하나님의 지혜로 보입니다. 이어 하나님은 두 괴물을 소개합니다.

(베헤못)

하나님은 베헤못을 소개하면서 먼저 그 기원과 힘을 설명하십니다. 베헤못은 하나님이 만드신 피조물이다.40:15 풀을 먹고 살지만 힘이 장사다. 허리와 배근육에서 거대한 힘이 나오며 강력한 꼬리와 넓적다리의 힘줄을 가지고 있다. 뼈와 뼈대는 동철판과 쇠막대기처럼 강하다.40:16-18

이런 설명과 함께 이것이 하나님이 만드신 것 중에서 으뜸이라고 자랑하십니다. 또 이것을 만드신 자만 칼을 가지고 통제하실 수 있다고 잘라 말씀하십니다.40:19 이는 베헤못이 아무리 피조물 가운데 으뜸이라 할지라도 이에 대한 통치권과 생사여탈권은 어디까지나 창조주께 있음을 확실히 하신 것입니다. 하나님은 베헤못에 대한 설명을 이어 가십니다. 이것은 정말로 힘이 센 강한 생명체이며 어떤 위험 앞에서도 동요하지 않고 놀라지도 않는다. 그 어떤 인간도 그를 붙잡아 가두거나 길들일 수 없다.40:23-24라는 것입니다.

(리워야단)

하나님은 또 하나의 괴물을 소개합니다. 대뜸 욥에게 낚시로 리워야단을 잡을 수 있겠는가? 노끈으로 그 혀를 묶을 수 있겠는가? 갈고리로 그 아가미를 꿸 수 있겠는가? 물으십니다. 리워야단을 아느냐? 또는 보았느냐? 라고 묻지 않으신 걸 보면 욥이 이미 리워야단을 알고 있다는 사실을 하나님이 인지하셨다는 증거라고 볼 수 있습니다.[123]

하나님은 이제 욥에게 리워야단을 만져 보라고 하십니다.41:8 그것의 모습을 보는 것만으로도 기가 꺾일 만큼 엄청난 괴물이며 이를 대항할 자가 아무도 없다고 못박습니다.41:9-10 그리고 다시 한번 말씀의 의도를 상기시키십니다. 리워야단이나 천하에 있는 모든 것이 다 하나님의 통치하에 있다는 말을 강조합니다. 리워야단을 보고 놀라고 떨거든 하물며 그것을 만드신 하나님 앞에 어떻게 해야할까? 라는 질문을 던지십니다.

계속해서 하나님은 리워야단의 특징을 설명하십니다.41:12-24 한눈에 보기에도 용맹스럽고 체구가 늠름하다. 겉가죽은 두껍고 단단하다. 둥그렇게 줄 지어 난 이빨들이 사납다. 갑옷같은 비늘로 덮힌 등은 칼이 뚫고 들어갈 만한 틈도 없다. 눈빛은 번뜩거리며 입김은 화염과 같다. 목근육은 무서울 정도로 단단하고 피부 역시

123) 욥 3:8

단단하다. 가슴은 돌처럼 단단하다. 등등. 리워야단의 엄청난 모습을 묘사합니다.

그 다음 리워야단을 공격하면 어떤 일이 일어나는지 설명해 줍니다.41:25-29 칼이나 창, 투창, 화살로 공격해봐야 지푸라기나 썩은 나무처럼 갈기갈기 찢어 버린다. 화살, 물맷돌, 몽둥이, 창같은 무기들을 비웃는다. 즉, 인간이 가지고 있는 무기나 힘으로는 도무지 쓰러뜨릴 수 없는 난공불락의 괴물이라는 것입니다.

리워야단은 베헤못과 달리 바다괴물인 점이 부각됩니다. 그것은 물을 헤집고 다니며 물보라를 일으킨다. 심지어 바다에서 불을 내뿜는다. 그 누구도 두려워하지 않는다. 리워야단은 바다의 왕이다. 세상에 그것과 비할 것이 없다는 것입니다. 바로 그렇게 두려움이 없게 지음을 받았기 때문이라는 것입니다.41:33

배심원2: 하나님의 의도를 추론해 내기가 좀 혼란스럽습니다. 최종판결문에서 명확하게 말씀해 주셔야 하는 것 아닌가요? 욥이나 또는 욥의 친구들에게 누구의 말이 맞는지 정확하게 말씀해 주셔야 하는 것 아닌가요? 아무튼 하나님의 최종판결문을 해독하기가 난해합니다. 모든 변론과 재판을 최종 판결하는 가장 결정적인 장면에서 뜬금없이 두 괴물을 등장시켜 이해할 수 없는 질문을 나열하신 이유를 모르겠단 말입니다.

베헤못과 리워야단이라. 이 괴물들을 통해 겁을 주시려는 목적이신가요? 아니면 세상 말세를 예고하신것일까요? 욥이 법정에 서자마자 꺼냈던 말도 리워야단이었는데 혹시 종말론적인 예언이 아닌가 생각도 듭니다.

배심원3: 답답하긴 나도 마찬가지입니다. 쉽게 딱 한마디로 판결문을 내리시지 않고 이렇게 고차원적으로 말씀하시면 머리 나쁜 나는 도무지 알다가도 모를 것 같아요. 마지막 판결문 전부를 베헤못과 리워야단이란 괴물을 상세히 묘사하는 것으로 다 채우셨으니 말입니다. 이 중요한 판결의 시간에 의미없는 말씀을 늘어 놓은 건 아닐테고 말입니다. 하나님이 우주의 주인이시다는 말은 나도 알아 듣겠는데 나머지 이야기는 왜 하시는지 모르겠단 말입니다. 욥이 어떻게 이해하고 받아들일지 궁금하기도 합니다.

배심원5: 아니 이게 뭡니까? 황당합니다. 지금 숨죽이고 재판장의 판결을 기다리며 긴장속에 받아든 판결문이 이게 뭡니까? 동문서답, 현문우답, 마이동풍 아닙니까?

게다가 어떤 구체적인 주문도 없지 않습니까? 가령 욥에게 무죄선언을 하신다거나 아니면 어떤 벌을 내리신다거나 하셔야 하는 것 아닙니까? 그리고 또 욥의 친구들에게도 어떤 주문을 하셔야 하는 것 아닌가요?

당하알 하박사: 당하알 하박사입니다. 이번 하나님 말씀도 신박하십니다.

두번째 심문에서 하나님은 욥에게 "할 수 있느냐?"로 질문하시는 형식을 택하십니다. 이 질문들은 욥의 능력을 테스트 하는 질문이 아니라 욥의 무능력을 확인시켜 줄 강력한 무기로 쓰입니다. 즉 질문 하나하나마다 반어법을 사용하시며 그때마다 욥의 기를 죽이십니다.

하나님은 말씀을 시작하시자마자 "네가 내 공의를 부인하려고 하느냐? 네 의를 세우려고 나를 악하다 하겠느냐?"고 욥을 다그쳐 세우십니다. 하나님이 공의를 언급하신 것입니다. 이건 욥이 그동안 집요하게 물었던 하나님의 공의에 대해 하나님이 반응한 것으로 보입니다. 물론 하나님께서 욥의 질문에 대한 직접적인 답은 주시지 않습니다. 다만 풍유법을 사용하여 던진 수많은 질문들을 통해 답을 깨달으라는 것으로 보입니다. 욥이 집요하게 제기했던 하나님의 정의는 욥이 생각하는 그런 공식대로 진행되는 것이 아니라는 사실을 주지시킨 것이라 하겠습니다.

욥에게 악인을 심판할 수 있는 능력이 있는지 묻습니다. 악인을 심판할 수 있는 자격을 열거하면서 그런 조건을 갖추었는지 묻습니다. "만일 그런 조건과 능력이 있다면?" 이라는 가정법을 사용한 것을 보면 이 질문 또한 욥에게 가능성을 열어둔 것이 아니라 욥을 좌절케 하는 반어법이라고 볼 수 있습니다. 왜냐하면 욥에게는 원천적으로 그런 능력이 없기 때문입니다.

“만일 네가 하나님을 대신할 수 있겠느냐?” 고도 물으셨습니다. 그러나 이 물음은 질문이 아니라 냉소적 질타라고 볼 수 있습니다. 왕이 입는 옷을 입고 왕의 권력을 입었다고 생각하고 악인을 처치해 보라는 것입니다. 하나님은 이런 일련의 질문들을 통해서 욥이 제기한 정의에 대한 문제는 먼저 하나님이 다스리시는 창조세계의 통치방법을 잘 이해할 때 가능하다는 사실을 말씀해 주셨다고 생각합니다.

자, 그럼 이번 하나님이 등장시킨 베헤못과 리워야단의 정체에 대하여 알아보도록 하지요.

베헤못과 리워야단의 정체에 대해서는 이것들이 고대 근동의 신화속 괴물인지 아니면 실제 야생동물인지 아니면 사탄을 상징하는 것인지에 대해서 주석가들 간에 의견이 서로 다릅니다. 한가지 재미있는 관찰은 베헤못이란 단어 자체가 복수형 단어임에도 불구하고 욥기에서는 3인칭 단수로 받아들인다는 점입니다. 따라서 어떤 학자들은 베헤못을 모든 짐승을 대표하는 존재로 이해한다는 것입니다.[124] 또 베헤못을 실존하는 하마, 악어, 코끼리, 고래 또는 공룡으로 이해하는 주석가들이 많습니다.[125] 반면에 실재로 존재하는 생물이 아닌 육지동물을 대표하는 가상동물로 보기도 합니다.[126]

한편 베헤못을 고대 신화에 등장하는 바다의 용으로 주장하는 학자도 있고요. 더 나아가 세상의 왕에 대한 상징으로 보는 이도 있고 계시록의 용처럼 적그리스도로 보는 이도 있습니다.

하지만 본문에 기술되어 있는 베헤못의 모습을 보면 위에 예로 든 어떤 동물과도 정확하게 일치하는 것이 없다는 점에서 어느 특정한 동물로 보는 것은 부자연스럽다고 할 수 있습니다. 예를 들어 보지요. 하마는 백향목을 흔들만큼 큰 꼬리가 없고요. 상징적으로 표현한 모습이라면 일일이 특정생물과 대조하는 것도 합리적 추론이라 볼 수 없지요. 또 신화 속의 바다의 용이나 악의 전사로 보는 것도 마찬가

---

124) Marvin Pope, *Job*, 320.
125) 클라인스의 논의를 참조하라.(Clines, *Job* 38-42, 1185) 베헤못과 리워야단에 대해서 개역한글은 하마와 악어로 번역한 반면 개역개정판은 베헤못과 리워야단으로 표기하였다.
126) Longman, Tremper III. *Job*. Kindle Location 11962.

지로 부자연스럽습니다. 왜냐하면 본문에서 말하기를 이것들은 하나님의 최고 걸작품으로서 하나님의 말에 전적으로 순종하는 생물이기 때문에 하나님과 대적하여 싸우는 존재의 용이나 악의 전사라고 보기 어렵기 때문입니다.

자, 그럼 먼저 베헤못에 대해 살펴보지요. 베헤못은 하나님의 새 창조물로서 상상 속의 동물로 보는 게 자연스럽다고 봅니다. 하나님이 설명하신 베헤못의 특징을 보면 강력한 힘을 자랑하는 초식동물입니다. 또 모든 동물보다 뛰어나며 어떤 위험이 닥쳐도 놀라지도 않을만큼 용맹스럽습니다. 인간이 잡을 수도 없고 길들일 수도 없습니다. 오직 창조주 하나님만이 이것을 통제할 수 있습니다.40:15-24

그렇다면 하나님이 굳이 베헤못을 창조하신 목적이 무엇일까요? 또 욥에게 이 생물을 자세히 소개하신 이유는 무엇일까요? 이 질문에 대한 답은 하나님이 베헤못에 대해 설명하신 말씀 중에서 암시를 찾을 수 있습니다.

하나님은 베헤못을 직접 만드셨다는 사실과 만드신 생물 중에 제일이라는 점을 새삼 강조하셨습니다. 그리고 이것은 사람이 잡을 수도 없고 길들일 수도 없다는 점을 분명히 하셨습니다. 즉, 베헤못은 인간사회와 관계가 없는 존재라는 것입니다. 그렇다면 사람들과 관계도 없는 무시무시한 창조물을 굳이 만드신 하나님의 의도는 무엇일까? 라는 의문에 도달합니다. 여러분은 어떻게 생각하시나요?

저는 하나님이 창조하신 모든 창조물이 사람을 위해 존재하는 것은 아니라는 점을 말하고자 함이 아닐까 생각합니다. 즉 이것을 잡아 길들여 애완용으로 기른다거나 잡아다가 토막을 내서 시장에 팔아 버린다거나 할 수 없는 어마어마한 놈이라는 것을 강조함으로써 하나님의 창조와 통치 영역이 인간세계에만 국한하지 않는다는 사실을 말하려는 하나님의 의도가 숨어 있다고 봅니다.

하나님께서는 사람에게서 뿐만 아니라 다른 창조물로부터도 기쁨을 누리신다고 하셨습니다. 노골적으로 말한다면 인간의 생사화복의 문제도 하나님 앞에서는 그저 한마리 다른 생물의 생사의 문제와 같다는 것입니다. 제가 좀 심하게 말했나요?

게다가 하나님은 사람보다 오히려 이 생물의 빼어남에 더 큰 기쁨을 느낄 수도 있다고 말씀하셨습니다. 이런 언급에 우리 인간들이 좀 섭섭하다는 생각이 듭니다. 왜냐하면 하나님이 사람을 창조하신 후 그냥 "보시기에 좋았더라"고 언급한 다른 창조물 때와는 달리 "보기에 심히 좋았더라"고 하시며 매우 만족하셨기 때문입니다.

다시 베헤못 이야기로 돌아가지요. 그렇게 엄청난 힘과 빼어난 모습을 가진 존재라고 할지라도 하나님께서 통제권을 가지고 있다는 점을 분명히 하십니다.

자, 그렇다면 욥이 깨달아야 할 점이 바로 여기에 있습니다. 바로 욥이 제기한 정의의 범주로 하나님을 판단하는 것 자체가 불합리하다는 것입니다. 또 하나 흥미로운 관찰은 하나님이 하신 긴 말씀 중에서 인간에 관한 언급이 전혀 없다는 점입니다. 이런 하나님의 침묵이 욥에게 또 중요한 메세지를 준 것이라고 생각합니다.

이제 리워야단에 대해 이야기해 봅시다. 베헤못이 육지동물의 대표격이라면 리워야단은 바다동물의 대표격이라고 할 수 있습니다. 리워야단을 용이나 또는 악어로 보는 견해가 있지만 베헤못과 같이 가상의 동물로 이해하는 것이 좋겠습니다. 여러 다른 성경구절에 소개된 리워야단도 있으나 여기 등장한 리워야단과는 본질적으로 다른 성격을 가지고 있습니다. 욥 역시 이미 리워야단을 언급한 적이 있지요3:8 욥이 말한 리워야단은 악의 이미지를 가진 신화 속의 존재임에 틀림없어 보입니다.[127] 지금 욥이 대하고 있는 리워야단과는 전혀 다른 존재임에는 틀림없습니다. 그렇다면 왜 하나님은 욥이 생각하고 있는 리워야단과는 완전히 다른 새로운 이미지를 가진 리워야단을 욥에게 보여 주었을까요? 그것은 아마도 욥의 기존의 생각에 대한 발상의 전환이 필요하다는 암시가 아닐까 합니다. 즉 같은 사물이라도 전혀 다른 존재가 될 수 있듯이 욥이 생각하는 악과 정의라는 개념이 하나님

---

127) 본문에 나오는 하나님이 소개하는 리워야단은 욥이 3:8에서 말한 리워야단과 동일한 존재로 보는 주석가들도 있다. 욥기서에서 사탄이 처음에 등장했다가 이야기 마지막에서는 시야에서 사라진다는 주장에 대해 반론을 제기하면서 그 사탄이 리워야단으로 나타난 것이라고 주장한다. 따라서 하나님이 소개하고 있는 리워야단 역시 이것을 찬양하는 것이 아니라 악에 대한 공포를 역설한 것으로서 이들은 거대하고 흉포하여 길들일 수 없다는 점을 강조한 것이라는 것이다.(애쉬 587)

나라의 통치의 영역에서는 전혀 다르게 이해될 수도 있다는 사실을 알려 주려는 듯합니다.

다른 성경본문에서는 리워야단이 부정적인 존재로 등장하지요.시 74:14; 사 27:1 그러나 여기서는 하나님의 걸작품으로 묘사됩니다. 리워야단도 베헤못처럼 인간이 잡거나 길들일 수 없는 강력한 힘을 가진 동물입니다. 인간이 만든 그 어떠한 무기와 도구로도 잡을 수 없고요. 참 재미있게도 하나님이 물고기잡이에도 일가견이 있어 보입니다. 고기잡는 방법을 모두 언급하셨습니다. 즉, 낚시, 끈 갈고리, 창, 작살, 화살 등등. 하나님께서 이런 포획 이미지들을 총동원한 것은 한 괴물 앞에 인간의 무력감을 최고조로 나타내시려는 하나님의 의도로 읽힙니다. 반면에 하나님의 전능성을 부각시키고 있습니다.

더 나아가 하나님은 리워야단이 미적으로나 형상학적으로 아주 빼어난 작품임을 강조합니다. 리워야단의 엄청난 힘과 용맹에 더불어 그의 신체적 아름다움에 대해 하나님이 자랑하지 않을 수가 없다.41:12고 힘주어 말씀하신 것을 보면 리워야단이 창조물 중에서 다른 어떤 것과 비교할 수도 없으며 인간과 견주어도 전혀 손색이 없다는 암시가 아니겠습니까?41:33

그렇다면 하나님께서 리워야단을 통해 욥에게 말씀하시고자 한 핵심은 무엇일까요? 하나님의 정의에 문제가 있다는 욥의 문제 제기에 하나님의 창조질서는 욥이 상상하는 그 이상의 방법으로 움직인다고 답을 하신 것이라고 봅니다. 그러니까 욥의 문제 제기는 하나님의 통치 방식을 잘못 이해한데서 초래된 것임을 암시합니다.

인간들은 리워야단을 괴물이나 악의 사자로 인식하고 그것을 두려움으로 대하지만 하나님은 최고의 걸작품으로 보고 애완동물 처럼 다루신다고 하니 가히 욥으로서는 이해의 범위를 넘어선 것이지요. 또 사람들이 가지고 있는 고정관념이나 부정적인 경험들이 큰 틀에서는 꼭 부정적일 필요가 없다는 암시도 들어 있다고 봅니다.

또 리워야단은 결코 인간의 유익을 위해 길들일 수 없다는 점을 강조합니다. 이런 지적은 하나님과 인간의 존재는 본질적으로 창조자-피조물의 차원을 넘어설 수 없다는 점을 강하게 인식시키고 있습니다. 아무리 하나님이 창조주로서 인간을 사랑으로 돌보신다고 해도 하나님이 인간의 유익을 위해 존재하는 것이 아니며 하나님이 인간이 원하는 대로 길들여지는 존재가 아니라는 사실을 간접적이지만 욥에게 확실하게 경고하고 있는 것이라고 볼 수 있습니다. 결국 하나님의 자리에 서서 심판자 역할을 하려 하지 말라는 것입니다.40:8-14

결론적으로 말씀드리자면 인간도 다른 생물과 마찬가지로 하나님의 피조물이라는 것입니다. 물론 인간은 다른 생물을 다스릴 권리를 부여받았습니다. 그럼에도 불구하고 하나님의 모든 피조물들은 하나님을 위해 존재한다는 것입니다. 그러기에 자연과 생물이 인간들을 위해 존재한다는 생각을 벗어나야 한다는 것입니다.

이미 말씀드린 바 있지만 하나님은 판결문에서도 고통의 본질적인 문제에 대해 직답을 하시지는 않습니다. 그럼에도 불구하고 하나님의 판결문은 고통의 문제를 다루는 우리들에게 충분한 시사점을 주셨다고도 볼 수 있습니다. 첫째, 하나님은 욥과 친구들의 치열한 변론을 유심히 지켜보시면서도 변론과정에 개입하시지는 않으셨지요. 이는 우리가 의심하는 것처럼 하나님이 그들의 변론에 무관심하거나 또는 가치없는 것이라고 생각하신 것이 아닙니다. 오히려 하나님은 고통의 현장을 지켜보셨습니다. 욥의 고통을 함께 아파 하면서 현장에 머물러 계셨습니다. 판결문을 잘 읽어보면 하나님이 욥과 친구들의 모든 변론 내용을 숙지하고 계심을 알 수 있습니다. 따라서 하나님은 현실세계에서 가장 중요한 인간들의 고통의 현장을 떠나시지 않으시고 함께 아파 하신다는 사실입니다. 둘째, 고통의 문제는 그것의 원인을 찾아 제거하거나 무게를 경감시켜야 할 문제가 아니라 창조 질서안에서 일어나는 자연적 현상중의 하나라는 점을 상기시켜 줍니다. 사람들이 부정적으로 생각하는 고통이 근본적으로는 긍정 또는 부정의 문제가 아니라는 것입니다. 따라서 인간사에서 일어나는 일들을 가지고 하나님을 판단하지 말라는 것입니다. 자신이나 세상에 부정적인 일이 발생할 때 하나님이 가하는 벌이라고 생각하지 말라는 것입니다. 다만 하나님의 창조질서라는 거시적 관점에서 보라는 것입니다. 즉, 발생한 일이 하나님의 창조세계에 유익한 일인지 아닌지, 그 일이 하나님의 설계도에 따라 돌아간 것인지 이탈한 것인지를 가지고 세상사를 판단해야 한다는 뜻입니다.

세째, 결국 인생이라면 누구나-믿는자든 불신자든, 죄를 범한자든 무죄한 자든, 그가 양심이 선한자이든 불량자이든 간에-겪어야 하는 필연적인 과정이라는 것입니다. 그러니까 오늘날 고통을 당하는 사람들이 '아 나만 겪는 고난이 아니구나,' '죄때문에 응징받고 있는 것이 아니구나' 하고 위로 받을 수 있는 것입니다. 그렇기 때문에 고통의 문제를 죄의 관점에서 볼 것이 아니라 공동체 안에서 서로 나누어져야 할 사랑의 문제로 바라보아야 한다는 것입니다.

오늘은 좀 길어졌지만 욥기서를 읽는 결정적인 중요한 포인트를 잡았다고 생각합니다. 욥의 고통의 문제를 풀때 전체 하나님의 창조 질서라는 프레임으로 본다면 우리도 좀 더 큰 시야로 문제를 바라볼 수 있지 않을까요? 그럼 다음 시간에 또 뵙지요.

당고알 고집사: 아따마, 괴물로 기죽이시기는! 내사마 내가 보기엔 하나님이 괴물로 보인다카이. 마지막 판결까지 와서 선문답에다가 이렇게 기를 팍 죽이실 필요까지 있으실까 싶으데이.

그런데 이 본문을 가지고 하나님의 창조 세계의 과학적 원리가 기술되어 있다고 주장하는 부류들이 있단 말이지. 오늘날 창조과학한다는 사람들 말이다. 그들은 성경을 과학책으로 보는 잘못을 범하고 있다카이. 창조과학회 사람들 욥기 참 좋아한다니까.[128] 38장에 나오는 하나님의 우주에 대한 설명 하나 하나가 과학적

---

128) 창조과학회 사람들 욥기 좋아한다. 하나만 예를 들어보자. 욥기 40장에 소개된 베헤못은 6000여년 전 창조 6일째 창조된 땅 위의 동물이며, 41장에 나오는 리워야단은 창조 5일째 창조된 수룡임에 틀림없다고 주장한다. 베헤못은 브라키오소러스(길이 22미터, 높이 17미터)같은 큰 공룡이라고 주장한다. 그들은 욥기서에 묘사된 정황들을 보아 욥이 노아홍수 이후 그러니까 이스라엘이 형성되기 전 사람이었음을 근거로 방주에서 나온지 2~300 여년 지난 BC 2000년경에는 대형공룡들이 사람과 함께 살고 있었음을 짐작할 수 있다고 주장한다.(Creation truth 2011. 12)

또 다른 하나의 주장을 들어보자. 욥기에 사용된 표현대로 깊음의 샘이 터지고 하늘의 창문이

인 진리와 딱 맞는다고 주장한단 말이야. 39장에 등장하는 동물 하나 하나에 대한 기술 역시 생물학적으로도 사실이라고 주장하니까 말이지. 그들의 그런 발상은 성경은 하나님의 말씀이니까 과학적으로도 맞아야 한다는 거야. 그런데 말이지. 만일 오늘날 과학적 발견이 하나님의 그런 설명하고 들어 맞지 않을 경우 우리는 난감한 상황에 처한다 말이다. 성경이 틀렸거나 과학이 틀렸다는 황당한 선택의 기로에 서 있게 된단 말이다.

보라고. 욥기에서 하나님의 설명은 어디까지나 메타포라는 문학적 표현일 뿐 과학적인 진술이 아니란 말이야. 아이고 그만 할란다. 이런 설명에 태클을 걸고 들어와 피말리는 논쟁을 한 일이 얼마나 많았던고. 결국 서로 마음에 상처만 가득 안고 끝나곤 했지.

한마디 덧붙이고 싶은 말은 창조론자라고 해서 진화론자의 연구방법을 폄하해서는 안된다는 기다. 그런 노력도 하나님의 신비를 푸는 길이니까 말이다. 다만 진화론자들은 그걸 하나님의 신비라고 인정하지 않을 뿐이지.

내가 생물학과에 입학한지 얼마 안되어 지도교수와 입씨름을 벌인 적이 있지. "김장로!" 그 교수님이 주일날이면 자기 채집 안따라 다니고 교회 나간다고 나를 김장로라고 불렀어. "너는 교회 다니니까 진화론을 안 믿을텐데 왜 생물과를 선택했는가?"라고 묻는거야. 난 자신있게 대답했지. 진화는 답을 모른 채 우왕좌왕하며 답을 찾아 가는 방법이며 하나님의 창조를 믿는 사람은 그 설계도가 어떻게 되어 있는지 해독하는 방법이다. 두 가지 모두 똑같은 방법과 실험의 과정을 거치기 때문에 차이는 없다. 다만 나는 확신이 있고 선생님은 확신이 없을 뿐이라고 답했지. 교수님이 어이 없어 하시더구만.

하나님이 욥보고 "사나이답게"라는 말을 쓴 걸 가지고 또 시비 거는 종자들이 있어요. 이 말 우리 경상도 사람들이 잘 쓰는 말 아이가. 그러니까 하나님이 경상도

열리면서 지구 지형에 격변이 일어났다. 또 물이 한 곳으로 몰리며 어느 지형은 호수가 됐고, 물이 넘치거나 '둑' 역할을 했던 곳들이 터지면서 어느 지형은 협곡이 되거나 쓸려 나갔다. 이렇게 욥기의 과학적 진술을 옹호한다. 심지어는 욥이 빙하시대에 살았다는 주장을 하기도 한다. (http://www.hisark.com/pdf/012011.pdf .

사나이 기질이 있다 안카나. "싸나이", "우린 싸나이." 우리 이 말할 때 여성을 비하해서 그렇게 쓰는 건 아니잖아. 그런데 지금 페미니스트들이 이 말 가지고 트집을 잡는다 안카나. 하나님이 "사나이답게"라는 말을 사용한 것 자체가 여성비하이며 성경이 여성혐오를 부추킨다고 공격한단 말이지. 하긴 그런 의미에서 하나님 아버지란 용어도 사용하지 말자고 주장한 지도 이미 오래되긴 했지만서도. 말도 많고 탈도 많은 욥기서로다.

2차 질의와 진술

욥의 진술(42:1-6)

(속기록) 회개하나이다

욥이 하나님께 대답하였다. 주께서는 못하실 일이 없사오며 무슨 계획이든지 못 이루실 것이 없는 줄 아오니 무지한 말로 이치를 가리는 자가 누구입니까? 내가 깨닫지도 못한 일을 말하였고 스스로 알 수도 없고 헤아리기 어려운 일을 말하였나이다. 주께서는 나에게 "이제 너는 들어라. 내가 말하겠다. 내가 너에게 물을 테니 너는 나에게 대답하라" 고 말씀하셨습니다. 내가 지금까지는 주께 대하여 귀로 듣기만 하였사오나 이제는 눈으로 주를 뵈옵나이다. 그러므로 내가 스스로 내 주장을 거두어 들이고 티끌과 재를 덮어쓰고 회개하나이다.[1-6]

(배심원 회의) 회개같은 회개 아닌 회개?

배심원1: 하나님은 못 하실 일이 없으시고 무슨 계획이든 한번 정하시면 반드시 성취하시는 분이라고 고백합니다. 그리고 자신이 무지했음을 인정합니다. "무지한 말로 이치를 가리는 자"라고 꾸짖으신 하나님의 지적을 겸허하게 받아들이며 그동안 자신이 깨닫지도 못하고 스스로 알 수도 없고 헤아리기 어려운 말을 했음을 자백합니다. 하나님이 욥에게 "이제 너는 들어라. 내가 말하겠다. 내가 너에게 물을 테니 너는 나에게 대답하라' 고 하신 말씀을 기억하며 그 명령에 순종하여 이제 듣겠다고 무릎을 꿇습니다. 그동안 자신은 귀로만 듣기만 한 수준에 머물렀지만 이제 눈으로 주를 뵙게 되었다고 고백합니다. 그리고 이제 자신의 주장을 거두어 들이고 티끌과 재를 덮어쓰고 회개를 선언합니다.

배심원4: 욥이 이제 완전 백기투항하고 넙죽 엎드렸군요. 진작 깨닫고 회개를 했더라면 고생 덜하고 해피엔딩으로 끝났을 걸 말이지요. 반항과 변명을 반복하면서 고생이란 고생은 사서 하더니 결국에는 항복하고 말았습니다. 이제 와서 자신이 아무 것도 모르고 씨부렁거렸으니 용서해 달라고 하고 있으니 참으로 어리석은 친구임에는 틀림없습니다. 그래도 지금이라도 잘못을 인정하고 회개를 한다니 잘했다고 봅니다.

배심원2: 아니 회개하는 사람을 그렇게 모질게 평가할 건 뭡니까? 사람이 잘못 판단할 수도 있고 또 이해가 안되면 따지고 들 수도 있는 거지. 또 잘못 했다고 생각하면 회개하는 게 맞고요. 믿음의 사람이라면 진정으로 그렇게 해야 하는 것 아닙니까? 이해가 안되는데 무조건 믿으라고 하는 건 폭력입니다. 고통을 벗어나기 위해서 믿지도 않고 인정할 수도 없는 죄에 대해 무조건 회개한다면 그건 회개가 아니고 쇼지 뭡니까? 만일 하나님이 그런 쇼를 믿고 용서를 해주신다면 그 하나님도 웃기는 하나님이 되는 것 아닙니까? 지금까지 횡설수설하게 보인 욥의 행적이야말로 그의 신앙여정을 솔직하게 보여 주었다는 점에서 오히려 칭찬해 줘야 할 일입니다. 역시 욥은 진실한 사람임에 틀림없습니다. 무슨 상황에서도 자신의 양심에 충실한 신앙인이니까요.

배심원3: 글쎄요. 욥의 회개가 진심일까요? 내가 보기엔 하나님의 위엄 앞에 그냥 주눅이 들어 더 이상 할 말을 잃어버리고 자신의 생각은 묻어 버리기로 포기한 것처럼 보이는데요. 그나저나 하나님이 두 괴물을 보여주신 이유는 뭘까요? 그 의도를 알 것 같긴 하지만 말입니다. 마지막 판결에 와서는 직설적으로 판단해 주시고 조근조근 타일러 주시는 게 낫지 않았을까 생각이 듭니다. 가뜩이나 인간들이 하나님의 뜻이나 말씀을 알아듣기 힘들어 하는데 자꾸 은유나 풍유를 사용하여 냉소적으로 말씀하시니까 사람들이 또 그 진의를 또 왜곡한다 말입니다. 하나님의 최종 판결문이 좀 아쉽습니다.

배심원5: 아, 다 끝났구나. 이제 최종 선고만 남았으니 욥에게 어떤 선고가 내려질지 몹시 궁금하다.

당하알 하박사: 당하알 하박사입니다. 하나님의 최종판결을 받은 욥은 하나님 앞에 바짝 엎드립니다. 먼저 욥은 하나님의 권능을 인정합니다. 그리고 하나님이 자신에게 하신 말씀을 잘 듣고 하나님에 대한 고소를 취하한다고 선언하고 회개모드에 들어갑니다.

욥의 회개를 두고 해석이 엇갈립니다. 전통적으로는 욥이 진심으로 회개를 했다는 해석이 주를 이룹니다. 그러나 욥이 진정으로 회개한 것이 아니라고 주장하는 학자들도 여럿 있습니다. 그들의 주장에 따르면 바로 직전 하나님의 질문에 대한 욥의 대답에서는 약간의 후회는 있었을지언정 회개라는 말을 하지 않았지만 이번에는 회개라는 말과 구체적인 회개의 행동을 표시 했으므로 욥의 회개는 진정성 있는 것으로 받아 들여야 한다는 것입니다.[129] 욥이 하나님의 공의에 대한 의문을 계속 지니고 있었던 것에 대해서 자기가 알지 못하면서 한 행동이었음을 겸손하게 시인하고 회개한 것이며 결국 이런 회개가 그로 하여금 회복의 선물을 받게 되었다고 주장합니다.

한편 욥의 진정성있는 회개라는 주장에 동의하지 않는 학자들도 여럿 있습니다. 그 대표적인 인물이 클라인스입니다. 그의 주장은 이렇습니다. 욥이 공식적으로 하나님에 대한 고소를 취하했기 때문에 자신의 과오를 인정한 것은 맞다. 하지만 욥은 자신이 잘못한 것이 없다고 생각하기 때문에 회개라는 것 자체가 성립하지 않는다. 따라서 재판에서는 욥이 승리한 것이 아니지만 그렇다고 패한 것도 아니다. 하나님이 아무 말씀도 하지 않은 것처럼 욥이 생각하기로 했을 뿐이다. 그가 재를 덮어 쓴 것은 그저 재판 결과에 대한 감정적인 애도 모드로 들어간 것으로 이해한다. 즉 자신이 잃어버린 재산, 가족에 이어 이번엔 자신의 명예까지 잃어버렸

---

129) Longman, Tremper III. *Job*. Kindle Locations 12182-12183 이런 주장에 대해 대부분의 주석가들이 대체적으로 동의한다.

기 때문이다.[130] 이렇게 주장합니다.

이런 클라인스의 주장에 동의하는 권지성은 욥이 자신의 주장을 거두었다고 해서 그것이 반드시 죄에 대한 회개는 아니라고 덧붙입니다. 권지성의 해석은 이렇습니다.

욥이 세상에 대한 하나님의 주권과 설계는 인정하지만 그렇다고 해서 정의의 문제에 대한 자신의 생각이 바뀌었다고 말하지는 않았다. 하나님의 의에 대해서 깨달았다고 해서 그것을 욥의 신앙고백이라고 볼 수 없다. 욥은 하나님만이 세상의 통치에 대한 결정과 집행을 하실 권리와 자유가 있다는 하나님의 선언에 침묵하기로 결심한다. 창조세계의 모든 통제권과 집행권을 하나님이 마음대로 행사하신다면 인간이 정의를 주장할 공간이 전혀 없다. 결국 욥이 받아들이기 힘든 답변이지만 하나님의 판결을 듣고 따르는 수밖에 없었다는 것입니다.

계속해서 권지성은 욥이 고백한 자신의 무지는 어떤 도덕적 가치를 말하지 않고 체념의 말이라고 주장합니다. 하나님의 행동을 이해하지 못했기 때문에 이제 답변조차 요구하지 않겠다는 체념이라는 것입니다. 욥의 고백 중 귀로만 듣고 추상적으로 알았던 하나님에 대한 지식을 이제는 눈으로 주를 뵙고 더 뚜렷하게 이해하게 되었다는 전통적인 해석에 대해서도 이 고백은 하나님과의 신비한 만남을 통해 체득한 체험적 지식을 말하는 것이 아니라고 주장합니다. 오히려 하나님을 이길 수 없다는 체념의 고백으로 이해합니다. 또한 회개라는 단어 역시 욥이 그의 과오를 뉘우친다는 어떤 정황도 발견되지 않았으므로 깊이 회개한다는 뜻으로 보기 보다는 단지 '위로를 받다', '만족을 얻다' 정도로 해석하는 게 좋다고 주장합니다.[131]

한편 안근조는 문맥과 단어의 모호성을 들어 회개한 것이 아니라 계몽이라고 봅니다.[132] 즉 욥이 하나님의 지적을 통해 마침내 궁극적 깨달음을 가지게 되었다

130) Clines, *Job* 38-42. 1218-1224.
131) 권지성. 『욥기특강』. 329-338.
132) 굿(Edwin Good) 역시 문맥의 모호성을 들어 전적인 순종, 분노의 표현, 냉소나 아첨 등으로 해석할 수 있다고 본다. *In Turns of Tempest: Reading of Job, with a Translation*. 1998. Stanford

는 것입니다. 무질서의 현실 앞에 선 미천한 존재로서의 욥이 아니라 하나님의 창조세계 가운데 베헤못과 리워야단보다 더 강하고 아름다운 존재로서 자신에 대한 새로운 발견을 했다는 것입니다.[133]

지금까지 욥의 회개를 부정하는 학자들의 견해를 소개해 드렸습니다만 욥의 구체적인 고백을 볼 때 욥이 회개하지 않았다고 단정하기에는 무리가 따른다고 봅니다. 저의 견해를 말씀드리겠습니다.

첫째, 회개를 하지 않았다고 하는 편의 주장에 따르면 욥의 친구들이 욥의 고통이 죄 때문에 왔으니 회개하라고 집요하게 추궁해 왔기 때문에 그런 충고에 따라 욥이 회개를 했다고 볼 수가 없다는 것입니다. 왜냐하면 자신의 고통이 어떤 특정한 죄 때문에 온 것이 아니라고 계속 주장해 온 욥의 주장과 배치되기 때문에 그런 논리로 욥이 회개했을 리가 만무하다는 것입니다. 그러나 여기서 우리는 욥의 회개를 그런 관점으로 볼 필요는 없습니다. 욥이 지금 회개한 것은 자신의 고통을 멈추기 위해 친구들의 논리를 인정하고 회개를 한 것이 아니라는 것입니다. 다만 하나님께서도 지적하신 것처럼 욥이 스스로도 헤아리기 어려운 무지한 자신의 논리로 하나님께 집요하게 대든 사실에 대해 회개한 것으로 보아야 합니다.[134]

둘째, 인간의 회개는 언제나 논리적 순복을 동반하지는 않는다는 점을 지적하고 싶습니다. 우리가 하나님께 회개할 때 하나님의 징계의 이유와 목적을 다 이해하기 때문에 회개한다는 가정이 오히려 불합리합니다. 오히려 하나님에 대한 회개는 순간적으로 무너져 버리는 감정적인 회개가 우선할 때가 많습니다. 그리고나서 의지적이고 논리적인 순복이 뒤따라오기 마련입니다.

자, 오늘은 여기까지 입니다.

University Press. 370-371.

133) 안근조, 『지혜말씀으로 읽는 욥기』. 430.

134) Longman, Tremper III. *Job*. Kindle Location 12224.

당고알 고집사: 와 지금 욥의 회개가 진짜인지 가짜인지 가지고 하박사 채널에서 큰 싸움이 벌어졌구만. 주로 욥이 회개하지 않았다고 주장한 댓글러들이 몰매를 맞고 있는 모양새로군. 그들은 성경을 믿지도 않는 불신자라는 말로부터 욥이 회개를 하지 않았다면 어떻게 두배로 축복을 받을 수 있겠는가? 회개를 하지도 않았다면 하나님이 처음부터 왜 욥을 그렇게 칭찬을 했을까? 등등 말이 많네.

내가 보기엔 그건 강요된 회개, 굴욕적 회개로 본다마. 굳이 회개라고 한다면 회개라고 할 수 있겠지. 유쾌하진 않지만 항복했으니 말이다. 그러나 지금 욥의 태도는 입 다물고 살자 이거 아이가. 이해는 안되지만 하나님하고 다퉈 봐야 본전도 못 찾겠다는기다.

하나님으로부터 처음 질책을 받았을 때 욥은 분명 회개하지 않았지. "나는 비천하오니 무엇으로 대답하겠습니까? 다만 내 손으로 입을 가릴 뿐입니다"라고 했으니까. 할 말은 있지만 억지로라도 입을 닫겠다는 거 아니야? 그랬더니 다시 하나님이 목을 조여온 거 아니겠어? 그래서 욥이 이번엔 아무래도 일 나겠다 싶어 꼬리를 내린 거라고 봐야지. 유쾌한 승복은 아니지만 말이지. 그러나 자신이 제기한 의문을 거두어 들었다고 해서 수긍하고 이해한다는 뜻은 아닐거라고. 그냥 그 문제는 덮어둘 수밖에 없다는 거다. 풀리지 않는 숙제라고 봐야지. 문제의 키를 가지고 계시는 하나님도 속 시원하게 답해주지 않는 문제니까 말이야. 그래서 욥기서는 지금도 오늘날 지상교회에서 그대로 재현되고 있단 말이지. 고통받는 사람들은 왜 하나님이 자신에게 고통을 주셨는지, 왜 고통을 적극적으로 막지 않으셨는지 묻고 있지. 한편으로는 욥의 친구들보다 더 많은 주위의 지인들이 똑같은 질문을 똑같은 방법으로 해대고 있잖은가 말이다. 이러한 지루한 고문에 고통받는 사람은 고통의 회오리 바람에 걸려 결국 혼미해 지고 만다니까.

오늘날 교회에서 믿음이 어떻고 회개가 어떻고 백날 제자훈련 한다고 해서 이 버릇 고칠 수 있나 말이지. 회개를 했다고 근절될 습관이 아닌기라. 거참. 욥기서에서 문제는 욥이 아니라 바로 욥의 친구들이 문제인기라.

선고: 재판장 하나님의 선고(42:7-9)

(속기록) 욥에게 무릎 꿇어라

하나님께서 욥에게 말씀하신 후에 데만사람 엘리바스에게 말씀하셨다. 내가 너와 네 두 친구에게 분노하노니 너희가 나에 대해 한 말들이 내 종 욥이 말한 것처럼 옳지 않도다. 그러므로 너희들은 일곱 마리 수소와 일곱 마리 숫양을 가지고 내 종 욥에게 가서 너희를 위하여 번제를 드릴지라. 내 종 욥이 너희를 위하여 기도해 줄 것이니 내가 그의 기도를 기쁘게 받으리라. 더 이상 너희들의 어리석은 소행대로 갚지 않겠노라. 이는 너희가 나를 가리켜 한 말이 내 종 욥처럼 옳게 말하지 않았기 때문이로다. 이에 데만사람 엘리바스와 수아사람 빌닷 그리고 나아마 사람 소발이 하나님이 자기들에게 명령하신대로 가서 행하니라. 여호와께서 욥의 기도를 기쁘게 받으셨더라.7-9

(배심원 회의) 깔끔한 판결이로다

배심원1: 다른 설명이 필요 없을듯 합니다. 속기록 그대로 보시면 되겠습니다.

배심원2: 역시 하나님이 멋지게 판결을 내리셨군요. 하나님이 욥의 손을 들어주심으로 하나님이 정의의 하나님이심을 판결을 통해 나타내셨다고 봅니다.

배심원3: 이렇게 판결이 날 것 같더라. 좋은 판결이라 봅니다. 동의합니다.

배심원4: 좀 얼떨떨하네요. 하나님이 분명 욥을 질타하지 않았던가요? 물론 욥의 친구들도 지적을 받긴 했지만 말입니다. 그렇다면 쌍방 모두 잘못이 있다고 해야하는 것 아닙니까? 어떻게 이런 일방적인 판결을 내릴 수 있을까요? 더구나 친구들더러 욥한테 가서 무릎 꿇고 빌라니요? 게다가 욥에게 기도를 받고 죄사함 받으라고 한 건 정말 심한 판결이라고 봅니다. 이건 인격살인에 해당합니다. 나도 이제 하나님이 불공정하다는 사실을 깨닫게 되는군요.

배심원5: 아무튼 모든 재판이 끝나서 후련하네요. 이제 집에 가서 편히 쉴 수 있겠네요.

법원서기: 잠깐만요. 배심원 여러분들께서는 번제 드리는 곳에 가셔서 현장참관까지 해 주셔서 유종의 미를 거두어 주시면 감사하겠습니다.

당하알 하박사: 당하알 하박사입니다. 자 드디어 하나님의 판결이 떨어졌습니다. 지난번에 욥이 하나님으로부터 질타를 받았기 때문에 아마도 욥과 친구들이 똑같이 벌을 받을 것이라는 사람들의 예상을 뒤엎고 욥의 친구들만 벌을 받게 되었습니다. 게다가 욥의 친구들에게는 아주 굴욕적이게도 욥에게 무릎을 꿇고 욥의 기도를 받고 사죄를 받으라는 주문을 했습니다.

자 그럼 이번 판결문에서 우리가 유의해 볼 점을 살펴 보겠습니다.

첫째, 하나님께서 욥의 손을 들어 주셨다는 점입니다. 하나님은 친구들의 하나님에 대한 주장이 옳지 않다고 지적했습니다. 반면 욥의 주장은 옳았다는 것입니다. 욥이나 욥의 친구들 모두 심각한 논리적 문제를 가지고 있었다고 이미 하나님께서 지적한 바 있는데 어쩐 일로 욥의 생각이 옳았다고 하셨을까요? 둘째, 친구들로서는 굴욕적이게도 욥에게 가서 번제를 드리고 그의 기도를 받으라고 했습니다. 이렇게까지 하셔야 할 이유는 무엇일까요?

세째, 결국 친구들은 진실되지 못했고 반면 욥은 진실되게 말했다고 하나님이 판단의 기준을 분명히 하셨습니다.

네째, 따라서 세 친구들은 대꾸도 하지 않고 하나님이 시키는 대로 하였습니다. 하나님께서 욥의 기도를 기쁘게 받으셨다고 했습니다.

그럼 하나님께서 욥과 친구들을 비교하면서 욥은 옳고 친구들은 옳지 않았다고 한 이유는 무엇일까요? 분명 하나님은 욥도 질타하셨습니다. 이것은 욥과 친구들 사이에 치열하게 벌어졌던 논쟁의 주제와 연결해서 생각해 볼 필요가 있습니다. 욥의 친구들은 시종일관 하나님은 반드시 악인을 심판하시고 의인은 축복하신다는 인과응보의 하나님이라고 주장했습니다. 반면에 욥은 하나님의 심판은 반드시 그렇게 행해지는 것이 아니라고 세차게 반박했지요. 이런 상황에서 하나님은 욥의 고통의 원인에 대한 논쟁에 답을 주신 것이라고 봅니다. 즉, 친구들의 주장처럼 욥이 자신의 죄 때문에 고통을 받은 것이 아니라는 점을 확인시키시려는 의도가 있다고 보입니다. 친구들의 논리를 지적하지 않으시고 아예 친구들이 진실하지 못했다고 못박았기 때문입니다. 그들의 인격에 의문을 제기한 것입니다. 이런 점에서 욥이 친구와의 논쟁에서 이겼다고 말할 수는 있을 것입니다만 욥이 가진 의문이 완전히 해소된 것은 아니라는 점에서 욥기서는 우리에게 질문을 계속 던집니다.

여기서 하나님께서 욥의 세 친구들에게 내리신 벌칙이 욥에게 가서 번제를 드리고 기도를 받게 한 것입니다. 이렇게 하심으로써 재판 과정에서 친구들로부터 받은 상처에 대하여 욥의 자존심을 회복시킨 것이 아닐까요? 한가지 재미있는 점은 이런 하나님의 명령에 친구들이 쿨하게 받아 들였다는 사실입니다. 얼마나 집요하게 욥을 볶아 대었던 친구들입니까? 그런 친구들이 하나님의 판결에 항거하지 않고 순수히 받아들였다는 점에서 친구들에게도 조금 크레딧을 주어야 하지 않을까 생각합니다.

그러나 저는 여기서 하나님의 은혜라는 것을 생각합니다. 욥이 심지어는 하나님을 향해 "악을 행하시는 자"라는 막말에 가까운 비난을 퍼부었음에도 불구하고 하나님은 마지막 심리 때 따금하게 그의 잘못을 지적하고 준엄하게 꾸짖으면서도 마지막 판결에서 욥이 옳았다고 하셨습니다. 이게 하나님의 은혜의 법칙이 아닌가

합니다. 욥의 회개도 자발적으로 했다라기보다는 하나님이 그를 낮추셨다는 말이 더 맞을 것 같습니다.

우리에게도 동일하게 대하시는 하나님의 은혜를 다시 한번 감사하게 됩니다. 자, 이제 다음 한 시간만 더 하면 욥기 강해 대장정을 마칩니다. 지금까지 오면서 새로운 각도에서 많은 깨달음을 얻었을 줄 믿습니다. 다음 시간 뵙겠습니다.

당고알 고집사: 그래도 하나님이 마지막 정리는 깔끔하게 해주시는구랴. 지난번 말씀하실 때처럼 또 양비론으로 나오는 건 아닌지 은근히 걱정이 되더라니까. 하나님께서 폭풍가운데 나타나시자마자 욥과 친구들을 싸잡아서 혼내키시지 않았나 말이다. 그때 난 일찌감치 포기해 버렸다마. "모든 사람이 죄를 지었으매 하나님의 영광에 이르지 못하더니"라는 로마서 말씀만 머리에 뱅뱅 돌더라고. 아이코 또 이렇게 모두 다 혼나는구나 그렇게 생각했지.

자, 인간들한테 물어보라고. "하나님이 할 수 있는 일 너 할 수 있나?" 아니면, "죄 없는 사람 손들어 보라."

이런 질문에 손 들 사람 누가 있겠노? 단 한사람도 하나님 앞에서 칭찬 받을 사람 없는기라. 그렇다면 악한 놈이나 착한 놈이나 모두 혼나고 주눅 들고 말겠지. 그런데 여기서 하나님이 욥의 손을 들어 주신 거야. 그리고 친구들에게는 잘못된 주장으로 상처를 준 욥에게 가서 기도를 받으라는 거야. 이런 아름다운 화해를 만드시는 것을 보면 역시 하나님의 하나님 되심을 인정할 수밖에 없게 된다니까. 또 욥에게 이전의 가졌던 사회적 리더십을 다시 복원해 주셨다는 점도 높이 살 점이야.

더욱 놀라운 점은 말이다. 이번 사건을 통해 하나님께서 욥의 리더십을 업그레이드 해주셨다는 사실이야. 물론 욥은 이전에도 공동체의 지도자 역할을 했었지. 그러나 그건 어디까지나 자신의 식구들이 성결되게 살도록 살피고 공동체에 유익을 끼치도록 하는 그런 도덕적인 역할에 국한되어 있었지. 그런데 이번에 하나님이 욥에게 제사장 역할을 맡겼다는 점이야. 욥이 이제 공동체 전체의 영적 지도자로 거듭나게 하신 거란 말이지. 큰 고난과 긴 변론의 싸움을 지나고 얻은 참 수확이 아닐까?

재판결과: 욥의 회복(42:10-17)

(속기록) 처음보다 복을 더 주시니

욥이 그 친구들을 위하여 기도할 때 하나님이 욥의 곤경을 돌이키시고 욥에게 이전 모든 소유보다 갑절이나 주셨더라. 이에 그의 모든 형제들과 자매들과 이전에 욥을 알던 사람들이 다 와서 욥의 집에서 함께 음식을 먹으며 하나님이 그에게 내리신 모든 재앙에 관해서 애통해 하면서 그를 위로하고 각각 케쉬타[135] 하나씩과 금고리 하나씩을 내놓았더라. 하나님께서 욥의 말년에 처음보다 복을 더 주시니 양 만사천 마리와 낙타 육천 마리 소 천 겨리와 암나귀 천 마리를 얻었으며 또 아들 일곱과 딸 셋을 두었으며 욥이 첫째 딸은 여미마라 이름 지었고 둘째 딸은 긋시아 세째 딸은 게렌합북이라 이름 하였으니 모든 땅에서 욥의 딸들처럼 아름다운 여자가 없었더라. 그들의 아버지가 그들에게 오라비들에게 준 것과 똑같이 유산을 나누어 주었더라. 그 후에 욥이 백사십 년을 살며[136] 아들과 손자 사대를 보았고 나이 많아 늙어 수명을 다하고 죽었더라.[10-17, 137]

---

135) 케쉬타. 당시 통용되었던 화폐 단위로서 정확하게 얼마의 가치가 되는지 알려지지 않는다.

136) 70인역이나 전승에 따르면 욥은 70세에 고난을 받고, 고난을 받은 후 30년 동안 재산이 갑절로 불어났으며 그 사이에 아이들 10명을 얻었고, 그후 140년을 더 살다 240세에 죽은 것으로 보았다. "그리고 욥은 고난을 시작한 때서부터 170년을 더 살았고 따라서 그는 모두 240년을 향수하고 죽었다"(70인역, 욥42:16). 그러나 이렇게 직역하는 것은 무리라고 보는 견해가 강하다. 욥이 살았던 시대를 족장시대라고 볼 때 당시 족장들의 수명 즉 아브라함이 175세(창 25:7), 이삭이 180세(창 35:28), 야곱이 147세(창 47:28), 요셉이 110세(창 50:26)인 것을 볼 때 욥의 수명이 240년으로 보기 어렵다는 것이다. 따라서 욥기 42장 16절의 140년을 수명으로 간주하는 학자들도 많다.(클라인스). 한편 140년을 더 살았다는 표현은 보통 수명 70의 두배로 생각하여 하나님의 축복을 두배로 받았다고 주장하는 학자도 있다.(롱맨).

137) 70인경은 욥기서 42:17절을 a,b,c,d,e로 덧붙여 길게 서술하고 있다. 이 부분에서 욥의 족보를 소개한다. 욥의 아버지는 zare이고 zare는 에서의 후손이다. 또 욥의 어머니는 Bosorra인데

(배심원 회의) 그게 복이라고요?

배심원1: 네, 속기록에 덧붙일 말 없습니다.

배심원2: 이제 속이 좀 풀린다. 욥이 그동안 수고가 너무 많았어. 오늘 그래도 오랜만에 욥의 형제 자매들과 모든 지인들이 욥의 집에 함께 모여 잔치를 하는 것을 보니 참 훈훈하고 좋네요. 욥의 친구들이 욥한테 무릎 꿇고 기도 받는 장면을 보면서 내 눈에서 눈물이 흐르는 걸 억지로 참았답니다. 보통 사람 같으면 친구들 꼴도 보기 싫었을텐데 욥은 내색하지 않고 진심으로 친구들을 다시 받아들이며 축복을 해주는 모습에서 진정한 신앙인의 모습을 보았습니다.

배심원3: 얼떨결에 욥의 집에 오늘 처음 와 보네요. 이렇게 많은 식구들과 친지, 이웃들이 함께 모여 축하 파티를 하는 걸 보니 평소에 욥이 얼마나 주위 사람들과 잘 지냈는지, 그동안 들었던 소문이 헛소문이 아니었다는 것을 알 수 있겠어요. 내가 재판 내내 양쪽으로 왔다 갔다 한 것처럼 보여도 사실은 처음부터 욥이 죄때문에 그런 고통을 받는다고는 생각하지 않았다니까요. 내가 귀가 좀 얇아서 친구들의 주장에 좀 빠져든 건 있지만 욥도 나를 이해 해 줄 거라고 생각해요. 우리 서로 한 마을에 살면서 모두 아는 처지에 서로 척지고 지낼 수는 없잖아요.

배심원5: 와, 욥이 부럽긴 하네. 엄청난 보상금을 받았으니까 말이지. 평생 아니라 자자손손 누릴 만큼 보상을 받았으니 그동안 고생한 보람은 있네. 그런데 배심원4가 안보이네요.

아브라함의 후손이다. 따라서 욥은 아브라함의 5대손이 된다. 욥은 아라비아 여인과 결혼하여 Enan이라고 하는 아들을 얻었다. 욥의 고향 우즈라는 지역은 에돔과 아라비아 경계 지역이다. 세 친구들은 이웃 지역의 지역왕들로서 엘리바스는 에서의 후예들이 사는 데만 지역의 왕이고 빌닷은 슈타이트 지역의 왕, 소발은 나만 지역의 왕으로 소개하였다. 욥도 에돔 지역의 왕이었다고 70인경은 기록하고 있다.

배심원3: 아, 배심원4 그 사람. 여기 올 때 자기는 집으로 간다고 하더라고요. 판결이 영 맘에 안든다고 하면서. 친구들이 욥에게 머리 숙이는 모습을 차마 눈뜨고 볼 수 없다고 오지 않겠다고 했어요.

당하알 하박사: 당하알 하박사입니다. 오늘이 마지막 시간입니다. 욥이 이제는 제사장으로서 또 중보자의 위치에 서서 친구들을 위해 기도해 줍니다. 사실 욥은 친구들이 자신의 중보자가 되어주길 바랬지만 친구들은 욥의 고발자가 되어 욥을 지독하게도 괴롭혔었지요. 하나님은 욥에게 그런 친구들을 위해 중보자의 역할을 하라는 것입니다. 시간이 많이 지난 것도 아니거든요. 얼마나 감정적으로 받아 들이기 힘들었을까요? 그런데 욥은 머뭇거리거나 심정적으로 어떤 거부감도 없이 즉시 하나님의 명을 받들어 친구들을 축복합니다. 이때 놀라운 일이 벌어집니다. 기도시간에 하나님의 회복이 일어난 겁니다. 욥이 기도할 때 하나님이 욥의 곤경을 돌이키시고 소유를 갑절로 더하셨다고 기록되어 있습니다. 기도하기 전까지만 해도 욥의 몸은 여전히 만신창이가 된 상태였습니다. 이런 걸 생각해 보면 욥의 신앙의 깊이를 말해 줍니다. 여전히 고통을 몸에 안고 하나님의 명령에 순종했다는 것이지요. 이런 점이 하나님을 기쁘시게 한 것이 아닐까요?

하나님의 시간 즉 카이로스적 역사라고 볼 수 있습니다. 이처럼 신자들에게 있어서 가장 중요한 과제는 하나님의 때와 시간을 분별하는 것입니다.

자, 또 하나 매우 의미있는 발견을 합니다. 하나님은 친구들 앞에서 욥을 "나의 종"이란 칭호로 계속 따뜻하게 부르시며 친구들과 차별을 두셨다는 점입니다.[42:7,8] 이제 욥과 친구들은 단지 친구의 관계가 아니라는 것입니다. 욥을 친히 "나의 종"이라고 부르시면서 이제 공동체의 제사장 역할로 공인하신 것입니다. 이런 영적 리더십을 부여받은 것이 욥이 받은 회복의 최고 선물이라고 할 수 있습니다. 욥기서의 결론이라고 할 수 있지요.

"모든 형제들과 자매들과 이전에 욥을 알던 사람들이 다 와서 욥의 집에서 함께 음식을 먹으며" 라고 기록되어 있습니다.[42:11] 이들이 누구입니까? 아내도 자식들도 친척 친지들도 게다가 종들과 객들마저도 모두 욥을 저주하고 멀리 떠났던 사람들입니다.19:13-19 이들이 다시 돌아와 제사예배안에서 공동체의 회복이 이루어졌다는 사실과 거기서 욥이 제사장 역할을 맡았다는 점이 욥기서를 마무리 짓는 하이라이트라 하겠습니다. 그것은 단지 잃어버렸던 것들에 대한 회복의 차원을 넘어선 하나님 나라의 영광의 모습이라고 볼 수 있기 때문입니다. 여기서 이들이 음식을 함께 먹는다는 이미지는 종말론적 예배 공동체에서의 성찬을 예시한다고 볼 수 있기 때문입니다. 와, 상상을 해 보니 제 마음도 벅찹니다. 이것이 욥기서 마무리 장면이 우리에게 주는 가슴 벅찬 축복의 약속입니다.

여기서 욥이 받은 축복의 성격에 대해서 한가지 중요한 이슈가 대두됩니다. 그것이 회개의 결과로 주어진 축복인가? 라는 질문입니다. 회복이 회개에 대한 선물로 주어졌다는 주장은 치명적인 문제점을 안고 있습니다. 물론 전통적인 해석은 천편일률적으로 욥이 믿음으로 인내하여 승리했고 마지막에 회개를 했기 때문에 복을 갑절로 받았다고 해석합니다. 하나님과 관계가 회복되면 축복도 회복된다는 주장이지요.

보세요. 욥기 서문을 잘못 읽으면 엉뚱한 결론에 도달하게 됩니다. 즉 욥이 동방에서 의인으로 칭송받고 부자가 된 것이 하나님을 경외하였기 때문에 받은 축복이라고 읽으면 안된다는 것입니다. 욥기1장 프롤로그는 욥이란 사람이 있었는데 그는 하나님을 경외하는 사람으로서 부요하고 다복한 삶을 영위하고 있었다는 지극히 담담한 서술입니다. 부와 명예를 누리고 사는 욥이 하나님도 경외하는 신실한 사람이었다고 해석하는 것이 오히려 합리적인 해석입니다. 그런데 사탄이 그런 욥의 경건성을 오해합니다. 오해를 넘어 곡해합니다. 그리고 도전합니다. 욥의 경건성의 이유에 대해 의심을 하는 것이지요. 이런 의심은 모든 신앙인들의 믿음의 근거를 의심하는 것입니다.

사탄이 하나님께 던진 노림수는 만일 욥의 물질적 축복을 제거한다면 하나님을 경외하는 것을 포기할 것이라는 것입니다. 그래서 하나님은 욥에게 축복이라고 생각하는 것들을 사탄이 제거하도록 허락했습니다. 그랬으나 욥은 사탄의 생각과는 정반대의 태도를 보입니다. "주신 자도 하나님이시요 도로 가져 가시는 분도 하나님"이라며 너무도 담담하게 받아 들입니다. 이렇게 욥이 하나님을 경외하는 이유가 물질적인 이유 때문이 아니라는 점이 일찌기 드러나고 말았습니다. 그런 상실 때문에 하나님에 대한 신뢰에 조금도 금이 가지 않는다는 사실만 더욱 부각됩니다. 욥이 하나님을 신뢰하는 이유가 사탄이 상상하는 그런 이유가 아님이 확실해진 것이지요.

자, 결국 욥은 사탄이 시도한 모든 시험을 다 치르고 자신의 원래 자리로 돌아왔습니다. 하나님도 이전의 잃어버렸던 것들을 다시 돌려 주었습니다. 마지막에 하나님이 욥을 이전보다 더 많이 축복하셨다는 것을 그가 회개를 했기 때문이라든지 시험을 잘 통과했기 때문에 주어진 보상이라고 볼 수 없다는 것입니다. 두배로 축복한 것은 그동안 고생했으니 좀 더 댓가를 쳐 주었다고나 할까요.

저는 보상과 배상이라는 차원으로 생각해 보았습니다. 법적인 용어를 빌자면 "배상은 타인에게 불법적으로 끼친 손해를 갚아주는 것을 말하고 보상은 합법적인 행위로 인해 받은 피해를 갚아 주는 것"을 말합니다. 다른 말로 하면 배상은 잘못한 것에 대해 물어 내는 것이고 보상은 잘 한 일에 대해 상을 내리는 것입니다.

하나님이 욥기 42장에 내린 판결과 축복은 배상과 보상 모두 포함하고 있다고 봅니다.

욥이 두 배로 받았다는 축복리스트는 배상으로 봐야 합니다. 즉 천상회의의 어이없는 결정으로 인해 어처구니 없는 고통을 당한 욥에게 배상한 것이라고 보는 게 좋을 것 같습니다. 그 기간동안 고통을 받지 않았다면 누릴 수 있었던 결과의 정도를 쳐 준 것이라고 봅니다. 배상이 이 정도라도 욥이 잃은 것에 비하면 결코 많은 것은 아닙니다. 삭개오도 네 배로 배상했는데 하나님의 두 배 배상은 오히려 째째한 수준이지요.

자, 그럼 하나님이 배상만 하고 말았을까요? 아닙니다. 배상보다 훨씬 큰, 돈으로는 환산할 수 없는 보상을 하셨다고 이미 말씀을 드린 바 있습니다. 이 점을 간과

하니까 하나님의 진정한 축복을 놓치는 것입니다.

욥기서 설교하면서 욥이 두배로 축복받았다는 것에 의미를 두는 설교자들이 너무 많아요. 전혀 그런 의미가 없다고 볼 수는 없지만 욥기서 결론의 핵심은 결코 아니라고 말할 수는 있습니다. 잘 생각해 보세요. 물질적으로 두 배로 늘어 났다고 해서 두 배의 기쁨을 주는 것도 아니잖아요. 예를 들어 새로운 자녀들이 생겼다지만 죽은 자녀들이 살아 돌아온 것도 아니잖습니까? 자녀를 잃은 부모의 심정을 아십니까? 평생 가슴에 묻고 떠나 보낼 수가 없지요. 어떻게 잃어버린 자녀를 새로 얻은 자녀로 대체할 수 있을까요?

또 가정의 행복의 중심이라고 할 수 있는 아내와 어떻게 회복을 했는지 일체 언급이 없어요. 새로 얻은 자녀의 이름을 적시하면서도 아내를 언급하지 않은 것을 보면 아름다운 화해가 있었다고 짐작이 되지 않습니다.

결론적으로 저는 이 축복론 논쟁을 "소유냐? 존재냐?" 라는 질문으로 묻고 싶습니다. 소유가 두 배로 늘어 난것도 축복이라고 말할 수는 있겠지요. 그러나 그렇게 살아 남은 욥의 존재 자체가 더 큰 축복이고 그 존재의 이유와 근거가 하나님이라는 신적 존재라는 점에서 축복의 참 의미가 있다고 생각합니다.

그런데 말입니다. 욥기서 마지막 장을 덮으면서도 석연치 않은 점이 있습니다. 그것은 여전히 욥은 자신이 왜 고통을 당했는지 영문을 모른다는 점입니다. 왜 그런 일이 벌어졌는지 하나님이 욥에게 말씀하시지 않으셨기 때문입니다. 굳이 그 이유를 상상해 본다면 천상회의의 내용 자체가 욥의 영역 밖이라는 점이 아닐까 합니다. 또 욥이 집요하게 묻는 하나님의 통치 방법 역시 욥의 영역 밖임을 암시합니다. 이 정도로 결론을 내릴 수밖에 없을 것 같습니다. 결국 욥기서는 욥의 질문을 여전히 미해결로 남겨 놓았다고 봅니다. 이렇게 욥의 질문을 미해결로 남겨 놓음으로써 욥의 질문이 우리들의 질문으로 계속 남아 있음을 말해 준다고 생각합니다. 욥의 질문이 우리의 질문이고 욥의 친구들의 정죄가 오늘도 우리 친구들의 정죄로 계속되고 있으니까 말입니다.

이렇게 해서 욥기서 강해 대단원의 막을 내립니다. 그동안 우리 채널을 찾아 주시고 열심히 함께 공부해 오신 시청자 그리고 구독자 여러분들께 진심으로 감사의 말씀을 드립니다. 모두 유익한 시간이 된 줄로 믿습니다. 이제 저는 잠시 충전할 시간을 가진 후에 다른 주제를 가지고 다시 찾아 뵙겠습니다. 이번 강좌 뒤풀이 오프라인 모임은 곧 공지해 드리겠습니다. 시간이 되시는 분들은 꼭 오셔서 그동안 배우고 느낀 것들을 함께 나누는 시간이 되었으면 하고요. 그때 이번 기간에 유튜브를 통해 얻은 수익을 기부할 곳도 함께 의논하여 정하도록 하겠습니다. 감사합니다. 씨유 쑨.

당고알 고집사: 이런 간사한 것 같으니라고. 욕을 하고 떠났던 것들 말이야. 욥이 다시 부자가 되었다니까 또 몰려든 것 좀 보라고. 나는 마 이렇게 생각한다. 욥의 축복은 회개의 댓가가 아니라 그건 손해보상 차원에서 주어진 거라고. 자 보라고. 하나님이 사탄과 내기 게임을 해서 일어난 고난인데 이제 게임이 종료 되었으니 원상복귀 해준 것 아니겠나? 하나님도 괜한 고생을 시킨 욥에게 좀 미안해서 두 배로 주셨겠지. 엄청난 고난 가운데서도 하나님을 끝까지 신뢰해 준 욥이 많이 이뻐 보이기도 했겠지.

욥이 받은 가장 큰 축복은 말이지 마지막에 하나님으로부터 인정받은 것 바로 그 자체 아니겠노. 그렇게 하나님으로부터 인정을 받은 순간부터 진정한 회복이 시작된 거란 말이다. 만일 하나님이 아무 것도 보상하지 않았다면 또 사람들이 뭐라고 할끼고? 하나님이 사람들 앞에서 욥을 세우시기 위한 뜻도 있을끼고 또 그렇게 해야 욥을 본받아 열심히 신앙생활할 거 아이가!

아이코마, 목사님들 욥기 설교 엄청 좋아 한데이. 어려운 일을 겪는 교인들 심방하면서 제일 많이 인용하는 성경이 욥기라 안카나. 당장 닥치는 시련과 고난을 잘 참고 인내하면 욥과 같이 나중에는 두배의 축복을 주신다고 용기를 북돋울 수 있으니까 말이지. 나도 두 배, 세 배, 백 배 소리 많이도 들었다 아이가. 신물이 날 정도로 말이다. 아따마 크게 쓰시려고 한다고 말이지. 내사마 두 배, 세 배 안 받아도 좋고 크게 안 써도 좋으니 고통 좀 없애 달라고 소리 지르고 싶었다니까. 소리 지르면 또 신앙이 다 떨어졌느니 어쩌구 해서 소리도 못 질렀다 아이가.

두 배 축복 좋아하는 사람들한테 내 물어 보겠다. 아니 죽은 자식들이 다시 돌아온 것도 아니고 새로운 자식들이 주렁주렁 생긴 게 뭐가 그리 축복이라 말이고. 절세미인 딸들을 주셨다고? 그래 갸들 한번 키워 보고나 그런 말 하시지 그래. 말년에 그 많은 아이들 다시 교육시킬 생각 좀 해봐라. 아이코 골치가 아파온데이. 그리고 말이다. 생명의 가치가 한 사람 한 사람에게 있는 거지 예쁜 딸이니까 못 생긴 딸보다 축복이다 이렇게 해석하는 걸 보니 참 유치하기 그지 없다니까. 그런 설교를 강단에서 막 해대는 걸 보면 내 얼굴이 다 화끈거린다카이.

자식 하나라도 잃으면 죽을 때까지 가슴에서 떠나 보내지 못하지 않나 말이다. 외상후 트라우마 때문에 죽는 날까지 시달린다고. 죽은 자식들이 꿈에 계속 나타날텐데. 명절 때마다 보고 싶고 길거리에 지나가는 또래만 봐도 눈물이 날끼고. 아이들 죽지 않는 게 축복이지 새로 아이들이 많이 생겼다고 축복이라고 말할 수 있을까?

그리고 말이다. 나이가 들어 갈수록 문득문득 친구들이 자신을 매섭게 몰아 세우던 칼날같은 말들이 자꾸 생각날텐데 말이다. 자기를 외면하고 손가락질하던 이웃들이 지금 또 곁에서 살랑거리는 모습을 보면 구역질도 나고 말이야. 그런 고통 겪지 않는 게 축복이지 물질 두 배 받은 게 무슨 그리 큰 축복이란 말이고?

또 목사님들 요셉 이야기도 엄청 좋아한데이. 요셉이 종으로 팔려 가서도 감옥에 갇혔어도 모함을 받아도 신앙 팔아 먹지 않았더니 나라의 총리가 되는 축복을 주셨다고 말이다. 그것도 이방나라 선진국에서 말이지. 말하자면 우리 교민이 미국의 대통령이 된 셈이지. 그게 축복이라고? 만일 나보고 당신도 한번 요셉이나 욥 같은 인생 그대로 한번 살아보고 그런 보상 받을래? 한다면 난 "노 땡큐" 하겠어! 만일 선택권이 있다면 말이야. 그건 견뎌서 받는 축복이 아니라니까. 교회에서는 이렇게 욥기서 첫 부분과 마지막 부분만 설교한다 말이지. 욥기서의 주제는 그 중간에 들어있는 욥과 세 친구들간의 변론인데도 말이다.

좀 슬픈 건 욥이 아직도 자신이 받았던 고통의 이유를 모른다는 거다. 하나님과 사탄이 내기 걸기 한 것 때문에 고생했다는 사실을 말이다. 그래 차라리 모르는게 낫지 그걸 알았더라면 아마 장수하지 못하고 죽었을 거다. 우리가 하나님 하시는 일을 다 알려고 할 필요가 없다카이. 우리 머리로 어떻게 다 이해가 될꼬 말이다.

난 그래도 욥이 참 멋있다고 생각한다마. 멋진 승자의 모습을 보여 준 욥이 자랑스럽다카이. 친구들이 얼마나 얄미웠겠노? 욥도 고통 앞에서는 하나님을 원망하고 자신을 저주하고 친구들을 욕하고 하는 우리들하고 똑같은 인간 냄새나는 사람이었잖아. 그러니까 친구들을 용서하고 축복해 주라는 하나님의 주문이 달갑지 않았을거라고. 그러나 내색 않고 친구들을 축복한 것 보면 보통 믿음의 사람은 아닌기라. 또 다른 한편으로 말하자면 욥이 그만큼 리더로서 자신의 앞날을 관리할 줄 아는 사람이라고도 볼 수 있지. 그게 또 멋진 복수이기도 하고 진정한 승자의 자존심이기도 하지. 그런 멋진 모습 앞에 온 동네 사람들도 모두 와서 박수를 치는 게 아니겠노?그렇게해서 이전의 리더십을 회복했을 뿐 아니라 리더십에도 큰 변화를 가져오게 되었으니까 말이지. 이전엔 사회적인 위치에서 왕의 자리라고 할 만큼 위세를 떨치던 리더십에서 이제는 겸손한 영적 리더로 거듭나게 된 셈이지. 바로 이런 변화를 하나님이 원하셨던 그림 아니었겠나? 이렇게 거듭난 욥의 모습이야말로 그가 받은 최고의 축복이란 말이다. 결국 욥을 업그레이드하신 하나님의 묘수였던 셈이지.

한마디만 더 붙이자면 욥의 모습을 통해 우리가 배울 점이 있다는 거지. 그건 한결같이 처음과 끝이 같은 사람. 번민과 고통의 과정을 겪을 망정 하나님을 향한 태도와 믿음에 변함이 없었던 사람. 우리도 신앙여정을 계속하면서 배워야 할 과제인 셈이지.

와따마, 이번 당하알 하박사를 통해 욥기서를 죽 훑어 본 게 나에겐 엄청 복이 되었구만 그래. 이 과정에서 힐링도 많이 되었고 말이야. 고통을 달고 사는 사람의 입장에서 욥을 바라보니까 동병상린의 감정이입이 확 되면서 거룩한 자손심까지 생기는거 있지. 값진 시간이었어. 하박사께 감사 드립니다.

항소이유서[138]

… 욥을 대신해서 쓰다 … 당고알 고집사

하나님이시여, 먼저 욥을 대신해서 항소이유서를 쓰는 것을 용서해 주시기 바랍니다. 다 알고 계실 하나님께 제 소개를 따로 구구히 할 필요는 없으리라 생각합니다. 다만 욥을 위해 항소이유서를 대신 작성하게 된 경위를 먼저 말씀드리고자 합니다. 욥의 재판을 보면서 욥이 수도 없이 제기한 재판의 불공정성에 대해서 재판관이신 하나님께서는 한번도 재판 절차에 대한 이의 제기를 받지 않으셨습니다. 욥이 제기한 재판기피 신청도 받지 않으셨습니다. 심지어는 정말 재판 전 과정을 다 듣기나 하셨을까 할 정도로 아무런 대꾸나 개입이 없으셨습니다.

본인은 우선 이 항소의 목적이 욥의 무죄를 주장하거나 판결의 부당함을 애소哀訴하는데 있지 않다는 점을 분명히 말씀 드리고자 합니다. 이 항소는 다만 도덕적으로 보다 향상된 신앙공동체를 갈망하는 진보적 신자로서의 의무를 다하려는 노력의 소산입니다. 자신의 행위의 정당성을 판단하는 기준으로서 욥이 관심을 두고 있었던 것은 하나님이 주신 양심이라는 척도이지 친구들과 주고 받았던 변론이 아니기 때문입니다. 하나님나라의 통치에 대한 전문지식이 없었던 욥으로서는 하나님의 정의가 공정하게 운용되는 사회에서라면 개인의 신앙고백이 신앙공동체와 상호적대적인 모순관계에 서게 되는 일은 결코 일어날 수 없으리라는 소박한 믿음

138) 하나님의 판결에 대한 부당성이라기보다는 하나님의 마지막 변론에서 제시하신 수많은 질문에 대하여 수긍하지 못하는 부분이 많기 때문에 욥을 대신해서 당고알 고집사가 항소를 제기함.

위에서 하나님께 때로는 불경하게 보일만큼 의문과 울분을 쏟아낸 것입니다.[139]

먼저 재판장님께 재판의 정당성에 대해서 묻겠습니다. 이 재판은 욥이 지은 어떤 특정한 죄에 대한 재판이 아니었습니다. 친구들은 줄기차게 욥의 죄에 대해 고발을 하였지만 하나도 증명된 것이 없었을 뿐 더러 하나님 스스로도 사탄이 충동하여 까닭 없이 욥을 치신 것이라고 실토하셨습니다. 하나님께서 사탄과 내기해서 시작된 고통이 정당한 것입니까? 따라서 본 재판은 원천무효입니다. 게다가 사탄의 전략을 구사한 친구들과 치열하게 법정공방을 주고 받게 한 것 자체가 욥을 두 번 죽이는 불공정 행위임을 지적하고 싶습니다.

욥은 자기가 겪는 신체적 고통보다 자신의 고통의 원인에 대해 온갖 거짓주장을 쏟아내는 친구들의 고발에 더 고통스러워 했습니다. 하나님이 욥을 사탄 앞에서도 자랑스러워 할만큼 사랑하는 종이어서 그렇게 시작된 고통이었다면 욥에게 고통의 원인이라도 알려 주어야 하는 것 아니겠습니까? 그랬다면 그렇게도 지루하게 오간 친구들과의 변론도 불필요했을 것 아닙니까? 물론 재판장님의 판결문을 읽어 보면 욥이 그런 이유를 알 필요도 없고 자격도 없다는 요지의 말씀을 하신 것을 저도 겸허하게 받아들입니다. 그럼에도 불구하고 사탄이 친구들을 사주하여 사탄의 마음으로 욥을 정죄하고 괴롭힌 것은 과연 영적으로 무슨 유익이 있는 것인지 되묻지 않을 수 없습니다.

하나님께서 최종 판결문에 나열하신 많은 질문들에 대해서 솔직히 욥의 시대로부터 몇천 년이 지난 지금을 사는 저 역시도 하나도 대답하지 못하겠습니다. 하나님께서 그런 질문을 하신 이유가 질문 하나 하나마다 욥에게 과학적인 답을 요구하신 것은 아니라고 믿습니다. 다만 황당할만큼 사람이 평소에 생각해 보지 못한 질문들을 하심으로 그런 영역은 어디까지나 하나님의 영역이라는 점을 지적하시기 위해 내신 문제라고 이해합니다.

그런데 문제는 사람들이 하나님의 그 질문들을 곡해하고 있다는 사실입니다.

---

139) 이 부분은 유시민의 항소이유서 서론 부분을 패러디한 것임.

과학과 신앙을 일치하려는 일부 기독교 과학자들이 하나님이 내신 질문들을 과학적으로 판단한다는 것입니다. 그들의 시도가 무가치 하다고 것을 고발하려는 것이 아니라 하나님의 판결문이 그만큼 오해의 소지가 많다는 점을 말씀드리려 하는 것입니다.

그럼 이제 우리들에게 일어난 문제들에 대해서 하나님께 묻겠습니다. 이 질문들은 이 땅에서 일어난 일들이기에 이 땅을 통치하시는 주권자이신 하나님으로서 쉽게 답을 주실 수 있으리라 생각합니다.

왜 어떤 사람은 백수를 누리기도 하고 어떤 사람은 봉우리가 채 피기도 전에 져야 합니까? 또 어떤 생명은 태어나기도 전에 뱃속에서 죽임을 당해야 합니까? 그건 생명의 문제가 아니라 소유의 문제로서 생사결정권이 절대적으로 여성에게 있다고 주장하는 무리들에 대해 하나님께서는 당신의 절대적 권리가 침해를 받았다고 느끼시지 않으십니까?

또 누구는 모든 사람이 눈길을 줄 만한 미모를 가지고 태어나고 누구는 태생적인 모습 때문에 왕따와 혐오라는 고통 속에서 살아야 합니까? 이것은 부모의 책임입니까? 아니면 인생을 설계하시고 창조하신 하나님 바로 재판장님의 책임입니까? 모든 사람이 하나님의 형상을 따라 지음을 받아 보시기에 심히 아름답게 창조되었다고 하셨는데 왜 이 땅에서는 그토록 아름다움에 대한 기준과 대우가 다릅니까? 이것 때문에 고통받고 하나님이 설계하신 얼굴을 마구 뜯어 고치는 행위에 대해서 어떻게 생각하십니까?

심지어는 하나님께서는 장애인도 창조하셨다고 하셨는데 아무도 감사하게 생각지도 않는 창조물을 왜 만드셨습니까? 굳이 어떤 계획이 있으셔서 만드셨다고 하신다면 왜 책임을 지지 않으십니까? 이들의 고통을 통해 장애인 당사자나 그 가족 또는 사람들을 교훈하실 목적이시라면 그건 너무 잔인하신 것 아닙니까?

개인적인 고통에 대해서도 그렇지만 인간 사회에서 일어나는 도무지 이해할 수 없는 사건들은 어떻게 된 것입니까? 하나님이 직접 일으키신 것입니까? 아니면 이번에도 사탄과 내기를 하신 것입니까? 그것도 아니라면 이제 하나님이 인간들에게 신물이 나서 포기하시고 내버려 두신 것입니까? 이도 저도 아니면 혹시 개입할 재판이 너무 많으셔서 일부 사건에 대해서 혹시 방치하신 것은 아니십니까?

인종청소라는 말을 들어 보셨겠지요? 하나님이 인간을 창조하실 때에 다양한 인종으로 창조하신 것 맞습니까? 혹시 백인만 창조하시고 나머지 인종은 불량품이 되어 나온 것입니까? 많은 인종들이 생긴 것이 단지 진화에 의한 것이라면 어느 인종이 우량종입니까? 그래서 우량종이 불량종을 청소해야 하는 겁니까? 누가 우량종과 불량종을 판단합니까? 그렇다면 하나님이 인종청소를 묵인하신 것입니까? 캄보디아, 르완다, 다르푸르 등에서 일어난 학살을 묵인하셨습니까? 동조하셨습니까? 그게 아니라면 왜 막지 않으셨습니까?

좀 심하게 말씀드리자면 하나님이 인종청소를 먼저 시작하신 것 아닙니까? 이스라엘에게 명하여 가나안에 들어가서 가나안 칠족을 멸하라고 하시지 않으셨습니까?

하나님의 선민사상은 누가 만들었습니까? 하나님이십니까? 유대인입니까? 하나님이 유대인이십니까? 그런 선민사상이란 말로 인해 히틀러에게 미움을 사게 되어 역설적으로 게르만족이 우량족이라고 우기게 된 것은 아닙니까?

아예 대놓고 학문적으로 또 의학적으로 백인을 우성으로 규정하며 흑인들을 미개인들로 취급한 학자들과 통치자들에게 어떤 벌을 주셨습니까?

약육강식의 원리로 창조세계를 설명하신 재판장님의 마지막 판결문에 비추어 볼 때 오직 우성인자들만 살아남게 해야 한다는 소위 인간우성학을 지지하시는 걸로 보입니다. 나찌는 단종법[140]이라는 어이없는 법을 통과시켜 정신병과 장애인들을 강제불임시켰으며 급기야는 소위 "자비법"을 몰래 시행하여 백여만명에 이르는 장애인들을 살 가치가 없다는 이유로 대량학살을 했는데 그때 하나님 보시지 않으셨습니까? 아니면 눈을 감으셨습니까?

---

140) 이 단종법(sterilization law)은 나치 정부가 창안해 낸 것이 아니다. 미국도 1907-1939년 사이 29개 주에서 3만 명 이상 강제불임수술을 강행하였다. 오직 우성인자를 가진 사람들만 가치가 있다는 주장에 기반을 둔 행위였다. 나치는 1934년 한 해 동안 3,40만 명에 이르는 사람들을 강제불임시켰다.

또 국가간 경계의 금은 누가 그은 것입니까? 국가라는 개념 자체가 없었던 아프리카 땅에 금을 그어 그들을 끝없는 싸움에 내몰고 갖은 천연자원을 퍼가는 소위 글로벌 권력들에 대해 하나님은 어떤 벌로 그들을 교훈하셨습니까? 죄없는 욥을 위해서도 고난으로 교훈하기를 애쓰시는 하나님께서 그토록 불량한 권력들에 대해서는 어떻게 벌할 계획이십니까? 이들을 위해 자연재해를 준비하셨습니까? 그런데 왜 지진과 쓰나미는 엉뚱하게도 가난에 찌든 무죄한 나라에 자꾸 생기는 것입니까? 혹시 번지수를 잘못 맞추신 것이 아니시라면 그들에게는 또 무슨 교훈을 주시려는 것입니까?

신앙의 세계에서도 하나님의 말씀을 어떻게 해석하느냐에 따라 무섭고도 엉뚱한 결과로 인도되는 것을 재판장님께서도 목도하고 계시지 않습니까? 욥의 친구들과 엘리후 역시 자신들이 신앙생활을 가장 잘하고 있다고 믿는 그런 사람들이었습니다. 그럼에도 불구하고 같은 신앙의 지체인 욥의 고난을 제 멋대로 판단하여 가장 신랄하게 비판하고 정죄하지 않았습니까?

한 순간에 납치되어 팔려와 미국땅에 노예가 된 아프리카 원주민들이 인권도 말살된 채 목화밭에서 땡볕에 하루 12시간씩 일하면서 불렀던 흑인영가에 큰 감동을 받으셨습니까? 그들을 채찍으로 때리며 혹사시켰던 주인들이 주일이면 어김없이 그들을 데리고 예배를 드리러 왔을 때 그 예배를 기쁘게 받으셨습니까? 미국에서 노예해방령이 내렸을 때 흑인들이야말로 노아의 저주 받은 함족의 후예로서 영원히 노예로 살도록 허락하신 하나님의 섭리라는 논리로 남부교회들이 노예 해방하기를 극렬하게 반대했을 때 재판장님은 여전히 침묵의 제스처로 묵시적 허락을 하셨습니까?

북한을 비롯한 독재국가들의 압제 속에 신음하는 백성들의 외마디 비명을 지금도 듣지 않으십니까? 백성들을 기만하고 착취하는 독재자들과 거기 빌붙어 사는 권세들을 언제까지 지켜만 보시겠습니까? 쉬지 말고 기도하라고 명령하신 재판장님의 아들 예수 그리스도의 분부대로 24시간 지속하는 눈물의 기도는 왜 외면하십니까? 언제까지 기다려야 합니까?

불공정한 재판으로 억울한 옥살이를 하는 사람들이 얼마나 많습니까? 누명을 벗고 뒤늦게 나온다 한들 누가 그들의 인생을 보상할 수 있겠습니까?

하나님의 이름 때문에 화형을 당하거나 단두대에서 처단된 의로운 순교자들이 그토록 기특하셨습니까? 아니면 마음이 아프셨습니까? 그렇다면 아브라함이 이삭을 내리치려할 때 그의 믿음을 보시고 칼을 멈추게 하신 하나님께서 왜 그들에게는 고개를 돌리셨습니까?

멀리 갈 필요도 없이 이런 불공정과 불의는 지금도 우리의 눈 앞에서 버젓이 횡행하고 있고 사람들마저 하나님이 어디 있느냐고 비아냥거립니다. 하나님의 이름이 모독 당하는 것만은 참지 못하겠다고 피눈물 흘리는 거룩한 성도들에게 왜 한마디 위로도 없으십니까?

여쭈어 보고 싶은 말이 너무나 많습니다만 더 이상 묻지 않겠습니다. 그러나 이번 저의 항소이유서는 꼭 읽어봐 주시기 간절히 바랍니다. 그리고 제가 드린 질문의 몇개 만이라도 답해 주시기를 간청합니다. 굳이 저에게 개인적으로 답해 달라고 하지는 않겠습니다.

다만 바라옵기는 저의 항소를 인용해 주셔서 욥의 논쟁을 지켜본 현대의 많은 독자들이 각자 마음 속에 품은 수많은 질문들에 대해서 하나님께서 그들 한사람 한사람에게 직접 말씀해 주시기 앙망합니다. 하여 오늘도 무수한 고통을 당하고 있는 사람들의 외마디 비명과 하소연이 하나님께 불경스럽게 보이는 거룩한 몸짓으로 드리는 예배가 되게 하소서.

슬픔도 노여움도 없이 살아가는 신자는 하나님을 진정 사랑하고 있지 않다고 말하고 싶습니다.[141] 애곡과 의문과 반항을 허하십시오!

---

141) "슬픔도 노여움도 없이 살아가는 자는 조국을 사랑하고 있지 않다." 『유시민의 항소이유서』에서 패러디하다.

나오면서

1. "하나님 나에게 왜 이러십니까?"라는 의문을 품고 때때로 외마디 비명을 지르며 이 땅에 사는 고통받는 사람이 많습니다. 이들의 의문이 불경건하다거나 믿음이 부족하기 때문이라는 세간의 따가운 눈초리를 받고 살아가는 고통받고 사는 사람들에게 욥기는 위로가 되는 책입니다.

이번에 욥기를 심도있게 묵상하면서 내가 밟고 가는 삶의 여정이 하나님을 더욱 신뢰하는 길임을 확인하게 되었습니다. 신실하게 살려고 발버둥쳐도 쌍둥이처럼 따라오는 고난과 회의 그리고 연달아 속사포처럼 떠오르는 수많은 질문들. 하지만 그런 것들은 연약한 믿음의 반증이라며 애써 지워버려야 할 쓰레기라고 배웠습니다. 그러나 욥기서는 우리들에게 신앙은 몸으로 하는 처절한 몸부림이자 질문이며 진정한 믿음의 실체라는 것을 깨닫게 해주고 우리의 신앙의 허상을 깨어 주는 놀라운 책입니다.

이제 이런 감사의 고백까지 나옵니다. 하나님께서 더 이상 기적적으로 나에게 다가오시지 않아도, 나의 기도에 일일이 답하지 않으셔도 이젠 괜찮습니다. 이전보다 더욱 사랑합니다.

이제 욥이 한없이 자랑스럽기까지 합니다. 또 한 명의 욥인 나도 신기하기만 합니다.

무엇보다 자신의 형편에 따라 일희일비하는 잣대로 하나님을 재지 않고 사는 믿음이 진실하다는 것을 다시 한번 확인했습니다.

욥기서를 덮으면서 그동안 짓누르고 있었던 무거운 짐이 놓이고 이제 좀 더 자유하게 신앙의 여정을 계속해 나갈 수 있을 것 같습니다.

야, 너희들.

내 곁에 허락없이 다가와 입을 열어 갖은 처방을 내놓는 나의 엘리바스, 빌닷, 소발들이여

지혜없는 나에게 정답을 알려주겠다며 오히려 나를 더 주눅들게 만드는 나의 엘리후들이여

이제 난 너희들로부터 자유하려 하니 부디 나를 떠나다오!

2. 그동안 위에서 내려다 보는 "from above의 눈으로 성경을 읽고 적용한 결과 자신이 마치 하나님인양 성경의 등장인물과 사건들을 정죄하는 버릇이 자신도 모르게 길들여져 온 것 같습니다. 욥기서를 그렇게 읽으니까 '죄의 기원'이라든가 '고통의 이유' 같은 "왜"라는 질문에 집착하게 됩니다. 즉 하나님의 마음을 대변하겠다는 태도입니다. 그러나 욥기서를 아래서 올려다 보는 "from below" 즉 사건 당사자의 눈으로 읽을 때 하나님이 보이고 세상이 보입니다. 이때 비로소 치유와 해법이 보입니다.

더 이상 고통받는 사람을 정죄하는 눈으로 바라보지 않습니다. 이제는 오늘의 욥과 함께 눈물을 흘립니다.

요나의 마음을 이해하고 그와 함께 박넝쿨 아래 같이 앉아 있습니다.

깊은 좌절에 빠져있는 엘리야 곁에 앉아 로뎀나무 아래서 같이 한숨 쉽니다.

그동안 우리는 고통받는 사람들을 대할 때 하나님의 눈으로 본다며 그들을 정죄하면서 너무나 자신만만하게 갖은 처방을 내려 왔습니다. 그러나 정작 고통받는 사람들에게는 특효약이 아닌 독약이 되어 고통의 늪에서 나오지 못하게 만들었습니다. 지금 이시간에도 그런 멘탈리티의 종교활동이 펼쳐지고 있습니다. 이것이야말로 고통받는 자들이 더욱 고통받는 이유입니다. 요즘말로 해서 찐고통입니다.

3. 그럼에도 불구하고 고통이란 문제가 신학적 실험대상이나 믿음의 리트머스 시험지가 되어야하는가?하는 질문이 여전이 남습니다. 왜냐하면 욥의 고통이 전적

으로 사탄과 하나님의 내기에서 왔기 때문입니다. 그리고 욥이 고통을 대하는 태도를 놓고 친구들은 그의 믿음의 측정수단으로 사용했기 때문입니다.

하나님이 인간을 기니피그로 보셨단 말인가? 하나님이 나를 실험도구로 사용했단 말인가?라는 생각이 들면 "하나님 이게 뭡니까?" 라고 따져 묻게 됩니다.

욥도 하나님께 반문합니다. 하나님이 인간의 고통에 관심이 없는것 아니냐고 말입니다. 우리의 의심이기도 합니다. 그러기에 욥기서의 내용을 가지고 고통의 문제를 파고들면 들수록 듣고자 하는 대답에서 빗나가고 멀어지기만 합니다.

사람들은 고통에서 어떤 뜻을 찾고자 합니다. 하나님이 어떤 목적을 가지고 고통을 주신다고 생각합니다. 그래서 그런 답을 욥기서에서 찾으려 합니다. 문제는 욥기서가 그런 답을 내놓지 않는다는 데 있습니다.

욥이 모든 과정을 거친 후 무엇을 얻었을까요? 자신의 의문들에 대한 시원한 답을 얻었을까요? 주석가들은 욥이 새로운 깨달음을 얻었다고 말합니다. "주께 대하여 귀로 듣기만 하였으나 이제는 눈으로 주를 뵈옵나이다"42:5라고 고백했기 때문입니다. 그러나 나는 욥이 오히려 더 좌절했다고 생각합니다. 하나님의 위엄 앞에서 더 이상 질문하기를 중단했을 뿐 그 질문들에 대한 답을 얻었기 때문이 아닐 것입니다.

4. 이제 욥기서를 읽으려면 발상의 전환이 필요합니다. 마치 가인을 만난 욥처럼[142] 오늘의 욥인 우리들은 곁에 있는 기존의 친구들이 아닌 성경의 다른 인물들을 만나야 합니다. 그들과 대화를 통해 하나님을 다시 만나야 합니다. 그렇지 않으면 신적 허무주의에 빠지고 맙니다. 마치 "하나님에 대한 공판"[143]이라는 작품에서 보여준 나치 수용소에 갇혀 있었던 한 무리의 유대인들처럼 말입니다.

그들은 상상도 못할 고통 앞에서 신에 대한 기존의 논증들은 아무 설득력이 없

142) Saramago의 "Cain(카인)"의 작품에서 이런 상상을 한다. 그런 일이 실제 있었다거나 필자가 또이 작품의 논리에 동의한다는 뜻은 아니다. 단지 성경을 읽을 때도 때로는 코페르니쿠스적 발상이 필요하다는 뜻이다.

143) *The trial of God*, Elie Wiese의 희곡 작품.

음을 알게 되었던 것입니다. 신이 전능하다면 분명 쇼아[144]를 막을 수 있을 것이고, 만약 막을 수 없다면 신은 무능하다고 보아야 한다. 하지만 막을 수 있었는데도 막지 않았다면 신은 괴물일 수밖에 없다는 결론을 내립니다. 치열한 논의 끝에 그들은 결국 신에게 사형을 선고합니다. 그럼에도 불구하고 그들은 현실적인 고통속에서 하나님을 찾는다는 것이 이 작품의 얼개입니다.

어떤이는 이 작품을 욥기서에 대입하면서 자기가 아무리 고통스러운 처지에 있어도 존재의 근원인 '신'을 외면하지 못하는 욥의 모습으로 풀이했습니다. 그러나 그가 이해한 신은 "선도 아니고 악도 아니며 현실에 어떤 영향력을 행사하시지 않는다." 그럼에도 불구하고 다행인 것은 "질문할 대상인 신"이 있기 때문이라는 것입니다.[145]

이건 신적 허무주의입니다. 욥기서의 욥은 자신이 알지도 못하는 고통을 당하여 하나님을 원망하고 갖은 의문을 다 가졌어도 허무주의에 빠지지는 않았습니다. 하나님에 대한 절대적인 신뢰를 잃지 않았기 때문에 이런 평가는 적절하지가 않습니다.

5. 오늘날 우리의 진정한 친구는 누구인지 생각하게 합니다. 선한사마리아인 비유가 그대로 욥기서에 적용됩니다. 고난받고 있는 욥을 두고 친구들은 "이유가 있다" "벌을 받는다" "쯧쯧" 등의 반응을 보였습니다. 오늘날도 고통받고 있는 사람들의 곁에 그런 류의 소위 '친구들'이 서성거립니다. 이게 현실 지상교회의 모습이자 고통입니다.

징그럽습니다. 오늘도 소위 우리의 친구들은 곁에서 가장 친한 척하며 갖은 논리로 정죄합니다. 혹 잘 되기라도 하면 "끝까지 잘되는지 보겠다"고 악담을 하는가 하면 혹 고난을 받기라도 하면 "천벌을 받아도 싸다"라고 쏘아 댑니다. 겸손한 모습을 보기라도 하면 "겸손한 척, 경건의 모양만 있군"하며 비아냥댑니다.

---

144) Shoah, '절멸'을 뜻하는 히브리어
145) https://m.cafe.daum.net/emptymyself/MnnA/16?

오늘날 문제는 고통을 체험적으로 알지도 못하는 사람들이 고통 당하는 사람들을 해부하고 진단하고 처방한다는 데 있습니다. 이게 비극이고 고통입니다. 욥기서의 해석 역시 고통의 비당사자들이 고통의 당사자들을 해부하고 있습니다. 그래서 고통 당하는 당사자들은 그들이 겪는 물리적 고통보다 훨씬 심각한 영적 심적 고통을 겪게 됩니다. 왜 욥기서의 대부분이 하나님과의 변론이 아닌 친구들과의 입씨름으로 채워졌을까요? 가장 적나라한 고통의 현장을 보여주기 위한 것이 아니겠습니까?

6. 초고를 가지고 3개월에 걸친 강의와 뒤풀이 모임에서 융단폭격 질의 응답을 통해 함께 울고 웃으며 원고를 대폭 갈아 엎는데 지대한 공을 세운 뉴호프커뮤니티교회 이진석목사님과 온 교우들께 진한 감사를 드립니다. 또 원고에 피드백을 주신 여러분의 친구들 특히 경상도 사나이 친구 황성기 선교사님께 사랑을 보냅니다. 더불어 지난 일년동안 욥기서를 함께 통독하며 은혜를 나눈 우리 선교회 기도모임 팀원들에게도 고마운 마음 전합니다. 고통의 알에서 깨어나 기쁨의 물방울로 살아가는 사랑하는 딸 조이로 인해 "어, 성경이 보이네, 김봉사 눈 떴네"의 체험담을 담고 보니 이제 더 할 말이 없소이다.